WELFARE POLITICS IN KOREA

한국의 복지정치

| **정태환** 외 지음 |

학지사

서 문

이제 복지 이슈는 우리나라 정치의 핵심적 쟁점이 되었다. 이렇게 복지 이슈가 정치의 뜨거운 쟁점으로 부상한 것은 최근의 일이다. 근래에 무상급식 문제가 과도하게 부각되었다는 비판도 있다. 하지만 복지 이슈가 정치의 본격적인 쟁점이 되었다는 것 자체가 우리나라 복지 수준의 향상을 위한 큰 진전이다. 복지 이슈에 대한 대안은 이제 정당의 이념적 성격을 규정하는 가장 기본적인 시험지가 되었다. 복지 문제는 차기 대선을 포함하여 앞으로의 정치적 향방을 규정하는 중요한 변수가 된 것이다.

우리나라 정치에서 복지 이슈가 전국적 수준에서 정치의 중심으로 이동한 것은 2009년의 경기도 교육감 선거와 2010년 6 · 2 지방선거부터다. 민주당을 비롯한 야당들은 무상복지가 헌법에서 보장하는 보편적 교육복지를 실현하는 중요한 수단이라고 주장하였다. 반면 당시 여당인 한나라당은 전면적인 무상급식 시행에는 천문학적 예산이 동반되는 바, 이는 국민의 세금부담을 늘리는 포퓰리즘이라고 반박하였다.

2011년 당시 오세훈 서울시장이 추진한 무상급식 반대 주민투표는 복지 문제를 다시 한번 정치의 한가운데 올려놓았다. 지방선거와 서울시의 주민투표 결과는 보편적 복지를 내세운 야당의 승리였으며, 보편적 복지는 정치적 쟁점으로 자리 잡았다.

보편적 복지에 관한 해외의 논의는 역사가 매우 길며, 복지국가에 관한 논쟁과도 연결된다. 제2차 세계대전 이후 서구 선진국가의 주요한 특성들은 복지국가 개념으로 수렴된다. 복지정치에 대한 이론적 논의는 크게 권력자원론, 제도주의적 관점, 연대중심적 이론틀 등 세 가지 관점에서 정리된다.

1. 권력자원론의 등장과 복지정치론의 발전

복지국가의 형성과 발전, 그리고 변화를 둘러싼 정치사회학적 관점의 이론적 논의를 시작한 것은 권력자원론(Power Resource Theory)이다. 이 이론은 북유럽 복지국가의 성장기에 초점을 맞추고 있다.

일반적으로 권력자원론은 계급적 관점, 즉 노동과 자본 간의 대립관계를 통해서 사회복지의 발전과정을 설명한다(Korpi, 1983). 이때 중요한 관심은 '노동계급의 권력 동원' 능력인데, 노동계급이 집단적 실천을 통해서 정치적 · 사회적 자원을 얼마나 동원할 수 있는지가 복지국가의 발전을 좌우하는 주요한 변수로 파악된다. 권력자원론은 사회적 계급 기반을 강조하는 입장(노동계급의 조직화 정도, 노동계급의 응집력 등)과 정치적 차원을 강조하는 입장(정부의 구성, 정당의 성격 등)의 두 차원으로 구분되기도 한다. 하지만 양자가 공히 노동계급의 정치사회적 영향력을 복지국가의 발전에 중요한 독립변수로 선정하고 있다는 점, 다시 말해서 복지국가의 발전에 노동자 계급이라는 핵심적 행위자를 결정적 요인으로 삼고 있다는 점에서 공통점을 갖고 있다.

권력자원론은 북유럽 복지국가의 발전과정을 설명하는 주요한 이론적 성과로 평가할 수 있으며, 노동계급이라는 사회정치적 이슈를 적절하게 제시함으로써 복지정치의 이론적 지평을 연 것으로 평가할 수 있다.

하지만 계급갈등이 취약한 국가들에 대한 이론적 적용의 어려움, 탈산업화로 인한 노동자 계급의 중심성 약화, 1980년대 복지국가 위기 이후에 나타난 축소 정치에 대한 분석적 오류 등으로 인해 그 논리적 적실성이 의문시되고 있다.[1]

---

1) 권력자원론의 이론적 발전은 힉스와 미즈라(Hicks & Misra, 1993)가 제시한 세 가지 차원의 권력자원론, 리코(Ana Ricco, 2004)가 제시한 권력자원의 4요소 등에서 좀 더 분화된 모습을 보여 주고

2. 제도주의적 관점의 이론적 대응

복지국가의 위기가 펼쳐진 시기에 권력자원론은 복지국가, 특히 사회보험에 기초한 대륙 복지국가들(Continental Welfare State)의 기반 약화를 예측하였다. 즉, 1980년대에 복지국가의 위기를 상징하는 현상—영국에서 벌어진 대규모 복지 감축—이 대륙 복지국가들에서 동일한 방식으로 발생할 것이라는 견해를 이론적으로 제시한 것이다. 이러한 주장의 배경에는 이 시기에 발생한 노동계급의 권력자원 약화가 궁극적으로는 복지국가의 대대적 축소로 이어질 가능성에 주목했다는 사실이 자리하고 있다. 특히 북유럽에 비해 노동계급의 정치사회적 자원이 취약한 대륙복지국가의 해체는 필연적 귀결이라고 판단하였다. 하지만 1990년대 후반까지 대륙 복지국가들에서 복지국가의 대규모 감축은 일어나지 않았다. 정반대로 지출 수준은 계속 증가하였고, 전체적으로 살펴보아도 복지국가의 규모는 북유럽은 물론이고 대륙의 복지국가들에서도 유의미하게 축소되지 않았다(Häusermann, 2010).

1) 피어슨의 새 정치론

이런 상황이 제도주의자들을 전면에 나서게 하였다. 이들은 경로의존, 제도적 관성(inertia), 제도적 균형 등의 메커니즘에 초점을 맞추었다. 피어슨(Pierson)에 따르면 '증가하는 수익과 긍정적 피드백 메커니즘'은 기존 제도를 유지하는 기제이며, 기존 제도에 이해관계를 갖는 집단의 '비토 파워'는 복지국가의 축소를 가로막는 역할을 하였다(Pierson, 2000).[2] 이런 맥락에서 피어슨(2000)은 다음과 같이 새 정치(New Politics)—복지국가의—를 제창하였다.

있다. 또한 최근의 정책 네트워크 이론들(Jacobs, 2003; Peterson, 2003)은 다양한 사회적 행위자들의 네트워크 가능성을 제시하면서 복지동맹과 반복지동맹, 그리고 현상유지동맹(stakeholder coalition)과 현상타파동맹(stake-challenger coalition)의 형성 등에 대해 논의하고 있다.

2) 이러한 관점은 역으로도 설명이 가능하다. 즉, 기존의 반복지적 제도 배열과 이해관계자가 복지정책의 확대를 가로막는 비토 포인트로 작용하는 예다. 이때 복지국가의 발전은 이 지점을 돌파하는 과정으로 볼 수 있는데, 관련 연구는 한상근(1999) 참조.

"숙성한 복지국가는 내재적으로 일체의 변화에 반대한다. 왜냐하면 민주적 선거라는 맥락에서는 복지급여를 수급하는 유권자의 강력한 힘이 존재하기 때문에 복지축소는 과도한 위험전략으로 전락할 가능성이 높기 때문이다."

2) 볼드윈의 새로운 주체

볼드윈(Baldwin)은 피어슨과는 다른 맥락—계급에 대한 관점—에서 권력자원론과의 차별화를 시도한다. 노동계급 중심성에 기초한 권력자원론과 달리 볼드윈은 위험범주라는 새로운 주체 개념을 통해서 복지정치의 전개를 설명하고자 한다. 즉, ① 단일한 사회계급의 관점에서 벗어나 위험범주라는 사회적 행위자를 제시하고, ② 각 위험집단의 선호와 ③ 이들을 둘러싼 사회적 균열구조의 형성과 전개가 ④ 궁극적인 정책 결정에 중요한 역할을 한다고 평가한다(Baldwin, 1990). 볼드윈의 기여는 ① 탈산업화가 진행되면서 발생한 노동계급의 분화와 다양한 이해집단의 등장이라는 사회적 맥락을 복지정치에 적절하게 반영한 점과 ② 이를 통해 복지정치의 주체에 위험범주를 추가함으로써 권력자원론의 견해를 확대한 측면이 높게 평가될 수 있으며, ③ 나아가 각 위험집단의 '선호'를 복지정치의 중심 테마 중의 하나로 제시함으로써 제도주의의 지평을 확대하는 데 크게 기여하였다.

3) 정책과 선호, 그리고 제도주의

이어지는 정책선택 등에 대한 논의의 전개는 주로 제도의 맥락에 대한 평가와 결부된다.[3] 정책선택과 관련된 논의는 구조적 관점과 개인의 선호라는 두 가지 방향으로 전개되었다. 먼저 구조적 관점에서는 사회정책에 대한 집합적 선택의 기제로서 정치제도에 초점을 맞추었다. 이러한 논의는 대부분

---

3) 권력자원론은 특정한 정책의 선택이 사회집단 간의 협상 결과, 특히 노동자와 자본가 간 협상의 결과인 것으로 평가하였다. 하지만 제도주의적 관점에서 정책선택이란 각 이해집단 간의 협상 결과가 단순하게 인준되거나 반영되는 것이 아니라, 제도가 각 개인 및 집단의 정책선택을 제약하고 구조화하는 과정에 초점을 맞추는 것이다(Immergut, 1992; Thelen & Steinmo, 1992; Hall & Taylor, 1996).

정치제도의 비례성과 복지국가의 발전 간에 일정한 상호 관련성이 있다는 점을 강조하는 것으로 귀결된다(Iversen & Sockice, 2001; 김영순, 2011). 여기서 더 나아가 보 로드슈타인(Bo Lothestein)은 통치의 질(Quality of Government)이 복지정책의 확대에 중요한 역할을 담당한다고 주장하였다.[4)]

두 번째 관점은 선호의 내생성에 대한 강조로부터 제도적 맥락을 도출하는 관점이다. 즉, 각 개인의 제도에 대한 선호는 개인을 둘러싼 제도적 맥락에 의해 결정된다는 점을 강조하는 것이다. 아이버슨과 데이비드(Inverson & David, 2005)는 자본주의 다양성의 관점에 입각하여 생산체제의 제도적 제약하에 표출되는 사회 구성원의 선호가 중요하다고 생각하였다. 홍경준(2009)에 따르면 직능전속성의 정도가 큰 사회 구성원일수록 위험회피에 대한 선호가 높게 나타나고, 이는 결과적으로 사회정책에 대한 높은 선호로 귀결된다. 이를테면 조정시장경제하에서 각 개인은 특수적 직능을 발전시키게 되는데, 전사회적으로 직능전속성이 높아질수록 위험회피를 선호하게 되며, 이는 궁극적으로 사회정책의 발달이라는 결과를 가져오게 된다.

3. 축소 정치-유연한 복지동맹

1990년대까지는 제도주의적 설명이 경험적 지지를 받는 듯 보였지만, 얼마 지나지 않아 유럽 복지국가에서 전개된 복잡한 개혁의 동력을 설명하는데 어려움을 겪게 되었다. 논쟁의 초점이 되었던 대륙의 복지국가들 역시 광범위한 변화가 진행되는 중이다.[5)]

---

4) 보 로드슈타인은 중간계급과 상류층이 보편적 복지를 위한 재정적 부담을 감수할 의사가 있는가의 여부는 국가의 통치—수긍할 수 있는 복지의 제공과 '무임승차'에 대한 관리—에 대한 신뢰(trust), 즉 통치의 질과 관련된다고 주장하였다. 이때 통치의 질은 '신뢰할 수 있고 의존할 만하며, 불편부당하고 부패하지 않은 통치 제도'로 정리된다(www.poq.pol.gu.se).

5) 축소의 방향은 아니라 하더라도, 급여범위가 새로운 수급자 집단—노동시장 외부자, 여성, 장기요양 환자 등—으로 확대되었다. 또한 복지국가 설계의 구조 자체가 변화하기도 하는데, 이를테면 기여재정 방식에서보다 조세재정이나 자본화(capitalization) 방식으로의 변화도 일어나고 있다(Häusermann, 2010).

이처럼 위기 이후 수십 년간 발생한 복지국가의 변화에 대한 연구들은 많았으나, 전체적으로 일치된 의견을 제시하는 데까지는 나아가지 못하고 있다. 이는 각각의 이론적 입장이 복지국가의 변화 원인과 그 동력에 대한 설명과정에서 서로 다른 문제에 초점을 맞추고 있기 때문이다. 호이저만(Häusenmann, 2010)에 따르면 '제도적이고 관념적인 경직성에 초점을 둔 연구(제도주의적 관점)는 행위자의 변화하는 선호로부터 발생하는 개혁의 가능성을 과소평가하였고, 이익집단과 권력관계에 초점을 맞춘 연구(권력자원론적 관점)는 권력균형의 변동효과는 과잉평가하면서 제도적 제약은 무시' 하는 모습을 보여주었다. 따라서 복지국가의 변동을 적절히 설명해 내기 위해서는 반드시 구조와 행위, 즉 행위자와 제도 양자에 모두 초점을 맞추어야만 한다. 즉, 복지국가의 정치적 변동과정을 적절하게 이론화하기 위해서는 양자를 이론적으로 결합하는 과정이 필수적이며, 이 과정은 복지정치를 추동하는 동맹의 결성(coalition building)이 어떻게 이루어지고 작동하는지를 살펴보는 것을 통해서 이론적 실마리를 찾을 수 있다.

연대중심적 이론틀(coaltition-centered theoretical framework)은 이러한 맥락에서 제기되었다. 탈산업자본주의 시대, 이른바 복지국가의 축소기를 둘러싼 정치사회적 맥락은 ① 기존의 계급적 대립구조의 약화 및 재배열, ② 새로운 사회적 위험의 도래에 따른 위험범주의 다양화, ③ 시민 직접 행동의 등장 및 온라인을 매개로 한 새로운 집합행동의 확산 등으로 요약할 수 있으며, 이에 기반하여 새로운 복지동맹의 성격은 유연하면서도 다차원적인 형태로 전환되고 있다.

이상의 논의에서 나타난 복지국가의 성장기, 재편기, 축소기 등의 이론적 관점을 몇몇 차원에서 요약하면 〈표 1〉과 같이 정리할 수 있다.

이 책은 크게 세 가지 분야로 나뉜다. 제1부에서는 복지정치를 이해하기 위한 접근을 시도한다. 먼저 우리나라 복지국가의 새로운 전망을 위해서 유럽 복지국가들의 역사적 발전과정을 평가하고 유용한 교훈을 찾고자 하였

〈표 1〉 복지정치의 이론적 궤적

시기 구분	복지성장기	복지재편기	복지축소기
지배적 패러다임	권력자원론	제도주의	연대정치론
이론적 초점	노동계급의 권력동원 능력	경로의존성, 비토 포인트, 선호	유연한 복지동맹
축적구조	포드주의	포스트-포드주의	탈산업사회, 신자유주의 득세
고용구조	완전고용	실업의 확산	고용구조 양극화
주요 행위자	산업노동자계급	노동계급 축소, 계급 구성의 다양화	탈산업적 계급구조, 지위집단의 다양화
사회적 위험	소득중단/축소	실업, 신사회적 위험	고용구조 악화-비정규직 일반화, 장기실업, 신사회적 위험집단 등장, 인구학적 위험
복지정책	소득보장	적극적 노동시장정책/사회서비스	신사회적 위험 보호/연금 개혁
연대 형성	노동계급과 중간계급	지위집단, 유권자 연합, 신사회운동	시민 직접 행동, 위험집단별 동맹 가능성
정당정치	사민당의 약진, 보수-사민체제 정립	보수-사민체제 약화, 정당 대의 능력 약화	정당의 계급성 및 대의 능력이 취약해짐

다. 김윤태는 최근 유럽 복지국가에서 나타난 도전과 응전의 내용을 다루고, 우리나라에서 연합정치의 가능성을 탐색하고 있다. 진정으로 서구 복지국가의 경험에서 우리가 배워야 할 점은 단순하게 서구 복지국가의 장점만이 아니라 오류와 실패에서 교훈을 찾는 일이다.

복지 이슈를 둘러싼 새누리당의 변신은 학문적 접근의 대상이 될 수 있다. 박형신은 한국 보수정권의 기원을 다루면서 복지정치의 감정적 토대를 분석하고 있다. 한국 우파정치의 지형은 공포정치에서 복지정치로 이행하고 있다. 복지를 '전염병' 정도로 인식했던 저급한 공포시대에서 '성장과 복지의 선순환'을 내세운 박근혜식 복지로의 진전은 격세지감을 느끼기에 충분하다.

짧은 시간에 우리나라 국민의 복지에 대한 태도는 상당한 변화를 경험하였다. 복지태도는 복지국가의 발전과정에서 형성된다. 김희자에 따르면, 복지국가의 재분배과정에서 어떤 집단이 복지로부터 보다 많은 수혜를 얻고 어떤 집단이 보다 많은 복지비용을 부담하는가, 즉 복지프로그램을 둘러싼 복지이해는 복지태도에 영향을 미친다.

이 책의 제2부는 복지 대상자별로 복지현실과 복지정치를 다룬다. 고령자와 장애인은 전통적인 복지수혜자이지만 이들의 복지현실은 넉넉하지 않다. 고령자의 핵심적 복지의제는 연금이다. 서구의 복지국가 역사를 살펴보면 연금제도를 둘러싼 다양한 정치적 동맹을 확인할 수 있다. 서구의 주요 국가에 비하여 우리나라는 진보정당과 노동계급의 사회적 역량이 부족하고, 복지국가의 확대를 견인하거나 유지할 수 있는 제도적 유산이나 정치적 배열이 불리하다. 이러한 인식을 기반으로 김철주는 다양한 복지동맹의 가능성을 유연하게 확대하여 살펴보는 것이 궁극적으로는 우리나라의 복지정치를 활성화하는 기제가 될 수 있음을 지적하고 있다.

비정규직은 최근 10여 년 사이에 가장 뜨거운 복지 이슈 가운데 하나다. 주요 정당들은 비정규직 해법을 앞다투어 내놓고 있으며, 외형적으로는 정당별 차이를 찾기가 쉽지 않다. 그러나 2012년 국회의원 선거 당시 정당들이 제시한 비정규직 해법을 상세히 분석해 보면, 기존 정당들의 이념적 지향이 고스란히 나타나고 있는 것을 확인할 수 있다.

영유아, 노숙자, 결혼이주여성은 우리사회의 고령화, 도시화, 다원화 추세와 맞물려 중요한 정책 대상자이며, 향후에도 복지정치의 주요 대상자로 자리매김할 것으로 예상된다. 이들 정책 대상자별로 현황과 정책과제를 찾아본다.

제3부에서는 복지 영역별로 복지정치를 다루고 있다. 「장애인차별금지법」은 장애인의 고용이나 교육, 사법 · 행정 서비스, 교통 등 일상생활에서 장애인에 대한 차별을 금지하는 법률이다. 이소영은 「미국 장애인법」과 「장애인차별금지 및 권리구제 등에 관한 법률」의 제정과정에서 보여지는 정책

담론을 분석한다. 아울러 우리나라 「장애인차별금지법」의 제정과정과 주요 내용을 분석하고 그 특성을 규명한다.

박정희 정권의 새마을운동은 농촌을 중심으로 시작해 전국으로 확산된 지역사회개발운동이었으며, 이는 한국 사회복지발달사에서 지역사회복지의 가장 대표적인 사례라는 평가를 받고 있다. 박보영은 이러한 시각에서 새마을운동을 '사회개발을 통한 체제 안정'이라는 정치적 효과를 달성할 수 있는 국민총화 프로젝트로 규정한다. 결국 새마을운동은 박정희 정권에 의해 '정당화를 위한 정치(politics of legitimation)'의 수단으로 활용되었다.

한국의 공적 의료보험제도인 건강보험제도는 복지정치의 과정 속에서 발전되어 왔다. 송미영은 건강보험제도와 관련된 주요 이슈와 변화를 분석하고 있다. 송미영이 보기에는 우리나라의 복지정치는 최근까지도 권위주의 시대 성장우선주의의 역사적 유산에서 자유롭지 못하다. 최근 대두되는 건강보험제도에 대한 정책 갈등의 원인은 보험료 부과체계 일원화, 보장성 문제, 지불제도 등이다.

장애인에 대한 일반인들의 인식은 과거의 부정적인 시각에서 진전된 것으로 보인다. 박형진의 분석에 따르면 과거 장애인을 억압했던 시설중심에서 장애인의 탈시설과 자립생활 권리를 존중하는 지역사회중심의 정책 흐름으로 변화되었다. 그러나 시설과 탈시설의 차이는 표면적으로 장애인의 몸을 구속하지 않는다는 점뿐이다. 지역사회 내에서도 장애인은 여전히 '시선'이라는 감옥을 경험한다.

우리나라 학계에 복지정치라는 개념이 본격적으로 소개되고 논의되기 시작한 것은 최근의 일이다. 이에 따라 복지정치는 아직 확정된 개념이 아니다. 이 책에 참여한 학자들 역시 각자 사용하고 있는 복지정치의 개념이 동일한 것은 아니다. 독자들은 이 점을 유의하기 바란다.

이 책의 출간을 위하여 많은 분들이 도움을 주었다. 복지정치라는 주제를 중심으로 글을 써 주신 다수의 필자들에게 무엇보다도 고마움을 표한다. 또한 새로운 주제의 책을 기꺼이 출간해 주신 학지사 김진환 사장님과 관계자들에게 깊은 감사의 말씀을 드린다.

2012년 8월

정태환, 한상근, 김철주

알리는 글

이 책에 실린 글 가운데 일부는 이미 학술지나 다른 지면에 게재되었다. 기존에 발표한 글의 출처는 다음과 같다.

* 김윤태 '복지국가와 정치의 재구성'의 일부 내용은 〈한겨레신문〉 〈경향신문〉 〈프레시안〉 등의 언론 매체에 기고한 글에서 인용하였다.

* 박형신 '보수정권과 복지정치: 복지정치의 감정사회학'은 한국이론사회학회에서 간행하는 『사회와 이론』 제20집(2012. 5.)에 실린 논문 「한국 보수정권 복지정치의 감정 동학」을 일부 수정한 것이다.

* 김철주 '고령자와 복지정치'는 극동대학교 사회복지연구소에서 발행하는 『글로벌사회복지연구』 제2권 제1호(2012. 6.)에 실린 논문 「복지정치의 이론적 궤적과 지평」(김철주, 이병렬)을 공저자와의 협의하에 이 책에서는 단독으로 저자를 표기하였다.

* 한상근 '비정규직과 복지정치'는 극동대학교 사회복지연구소에서 발행하는 『글로벌사회복지연구』 제2권 제1호(2012. 6.)에 실린 글을 원용하였다.

* 변민수 '장애와 복지정치'는 저자가 공동연구자로 참여한 『장애인 고용정책의 변천과 의무고용제도의 발전 방향』 (한국장애인고용공단 고용개발

원, 2010)에 실린 글의 일부를 원용하였다. 책임연구자와의 협의하에 이 책에서는 단독으로 저자를 표기하였다.

* 이경순 '영유아 보육과 복지정치'는 저자의 논문 「한국보육정책의 발전방안」(2008)과 (재)한국보육진흥원의 『영유아보육법 제정 20주년 기념자료(2011)』에 실린 글을 수정·보완한 것이다.

* 권주만 '노숙자와 복지정치'는 저자의 고려대학교 대학원 석사논문 「노숙자 실태와 재활에 관한 연구」(2002)를 수정·보완한 것이다.

* 이화선 '결혼이주여성의 재생산권'은 미국헌법학회에서 간행하는 『미국헌법연구』 제23권 제1호(2012. 5.)에 실린 논문 「결혼이주여성의 재생산권에 관한 고찰: 인권시각에서의 재생산권 법리의 이해」를 수정한 것이다.

* 박보영 '지역개발사업과 복지정치: 박정희 정권의 새마을운동'은 저자가 기존에 학술지에 발표했던 한국사회복지정책학회(2011. 9.)의 『사회복지정책』 제38권 제3호에 실린 논문 「지역사회개발사업과 발전주의 복지정치」를 수정한 것이다.

* 박형진 '장애인 시설과 복지정치'는 극동대학교 사회복지연구소에서 발행하는 『글로벌사회복지연구』 제2권 제1호(2012. 6.)에 실린 논문 「배제와 포함의 복지정치: 장애인 생활시설과 탈시설화에 대한 비판적 검토」를 일부 수정한 것이다.

* 이양훈 '정신장애인 범죄와 복지정책'은 한국교정복지학회의 『교정복지연구』 제21권(2011. 4.)에 실린 논문 「정신장애인 범죄 실태 현황분석을 통한 문제점 개선방안 연구」를 원용하였다.

차 례

제3부 분야별 복지정치와 복지정책

제1부
복지정치의 이해

제1장

복지국가와 정치의 재구성

김윤태

1. 서 론

복지국가로 발전한 서유럽 국가들의 역사를 살펴보면 복지국가는 정부의 정책만으로 결정되는 것이 아님을 알 수 있다. 복지국가는 수많은 사람들이 시민권과 사회적 권리를 얻기 위해 끊임없이 노력한 결과다. 19세기 이후 서유럽의 보통선거권처럼 노동자의 단결권, 8시간 노동제, 최저임금제는 노동자의 투쟁으로 획득했다. 또한 건강보험, 실업보험, 국민연금 등 사회보험의 법제화는 수차례에 걸친 계급정당의 출현, 선거참여, 정치적 협상의 결과다. 누진소득세의 도입과 사회복지예산의 증액도 장기간에 걸친 정치적 논쟁과 의회 표결의 결과다. 지금도 세금과 복지예산을 둘러싼 논쟁이 뜨거운 정치적 쟁점이 되고 있다. 이런 점에서 복지국가 건설은 매우 정치적인 과정을 거친다.

최근 한국에서도 복지국가로 가기 위한 다양한 노력이 제시되고 있다. 국민들의 복지에 대한 기대는 커지고 있으며 무상급식 등 시민사회의 다양한 요구가 봇물 터지듯이 커지고 있다. 복지국가에 관한 학술서와 논문도 급증했다. 언론에서도 거의 매일 유럽의 복지국가를 소개하고 평가하는 기사를 쏟아낸다. 바야흐로 복지에 관한 백화제방, 백가쟁명의 시대가 시작했다. 복지에 대한 민심도 빠르게 변했다. 2011년 경향신문과 한국리서치의 여론조사에 따르면, 응답자의 86%가 '복지 확대'를 원했다. 같은 해 1월 한국사회여론연구소(KSOI) 여론조사에 따르면, '세금을 더 내더라도 복지 수준을 지금보다 늘리자'는 답변이 53.1%를 차지했다(경향신문 2011. 10. 14.).

최근 대부분의 여야 정치 지도자들도 복지국가를 새로운 정책방향으로, 적극적으로 인정하기 시작했다. 복지를 가난한 사람을 돕기 위한 국가의 시혜나 은전이 아니라 민주공화국에 살고 있는 모든 국민의 권리이자 국가의 의무라고 생각하는 것은 중요한 인식의 변화를 보여 준다. 이는 1987년 민주화 이후 복지국가가 새로운 진보담론으로 부각되는 역사적 의미를 가진다고 평가할 수 있다. 진보세력은 거의 같은 목소리로 복지국가의 중요성을 강조하고 있다. 민주당은 '보편적 복지'를 강령으로 채택했다. 이에 대응해 한나라당도 '70% 복지'를 제시했다. 보수와 진보의 구분을 넘어서 정치인 가운데 복지국가의 중요성을 부정하지 못하는 현실이 도래했다.

이제 복지국가의 필요성에 관한 1단계 논쟁은 끝났다. 산업화, 민주화에 이어 '복지'가 새로운 시대정신이 되었다. 이런 점에서 앞으로 복지국가가 필요하다는 논쟁을 넘어서 2단계 논쟁이 필요하다. '왜'라는 문제를 넘어서 '어떻게'라는 문제에 구체적으로 대답해야 한다. 그러나 아직 한국의 복지국가를 만들기 위한 큰 그림이 없다. 교육, 보육 등 개별적 사업의 복지예산을 확보하는 차원을 넘어서 복지국가의 청사진을 제시하는 정치세력이 없다.

특히 복지정책의 실행을 위해 재정조달을 어떻게 할 것인지 사회적 합의가 필요하다. 현재 진행되고 있는 증세냐 감세냐의 논쟁은 피상적이다. 복지국가는 생애과정에서 겪을 수 있는 사회적 위험을 극복하도록 지원하는 사회적 보호장치를 강화해야 한다. 또한 개인이 시장에서 경쟁할 수 있는 능력을 키우는 정책을 도입해야 한다. 복지국가의 새로운 방향은 전통적 사회보장제도는 물론, 교육 · 보육 등 미래를 위한 투자와 직업훈련 등 노동시장정책을 결합한 통합적 접근방식이 필요하다. 앞으로 어떤 사회정책을 우선적으로 추진할 것인지, 어떻게 재원을 조달할 것인지 장기적 전략을 만들기 위한 사회적 합의를 도출해야 한다.

이 글에서는 한국 복지국가의 새로운 전망을 위해서 유럽 복지국가들의 역사적 발전과정을 평가하고 유용한 교훈을 찾고자 한다. 첫째, 복지국가의 발전을 단순히 사회지출의 증가로 보아서는 안 된다. 복지국가의 발전은 전쟁, 사회갈등, 정치적 타협 등 다양한 변수에 의해 영향을 받으면서 형성되는 제도적 장치의 복합적 과정으로 이해해야 한다. 이런 점에서 복지국가의 발전이 정치적 과정과 어떻게 연결되는지 역사적 관점으로 살펴볼 것이다. 둘째, 복지국가의 발전경로는 한 가지 길만 있는 것이 아니라 나라에 따라 다양한 역사적 경로를 선택해야 한다. 복지국가는 영미 모델, 북유럽 모델, 유럽 대륙 모델 등 다양한 경로의존성과 정치적 역학관계에 따라 상이한 모델로 분화했다. 복지국가의 제도적 장치를 결정하는 정치적 동학은 고용 확대, 소득 불평등, 재정 압박의 문제에 대응하는 방법에 따라 서로 다른 제도적 보완성의 특징을 보인다. 이러한 관점에서 이 글은 복지국가의 등장과 변화에 관한 다양한 관점과 견해를 평가하면서 복지국가와 정치과정의 상호관계가 미치는 효과를 고찰할 것이다.

2. 복지국가의 역사적 발전

복지제도는 1880년대 독일에서 처음으로 등장했다. 전통적 지주(융커) 출신이었던 비스마르크(Bismarck, O. V.) 총리는 노동자를 위한 산재보험과 건강보험을 도입했다. 보수적 정치인이었던 비스마르크가 복지제도를 도입한 이유는 무엇일까? 비스마르크는 군사적 동원과 산업 역량의 강화를 위해서 노동운동을 탄압하는 '사회주의 탄압법'을 만드는 한편, 노동자를 자본주의 체제에 포섭하기 위한 복지제도를 도입했다. 한마디로 당근과 채찍을 동시에 사용한 것이다. 당시에 급속한 산업화로 증가하는 급진적 노동운동과 사회민주당의 영향력을 차단하기 위함이었다. 이처럼 복지국가의 시작은 국가안보와 경제발전뿐만 아니라 절묘한 정치적 전술로 채택되었다.

본격적으로 '복지국가'라는 말을 처음 사용한 나라는 영국이다. 여기서 복지국가라는 용어가 전쟁 시기에 등장했다는 점을 주목해야 한다. 제2차 세계대전이 한창인 1930년대 후반 영국의 윌리엄 템플(Temple, W.) 주교가 "독일은 전쟁국가(warfare state)인데 영국은 복지국가(welfare state)를 만들자."라고 말했다. 그 후 1942년 런던정치경제대학(LSE) 총장 윌리엄 베버리지는 처칠이 이끄는 거국내각의 요청을 받아 『사회보험과 관련서비스』라는 유명한 보고서를 발표했다. '요람에서 무덤까지' 사회보장을 제공하는 복지국가라는 유명한 표현이 바로 이 보고서에 있다. 훌륭한 문장과 멋진 은유가 가득 찬 『베버리지 보고서』는 전후 영국 사회의 미래를 보여 주는 청사진이었으며, 많은 국민이 독일에 맞서 싸우는 전쟁에 참여할 것을 독려하기 위한 목적을 가지고 있었다.

경제학자였던 윌리엄 베버리지(William Beveridge)는 결코 사회주의자는 아니었지만, 자유방임 경제를 지지하지도 않았다. 그는 국가가 국민의 최소생활을 보장해야 한다고 주장했다. 그는 사회주의 방식의 기계적 분배를 주장하지 않았다. 대신 그는 가난한 사람을 돕기 위한 '국민보험'을 제안했다. 원래 국민보험은 1911년 로이드 조지(George, L.) 총리가 이끄는 자유당 정부가 부자에 대한 소득세를 대폭 증가하여 만든 제도이었지만, 모든 국민이 가입한 것은 아니었다. 베버리지는 국민보험을 전 국민에게 확대해야 하고, 모든 국민이 국민보험 기여금을 납부하면 질병에 걸리거나 직장을 잃거나 은퇴한 후에 급여를 제공하자고 주장했다. 1948년 모든 국민에게 의료를 제공하는 국가보건서비스(NHS)의 설립이 대표적이다. 또한 아동수당은 아이를 돌보는 모든 부모에게 제공되었다. 아동수당은 제2차 세계대전 이후 인구가 감소된 영국 사회에 커다란 영향을 미쳤으며 베이비붐을 일으키는 데 기여했다.

비슷한 시기에 다른 나라에서도 복지국가가 탄생했다. 독일은 '사회국가(Sozial staat)'라고 부르고, 스웨덴에서는 '인민의 집(Folkhemmet)'이라고 부르기도 했다. 미국의 루스벨트 대통령은 국가안보와 같이 사회안보(social security)가 중요하다고 주장했다. 영국의 역사가 아사 브릭스(Briggs, A.)는 복지국가의 조건으로 최소생활의 보장, 사회적 위험을 대비하는 사회보험, 모든 시민에게 최고의 서비스를 제공하는 사회제도를 지적했다(Briggs, 1961). 이 가운데 첫 번째와 두 번째 요소는 1960년대에 대부분의 서유럽 국가들에서 실현되었다. 당시 복지국가의 1인당 국내총생산은 1만 달러 수준이었다. 예상하지 못했던 '자본주의 황금기'가 도래하면서 복지국가의 발전이 급속도로 이루어졌다.

1950년대 영국 사회학자 토마스 험프리 마셜(Marshall, T. H.)은 복지국가의 이론가로 유명했다. 그는 복지국가란 민주주의, 복지, 자본주의의 특수한 결합이라고 보았다(Marshall & Bottomore, 1992). 민주주의는 모든 사람이 평등하다고 전제하지만, 자본주의는 불가피하게 불평등을 만든다. 그래서 사회적 형평성을 확대하는 장치로 복지국가가 등장했다. 복지국가는 기본적으로 누진적 조세를 통한 부의 재분배를 추구하기 위한 다양한 복지제도를 만들었다. 이 가운데 보육 · 교육 · 의료는 '기회의 평등'을 강화하는 데 중점을 두는 데 비해, 연금 · 실업보험 · 공공부조는 '결과의 평등'을 강조하는 경향이 강하다. 마셜도 영국의 복지국가가 전쟁의 시기에 만들어졌다는 점을 지적하면서, 복지국가를 사회통합의 필수적 요소로 보았다.

마셜은 영국의 복지국가의 상징은 국가보건서비스(NHS)라고 지적했다. 실제로 당대의 영국 국민은 모든 국민에게 무상의료를 제공하는 NHS를 적극적으로 지지했다. 지금도 NHS는 환자에게 의료비를 요구하지 않는다. 물론 이 돈은 납세자가 부담한다. 하지만 외국 학생에게도 관대한 혜택을 준다. 전쟁 이후 영국이 처음 '복지국가'를 만들 때는 틀니와 안경까지 무료였다.

미국 사람들이 아이를 낳기 위해 건너오기도 했다고 한다. 하지만 복지국가가 순탄하기만 한 것은 아니었다. 1970년대 경제위기로 정부재정이 줄어들자 처방전과 약값을 환자가 부담하기로 했다. 하지만 지금도 영국 국민은 NHS를 압도적으로 지지하고 있다. '보건은 국가서비스의 기본'이라는 합의가 그대로 유지되고 있다.

제2차 세계대전을 거치면서 유럽과 북미의 정부에 정도의 차이는 있었지만, 스웨덴에서 볼 수 있는 기업과 노동조합 사이의 계급타협을 적극적으로 추진했다. 이러한 노사정 3자 사이의 정치적 연합을 학자들은 삼자주의 또는 코포라티즘(corporatism)이라고 불렀다. 실제로 자유시장 경제체제를 유지한 많은 국가들에서도 국가의 복지 기능을 점차 확대하면서 정치적으로 노사정의 타협을 이룩하는 코포라티즘이 확산되었다(선학태, 2006). 전쟁을 겪으면서 극좌파와 극우파는 정치적으로 몰락한 반면, 중도좌파와 중도우파가 세력을 확대했다.

온건함이 새로운 정치적 미덕이 되었다. 영국 보수당은 '일국민 보리주의(One Nation Toryism)'를 내걸었다. 긴축정책을 포기하고 사회복지의 공적제도화와 혼합경제, 노동조합을 인정했다. 이탈리아와 독일처럼 카톨릭 문화가 강한 나라에서는 온정주의와 사회적 책임, 호혜의 전통이 부상했다. 서독의 기독교민주당(CDU)은 '사회적 시장경제'를 주장하며 복지 확대를 추구했다. 또한 노동조합과 고용주의 협상을 제도화하는 직장협의회가 법적으로 인정받았다. 다른 한편 좌파 정당의 노선도 변화했다. 서독의 사민당(SPD)는 1959년 에르푸르트 당대회에서 마르크스주의를 포기하고 점진적 개혁을 추구하는 온건노선을 채택했다. 1950년대와 1960년대를 거치면서 네덜란드, 스웨덴, 오스트리아, 영국의 사회주의자들은 모두 계급정당을 포기하고 국민정당으로 변신하려고 애썼다.

전후 세계의 지도자들은 이해관계가 다른 사회집단들이 서로 화해하고 협력하는 새로운 국가를 건설해야 한다고 주장했다. 자유방임경제에서 대공황의 위기가 발생했다고 생각한 학자들과 정치인들은 자유로운 시장경제에 모든 것을 맡기는 것은 위험하다고 생각했다. 경제위기와 혼란은 대량실업과 절대빈곤을 급증시키고 노동자와 자본가의 격렬한 갈등을 일으킬 수 있다고 보았다. 전쟁의 참화를 겪은 세계는 사실상 국가의 적극적 시장 개입 없이는 경제회복이 불가능했다. 케인스 경제학이 주장하는 것처럼 국가가 경제에 개입하여 고용을 확대하는 것은 중요한 과제로 부각되었다. 동시에 국가는 계급갈등을 완화할 수 있는 제도적 장치를 만들었다. 공산주의 혁명에 공포를 느끼고 파시즘을 지지했던 중간계급도 계급타협이 필요하다고 생각했다. 중간계급은 더 많은 세금을 납부하여 노동자계급을 지원하는 복지정책을 수용할 수 있다고 생각했다. 이렇게 거시경제의 관리를 강조하는 케인스 경제학, 노사정 타협을 강조하는 코포라티즘, 조세를 통한 복지국가를 기반으로 하는 사회민주적 합의의 정치(Consensus Politics)가 발전하였다.

3. 유럽 복지국가의 도전과 대응

서유럽의 복지국가는 적어도 세 가지 모델이 존재했다. 1990년 덴마크 출신 사회학자 에스핑-안데르센(Esping-Anderson, G.)은 『복지자본주의의 3가지 세계』에서 복지체제를 사회민주주의, 보수주의, 자유주의 유형으로 분류했다. 자유주의 복지국가(영국, 미국, 캐나다, 호주 등), 보수적인 코포라티즘의 복지국가(독일, 프랑스 등 유럽대륙 국가들), 사회민주주의 복지국가(스웨덴, 노르웨이, 덴마크 등 북유럽 국가들)가 바로 그것이다. 그러면 이러한 유형을 나눈 기준은 무엇인가? 에스핑-안데르센은 복지국가가 시장에 예속된 정도(탈상품화), 복지국가의 정책이 코포라티즘을 통해 이루어지고 있는 수준, 노동자집단이 정치적으로 조직화된 수준, 복지정책과 경제정책이 통합된 정도에 따라 유형을 구분했다.

현재까지도 에스핑-안데르센의 연구는 가장 권위를 가지고 있지만, 동시에 많은 비판을 받기도 했다. 무엇보다도 에스핑 안데르센의 연구가 남성 노동자를 중심으로 복지체제를 분류했기 때문에 여성의 관점을 제대로 제시하지 못했다는 비판을 받았다. 또한 에스핑-안데르센이 제시한 세 가지 유형에 모든 복지국가가 딱 들어맞는 것은 아니라는 비판도 대두되었다. 실제로 자유주의 복지국가인 미국, 영국, 캐나다의 복지체제도 상당한 차이가 있다. 그리고 같은 보수주의 복지국가인 독일과 프랑스의 차이도 크다. 일부 학자들은 세 가지 유형 이외에 '남유럽 모델'(또는 지중해 모델)을 추가해야 한다고 주장한다. 동아시아 복지국가도 독특한 성격을 갖고 있기 때문에 새로운 모델로 추가해야 한다는 지적도 있다. 이런 점에서 보면 복지체제의 유형은 3개가 아니라 4개, 5개, 그 이상의 유형으로 세분화될 수 있을 것이다. 실제로 세계 각국의 복지체제의 유형이 서로 영향을 주고받으면서 무수히 많은 혼합형을 만들고 있다. 하지만 에스핑-안데르센의 3가지 유형은 상당히 유용한 모델을 제시했으며, 아직도 많은 사람들에 의해 사용되고 있다.

최근에도 복지국가의 다양한 유형이 그대로 유지되는 이유는 1980년대 이후 급속하게 확대되는 '서비스 경제의 삼중모순(trilemma)'에 대응하는 국가 전략과 밀접한 관련을 가진다. 미국 정치학자 토벤 아이버센과 앤 랜이 지적한 삼중모순은 서비스 경제가 발전한 나라에서 사회적 평등, 고용의 확대, 공공예산의 균형 유지를 동시에 실현하지 못하는 현실을 지적한 개념이다(Iversen & Wren, 1998). 서비스 경제의 확대에 따라 탈산업화가 확대되면서 고용의 확대와 고용의 질의 문제가 서로 대립된다. 또한 사회서비스의 발전을 통한 고용 확대는 소득 불평등을 확대하거나 정부의 재정적자를 악화시켰다.

서비스 경제의 트라일레마에는 세 가지 상이한 유형이 등장한다. 먼저, 영미권 국가에서는 정부가 제공하는 현금 급여와 사회서비스의 발달 수준이 모두 낮아 재정 부담은 적지만 사회적 형평성은 악화되었다. 둘째, 독일 등 유럽대륙의 국가에서는 현금 급여가 발달했지만, 사회서비스의 수준이 낮고 여성의 취업률이 낮은 편이다. 셋째, 스웨덴과 같은 사회민주적 복지국가에서는 정부가 직접 사회서비스를 제공하여 새로운 고용을 창출했지만, 정부의 재정 부담이 크다. 그러나 북유럽의 국가에서는 서비스 경제의 트라일레마가 존재하지 않는다는 반론도 있다. 상대적으로 제조업이 강한 북유럽 국가들이 불평등의 저하, 높은 수준의 고용, 적절한 공공지출을 동시에 유지하고 있다는 연구도 있다(Hemerijck, 2002). 유럽 국가들은 세계화와 정보화가 이끄는 사회변동에 적응하는 것처럼 보이지만, 다른 한편으로 상이한 모델이 가지는 역사적 경로의존성을 보여 준다(Esping-Andersen, 1996).

서비스 경제의 확대와 제조업의 쇠퇴는 불가피하게도 노동계급의 인구 감소와 계급정당의 약화를 유발했다. 지속적인 선거 패배로 야당 신세를 면치 못했던 유럽의 사회민주당은 새로운 대안을 모색해야만 했다. 1990년대 후반 '제3의 길(The Third Way)' 노선이 새로운 사회민주주의 노선으로 큰 관심을 끌었다. 영국의 신노동당(New Labour)과 블레어 정부가 대표적이다(Blair, 1998). 독일의 '신중도(Neue Mitte)'와 네덜란드의 '폴더 모델(Polder Model)'도 비슷한 변화를 추진했다. 제3의 길을 주창한 블레어 정부는 시장과 효율성을 중시한 보수당의 경제정책을 수용하는 한편, 동시에 교육과 직업훈련을 강조하는 적극적 노동시장 정책을 도입했다(김윤태, 2005). 블레어 정부는 복지를 국가의 책임으로 간주하는 전통적 복지국가와 달리 개인의 권리와 책임의 상호주의를 강조했다.

이러한 변화에는 영국 사회학자 앤서니 기든스(Giddens, A.)의 '제3의 길' 정치철학이 커다란 영향을 미쳤다(Giddens, 1998). 기든스는 실업자에 제공하는 실업수당과 같이 시혜적 · 소비적 복지를 '소극적 복지(negative welfare)'라고 분류한 반면, 개인의 책임성과 자율성을 높이는 생산적 · 투자적 복지를 '적극적 복지(positive welfare)'라고 표현했다(Giddens, 1998). 1990년대 후반 이후 사회민주당의 재정적자와 고율의 세금을 비판하는 우파의 논리를 수용하고 균형재정과 인플레이션 억제라는 통화주의 신조를 채택했다. 특히 영국, 독일, 네덜란드에서 집권한 사민당 또는 노동당 정부는 거시경제정책의 제한으로 공공재정의 지출을 통한 재분배정책을 추진하지 않았다(Giddens, 2001). 기든스의 책은 유럽, 북미뿐 아니라 한국의 김대중 정부와 노무현 정부에서도 인기가 있었다.

제3의 길은 사회민주당의 집권에 영향을 주었지만, 다른 한편 1960년대 이후 유럽의 사회민주주의가 경험했던 정치노선의 수정 가운데 가장 커다란 변화였다. 제3의 길 정치는 조세를 통한 부의 재분배를 추구하는 전통적 사회민주주의 노선과 달리 고용확대를 통한 지속 가능한 성장을 주장하였고, 시장경제의 역동성과 교육과 직업훈련 등 노동시장정책을 강조했다. 실업수당 등 복지급여의 조건부 수급, 자산조사, 직업훈련 의무의 강화를 통해 복지에 의존하는 대신 근로동기를 강조하는 정책을 추진했다. 그들은 이를 '활성화(activation)' 정책이라고 불렀다.

독일 정치학자 볼프강 메르켈(Merkel, W.)은 제3의 길 정치가 긍정적인 측면과 부정적인 측면을 동시에 가지고 있다고 평가했다(Merkel, 2008). 그는 제3의 길 정치가 강조한 '활성화' 정책은 빈곤율과 실업율을 낮추는 일정한 성과를 만들었다고 지적했다. 그러나 다른 한편으로는 기업과 부유층의 세금을 감면하고 관대한 사회보장제도를 축소하여 전통적 지지층의 외면을 받았다. 특히 독일에서는 사민당(SPD)과 좌파당이 분열하여 노동계급의 정치적 기반이 급격하게 약화되었다. 제3의 길 정치를 맨 처음 제창한 영국 노동당도 지난 총선에서 야당이 되었다.

현재 유럽의 사회민주주의는 심각한 도전에 직면하고 있다. '제3의 길'의 정치라는 정치적 수사는 사실상 사라졌다. 앤서니 기든스도 '제3의 길'이 오해를 불러일으키고 있으니 이 용어를 사용하지 말자고 제안했다. 그러나 제3의 길 정치가 사라진 이후 새로운 정치적 아이디어와 패러다임도 사라졌다. 지금이야말로 과거의 성과와 실패에 대한 면밀한 분석이 필요한 시점이라는 지적이 커지고 있다.

지난 20년 동안 중도진보 정당의 프로그램은 지나치게 공급 측면을 강조하고 자유시장의 역동성을 과대평가했다. 반면에 금융시장의 탈규제와 불안정성에 따른 위험을 충분하게 예측하지 못했다. 결과적으로 지난 30년 동안 전 세계적으로 빈부격차가 커졌다. 경제협력개발기구(OECD) 국가들의 경우 빈부 격차가 30년 만에 가장 크게 벌어졌다. 부유층 상위 10%의 소득은 빈곤층 하위 10%보다 9배나 많다. 지난 30년 사이 미국의 상위 1%의 소득은 3배로 늘었지만, 하위 20%의 소득은 18%만 늘었다. 미국은 14대 1 수준이고, 한국은 10대 1에 달한다.

이에 비해 노동조합의 지지를 받고 있는 전통적 사회민주당의 정치적 기반은 계속 약화되고 있다. 무엇보다도 유럽에서 육체노동자의 비율은 약 15% 수준에 그치고 있는 반면, 서비스와 정보 경제에서 일하는 사람들의 수가 급증하고 있다. 이들은 과거 노동조합의 집단적 정체성과는 다른 소속감과 생활방식을 가지고 있다. 노동조합의 조직률이 낮아지고 있으며, 청년층의 사회민주당에 대한 관심이 급속하게 줄어들고 있다. 이제 대부분의 사회민주당의 지지율은 20~25% 수준에 머무르고 있으며, 연합정부를 구성하지 않으면 단독으로 집권하기는 거의 불가능한 형편이다. 이에 중도진보정당은 노동조합의 경계를 넘어 다양한 진보세력과 손을 잡는 연합정치의 대안을 제시해야 한다는 압력을 받고 있다.

그러면 사민당의 선거 패배가 곧바로 복지국가의 약화로 연결되는 것일까? 2009년 9월 독일 총선에서 11년 만에 중도우파 정당인 기민당(CDU)-기사당(CSU) 연합이 승리했다. 그러자 마치 기다렸다는 듯이 많은 사람들이 '유럽 우경화'와 '유럽 좌파의 몰락'을 지적했다(김윤태, 프레시안, 2009. 10. 8.). 그러나 유럽의 우경화를 보여 주는 대표적 사례로 꼽는 프랑스와 독일의 사례를 보면 다른 사실을 발견할 수 있다. 이 두 나라의 중도우파 정부가 보여 준 정치적 행보는 미국과 한국의 기준에서 보면, 과연 우파라고 할 수 있을지 의문이다. 사르코지 프랑스 대통령과 메르켈 독일 총리는 2008년 미국 금융위기 이후 '영미식 자본주의의 탐욕'을 비판했다. 오히려 적극적인 국가 개입을 강조하면서 사회주의적 이념과 정책을 도입해 집권에 성공했다. 미국 금융위기 이후 '기업 규제 강화'라는 거대한 흐름을 재빨리 읽고 대응한 것이다.

유럽의 중도우파 정부는 대체로 광범위한 복지 제공, 국민건강보험, 탄소배출 규제 등 좌파가 주장하는 정책을 도입했다. 여기에 고용보호와 금융규제를 주장하며 좌파보다 더 적극적으로 좌파 정책을 실행하여 선거에서 승리했다. 영국의 캐머론 보수당 총리도 1980년대 대처 총리의 신자유주의와 결별하고 국가보건서비스(NHS)의 강화와 '온정적 보수주의'를 강조했다. 2006년 집권한 스웨덴의 라인펠트 중도우파 정부도 1930년대 사민당이 만든 모든 시민을 보호하는 '보편적 복지국가'를 그대로 유지했다. 아마 유럽의 우파들이 한국에 온다면 한국의 낮은 조세부담률(20%)을 더 올려야 한다고 말할 것이다.

독일 메르켈 총리의 선거공약도 기민당의 중도노선을 잘 보여 준다. 우파 정당답게 소득세 인하와 법인세, 상속세의 개혁을 주장했지만, 세율을 낮추는 정도이지 누진 조세제도의 틀을 완전히 무너뜨리는 것은 아니다. 세금을 줄이기 위해 복지국가를 약화시키고 싶지 않기 때문이다. 더불어 여성과 저소득층 등 사회적 약자를 우대하는 복지공약을 약속했다. 자민당(FDP)의 요구와는 달리 노동자 해고를 쉽게 허용하자는 노동시장 유연화는 반대했다. 최근 금융위기에 맞서 은행 국유화 계획도 꺼려하지 않았다.

사르코지 프랑스 대통령은 공무원 감원과 기업 법인세 인하 등을 추진하는 한편, 부동산과 주식 양도세를 인상해 빈곤층 지원을 위한 사회연대세(PSA)를 만들었다. 또한 청년 실업자를 위한 '능동적 연대소득(RSA)' 지급 대상을 확대하기로 했다고 밝혔고 금융회사의 보너스 규제를 가장 강력하게 주장했다. 최근 미국에서 열린 G20 정상회담에서 프랑스 정부는 단기 외환거래에 세금을 부과하자는 토빈세 도입을 주장했다. 석유 등 화석연료에 부과하는 탄소세 도입 등 진보적 정책을 수용하고, 전통적인 경제성장률 대신 진보적 경제학자들이 제안하는 '행복지수'를 발표하기도 했다(김윤태, 프레시안, 2009. 10. 8.).

한국의 기준에서 보면 독일과 프랑스 우파 정부는 여러 가지 점에서 좌파 정부라고 볼 수 있다. 왜냐하면 독일과 프랑스에서는 정부가 교육, 의료, 보육을 거의 완벽하게 책임지고 있기 때문이다. 등록금 없이도 대학을 다닐 수 있고, 모두가 의료보험 혜택을 받고, 무료로 보육시설을 이용할 수 있는 유럽의 복지모델은 계속 유지되고 있다. 이처럼 유럽의 중도우파정당이 진보적 정책을 적극 수용했다는 사실은 복지국가의 기본적 가치와 정책방향이 우월하다는 사실을 보여 준다. 다른 각도에서 보면 이탈리아 이론가 안토니오 그람시의 표현대로 중도우파 정부가 헤게모니를 장악하기 위해 복지국가를 활용하는 정치전략을 효과적으로 활용하고 있다고 볼 수 있다.

앞에서 살펴본 대로 복지국가에 대한 연구는 경제적 차원에서 제한되지 않아야 한다. 세계화와 복지국가의 논쟁도 그렇다. 지난 수십 년 동안 일부 학자들은 세계경제의 통합이 전반적으로 복지국가를 약화시킬 것이라고 예측했지만, 실증적 증거를 보면 반드시 그런 것은 아니다. 미국 버클리 대학교 정치학자 폴 피어슨(Pierson, P.)의 『복지국가는 해체되는가』를 보면, 1980년대 이후 대처 시대의 영국과 레이건 시대의 미국에서 정부의 복지재정 지출 수준은 거의 변화하지 않았다(Pierson, 1996). 일부 복지 프로그램은 축소되었지만 복지제도의 축소에 반대하는 정치세력 때문에 복지국가의 근본적인 토대를 바꾸지는 못했다. 급격한 지출 삭감에 대한 대중의 정치적 반발에 직면하여 영국과 미국의 정부는 겁을 먹은 채 번번이 퇴각했다. 이처럼 복지국가의 변화는 항상 수많은 사회정치세력의 역학관계에 따라 좌우된다.

한국의 경우를 보면, 김대중 정부는 1997년 외환위기 직후 경제개방과 노동유연성을 확대하는 동시에 사회보호체계를 강화하는 정책을 선택했다. 일부 학자들은 김대중 정부가 추진한 복지제도가 국가의 부담을 최소화하려는 신자유주의적 성격을 가지고 있다고 비판한다. 실제로 복지재정의 수준은 경제협력개발기구(OECD) 국가 평균 수준(20%)에 비해 매우 낮은 7% 수준이다. 하지만 국민건강보험, 국민연금, 고용보험 등 사회보험제도는 모든 국민을 가입 대상으로 정했다는 점에서 복지국가가 추구하는 보편주의 원칙에 가깝다고 볼 수 있다. 그러면 왜 한국에서는 형식적 제도는 보편적 원칙에 따랐으면서도 복지재정의 수준은 매우 낮은 것일까? 이에 관해 어떤 학자들은 '발전주의 체제'의 경로의존성을 강조하고, 다른 의견으로 '제도화되지 않은 낙후된 수준'을 지적하는 학자들도 있다(정무권, 2009).

복지국가의 발전과정을 보면 각국의 역사적 배경과 사회정치적 조건에 따라 다양한 경로를 선택하고 있다는 점을 발견할 수 있다. 역사적으로 보면 독일, 영국, 프랑스 등 각국의 복지국가의 등장도 사회 내 정치적 역동성과 밀접한 관련이 있다. 한마디로 말하면, 복지는 정치다. 이런 점에서 복지체제에 관한 체계적인 연구를 위해서는 선거제도, 정당정치, 대통령제, 국회의 입법과정, 이익집단정치, 사회적 협의 등 다양한 정치적 역학관계에 대한 이해가 필요하다. 이러한 연구는 보편적 복지국가를 강화하는 전략이 어떻게 광범위한 정치적 지지를 동원할 것인가라는 실천적 문제와 직결된다.

4. 스웨덴 복지국가는 쇠퇴하는가

스웨덴에서 들은 이야기다. "젊은이들이 미국에 유학 가서 졸업하면 미국에서 취직하려고 하죠." 미국에는 직장이 많고 연봉이 높기 때문이다. "그러나 결혼하고 아이를 낳을 때가 되면 스웨덴으로 다시 돌아옵니다." 반면 아이를 키우는 환경은 스웨덴이 더 좋기 때문이다(김윤태, 프레시안, 2010. 3. 11.). 미국의 공립학교는 질이 낮고 학생들의 중퇴율이 높다. 대학 등록금은 세계 최고 수준이며, 사립대학은 학비만 연 5천만 원이 넘는다. 병원비는 상상을 초월하고, 의료보험의 가격도 너무 높다. 일자리가 없으면 실업수당으로 살아가기가 불가능하다. 이에 비해 스웨덴에서는 한 살 때부터 보육비, 대학 등록금, 심지어 대학원까지 모든 교육비가 무료다. 병원도 공짜이고 장애인과 실업자를 위한 수당도 매우 관대한 수준을 유지하고 있다.

왜 스웨덴은 이런 복지제도를 만들었을까? 좌파 사회민주당이 오랫동안 집권해서 그런가? 모르는 소리다. 스웨덴의 복지제도는 사회주의와는 거리가 멀다. 오히려 철저하게 자본주의 경제를 유지하기 위해서 만들어졌다. 복지제도가 경제성장을 방해할 것이라고 생각하는 사람들은 좀처럼 이해하기 힘들 것이다. 1938년 스웨덴 정부, 노동조합, 기업 대표가 살츠요바덴

(Saltsjöbadem)에 모여 자본가의 경영권을 인정하는 대신 노동자를 위한 사회복지를 제공하기로 결정했다. 그 후 스웨덴의 파업은 사라지고 경제는 높은 성장률을 이룩했다. 결국 스웨덴의 복지국가는 대공황으로 망해 가는 자본주의 경제를 살려 놓았다.

스웨덴이 복지제도를 도입한 이유는 사실 생산적 · 투자적 관점에서 비롯된 것이다. 1934년 스웨덴 경제학자 군나르 뮈르달(Myrdal, G.)과 부인 알바 뮈르달(Alva Reimer Myrdal)은 유명한 저서 『인구문제의 위기』에서 출산율의 저하와 인구 고령화가 결국 경제의 쇠퇴를 야기할 것이라고 예측했다. 인구가 감소할수록 노동생산성을 높이기 위해 우수한 노동력이 중요하다고 생각했다. 그래서 '인적자본(human capital)을 위한 투자'를 강조하는 새로운 사회정책을 강조했다. 그리고 육아와 가정의 문제를 사회적 차원에서 해결해야 한다고 주장했다. 그 후 스웨덴의 노동조합(LO)과 사회민주당(SAP)은 사회정책과 경제정책을 밀접하게 연결하려고 노력했다. 실업자들에게 단순히 실업급여만 주는 것으로 그치지 않았고, 교육과 훈련의 기회를 제공하는 '적극적 노동시장정책(active labor market policy)'을 추진했다.

20세기 초에 앞으로 스웨덴의 인구가 감퇴할 것이라고 예측한 뮈르달의 통찰력이 놀랍다. 실제로 지금도 스웨덴은 인구 약 900만의 작은 나라다. 서울보다도 적다. 스웨덴처럼 작은 나라가 세계적인 경쟁력을 갖고 있는 것은 바로 사람에 대한 투자 덕분이다. 2011년 스웨덴의 1인당 국내총생산(GDP)은 56,956달러다. 이는 세계 18위로 영국, 독일, 프랑스보다 높다. 기대수명, 교육 등을 고려한 인간개발지수(HDI)는 세계 9위다. 복지국가는 경제의 생산성을 높일 수 있을 뿐만 아니라 사람들의 주관적 행복감도 높인다. 영미권 국가보다 북유럽 국가에서 행복 수준이 더 높은 것은 질병, 장애, 실업 등 예상하지 못한 위험을 막아 주는 사회안전망이 잘 갖춰져 있기 때문이다.

성공한 복지국가로 평가받았던 스웨덴 모델은 노사합의를 강조했지만, 주요 사회경제적 제도는 대부분 국가가 주도하여 이루어졌다. 자유경쟁을 강조하는 영국과 미국 모델과 노사합의를 강조하는 일본과 독일 모델과 다른 점이 많다. 전후 스웨덴은 자유방임 자본주의와 국가사회주의와 다른 '제3의 길'로 많은 찬사를 받았다. 특히 노사타협으로 장기적인 산업안정을 이룩하고 지속적인 경제성장을 이룩한 나라로 평가받고 있다.

스웨덴 경제에 어려움이 없었던 것은 아니다. 1980년대 이후 경제 불황을 거치면서 심각한 경제위기를 겪었다. 스웨덴은 국민 1인당 국내총생산(GDP)이 1970년대에는 세계 4위였으나, 1995년에는 16위까지 떨어졌다. 결국 1990년대 집권한 우파 정부는 시장 자유화 정책을 확대했다. 정부 재정을 축소하고, 연금제도를 개혁하고, 복지를 지불 가능한 수준으로 감소하려고 시도했다. 그러나 높은 조세를 토대로 하는 보편주의적 사회복지체제는 스웨덴 모델의 핵심적 요소로 계속 유지되고 있다. 정부가 바뀌어도 국민의 절대다수가 여전히 복지국가를 지지하고 있다.

에스핑 안데르센의 3가지 유형에 따르면, 스웨덴은 대표적인 사회민주주의 유형으로 평가받는다. 스웨덴은 사회적 권리를 보호하기 위해 '탈상품화'가 가장 발달된 복지제도를 채택했다. 전 국민을 대상으로 하는 보편적 수당을 도입했으며 가장 평등주의적 국가로 꼽힌다. 최근까지 스웨덴의 보편주의적 복지국가가 무너진다는 어떠한 조짐도 보이지 않는다. 고용확대, 재정압박, 사회적 형평성이라는 삼중모순(트라일레마)을 가장 효과적으로 잘 대처하는 나라가 스웨덴이다.

그러나 고정불변의 스웨덴 모델은 없다. 스웨덴 모델은 끊임없이 변화했다. 1990년대 경제위기 이후 스웨덴은 소득세와 법인세를 인하하였고 상속세와 부유세를 폐지했다. 또한 복지국가의 관료화와 중앙집중화를 막기 위한 분권화가 추진되었다. 실업급여 지급기간과 임금대체율도 약간 낮아졌다. 스웨덴은 독립학교를 만들어 학교 선택권을 확대했다(김윤태, 프레시안, 2009. 7. 3.). 그러나 사회민주당은 2010년 총선에 소득세와 사회보장성 기금 인상을 내걸었지만 참패하고 말았다. 세금 인상을 꺼려하는 중산층이 등을 돌린 것이다. 전통적인 스웨덴의 고부담-고수익 모델은 한계에 부딪힌 것처럼 보인다.

스웨덴 모델에서 주목해야 할 점은 바로 사회지출의 구조다. 사회지출의 구조가 경제성장을 촉진하는 중요한 변수가 되고 있다는 점이다(Wilensky, 2001). 빈곤층에 초점을 맞추는 사회지출은 근로동기의 저하와 조세저항의 심화를 초래해 경제성장에 부정적이지만, 보건의료의 공적 제공과 공공보건 지출, 적극적 노동시장 정책, 가족지원 정책은 경제성장에 매우 긍정적이다. 특히 조세구조의 경우 사회지출 규모가 큰 유럽 국가들은 법인세와 자본이득세 의존도가 낮은 반면, 간접세 및 사회보장세 의존도가 높은 기업 친화적 조세 제도를 운영하고 있다. 유럽 국가들은 높은 사회지출을 통해 노동조합의 양보를 얻어 간접세를 늘리고 기업에 대한 과세를 줄이는 조세구조인 반면, 영미권 국가들은 노동조합의 양보를 얻기 힘들기 때문에 기업에 대한 과세에 의존하는 조세구조를 보인다. 복지국가를 통한 사회적 합의구조가 제도화된 나라는 지나친 임금인상과 파업을 자제하여 오히려 기업의 투자와 노동생산성을 높일 수 있는 조건을 형성할 수 있다. 결국 복지국가를 통한 사회적 합의구조의 형성은 경제성장에 매우 중요한 기여를 한다.

결과적으로 지금까지 스웨덴은 높은 대학 진학률, 잘 훈련된 노동력, 다수의 하이테크 기업, 높은 고용률과 여성경제활동 참가율 등에서 탄탄한 기반을 갖고 있는 것으로 평가받는다. 스웨덴 경제는 세계 최고 수준의 연구개발(R&D) 투자와 인적자본 투자로 국제경쟁력을 유지하고 있다. 에릭슨, SKF, 텔리아, 볼보 등의 스웨덴 기업은 세계적 수준의 기술력으로 많은 수출 실적을 보이고 있다. 최근 세계경제가 위기에 빠지면서 국내총생산(GDP)이 감소했지만, 아직도 주요 기업의 혁신능력과 노동자의 숙련수준은 매우 높은 것으로 평가받고 있다. 스웨덴은 주로 고부가가치 제조업이 강세를 보이고 있으며, 숙련노동자의 역할이 매우 중요하다.

최근 미국발 금융위기 이후에 세계경제가 침체되면서 수출주도경제인 스웨덴도 어려움을 겪고 있다. 2004년 실업율은 4% 수준이었으나, 경제위기 이후 2011년 7.3%까지 상승했다. 하지만 2011년 경제협력개발기구(OECD) 평균 실업률 8.1%에 비하면 낮은 편이다. 스웨덴 정부는 직접 사회서비스를 제공하여 전체 노동력의 30% 수준의 고용을 창출했다. 학계에서는 인적자본에 대한 사회적 투자가 고용 증대와 소비 촉진을 통해 내수 부양 효과가 있고 경제성장에도 기여한다고 본다. 실제로 적극적 노동시장 정책을 처음 시작한 스웨덴과 노르웨이뿐 아니라 1990년대 이후 유사한 정책을 도입한 덴마크와 네덜란드의 실업률도 점차 하락했다. 개인의 능력을 키우고 사회안전망을 제공하는 복지제도가 고용율을 높이고 빈곤율을 낮추는 효과를 만든 것이다.

5. 한국의 복지국가 논쟁과 연합정치의 가능성

한국의 역사에서 '복지국가'는 뒤늦게 등장했다. 1960년대부터 한국은 고도성장을 이루었지만, 복지제도의 도입은 뒤로 미루어졌다. 박정희 정부는 '선성장 후분배'의 논리를 내세워 산재보험을 제외한 모든 복지제도의 도입을 시기상조로 보았기 때문이다. 건강보험과 연금제도는 군인, 공무원 등 특수 이익집단의 전유물이었고, 대부분의 국민은 사회보험과 복지제도에서 소외되었다.

1987년 민주화 이후에도 수많은 급진적 정치 담론이 등장했지만 '복지국가'가 진보진영의 목표가 된 적은 없었다. 1987년 개정한 헌법 제34조에 복지가 '국민의 권리'라는 점과 복지를 추구할 국가의 의무를 명시했지만, 진보진영은 복지국가의 발전을 적극적으로 주장하지 않았다. 민주화 이후 지역주의 정치구도가 한국 정치를 지배하면서 복지정책은 중요한 선거 쟁점이 되지 못했다. 국민들의 복지에 대한 권리의식은 매우 낮았던 반면에, 지역개발 공약이 주요 선거 쟁점이 되었다. 결과적으로 정부 재정은 경제 예산과 사회간접자본 예산에 집중했고, 복지 예산은 낮은 수준에 머물렀다.

1997년 외환위기 이후 기업의 정리해고가 허용되고 실업률이 급증하면서 사회안전망과 복지제도에 대한 관심이 커졌다. 2000년 이후 김대중 정부의

'생산적 복지'와 노무현 정부의 '사회투자국가'도 복지에 대한 관심을 확산하는 데 기여했다(김연명, 2002; 2006). 또한 민주노동당의 무상복지 선거공약도 중요한 기여를 했다. 김대중 정부 등장 이후 복지예산은 2배 가까이 증가했다. 2005년 노무현 정부 시기에 복지예산은 정부 예산 가운데 가장 높은 비율을 차지했다. 1998년 이후 한국의 복지예산 증가율은 연 평균 10% 선에 도달했으며 세계에서 가장 빠른 속도로 증가했다. 결과적으로 1997년 3.8%에서 2008년 8.3%로 10여 년 동안 2.2배로 늘었다.

최근 복지논쟁이 본격적으로 확산되는 계기는 2009년 경기도 교육감 선거에서의 '무상급식' 논쟁에서 비롯되었다. 2010년 6월 지방선거에서도 진보개혁진영은 무상급식을 주요 선거공약으로 내세워 커다란 논쟁을 불러일으켰다. 이렇게 복지에 대한 긍정적 태도가 증가한 이유는 1997년 외환위기 이후 경제 자유화와 노동시장의 유연화가 급속도로 이루어지면서 사회적 위험이 커지고 삶의 질이 위협받고 있다는 불안감과 관련 있어 보인다. 과거에는 평생고용이 보장되었던 직장인들이 구조조정과 조기퇴직으로 직장을 잃으면 생활비, 교육비, 의료비를 해결하지 못하는 지경에 이르기도 하였다. 장기적으로 보면, 인구 고령화와 가족구조의 변화는 부모의 부양과 노인요양에 대한 새로운 정책 대응을 시급하게 요구하고 있다. 한국이 복지국가로 발전하기 위해서는 복지담론과 전략의 형성과 정치의 재구성이 중요하다(김윤태, 2011).

아직 한국사회에서는 많은 사람들의 복지에 대한 권리의식이 매우 낮은 편이다. 특히 보수세력은 복지확대가 경제성장을 저해한다고 주장한다. 복지재정을 마련하기 위한 높은 조세는 기업에 부담을 주어 경제에 나쁜 영향을 미친다고 본다. 그러나 서유럽 복지국가의 역사에서 볼 수 있듯이 반드시 복지지출이 경제성장에 부담을 주는 것이 아니라 오히려 경제성장을 촉진할 수 있다. 복지국가에서 사회보장의 혜택을 제공함으로써 노동자들의 생산성이 높아질 수 있다. 스웨덴, 노르웨이, 덴마크, 독일의 경험을 보면 발전된 사회보장제도와 높은 생산성은 상호 긍정적 효과를 가진다. 효율적인 복지제도는 지나친 노사갈등과 사회갈등을 줄일 수 있다. 오히려 복지제도가 부족한 사회에서 사회경제적 격차가 커지면서 사회적 비용이 커질 수 있다. 바로 이런 이유 때문에 서유럽 국가에서 진보정당뿐 아니라 보수정당 역시 복지국가를 그대로 유지해야 한다고 주장한다.

19세기와 20세기 초부터 스웨덴과 비슷하게 유럽의 다른 복지국가들도 '생산적 관점'을 가지고 복지국가를 만들었다. 이 시기에 도입한 새로운 복지정책은 노동시장의 효과적인 운영을 통해 다른 국가들과 전쟁을 수행할 수 있는 우수한 산업 노동력과 군사력을 충원하려는 목표를 추구했다. 지금 새롭게 개편하는 현대 복지국가도 다시 경제적 목표를 위해 복지국가가 기여해야 한다고 주장한다. 이제는 노동시장에 참여할 수 없는 빈곤층을 강제로 규제하는 영국 빅토리아 시대의 「구빈법」과 달리 노동시장의 노동이동성과 고용가능성을 강조하는 사회투자를 강조한다. 대부분의 복지국가에서 복지정책이 경제정책과 결합되어야 한다는 주장이 널리 인정받고 있다.

점점 국제화되는 시장에서 국가 경쟁력을 강화하는 복지국가의 새로운 역할이 부각되고 있다. 복지가 필요한 시민에게 수동적으로 지원하는 전통적 복지국가가 달라지고 있다. 시민의 자활을 격려하고 책임을 강화하며 유급노동으로 이동하도록 도와주는 역할을 수행하는 '역동적 복지국가(active welfare state)'로 전환해야 한다는 시각이 확산되었다. 이제 사회정책은 단순한 복지급여의 전달에서 사회투자의 방향으로 이동하고 있다. 이제 한국에서도 복지에 대한 관점을 바꿔야 한다. 경제성장과 고용확대를 위해 복지국가가 필요하다는 새로운 정치적 담론이 필요한 시점이다.

이제 한국에서도 복지를 확대해야 한다는 주장이 공감대를 형성하고 있다. 당연하게도 한국 복지국가의 최대의 관건은 조세개혁이 될 것이다. OECD 국가에 비해 한국의 국내총생산 대비 조세부담률(약 20%)과 국민부담률(약 25%)의 수준은 상당히 낮은 편이다. 그러나 증세냐 감세냐의 이분법의 논리는 정치적으로 복지담론을 제약할 수 있다. 진보정당이 주장하는 부유세와 사회복지세에 대한 유권자의 지지가 어떠한지 신중하게 살펴보아야 한다. 현재 부자증세에 대한 지지는 높은 편이지만, 간이과세제도 폐지, 금융

소득세 인상 등 조세개혁을 통해 세원을 확대하는 전략도 주도면밀하게 검토해야 한다. 물론 장기적으로 세금인상과 복지확대가 오히려 개인들에게 더 효율적인 선택이 될 수 있다. 그러나 정치적 지지를 고려하는 정교하고 효과적인 조세정책을 마련해야 한다. 정치적 지지 없는 복지국가 건설은 없다.

한국사회에서 복지국가의 발전을 위해서는 노동조합과 계급정당의 역할이 필수적이라는 지적이 있다. 한국의 진보세력은 산별노조, 진보정당, 비례대표제 선거제도의 개혁이 없이는 복지국가를 위한 정치동맹의 가능성이 적다고 주장한다. 1936년 노조, 기업, 정부 3자가 타협하여 만든 살츠요바덴 협약을 탄생시킨 스웨덴의 역사적 경험과 비교하면, 사실 한국에는 복지국가를 추진할 노동조합도 진보정당도 친복지세력도 취약하다. 스웨덴처럼 노사타협의 전통도 없다.

그러나 모든 국가에서 복지국가가 발전한 경로가 동일한 것은 아니다. 역사적으로 보면 노동조합과 계급정당이 복지국가를 만든 것은 아니다. 1880년대 독일의 복지제도는 보수적인 비스마르크 정부가 이끌었다. 1910년대 영국의 복지제도는 로이드 조지 자유당 총리가 본격적으로 추진했다. 1930년대 미국의 복지제도도 민주당과 루스벨트 행정부가 주도적으로 만들었다.

제2차 세계대전 이후 독일, 프랑스, 오스트리아, 네덜란드의 복지제도는 좌우 협력으로 이루어졌다. 1930~1940년대 스웨덴의 복지국가도 노동조합과 사민당이 주도한 것으로만 보아서는 안 된다. 사실상 스웨덴의 복지국가도 오랜 시간 동안 보수세력과 진보세력의 지속적인 타협과 절충을 통해 만들어진 것이었다. 1990년대 한국의 김대중 정부가 도입한 국민기초생활보장제도는 시민사회가 주도적으로 제기했으며, 국회에서 여야 합의로 법안을 통과시켰다.

이런 점에서 한국에서도 복지국가 건설을 위한 연합정치(coalition politics)의 중요성에 주목해야 한다. 연합정치의 필요성은 득표를 위한 선거전술 차원이 아니라 사회구조적 변화의 정치적 반영이다. 한국의 선거정치에서 지역 변수는 약화되고 있지만 계층과 세대의 균열은 점점 커지고 있다. 이처럼 복합적인 정치 균열은 다양한 유권자의 투표성향이 더욱 분화되는 특징을 보여 준다. 영남과 호남의 유권자들이 한나라당과 민주당 대신 무소속과 군소정당을 지지하는 경우가 증가했다. 수도권의 젊은 유권자들은 모든 정당들을 부정하거나 불신하는 태도를 보이고 있다. 이들은 지역개발과 관련된 이슈보다 환경, 식품, 안전 등 생활정치에 관련된 이슈에 대한 관심이 크다. 새로운 가치 지향을 가진 유권자의 증가는 전통적 정당체제의 근본적 변화를 요구한다.

연합정치의 필요성은 유럽과 미국의 정치에서도 관심을 끌고 있다. 과거의 가족, 계급, 지역의 틀이 무너지고 있으며 개인화의 확대로 사회적 다양성이 증가하고 있다. 계급 외에 지역, 종교, 성적 취향, 가치, 세대 등 다양한 사회집단의 분화와 정치성향의 파편화는 과거의 계급정당 또는 이념정당의 정치적 기반을 근본적으로 바꾸고 있다. 많은 여성들에게 경제활동 참여, 이혼율 증가, 노조 가입률 하락, 정치적 무당파 증가 등의 현상이 일어나고 있다. 거대한 조직을 기반으로 하는 사회체계는 생활세계의 다양한 문제를 제대로 다루지 못하고 있다. 특히 노동계급 중심의 진보정당과 환경, 탈물질적 가치, 개인의 정체성에 관심을 갖는 젊은 세대 사이의 정치적 간격이 커지고 있다. 2008년 미국 쇠고기 수입을 반대하는 촛불 문화제와 거대한 대중 참여가 대표적인 사례다. 한국에서도 생활정치에 대한 대중적 관심에 대해 제도권 정당은 제대로 대응하지 못하고 있다. 이런 점에서 진보정당 이외에도 정치적 시민운동의 중요성이 부각될 수 있다.

2012년 대선에서는 한국의 복지정치를 이끌 연합정치의 전략적 중요성은 더욱 부각될 것이다. 한국적 복지국가 모델이 필요하듯이 한국 현실에 맞는 정치전략이 요구된다. 현재 진보당은 당장 민주당과 통합하기보다 보수-중도-진보의 삼각구도가 정치적으로 더 유리하다고 (또는 바람직하다고) 보고 있는 듯하다. 그러나 어쨌든 장기적으로 진보정당의 독자세력화를 추진하기 위해서는 미국식 소선거구제 대신 유럽식 정당명부제 비례대표제를 확대하는 방향으로 선거법을 개정할 필요가 있다. 실제로 유럽의 경험에서 볼 수 있듯이 비례대표제가 발전한 국가에서 지역적 의제보다 전국적 차원의 복지 관련 의제가 정치적 쟁점으로 부각될 가능성이 많다. 그러나 비례대표제를 포함한 선거법 개정은 새누리당과 민주당 등 거대정당의 동의가 없다면 어렵다. 사실상 진보정당의 '삼분지계'의 성패가 거대한 양대 정당의 결정에 달려 있다는 점은 확실히 구조적 한계다. 이런 점에서 2012년 대선을 앞둔 정치전략은 진보진영의 정치적 분수령이 될 것이다.

6. 결 론: 복지국가를 넘어서

진정으로 서구 복지국가의 경험에서 우리가 배워야 할 점은 단순하게 서구 복지국가의 장점만이 아니라 오류와 실패에서 교훈을 얻어야 한다. 궁극적으로 국가는 사후에 빈곤에 대응하기보다 사전에 예방하는 복지를 제공해야 한다(Giddens & Diamond, 2005). 인도 출신 경제학자로 노벨 경제학상을 수상한 아마르티아 센(Sen, A.)이 『자유로서의 발전』에서 강조했듯이, 일시적인 현금급여뿐만 아니라 장기적으로 개인의 능력을 키울 수 있는 복지가 더 중요하다(Sen, 1999). 또한 최근 서구 복지국가가 어떻게 관료주의와 하향식 통제를 탈피하려고 하는지 살펴보아야 한다(김윤태, 프레시안, 2010. 12. 10.).

다음으로, 복지국가의 지속적 발전을 위해서는 개인의 권리만큼 책임도 중요하다는 사실을 인식해야 한다. 토마스 험프리 마셜이 그의 논문 「시민권과 사회계급」에서 지적한대로, 복지국가의 발전을 보면 국가권력의 확대보다 시민권의 등장이 더욱 중요한 영향을 미쳤다(Marshall & Tom, 1992). 영국의 복지국가의 발전에서 공민권, 정치권, 사회권을 포함한 시민권의 발전이 중요한 역할을 수행했다. 그러나 시민권은 개인의 권리만 강조하는 것이 아니라 책임도 요구한다. 모든 시민은 세금을 납부하고 국방의 의무를 다하고 자녀 교육을 위해 노력하는 부모의 역할도 성실하게 수행해야 한다. 특히 고용과 노동시장의 참여도 시민권의 필수조건으로 보아야 한다. 복지국가는 의존과 자립 사이의 양자택일이 아니라 상호의존의 문화를 중시해야 한다(김윤태, 2009).

셋째, 에스핑 안데르센이 그의 저서 『21세기 새로운 복지국가』에서 강조하듯이, 전통적 복지국가는 남성 부양자 위주의 복지 모델을 강조했다(Esping-Andersen, 2002). 그러나 가족이 직면한 새로운 위험구조가 등장하면서 일하는 엄마들은 가정과 직장의 양립 문제에 부딪히고 있다. 양성평등과 새로운 성계약을 요구하는 투쟁은 여성 문제로만 보아서는 안 되며, 사회적 차원에서 해결해야 할 문제다. 일찍이 1930년대 알바와 군나르 뮈르달 부부가 여성친화 정책을 주장했듯이, 새로운 복지국가는 취업모에 대한 공적지원, 일자리 공급, 임금격차 해소, 모성 보호를 추구하는 여성친화적 복지체제를 대폭 확대해야 한다. 이처럼 성정치(sexual politics)의 등장에 따라 더욱 양성평등적 복지국가의 발전을 기대하고 있다.

마지막으로 복지의 궁극적 목표는 경제적 만족이 아니라 정신적 행복의 추구다. 19세기 영국의 공리주의자들처럼 복지를 단순하게 가난한 사람을 돕는 제도로만 본다면 매우 일차원적 복지국가에 머물고 말 것이다. 지난 10년간 한국의 행복지수는 세계적으로 가장 낮은 수준에 머물고 있다. 가장 빠른 물질적 성공을 이룬 나라가 정신적 실패에 직면했다는 역설적 현실이 바로 한국사회의 비극적 자화상이다. 그러나 아직도 많은 한국 사람들은 물질적 성공에 집착하고 있다. 그러나 경쟁에서 이기는 것과 더 많은 돈을 벌고 소비하는 것이 곧바로 행복의 증대를 보장하지는 않는다(김윤태, 한겨레신문, 2009. 9. 16.). 환경을 파괴하고 경제성장에 의존하는 복지국가는 미래가 없다. 앞으로 새로운 복지국가는 물질적 복지를 넘어 환경보호와 정신적 차원의 안녕을 함께 추구하는 방향으로 나아가야 한다. 다른 삶의 가치와 대안을 모색하는 과정은 사회 전체적 차원에서 복잡한 정치적 갈등을 일으킬 수 있다. 이런 점에서 복지국가는 단순한 경제성장의 결과가 아니라 더 나은 삶을 위한 사회적 합의를 만들어가는 지속적인 정치과정으로 보아야 한다.

참고문헌

김연명(편)(2002). 한국 복지국가 성격논쟁 Ⅰ. 서울: 인간과 복지.

김연명(편)(2009). 사회투자와 한국 사회정책의 미래: 사회투자 담론이 한국사회의 복지발전과 사회발전에 유용한 전략인가?. 서울: 나눔의 집.

김윤태(2005). 영국 복지국가의 전환: 사회정책의 한계와 전망. 사회복지정책, 21, 189-216.

김윤태(2009). 새로운 진보와 한국 정치. 새로운 진보의 길: 대한민국을 위한 대안. 김형기, 김윤태 공편. 서울: 한울.

김윤태(편)(2011). 한국 복지국가의 전망: 새로운 도전, 새로운 과제. 서울: 한울.

선학태(2006). 사회협약정치의 역동성. 서울: 한울.

정무권(편)(2009). 한국 복지국가 성격 논쟁 Ⅱ. 서울: 인간과 복지.

Blair, T. (1998). *The Third Way: New Politics for the New Century*. London: Fabian Society.

Briggs, A. (1961). The Welfare State in Historical Perspective. *European Journal of Sociology, 2*, 221-258.

Esping-Andersen, G. (1990). *The Three Worlds of Welfare Capitalism*. Princeton: Princeton University Press.

Esping-Andersen, G. (1996). *Welfare States in Transition: National Adaptations in Global Economies*. London: Sage.

Esping-Andersen, G. (2002). *Why We Need a New Welfare State*. Oxford: Oxford University Press.

Giddens, A. (1998). *The Third Way: The Renewal of Social Democracy*. Cambridge: Polity.

Giddens, A. (Ed.) (2001). *The Global Third Way Debate*. Cambridge: Polity.

Giddens, A., & Diamond, P. (2005). *The New Egalitarianism*. Cambridge: Polity.

Hemerijck, A. (2002). The Self-Transformation of the European Social Model(s). In G. Esping-Andersen (Ed.), *A New Welfare Architecture for Europe: Why We Need a New Welfare State*. Oxford: Oxford University.

Iversen, T., & Wren, A. (1998). Equality, Employment, and Budgetary Restraint: The

Trilemma of the Service Economy. *World Politics, 50*(4), 507–546.

Marshall, T. H., & Tom, B. (1992). *Citizenship and Social Class.* London: Pluto.

Merkel, W. et al., (2008). *Social Democracy in Power: The Capacity to Reform.* London: Routledge.

Pierson, P. (1994). *Dismantling the Welfare State? Reagan, Thatcher, and the politics of retrenchment.* Cambridge: Cambridge University Press.

Sen, A. (1999). *Development as Freedom.* New York: Afred A. Knopf, Inc.

Willensky, H. L. (2001). *Rich Democracies: Political Economy, Public Policy, and Performance.* California: University of California Press.

제2장

보수정권의 복지정치: 복지정치의 감정사회학

박형신

1. 서 론

최근 한국사회는 '복지정치'에 대한 논의로 뜨겁다. 2010년 지방선거에서 야권이 무상급식 공약을 내걸면서 쟁점화된 복지논쟁은 여야를 막론하고 가장 뜨거운 정치적 쟁점으로 부상했다. 이에 화답하듯, 학계에서도 복지정치는 가장 주목받는 연구주제로 부상했다. 2011년 고려대 아세아문제연구소가 "한국 복지정치의 전개와 전망"(2011. 5. 21.)이라는 주제로 학술대회를 개최한 이래, 한국사회복지정책학회는 "한국의 복지정치와 지속가능성"(2011. 6. 3.), 한국비교사회학회는 "국가-시민사회와 복지정치의 전망"(2011. 10. 14-15.), 한국정치사회학회는 "한국 복지정치의 대전환"(2011. 12. 2.)을 주제로 학술대회를 개최했다.

이들 학술대회에서 그간 한국의 복지정치와 영역별 복지정치, 그리고 그 대안에 대한 많은 논의가 있었지만, 정당과 복지정치에 관한 논의, 그중에서도 특히 왜 현 시점에서 진보정당뿐만 아니라 보수정당 역시 복지정책을 쏟아내는지에 대한 논의는 찾아보기 어렵다. 이러한 논의의 배경에는 복지는 진보정당의 전유물이라는 사고가 깔려 있다. 하지만 한국의 복지정책의 역사를 살펴보면, 한국 복지제도의 틀을 마련한 주요 복지정책들은 보수정권 시절에 그 기틀을 잡거나 확대 · 개편되어 왔다. 그러나 이 글이 보수정권이 한국의 복지국가를 성립시켰다고 말하는 것은 아니다. 다만 그들이 한국의 '복지체계(welfare regime)'를 만들어 왔음을 지적할 뿐이다. 우리 사회의 복지 포퓰리즘 논쟁은 우리나라가 복지국가와는 여전히 거리가 멀다는 사실을 반증하는 동시에 복지가 중요한 정치의 대상이라는 점을 말해 준다.

정치에서 정당은 극히 중요한 요인이다. 최근 우리 사회에 번역되어 소개된 집권정당과 자살률과의 관계를 증명한 책(Gilligan, 2012)은 정당이 정치의 영역을 넘어 사회에 어떠한 영향을 미치는지를 잘 보여 준다. 다른 영역보다도 복지정치에서 정당은 특히 중요하다. 이러한 상황을 반영하듯, 한국에서 정당과 복지정치에 대한 연구는 그간 꾸준히 누적되어 왔다. 하지만 그러한 연구들은 거의 복지와 진보정당의 관계에 집중되거나(이률대면, 강병익, 2009; 권혁용, 2011), 개별 진보정권의 복지정책에 대한 평가(이영환, 2002; 손호철, 2005; 박용수, 2009; 김영순, 2009; 백두주, 2011; 김연명 편, 2002)가 주류를 이루고 있다.

보수정권의 복지정책에 대한 연구도 박정희 정권(권문일, 1989; 김영재, 서봉섭, 1995; 강명세, 2003; 양재진, 2007)과 이명박 정권(주은선, 2008; 최재성, 2010; 김순영, 2011; 김원섭, 남윤철, 2011)을 중심으로 일정한 연구가 이루어지고 있다. 이들 연구 중 박정희 정권에 대한 연구가 복지정책의 실시 원인에 초점이 맞추어져 있다면, 이명박 정권에 대한 연구에서는 복지정책의 축소가 주요한 논제로 부각되고 있다. 이러한 연구들에서 나타나는 주요 논점들은 중요한 문제를 제기하게 한다. 진보정당 또는 진보정권과 동일시되는 복지정책이 왜 보수정권, 보수정당에서도 제기되는가? 보수정권 내에서 복지의 확대와 축소를 가져오는 요인은 무엇인가? 그리고 보수정권 복지정치의 특성과 한계는 무엇인가? 이 글은 바로 이러한 문제의식에서 출발하며, 이에 대한 감정사회학적 해석을 시도한다. 즉, 이 글은 집권 보수세력의 권력축소와 권력상실의 공포가 보수정권의 복지정치의 동학을 해명할 수 있음을 보여 주는 것을 목적으로 한다. 이를 위해 제2절에서는 복지국가의 우파적 기원을 탐색하고 우파 복지정치의 배후에는 우파정권의 공포가 자리하고 있음을 밝힌다. 제3절에서는 보수정권의 복지정책을 추동하고 제약하는 두 축으로, 공포정치와 복지정치라는 개념을 이상형적으로 설정한다. 제4절에서는 이 두 축을 중심으로 한국의 보수정권의 복지정치를 감정사회학적으로 해명한다. 여기서는 아직 '복지국가' 담론은 아니지만 '복지사회' 담론이 제기된 박정희 정권부터 다룬다. 하지만 김영삼 정권의 경우, 집권 이전의 진보적 정치활동 경력을 감안하여 논의에서 제외했다. 그렇지만 이 글이 우파정당을 복지의 주체로 상정하고자 하는 것은 아니며, 좌파정당의 복지노력을 무시하거나 폄하하고자 하는 것도 아니다. 단지 복지국가의 우파적 기원과 그 동학을 감정사회학적 관점에서 찾아내고 그 특성과 한계를 밝히는 것을 목적으로 한다. 따라서 구체적인 복지정책의 내용에 대한 분석은 제외된다. 마지막으로, 결론에서는 이러한 보수정권 복지정치의 특성과 한계를 지적하고, 복지정치 강화의 감정적 토대를 탐색한다.

2. 복지국가의 우파적 기원과 복지정치의 감정적 토대

그간 복지정치는 좌파의 전유물로 인식되고, 복지문제를 제기하는 사람들은 좌파로 인식되는 경향이 있었다. 이러한 인식은 복지국가가 가장 잘 발전된 사회민주주의 국가가 우리에게 주는 선입견 때문일지도 모른다. 하지만 복지국가의 역사가 보여주듯이, 복지정치는 좌파의 전유물이 아니다. 복지국가의 발전과정에서 좌파정부와 노동계급의 역할이 무엇이든 간에, 초기 복지국가 조치는 일반적으로 자유주의적 또는 보수적 엘리트들에 의해 도입되었다. 심지어 스칸디나비아 사회민주주의에서조차 복지국가는 보수적 또는 자유주의적 정치세력에서 기원한다(Esping-Andersen, 2006: 167; Pierson, 2006: 36).

보다 구체적으로 살펴보면, 건강보험(1883) · 산재보험(1884) · 고령장애연금(1889)을 비롯한 사회보장제도를 세계 최초로 법제화하여 복지정책의 기틀을 마련한 비스마르크는 독일 보수주의의 수장이었다. 영국에서도 1911년 세계 최초로 도입된 실업보험을 주도한 것은 영국 자유당이었고, 영국 복지제도의 초석을 마련한 베버리지(Beveridge) 역시 경제적 자유주의자였다. 그리고 스웨덴은 1913년 노인연금법을 도입했는데, 그것을 주도한 것은 사회민주당이 아닌 자유당이었다. 스웨덴 역시 영국이나 독일과 마찬가지로 보수정당에서 복지제도를 만든 셈이다(신광영, 2011).

하지만 복지국가의 발전에서는 조금은 다른 이야기가 가능하다. 복지국가의 발전과 좌파정당의 밀접한 관계에 대한 경험적 조사가 다수 제출되어 왔기 때문이다(Hewitt, 1977; Furniss & Tilton, 1979; Stephens, 1979). 특히 코르피(Korpi, W.)는 이 분야에 관한 연구에 집중했으며, 복지국가의 발전 정도는 좌파정당과 노동계급 역량의 함수관계에 있음을 입증하기도 했다(Korpi, 1983). 이와는 조금 다르게 힉스(Hicks, A.)와 스완(Swank, H.)은 우파정권의 집권이 복지팽창의 기를 현저히 꺾기는 했지만, 좌파 · 중도파 · 기독교 민주당 등 '기업지향적(businsss-oriented)'이지 않은 정당의 집권은 복지국가의 확대에 기여한다고 주장한다(Hicks & Swank, 1984). 이와 대조적으로 윌렌스키(Wilensky, H.)는 좌파정당보다는 가톨릭정당의 집권을 복지지출의 가장 강력한 지표로 규명하고, 정당경쟁의 강도가 복지지출 노력을 증대시킬 수 있다고 주장한다(Wilensky, 1981).

이러한 주장 역시 복지정치는 좌파만이 아니라 우파에게도 중요한 정치적 대상이라는 점을 말해 준다. 또한 보수적 정치세력이 거듭 집권한 국가라고 하더라도, 그리고 좌파와 노동운동세력의 힘이 약한 국가라고 하더라도, 이들 국가가 복지 '후진'국일 뿐 이들 국가에 복지제도가 전무한 것은 아니다. 또한 우파 정치세력들은 복지국가 '위기론'을 자신들의 무기로 사용하면서도, 복지팽창에 두려워할 뿐 실제로 복지지출을 축소시키지는 못했다. 그리고 우파정당이 중요한 시기와 고비마다 좌파정당과 복지경쟁을 벌이는 것도 사실이다.

그렇다면 우파정권들이 그 내부에서 제기되는 좌파적이라는 비난에도 불구하고, 보수진영을 설득하면서까지 복지정치를 자신들의 주요한 정치적 대안으로 제시하는 이유는 무엇인가? 독일과 영국의 초기 복지도입의 역사는 이에 대한 설명의 단초를 제공해 준다. 비스마르크의 사회보험제도의 도입 배경에는 당시 사회민주당의 부상과 노동계급의 성장이 자리하고 있었다. 비스마르크는 1878년 황제 암살기도를 빌미로 사회주의자를 억압하기 위한 「사회주의 탄압법」을 제정했지만, 노동계급이 실업과 빈곤의 위협에 노출되어 있는 한, 이것만으로는 사회주의의 확산을 막고 노동계급과 사회민주당의 결합을 차단할 수 없었다. 이러한 상황에서 비스마르크는 "사회적 폐단의 척결은 사회민주주의자들의 과격행동을 탄압하는 것 외에 근로자복지의 적극적인 향상이 꾀해지면서 실현되어야한 것"이라고 강조했고, 사회보험 입법이야말로 「사회주의 탄압법」을 '보충'할 수 있는 수단이라고 보았다(김태성, 성경륭, 2000: 90-91). 영국의 경우, 베버리지 보고서가 채택되어 복지제도를 도입하게 된 배경에는 양차 대전과 대공황이라는 전쟁과 실업이 자리하고 있었다. 베버리지는 실업과 전쟁으로 고통 받는 영국인들 사이에 연대의식을 고취시키기 위해 다섯 가지 사회적 질병, 즉 가난 · 질병 · 무지 · 불결 · 나태를 해결하는 것이야말로 국가가 존재하는 이유라고 주장했다(신광영, 2011: 38).

이들 사례를 놓고 볼 때, 보수정권이 복지제도를 도입하지 않을 수 없게 만든 것은 '사회주의혁명의 위협'에 대한 선제조치와 '전쟁을 위한 국민동원'이었다고 할 수 있다. 그렇다면, 이 두 요인은 우파 복지정책의 근원으로 얼마나 설득력을 갖는가? 먼저 전자의 경우를 살펴보면, 사회주의의 위협 그 자체가 곧 우파정권에 의한 복지제도의 수립으로 이어지지는 않는다. 이를테면 사회주의와의 전면적 대립에 나섰던 국가들, 특히 미국과 한국의 경우가 이를 잘 보여 준다. 하지만 체제 외부의 사회주의와의 대립이 아닌 체계 내부의 사회주의와의 경쟁이 우파세력으로 하여금 국민의 지지를 획득하기 위한 수단으로 복지정책을 채택하게 했다고 할 수도 있다. 이러한 경우는 사회민주주의 세력이 강력한 국가에서 드러난다. 그러나 이것은 우파 정치세력들이 '복지 위해론'을 펼쳐 왔다는 사실을 설명하기는 어렵다.

다음으로 전쟁과 우파복지의 관계를 살펴보자. 이와 관련해서는 전시에 국민의 희생 강요와 충성심 확보 수단으로 국내적으로 복지서비스를 강화한다는 이른바 '전쟁-복지국가(warfare-welfare state)' 가설이 제기되기도 했다(김태성, 성경륭, 2000: 109). 그러나 이러한 전쟁에 기초한 복지정책이 미국과 같은 '복지 지체국'에서도 사회보장법 제정의 토대로 작동하기도 했지만, 군인 및 특수 계층의 복지에만 적용되었을 뿐 보편적 복지와는 거리가 멀다. 그리고 한국과 같은 경우 전쟁은 복지 억압의 토대가 되기도 했다.

그렇다면 우파 복지정치를 추동하는 동력은 무엇인가? 이와 관련하여 살펴볼 필요가 있는 것이 바로 '당파성이론(partisan theory)'이다. 이 이론은 복지국가 발전과정에서 정당과 정부의 당파성이 중요하다는 것이다(Hibbs, 1977; Korpi, 1983). 그러나 이 이론이 논증하는 것은 사회민주당 등 좌파정부의 집권이 빈번했던 국가들이 더 큰 복지국가를 이루었고, 반대로 빈번한 우파정부 집권을 경험한 국가일수록 사회지출의 비율이 현저하게 낮았다는 것이다(권혁용, 2011: 14). 따라서 이 주장에 따르면, 우파의 복지정책은 예외적 상황일 수도 있다. 그렇다면 무엇이 우파정당과 정권에게 복지를 적극적 정책수단으로 만드는가? 여기서 앞서 논의한 윌렌스키의 지적에 주목할 필요가 있다. 즉, 그는 복지국가의 발전과 정당경쟁의 관계를 지적한다. 이 맥락에서 중요한 변수로 등장하는 것이 바로 선거다. 경쟁적 정당민주주의에서 표를 얻기 위한 정당 간의 경쟁이 보수정당으로 하여금 핵심적 지지층의 이해관계를 넘어 복지정책을 선거정치의 핵심 쟁점으로 부상시킬 수 있다는 것이다. 하지만 이러한 주장 역시 한계가 있다. 왜냐하면 복지는 좌파정당의 핵심정책이며, 우파정당이 복지를 먼저 쟁점으로 부각시키는 것은 우파정치에서도 또한 예외적 상황이기 때문이다.

이렇듯 우파의 복지정치는 이중의 예외적 상황이다. 그렇다면 언제 이러한 예외적 정책이 발생하는가? 앞서의 논의를 종합해 보면, 사회주의와의 대결, 전쟁, 실업, 정당 간의 격심한 경쟁 등 우파세력의 '정치적 위기' 상황이 그 배경으로 깔려 있다. 그러나 이러한 정치적 위기에 직면했을 경우, 우파세력이 항상 복지정치를 그 돌파구로 삼은 것은 아니었다. 그리고 경제적 위기에 따른 정치위기 시기에는 우파세력은 복지를 경제위기의 주범으로 몰아 복지국가의 위기를 소리 높여 주장하기도 했으며, 어쩌면 이것이 더 일반적이었다. 그렇다면 이러한 우파의 대응방식의 차이는 왜 발생하는가? 이러한 차이는 구조적 원인이 곧바로 복지정책의 결정요인이 되지 않는다는 것을 의미한다. 이것은 사회학적으로 말하면, 구조가 직접 행위를 규정하지 않는다는 것을 의미한다. 그렇다면 그것의 이면에는 어떠한 동학이 존재하고 있는가?

거시적 감정사회학은 이 문제에 대해 유용한 해결책을 제시해 준다. 거시적 감성사회학은 구조와 행위 사이에 배후 감정이 자리하고 있으며, 이 감정이 구조와 행위를 매개하고, 이 감정동학이 행위의 방향을 규정한다고 주장한다(Barbalet, 2007, 2010; 박형신, 정수남, 2010; 박형신, 이진희, 2008). 일례로 실업상태에 처한 노동자의 경우를 살펴보자. 이 노동자가 심각한 감정적 좌절을 경험한다고 가정한다면, 이 노동자의 행위는 좌절의 감정동학에 따라 다양하게 나타날 수 있다. 이 노동자가 자신의 좌절이 자신의 무능력에서 기인한다고 파악할 경우 사회 부적응자가 될 수도 있으며, 사회적 제약을 원인으로 파악할 경우 저항에 나설 수도 있다. 마찬가지로 우파 정치세력 역시 자신이 처한 구조적 상황과 그에 따른 감정, 그리고 그 감정을 해소하기 위한 개인적 · 집합적 노력은 감정 동학에 따라 서로 다른 형태로 나타날 수 있다. 우파정당의 복지정치 역시 이와 같은 논리에서 해명할 수 있다.

그렇다면 우파의 복지정치의 배후에 깔려있는 감정은 무엇인가? 그것은 바로 정치적 위기상황이 초래하는 권력축소 또는 권력상실의 '공포'다. 사회주의의 부상, 경기침체, 전쟁, 좌파 또는 대항세력과의 권력거리 축소 모두가 집권세력에게 극심한 공포를 경험하게 하고, 이러한 공포에 대응하는 방식이 바로 그들 집단의 정책노선을 결정한다. 이 글은 바로 이러한 우파정당 또는 보수정권이 느끼는 공포의 감정동학을 규명함으로써 우파 복지정책의 근원과 그 성격을 규명하고자 한다.

3. 공포의 감정 동학과 복지국가: 공포정치와 복지정치의 변증법

1) 정치엘리트와 공포

하이데거(Heildegger, M.)의 철학적 논의에 따르면, 공포는 우리를 보호해 주는 안전장치가 풀렸을 때 거기서 비롯되는 위협이나 무서움으로 이해된다. 즉, 공포는 안전장치가 풀린 상태에서 자신에게 아직 위험이 닥치지는 않았지만, 이미 그 위험을 느낀 상태에서 발생하는 감정이다(Heidegger, 1998: 450-457; 구연상, 2002: 64-73; 정수남, 2010: 63). 이러한 공포 감정에는 두 가지 통념이 있다. 첫째는 공포에 대한 다윈(Dawin)의 정식화를 특징짓는 것으로, 무력감이나 위축감을 특징으로 한다는 것이다. 따라서 일반적으로 공포는 무능력하다는 느낌을 유발하고, 행위를 억제하고, 변화를 초래하기보다는 가로막는다고 인식되어 왔다. 둘째는 공포가 유발하는 무능력감 때문에, 전적으로 종속적 또는 취약한 지위나 역할을 차지하고 있는 사람들의 감정이라고 빈번히 가정된다.

하지만 바바렛(Barbalet, J. M.)은 이 두 가지 통념 모두에 이의를 제기했다. 먼저 바바렛은 첫 번째 통념과 관련하여, 공포가 특정한 관계 속에서 주체의 취약성을 표현할 경우, 필연적으로 주체에게 자신의 이익에 보다 적절하게 기여할 수 있도록 상황을 변화시킬 수 있는 선택과 유인책을 고려하게 한다고 지적한다(Barbalet, 2007: 249-251). 그리고 두 번째 통념과 관련해서는 공포를 경험하는 것은 단지 무력한 사회적 행위자만이 아니라고 지적한다. 즉, 엘리트들도 그들이 지배하는 사회체계 내에서 권력관계가 상대적으로 변화하여 자신들의 특권적 지위가 위협받을 때, 공포를 느낄 수 있다. 그리고 플람(Flam, H.)은 기업감정에 대한 연구에서 피고용자뿐만 아니라 경영자들 역시 공포를 느끼고 있음을 경험적으로 입증하고 있다(Flam, 2009).

그렇다면 엘리트들의 공포는 어디에서 오는가? 바바렛은 이를 권력불균형과 관련하여 다음과 같이 설명한다.

> 막강한 또는 상위의 지위를 차지하고 있는 사람들에서는 절대적 권력불균형이라기보다는 상대적 권력불균형이 공포를 초래할 수도 있다. ……예컨대, 상대적으로 엘리트권력이 쇠퇴하고 하위 또는 종속집단의 권력이 증가하는 형태의 권력관계 변화는 엘리트에게 자신의 특권적 지위가 위험에 처할 수 있다는 공포를 유발할 수 있다. 다른 경우에서와 마찬가지로, 여기서도 역시 공포는 ……권력관계로부터 야기된 전망에 의해 그의 이해관계가 위협받고 있다는 것을 드러내는 징후로서 기능한다(Barbalet, 2007: 269).

플람 역시 이와 유사한 맥락에서 공포는 “주관적으로 느낀 권력관계의 산물”이며, 공포가 “권력관계의 침해로부터 생겨나는 자아에 대한 ……위협을 나타낸다.”라는 의미에서 “공포는 현실에 대한 점검”이라고 주장했다(Flam, 1993: 59-60).

이렇듯 바바렛과 플람은 엘리트의 공포를 권력관계에서 찾고 있으나, 그 공포가 가져오는 결과에 대해서는 서로 다르게 진단한다. 플람의 경우에, 조직상황에서 공포는 기존의 조직유형 변화시키거나 발전시키는 것이 아니라 유지하고 보존하게 한다. 즉, 공포는 조직경영자들을 순응과 보수주의로 이끈다(Flam, 1993: 70-71). 반면 바바렛은 엘리트의 공포가 보다 광범위한 정치적 환경 속에서 표출된 압력을 상쇄하기 위한 제도적 혁신으로 이어질 것이라고 가정한다. 이를테면, 그는 제1차 세계대전 기간과 직후의 영국 노동계급의 성장은 엘리트들에게 공포분위기를 조장하는 데 기여했고, 이것이 노동조직의 혁신과 발전을 틀 지우며 노동세력을 사회의 비위협적인 세력으로 전환시켰을 뿐만 아니라 영국 복지제도의 토대가 되었다고 해석한다(Barbalet, 2007: 274-278).

그렇다면 왜 결과에서 이러한 차이가 나는가? 이것은 정치엘리트들이 공포에 어떻게 대응하는가에 달려 있다. 이에 대한 단초를 제공해 주는 것이 캠퍼의 논의다. 캠퍼는 공포의 원인을 권력부족으로 보고, 개인적 수준에서 주체가 권력부족을 유발한 책임이 자신에게 있다고 인식할 경우 그것은 주체에게 무력감과 회피를 유발하고, 그 원인이 타자에게 있다고 판단할 경우 타자에게 적대감을 드러내고 싸우게 한다고 주장한다(Kemper, 1978). 하지만 이는 개인적 수준에서의 대응행동일 뿐 집합적 수준, 특히 집합적 정치엘리트나 그들의 조직인 정당의 경우에는 상황이 전혀 다르다. 권력의 쟁취 또는 유지에 최고의 목적이 있는 정당과 정치엘리트로서는 전자의 정치적 행위 유형을 따르는 것은 이론적으로나 현실적으로 불가능하다. 그들에게서는 자신들의 권력목표상 자신들이 공포 유발의 원인 제공자일 경우라도, 권력유지를 위한 적극적 정치행위가 불가피하게 요구되기 때문이다.

그렇다면 정치엘리트들은 어떠한 행위를 통해 공포에 대처하는가? 이 문제를 구체적으로 설명하기 위해 바바렛은 공포의 '원인'과 '대상'을 구분할 것을 강조한다. 그에 따르면, 공포의 원인은 공포가 유발되는 관계들의 구조와 관련하여 이해되어야만 한다. 다른 한편 공포의 대상이란 감정주체가 두려움 속에서 지향하는 그 무엇이다(Barbalet, 2007: 256). 이 경우에도 정치엘리트의 공포는 권력의 부족 내지는 축소에서 기인한다. 그러나 그들이 공포의 대상으로 삼는 것은 국민, 보다 구체적으로는 자신의 지지세력의 이탈이다. 이러한 상황에서 지지세력의 이탈 원인이 자신에게 있다고 인식하는 경우와 외부세력의 움직임에서 기인한다고 판단하는 경우, 정치엘리트들의 행위는 전혀 다른 방식으로 나타난다. 이것이 바로 아래에서 논의하는 '공포정치'와 '복지정치'다.

2) 공포정치와 복지정치

일찍이 막스 베버(Weber, M.)는 정치를 "국가들 사이에서 또는 국가 내의 집단들 사이에서 권력에 참여하고자 하거나 권력의 배분에 영향력을 행사하고자 하는 노력"이라고 정의했다(Weber, 1991: 208). 이러한 정의에 기초할 때, 앞서 논의한 정치세력의 공포는 자신들의 권력축소 가능성을 미리 차단하기 위한, 즉 지지세력의 이탈을 방지하기 위한, 그리고 더욱 적극적으로는 국민들의 지지를 재확보하기 위한 정치를 필요로 한다. 다시 말하면 이는 국민들의 순응과 복종을 재차 확보하기 위한 전략이다. 그렇다면 이러한 전략에는 어떤 것이 있을까? 이와 관련하여 베버는 "복종은 공포와 희망—주술적 권능이나 권력자에 의한 보복에 대한 공포와 현세와 내세에서의 보상에 대한 희망—이라고 하는 지극히 순진한 동기들에 의해 결정된다."라고 지적했다(Weber, 1991: 209). 이는 곧 정치적 위기시기에 지배적 정치세력이 미래의 더 큰 공포의식을 유발하거나, 아니면 새로운 희망을 심어 줌으로써 그 위기를 탈출할 수 있다는 것을 의미한다. 그람시식으로 표현하면, 강제적 헤게모니의 구축과 동의의 창출이라고 할 수 있다(Gramsci, 1991). 이것이 바로 우리가 논의하는 공포정치와 복지정치의 이론적 토대다.

'공포정치'라는 용어는 정치가들이 자신들의 목적을 실현하기 위해 사람들의 불안을 의식적으로 조작한다는 의미를 함축하고 있다(Furedi, 2005: 123). 이는 공포라는 감정이 하나의 정치적 자원이 될 수 있음을 의미한다. 이러한 인식을 한 최초의 정치사상가가 바로 홉스(Hobbes, T.)다. 홉스는 내전상태로 빠져드는 것을 피하기 위해서는 개인들이 "자신들을 경외심으로 사로잡을, 그리고 자신들의 행위를 공동의 이익으로 인도해 갈, 공동의 권력"을 수립할 필요가 있다고 역설했다. 홉스는 "그와 같은 공동의 권력을 확립할 수 있는 유일한 방법은 ……개인들이 자신의 모든 권력과 힘을 한 사람, 혹은 하나의 인간집단에 양도하고 이 '공동의 권력'의 행사자—'위대한 리바이어던'—가 "자신에게 양도된 막대한 권력과 힘을 사용하게 함으로써, 그로부터

말미암는 공포로 인하여, 모든 사람들이 국내에서는 평화를 위해 그리고 대외적으로는 그들의 적에 맞서 상호 협력하는 데 뜻을 모으도록 하는 것뿐"이라고 생각했다(Pierson, 1998: 24).

통치자들은 "사랑받기보다는 두려움의 대상이 되는 데서 더 큰 안전"을 발견할 것이라는 마키아벨리(Machiavelli, M.)의 말은 현실정치에서 공포가 갖는 정치적 의미를 잘 보여 준다. 이것은 소극적 의미와 적극적 · 포괄적 의미로 살펴볼 수 있다(Furedi, 2005: 123, 132). 먼저, 권력 또는 '권력거리'의 축소 상황에서 공포 또는 겁주기 전략은 반대자들의 토대를 침식하고 유권자들의 동의를 얻는 데 기여할 수 있다. 둘째로 정치적 위기나 사회적 분열의 상황에서, 공포는 공적 질서를 강요하고 무서워하게 하고 유지하는 데 이용될 수 있다. 공포는 또한 인지된 위협에 대한 하나의 공통의 반응을 유발함으로써 합의와 통일성을 획득하기 위한 중심점이 될 수도 있다.

이러한 공포의 정치적 성격은 역사상 수많은 독재정치들에서 정치적 무기로 이용되어 왔나. 하지민 공포정치는 단지 역사적 과거의 것만은 아니다. 프레디(Furedi, F.)는 최근 공포정치가 서구 사회의 공적 생활을 지배하는 것으로 보인다고 주장한다. 그에 따르면, 정치는 현재 '테러 공포' '망명자 공포' '반사회적 행동 공포' '어린아이들에 대한 공포' '음식과 관련한 공포' '환경에 대한 공포' '연금에 대한 공포' '유럽의 미래에 대한 공포' 에 대한 논쟁에 의해 지배되고 있으며, 과거에는 공포정치가 우파정치의 일반적 특성이었지만 현재는 좌파와 우파 모두 공포정치의 선점을 놓고 경쟁하고 있다(Furedi, 2005).

반면 '복지정치'는 좌파정치의 전유물처럼 인식되기도 하지만, 앞서 살펴보았듯이 우파정치의 산물이기도 하다. 그렇다면 여기에는 어떠한 감정적 요인이 작동하는가? 복지정치의 배후에 존재하는 감정 역시 공포라고 할 수 있다. 하지만 공포의 직접적 체험자라는 차원이 좌파와 우파의 복지정치를 구분해 주고, 그것의 성격을 규정한다. 좌파 복지정치에서 공포를 느끼는 주체는 엘리트보다는 대중, 특히 서민대중이다. 이들 서민이 현재의 경제적 고

통과 미래의 불확실성 속에서 극심한 불안과 공포를 경험하고 있기 때문에, 복지정치는 그들의 공포 감정을 희망의 감정으로 전환시키기 위한 것이다. 반면 우파 복지정치는 일반대중의 경제적 공포보다는 엘리트의 정치적 공포에서 비롯한다. 따라서 복지정치는 일반대중의 공포보다 엘리트 자신의 공포를 해소하고 자신들의 정치적 기반을 유지 또는 강화하는 것에 더 큰 비중을 둔다.

이러한 우파 복지정치의 성격은 앞서 논의한 비스마르크의 사회보험정책과 베버리지 보고서의 정책 의도에서 분명하게 드러난다. 비스마르크는 자신의 구상을 실현하기 위해서는 막대한 지출이 필요하지만, "우리가 국가에 적대감을 갖는 우리 근로자 미래의 보장을 위해 지출한다면, 그것은 곧 우리 자신 미래의 보장이요, 또 우리 자신을 위한 투자가 된다."라고 역설했고, 근로자들이 연금을 통해 생존의 수단을 얻게 되면, "근로자들은 희망을 갖게 될 것이며" "이 연금으로 아무리 천한 사람이라도 제국을 복지구현기구로 여기게 될 것"이라는 점을 들어 우파 반대세력들을 설득했다(Ritter, 2005: 38-39). 베버리지 역시 자신의 복지구상 속에서 패배할 수도 있는 전쟁이라는 공포상황에서 미래 복지국가라는 희망을 제시하는 것은 영국청년들을 전쟁에 동원하는 유용한 수단이 될 수 있다고 인식했다. 즉, 그는 "이전 세계보다 더 나은 세계에 사는 것이 승리의 목적이고, 정부가 더 나은 세계에 대한 계획을 가지고 있다면, 시민들은 전쟁터에서 승리하기 위해 더 노력할 것"이라고 주장했다(신광영, 2011: 38). 하지만 이러한 복지정치의 특징은 미래의 희망을 담보로 하는 것으로, 반드시 복지정치의 실현으로 이어지지는 않는다. 왜냐하면 우파 복지정책의 특징은 자신들의 공포를 줄이는 것이지 복지수혜자의 공포를 줄이는 것이 아니기 때문이다. 따라서 우파정치세력의 공포가 줄어들거나 사라질 경우, 복지정치는 말 그대로 공약에 불과할 수 있다.

그렇다면 이러한 우파 공포정치와 복지정치는 언제 그리고 왜 발생하고, 그것이 지향하는 것은 무엇인가? 공포정치와 복지정치의 기저에는 우파정치세력들이 아직 권력의 축소 또는 상실을 직접 경험하지는 않았지만, 그러할 수도 있다는 공포를 느끼는 공통의 감정적 기반이 존재한다. 하지만 그들이 그 공포가 어디에서 기인하는 것으로 인식하는지에 따라 공포정치 또는 복지정치라는 서로 다른 방향으로 나아가게 된다. 즉, 권력의 축소 내지 상실이 외부세력의 권력 강화에 기인한다고 판단될 경우, 그 외부세력이 초래할 위험을 더욱 강조함으로써 공포의 진원지를 변경시켜 공포를 외부로 표출하는 공포정치를 적극 이용할 가능성이 크다. 이때 우파세력은 또 다른 공포유발자의 성격을 지니며, 공포정치는 새로운 지지세력의 확보보다는 기존 지지세력의 이탈을 방지하거나, 반대세력에 대한 지지를 저지하거나 그들과의 연대를 약화시켜, 기존체제를 유지하는 것을 목적으로 한다. 반면 우파 정치세력이 자신의 공포가 자신들의 실정 내지 실책에서 기인하며, 그 결과 지지세력의 이탈과 함께 반대세력이 결집하고 있다고 판단할 경우, 자신들의 성찰적 반성을 통해 미래에 대한 새로운 희망을 '전략적으로' 제시하는 복지정치를 택할 가능성이 크다. 이 경우 우파정치는 자신들의 권력유지를 위해 전통적 지지세력의 반발에도 불구하고 중도세력들을 비롯한 새로운 지지기반을 적극 확보하기 위해 복지정치를 전면에 부각시키지만, 이 경우의 복지정치는 전통적인 보수정치의 틀 내에서 크게 벗어나지 않는 점진적 개혁을 통한 체제수호를 목적으로 한다. 이를 도식화하면 〈표 2-1〉과 같다.

하지만 이러한 구분은 베버가 말하는 하나의 이상형에 불과하다. 현실정치에서는 상황에 따라 다양한 모습으로 또는 둘이 중첩되어 나타날 수 있다.

〈표 2-1〉 우파정권의 공포정치와 복지정치

	공포정치	복지정치
배후 감정	공포	공포
감정 촉발의 책임소재 인식	외부세력	집단 내부
감정의 해소방식	외부적 표출	내부적 성찰
정치주체의 성격	또 다른 공포 유발자	자신의 공포 해소자
유도 감정	더 큰 불안/공포	희망
단기적인 전략 목적	지지세력의 이탈방지	새로운 지지세력의 확보
궁극적인 정치적 목적	현존 체제 유지	점진적 개혁을 통한 체제 수호

이를테면, 우파 정치세력의 공포가 외부에서 유발될 경우에도 외부세력, 특히 좌파세력의 정책적 대안에 대한 국민들의 지지가 광범위할 경우, 보수세력은 복지정치를 보수적 수준에서 선점적으로 도입할 수도 있다. 이 경우에는 대체로 복지정치를 우파 정치세력의 전통적 노선 내에 한정시키기 위해 복지정치가 공포정치와 동시에 실시되며, 전반적인 정치적 분위기를 보수화하는 전략이 채택되는 경향이 있다. 다른 한편 자신들의 정치적 공포가 체계 내부의 외부세력이 아닌 체계 외부의 세력, 즉 인접국가와의 전쟁에 기인할 경우 체계 내부의 세력을 결속시키기 위해 희생자들에 대한 복지정치를 약속할 수도 있다. 반면 자신들의 공포가 자신들의 내부에서 기인한다고 판단할 경우에도 자신들의 권력이 여전히 강력하다고 판단한다면, 위기의 원인을 외부로 돌리는 공포정치를 강행할 가능성이 있다. 심지어는 보수세력들 내에서 공포의 근원을 달리 평가할 때, 보수세력 내에서 공포정치와 복지정치가 대결할 수도 있다. 아래에서는 지금까지 구성한 우파정권의 공포정치와 복지정치의 틀을 한국보수정권 및 보수정당 복지정치의 다양한 맥락에 적용해 보기로 한다.

4. 한국 보수정권 복지정치의 감정사회학

1) 복지정치 없는 공포정치: 박정희 시대

박정희 시대의 개발독재는 공포정치와 '성장'의 정치를 두 축으로 하고 있다. 이 둘을 가장 분명하게 보여 주는 것이 5 · 16 쿠데타 직후 중앙정보부와 경제기획원이라는 두 통치기구를 설립한 것이다. 일견 대립되는 것으로 보이는 두 정치의 배후에는 집권자의 '공포' 감정이 자리 잡고 있다. 그렇다면 당시 박정희 정권의 정치적 공포는 어디에서 기인하는가? 먼저 대항 정치엘리트에 대한 공포다. 이는 쿠데타에 의한 권력 장악이 갖는 한계에서 기인한다. 자신의 쿠데타 성공은 또한 역설적이게도 언제든 또 다른 쿠데타 세력에 의한 권력 전복의 가능성을 항시 인지하게 한다. 현재 반대세력에 직면해 있지 않지만, 반대세력의 저항이 미래의 가능성으로 항존하는 것으로 인식되기 때문에, 이것은 정치적 반대세력의 성장 그 자체를 저지하기 위한 전략을 수립하게 한다. 다음으로 박정희 정권의 공포는 일반 국민의 저항 가능성에서 비롯한다. '위로부터의' 권력 장악은 항시 '아래로부터의' 저항 가능성을 내재하며, 박정희 세력은 이미 이를 4월혁명에서 경험한 바 있다. 하지만 저항운동이 형성되기 이전에 일반 국민을 대상으로 한 억압정치는 국민들의 지지와 동의를 확보하기 어렵다. 따라서 일반 국민을 대상으로 '희망'의 정치를 구사함으로써 일반 국민의 불안의식을 희석시키는 전략이 필요하다. 박정희 시대의 공포정치와 성장의 정치는 바로 이와 같은 집권자의 공포 근원을 약화시키기 위한 전략이었다.

박정희 시대의 초기 공포정치는 「반공법」과 「국가보안법」을 축으로 하여 안보 이데올로기를 동원하는 것이었다. 이는 외부의 사회주의를 이용하여 일반국민의 공포를 조장함과 동시에 정치적 반대세력의 제거 내지 위축을 조장하는 것이었다. 하지만 이러한 공포정치조차도 독재정치에 따른 정치적 저항세력의 성장과 산업화의 '성공'에 따른 노동계급의 성장을 막을 수는 없었다. 그 결과 박정희 정권이 내부에서 기인한 정치위기를 탈출하기 위한 시도로 실시한 또 다른 정치가 정치적 반대세력과 노동운동을 일소하는 유신헌법의 선포와 긴급조치법으로 대변되는 보다 강력한 공포정치였다. 박정희 집권시기에 국가보안법과 반공법을 비롯한 정치규제법에 의한 검거자 수가 1만 명을 넘어서고 있음(박원순, 1997: 31)은 이 시기 공포정치의 모습을 적나라하게 보여 준다.

개발연대를 특징지어 온 성장의 정치는 민주주의라는 4월혁명의 대의를 저버린 군사정부로서는 유일하게 선택할 수 있는, 그리고 강력하게 추진해야만 하는 정책이었다. 그리고 그것은 '절대빈곤으로부터의 탈출'이라는 쿠데타의 대의와도 부합하는 것일 뿐만 아니라 그들의 공포정치에 따른 국민들의 불안의식을 새로운 희망으로 전환시킬 수 있는 핵심적 도구였다(박형신, 1995: 111-112). 이러한 성장의 정치를 잘 보여 주는 것이 '잘 살아보자'와 '선성장 후분배'라는 구호였다. 특히 후자는 박정희 정권의 복지정책에 대한 태도를 적나라하게 보여 주는 것이었고, 이는 한국의 복지후진국의 모습을 규정하는 것이었다.

하지만 박정희 정권 시절에 복지제도 구축에 아무런 진전이 없었던 것은 아니다. 오히려 군사정권 초기 3년의 기간에 36건의 복지 관련 법령의 제 · 개정이 이루어졌을 정도로 대대적인 제도도입이 있었다(남찬섭, 2005: 64-66). 이보다는 적지만 유신체제 기간 동안에도 7개의 주요 복지법률이 제정되고 한 개의 법률이 개정되었다(김영재, 서봉섭, 1995: 108). 심지어 1963년의 의료보험법과 산업재해보상보험법의 제정을 놓고는 1963년을 한국 복지국가의 '원년'으로 보는 해석이 제기되기도 했다(강명세, 2003). 이러한 박정희 시대의 복지제도 도입에 대해서는 여러 가지 설명이 제시되었다. 우선 거론할 수 있는 것이 복지제도가 1963년 총선과 대선 과정에서 정당성 확보의 보조적 수단으로 도입되었다는 해석이다(권문일, 1989). 두 번째 해석은 박정희 정권의 복지제도 재편이 군인보험법, 군인연금법 등 군인 및 군사원호관련 법률에 치중되어 있었다는 점을 들어 반공국가 건설이라는 국가형성과정에 복무했다는 점을 부각시킨다(남찬섭, 2005). 세 번째 설명은 산재보험의 제한적 도입(500인 이상 사업장)에 초점을 맞추어 박정희의 사회보험 도입을 절실한 산업화에 필요한 숙련 노동력을 확보하고 이들에게서 국가에 대한 충성심을 확보하여 노동계급의 내적 분열을 조장함으로써 종국적으로는 노동세력의 단결을 방지하기 위한 수단이었다고 파악한다(강명세, 2003). 그리고 네 번째 경우는 유신체제하에서 국민연금법의 도입 시도를 대상으로 하여, 그것을 당시 중화학 공업 추진을 위한 내자동원의 성격이 강한 경제정책의 수단이었다고 해석한다(김영재, 서봉섭, 1995). 이렇듯 박정희 시대의 복지제도 도입은 각 설명이 주목하고 있는 영역에 따라 다르지만, 그것의 복지적 성격에 대한 논의에서는 일치하는 것으로 보인다. 그것은 바로 박정희 정권의 사회정책이 대부분의 노동계급에게는 전혀 실효성이 없는 '억압적 발전국가의 반복지전략'이라는 것이다(김태성, 성경륭, 2000: 184). 앞서의 여러 해석에서도 엿보이듯이, 박정희 시대의 복지정책은 사실 '복지정치'가 아닌 '반공정치'와 '성장의 정치'의 보조물에 불과했다.

하지만 박정희 시대의 정치에서 복지담론이 전혀 없었던 것은 아니다. 쿠데타 직후 박정희 세력은 '복지사회'의 건설을 내걸고, 5차 헌법 개정(1961)을 통해 생존권보장 조항(제30조)을 신설하고, 인간다운 생활을 할 국민의 권리(제30조 제1항)와 사회복지증진에 노력해야 할 국가의 의무(제30조 제2항)를 명시했고(이혜경, 2006: 30), 이것이 앞서 논의한 일련의 복지 관련 입법의 토대이기도 했다. 또한 박정희는 대통령 취임연설과 연두기자회견 등에서 '복지사회구현'이라는 정치적 수사를 계속해서 사용하기도 했다(김영화, 신원식, 손지아, 2007: 45-49; 양재진, 2007: 93-94 참조). 하지만 그는 국민에게 이러한 희망을 부여하면서도 곧바로 같은 연설에서 "항상 성급한 기대의 후면에는 허망한 낙망이 상집힘을 명심하고, 착실한 경제성장을 꾀하는 경제국민이 되어야 함"을 강조했고(5대 대통령 취임사), "정의의 복지사회가 지금 우리가 추진하고 있는 공업입국의 대도를 통하여 이루어질 수 있음"을 강조했다(6대 대통령 취임사). 이는 박정희가 복지사회를 약속하면서도 국민들의 복지기대를 경계하고 있음과 복지국가는 경제성장 이후에 온다는 근대화론적 복지국가관을 가지고 있음을 분명하게 보여 주는 것으로, 앞서 논의한 대로 박정희 시대의 복지담론은 복지정치가 아닌 성장의 정치를 위한 것이었음을 입증해 주고도 남는다.

또한 복지정책의 내용으로 보더라도 우리가 개념화한 복지정치와는 거리가 멀다. 박정희 정권의 복지정책은 주로 군인과 공무원, 상층 노동자 등 정권의 지지·후원 세력들을 대상으로 한 것이었다. 이것은 당시 공포정치 속에서 불안을 느끼던 정권 내부 세력들의 동요를 막고 충성심을 강화하는 동시에 이들을 정권 저항세력들과 분할·지배함으로써 그들과의 연계 가능성을 미리 차단하는 것이었다. 이러한 점에서 복지정책은 새로운 지지세력을 확보하기 위한 것이기보다는 지지세력의 이탈을 방지하기 위한 것으로 해석할 수 있으며, 따라서 그것은 단지 공포정치의 보완물일 뿐이었다. 이렇듯 박정희 시대는 다양한 복지제도를 도입하고자 하는 시도가 있기는 했지만, 독자적인 복지정치가 존재하지 않는, 공포정치와 성장의 정치의 시대로 특징지을 수 있다.

2) 복지정치를 내세운 공포정치: 전두환 시대

동일하게 쿠데타를 통해 집권한 정권임에도 불구하고, 전두환 정권은 복지정치를 전면에 내세운 공포정치를 실시했다는 데서 박정희 정권과 구분된다. 하지만 그 이면에는 앞서 논의한 박정희 정권과 동일한 집권자의 공포가 자리하고 있다. '국가보위비상대책위원회(이하 국보위)'라는 초법적 기구를 통한 권력장악과 '국가보위입법회의'에서의 각종 정치법률의 제정을 통한 억압장치의 구축은 집권세력이 내부적으로 느끼던 공포의 강도를 짐작하고도 남게 한다. 이러한 공포정치의 결과 각종 정치규제법으로 검거된 사람들의 수는 1980년에서 1987년까지 무려 12,039명에 이르러(김호진, 1994: 105), 그보다 훨씬 더 긴 시기를 집권했던 박정희 시대보다도 더 많다. 이는 강력한 공포정치에도 불구하고, 더욱 강력한 정치적 저항활동이 존재했음을 의미하는 것이기도 하다. 다른 한편 이러한 공포정치로 인한 일반 국민들의 공포와 불안을 완화시키기 위한 조치가 바로 '삼청교육'이었다. '사회악 일소'라는 명분으로 조직 폭력의 소탕을 전면에 앞세우고 진행된 이 조치는 언론통제 상황에서 그 실체적 내용과는 무관하게 국민에게 걱정 없는 편안한 삶을 보장한다는 이미지를 심어 주려는 것이었다.

그렇다면 전두환 정권이 복지정치를 전면에 내세운 이유는 무엇인가? 그것은 공포정치만으로는 정권의 기반을 공고화할 수는 있지만, 국민들의 결집을 이루어 내기에는 많은 문제가 있었기 때문이다. 첫째, 전두환 정권은 자신들이 느끼는 공포를 다른 세력으로 돌리기가 쉽지 않았다. 박정희 사후

아직 그 뒤를 이은 정권이 없는 상태에서 현 사태의 원인을 박정희처럼 이전 정권(장면 정권)이나 내부의 반대세력에 돌릴 수 없었다. 단지 '김대중 내란 음모 사건'의 조작을 통하여 내부의 적을 만들어 내기는 했지만, 그것은 실체가 없는 것으로, 그것이 저항의 축으로 전환될 경우 전두환 정권에게 또 다른 공포의 원인이 될 수밖에 없었다. 둘째, 1980년 '서울의 봄'이 보여 주듯 국민의 민주화에 대한 기대가 너무나도 성숙한 단계에 들었기 때문에 이러한 기대를 억압하기보다는 다른 측면으로, 이를테면 정의사회나 복지사회와 같은 미래의 약속으로 전환시킬 필요가 있었다. 셋째, 전두환 정권 역시 박정희식 성장모델의 한계를 알고 있었다는 점이다. 국보위 상임위원장 시절 전두환의 한 회견문은 이를 잘 보여 준다.

> 80년대에 들어와서도 ……지속적인 성장을 계속 추구해 나가야 할 것입니다. 그러나 양적인 성장의 그늘에 국민생활의 향상이 언제까지나 밀려 있어서는 안 되겠습니다. ……특히 우리가 추구하는 복지사회에서는 개발의 혜택을 국민 모두가 다 같이 누릴 수 있어야 합니다. 성장의 열매가 일부 층에 편재하고 상당수의 국민이 성장의 그늘 속에 방치될 때 국민 간의 일체감은 조성될 수 없으며, 그러한 사회는 사회복지가 구현된 건전한 사회라고 할 수 없습니다(전두환, 1980: 2).

이에 전두환 정권은 '복지사회의 건설'을 국가통치이념의 하나로 뚜렷이 표방하고, 제5공화국 헌법 전문에서 국민의 정치·경제·사회·문화의 모든 영역에 있어서 기회균등을 강화하여 사회정의에 입각한 전 국민의 행복을 향유할 수 있는 복지사회를 건설하겠다는 의지를 천명한다(윤종주, 1983: i-ii). 그리고 실제로도 전두환 정권은 1981년 아동복지법, 심신장애자복지법, 노인복지법 등 복지 관련 법률을 통과시키고 복지예산에 있어서도 1982년에 전년도 대비 37.1%, 1983년에는 21.0%를 증가시켰다(김영화 외, 2007: 68-69).

하지만 전두환 정권이 실제로 성장의 정치를 넘어 복지정치로 전환한 것은 아니다. 전두환 정권의 복지사회 구현은 성장의 정치를 극복하기 위한 것이기보다는 앞서의 인용문이 보여 주듯이 그 목적이 '국민의 일체감'을 이루기 위한 수사였으며, 박정희 시대의 성장의 정치의 연장선상에서 전혀 벗어나지 않고 있다. 이 점은 전두환의 11대 대통령 취임 연설에서 잘 나타난다. 전두환은 이 연설에서 "경제발전은 사회복지의 기본 전제이며, 사회복지정책은 고용기회의 확대에 중점을 두어 모든 국민이 자신의 능력에 따라 경제활동에 참여하여 ……풍요롭고 인간다운 생활을 영위하게 하는 것을 목적으로 한다."라고 명시하고 있다.

또한 전두환 정권의 경우, 사실 복지정치보다도 성장의 정치가 당면과제였다. 당시 1980년은 마이너스 경제성장을 경험할 정도로 경제위기 국면에 있었으며, 정치적 정당성을 결여한 전두환 정권 역시 경제성장 이외의 정당화기제를 확보할 수 없었고, 그것의 효력은 이미 박정희 시대에 입증된 것이었다. 따라서 당시 전두환 정권이 채택한 성장의 정치전략이 바로 '자유시장경제 창달'이라는 명분하에 추진된 '경제자유화정책'이었다. 국가주도적 산업화의 한계를 시장경제원리에 기초하여 치유하겠다는 경제자유화정책은 사실 경제적 약자를 시장에 방치하거나 그 폐해를 그들에게 전가하는 것으로, 복지정치와는 정면으로 배치되는 것이었다. 자본자유화와 수입자유화를 두 축으로 한 경제자유화정책은 대외채무의 완화와 물가안정에 기여했지만, 그 피해는 수출증진을 위해 저곡가와 저임금을 강요받은 농민과 노동자에게 고스란히 돌아갔다. 하지만 노동자, 농민 등 경제적 약자들에게 누적된 불만과 억압적 정치상황은 1985년 총선에서 야당을 강력한 저항세력으로 등장하게 하는 결과를 가져왔고, 이것은 전두환 정권에게는 또 다른 공포의 원인이 되었다(박형신, 1995: 127-142).

이 같은 반대세력과의 권력거리 축소는 전두환 정권에게 1986년에 복지사회의 건설을 재차 내세우게 했으며, 의료보험과 국민연금의 확대와 최저임금제 실시라는 3대 복지 개혁안을 발표하게 했다. 이 복지개혁조치는 한국 역사상 최초로 원초적 수준의 복지국가가 태동하는 기틀을 마련한 것으로(김태성, 성경률, 2000: 375), 그리고 이 제도들은 우리나라 사회복지 역사에서 보편주의적 복지제도의 본격적 도입을 상징하는 중요성을 가지는 것으로 평가되기도 한다(이영환, 김영순, 2001: 269). 하지만 이러한 복지제도 확대에 대한 약속에도 불구하고, 전두환 정권의 복지정책은 여전히 성장의 정치에 갇혀 있었다. 이를 보여 주는 것이 같은 해에 보건사회부가 마련한 복지정책의 기본 방향이다. 즉 보건사회부는, 첫째 국가발전 수준에 알맞은 복지시책의 모색, 둘째 서구적 복지국가 이념의 병폐 예방, 셋째 자립정신에 맞는 복지정책의 전개를 그 기본 방향으로 설정하고 있다(김동규, 2004: 87). 다른 한편 이 시기(1986~1987년) 국가보안법 및 집시법 위반으로 검거된 사람들의 수는 8,000명이 넘어, 전두환 정권 전체 구속자의 2/3에 해당한다. 이렇듯 당시의 복지구호는 기본적인 정책노선의 변화가 전혀 없이 단지 제도의 도입과 확대를 선언했다는 점에서 정치적·사회적 위기를 모면하기 위한 수단으로 추진(김종일, 1992: 32)되었다고 볼 수밖에 없다. 그리고 이는 전두환 정권의 복지정치를 내세운 공포정치를 아주 분명하게 보여 주는 사례이기도 하다.

3) 복지정치와 공포정치의 공존: 노태우 시대

노태우 정권이 들어서고 나서 1988년에 앞서 언급한 3대 복지제도의 시행, 1989년 모자복지법과 장애인복지법 제정, 1990년 장애인고용촉진법 제정, 1991년 사내근로복지기금법 제정, 1992년 산재보험법 적용범위 확대, 1993년 고용보험법 제정 등 일련의 복지제공이 폭발적으로 이루어졌다. 이 시기 이러한 유형의 복지제공은 1987년 이후 노동운동의 폭발에 대응한 노동계급에 대한 일종의 '복지공세(welfare offensive)'라는 평가가 제시되기도 했다(김태성, 성경륭, 2000: 398). 이 점 역시 무시할 수 없지만, 노태우 정권의 복지정치의 배후에는 정권이 느끼고 있던 공포가 자리하고 있다고 할 수 있다. 그것이 바로 대선에서의 '불안한 승리'와 '여소야대 정국'이다.

얼핏 보면, 노태우 정권은 직선제 개헌 후 합법적 방법에 의해 권력을 획득한 정부로서 이전 정권과는 달리 집권과정에서 초래된 정권차원의 공포는 없었다고 할 수도 있다. 하지만 노태우 정권은 대선과 총선과정에서 야당 또는 저항세력과의 권력차이 축소라는 심각한 정치적 공포를 동시에 동반했다. 먼저 대통령 선거결과 노태우 정부가 성립되었지만, 그것은 불안정한 것이었다. 당시 반독재민주전선이 분명하게 존재하는 상황에서 집권세력이 직선제를 받아들인 것은 도전세력이 지역적으로 분할되어 있는 상황에서 지역주의를 이용할 경우 승리할 수 있다는 판단이었다. 노태우의 승리는 지지기반의 확대가 아니라 '반군부독재의식의 지역의식으로의 왜곡화'(조희연, 1993: 325)를 통해, 투표자의 33.6%(총유권자의 33%)의 지지를 받아 획득한 불안한 승리였다.

하지만 노태우 정부의 지역주의에 의거한 대선 승리는 또한 총선에서의 사실상의 패배의 원인이 되기도 했다. 즉, 지역주의의 정치적 고착화는 선거정치에서 상대방의 지역적 고립뿐만 아니라 자신의 지역적 도내 또한 축소하는, 의도하지 않은 결과를 가져왔다. 다시 말해 곧이어 실시된 총선에서는 대선에서 극단화된 지역주의가 경남 · 전라 · 충청지역민들로 하여금 그들의 표를 특정 야당에게 집중케 함으로써 집권 민정당으로 하여금 야당분열의 이익을 전혀 얻을 수 없게 하여 '여소야대' 정국이라는 위기구조를 창출했다(이갑윤, 1989: 11-12).

게다가 집권 이후 국민들의 정치현실에 대한 불만의식이 계속해서 증가하고 있는 상황에서(김석준, 1991: 324 참조), 이미 6월민주화운동과 노동자대투쟁을 경험한 노태우 정권에게 권력기반의 축소와 국민들의 불만은 정권차원에서 느끼는 공포의 강력한 원인이었다. 그렇다면 노태우 정권이 이전 정권들과는 달리 공포정치보다는 복지정치를, 그것도 정치적 수사를 넘어 제도적 실행의 차원에서 실시할 수밖에 없었던 이유는 무엇인가? 첫째는 그 공포의 원인이 다르다는 데 있다. 박정희 정권과 전두환 정권의 권력 상실 및 축소 공포는 태생적 한계에 기인하는 것으로 권력대립의 직접적 결과가 아니었다. 따라서 두 정권은 미래의 위협, 즉 공산주의라는 체계 외부의 적을 활용하거나 내부의 국가반란세력을 조작하여 일반 국민의 공포를 유발함으로써 자신들의 공포를 약화시키고 국민을 자신을 축으로 하여 응집시키는 것이 가능했다. 이에 반해 노태우 정권의 권력 공포는 이미 선거를 통해 자신들의 권력축소를 확인했고, 이를 탈피하기 위해서는 기존 지지세력의 공고화보다는 지지세력의 확장이 강력하게 요구되었다. 둘째는 경제적 상황이 이전 정권과는 달랐다는 점이다. 이전 정권의 집권 초기에 정치적 문제는 경제적 문제와 맞물려 있었다. 1960년대 초의 절대빈곤과 1970년대 초와 1980년의 경기침체는 국민들에게 역시 경제적 공포를 가져오는 것이었고, 당시 정권들은 경제위기설을 통해 국민의 공포를 경제 쪽으로 돌림으로써 경제적 공포정치가 가능했다. 하지만 노태우 정권의 시기는 '삼저호황' 국면을 통과하는 과정으로, 그러한 공포정치는 불가능했다. 셋째는 당시 정치적 현실뿐만 아니라 경제적 · 사회적 현실에 대한 국민들의 불만이 '복지'를 통한 국민들의 '동의' 확보를 더 이상 미룰 수 없게 했다. 이러한 점들이 바로 노태우 정권으로 하여금 선거전략으로 '영세민주화정책'을 제시하지 않을 수 없게 했고, 또한 집권 후에 복지정책을 쏟아 내지 않을 수 없게 강제하는 조건이기도 했다.

이러한 배경에서 진행된 노태우 정권의 복지정치는 한국국가의 성격을 '안보국가로부터 복지국가로의 변환'(김석준, 1989) 또는 '억압에서 복지로'(성경륭, 1992)라고 표현하게 하기도 했지만, 이러한 정책기조가 노태우 정권 내내 진행된 것은 아니었다. 1989년 경기침체, 문익환 목사의 방북, 현대중공업의 파업을 계기로 공포정치가 전면에 부상했다. '공안정국'과 '삼당합당'은 이 당시의 공포정치의 양면을 보여 준다. 앞서 언급한 사건으로 상징되는 당시 노동운동과 통일운동을 빌미로 진행된 공안정국은 '경제위기론'과 '체제수호론'을 무기로 한 공포정치였다. 노태우 정권은 「하반기 경제종합대책」(1989. 6.)을 통해 당시의 경제현실을 경제위기로 규정하고, 그 원인을 6 · 29 이후 민주화과정에서 분출된 소외계층의 과잉욕구에서 찾음으로써, 민주화가 경제위기의 주범임을 분명히 했다. 또한 이보다 조금 앞서 발표된 「민생치안에 대한 특별담화」(1988. 12.)를 통해 노태우 정권은 사회적 욕구의 집단적 표출이나 민주화에 대한 집단적 요구를 사회혼란과 법질서 문란으로 파악하고 물리적 공권력으로 그 같은 집단행동을 억압하겠다고 천명했다(박형신, 1995: 155, 193). 이러한 경제위기론과 체제수호론은 당시의 정치적 · 경제적 위기의 원인을 정치적 저항세력들에게 돌리고, 국민에게는 앞으로 있을지도 모르는 경제적 어려움의 공포를 조장하고, 실제적 · 잠재적 저항세력에게는 신체적 구속의 공포를 심어 주는 것이었다.

다른 한편 공안정국의 와중에 '구국의 결단'이라는 명분하에 이질적 정파간에 결행된 삼당합당은 정치엘리트들의 '정치계급'의 성격을 여실히 보여주는 것이기도 하지만, 또한 그것은 노태우 정권에게는 공포정치를 뒷받침하기 위한 권력기반의 확대를 의미하는 것이었다. 앞서의 논의에서도 언급했듯이, 노태우 정권의 복지정치를 불가피하게 만든 것 중의 하나는 공포정치를 뒷받침하기에는 너무나도 권력기반이 축소되었다는 점이었고, 복지정치는 그 기반을 확대하고자 하는 것이었다. 하지만 권위주의에서 민주주의로 이행의 불가피한 결과인 저항공간의 확대와 그간 양보를 가능하게 했던 삼저호황 경제조건의 사라짐 간의 모순은 집권세력에게 공포를 가중하는 것이었고, 그 결과 노태우 정권이 선택한 것은 취약한 정치적 기반 위에서의 공포정치였다. 하지만 이러한 취약한 정권의 공포정치 속에는 또한 저항세력의 결집을 강화할 수 있는 가능성이 항존하고, 따라서 정치세력의 공포를 덜어주기보다는 내적으로 심화시킨다. 이러한 점에서 노태우 정권에서의 삼당합당은 바로 노태우 세력에게는 거대야당의 성립을 통해 공포정치의 불안정성을 해소하기 위한 것이었다고 할 수 있다.

4) 공포정치와 복지정치의 대결: 이명박 시대

이명박 정부는 일명 '747'공약이 대변하는 성장의 정치를 통해 집권한 정권이다. 당선 직후 '기업친화적(business friendly)' 정부를 만들겠다는 이명박 대통령의 발언과 부자감세정책은 복지정치가 아닌 성장의 정치를 상징적으로 보여 주는 것이었다. 이러한 발언과 정책의 이면에는 공포가 아닌 '자신감'이 자리하고 있었고, 이를 잘 보여 주는 것이 자신의 정부 명칭을 이전 정부들과는 달리 '이명박 정부'라고 지칭한 것이다. 여기에는 이명박 정부가 다른 정부와는 달리 대선에서 '압도적 승리'—투표자의 48.7%의 지지를 강조하는 표현이지만, 실제 전체 유권자 대비 득표율로는 30.5%로 역대 당선자 중 가장 낮은 수치다—를 거두었고, 그 후의 일이기는 하지만 총선에서도 역시 의석의 과반수에 달하는 승리를 거두었기에, 정당성의 확보는 물론 대항세력과의 권력거리를 더욱 확대했다는 점이 작동했다.

이 같은 성장의 정치는 다시 복지정책이 성장의 하위범주로 설정되었음을 의미한다. 이것이 바로 '선진일류국가의 건설'이라는 이름하에 제시된 '능동적 복지'였다. '일을 통한 복지' '경제성장과 함께하는 복지' '민간주도 복지'를 내용으로 하는 능동적 복지(김순영, 2011)는 노동의 상품화와 복지의 시장화를 통해 '경제에 포위된 복지'(김원섭, 남윤철, 2011: 121)를 구축하고자 하는 것이었다. '복지의 시장화'의 주요 내용을 이루는 국민연금기금 운용의 자유화와 의료의 산업화는 한국 복지국가의 발전경로를 시장중심적인 복지공급 시스템, 선별성을 중심으로 하는 최소한의 공공복지, 공적 보험 대체형 민간보험으로 방향을 전환하고자 하는 것이었다(주은선, 2008: 130). 그러나 이러한 방향전환 시도는 미국산 쇠고기 수입반대 촛불시위에서 촉발된 신자유주의 반대 분위기 속에서 주춤할 수밖에 없었다. 하지만 일을 통한 복지는 촛불시위와 세계금융위기 이후 '친서민 중도실용' 노선의 천명 이후에도 계속되었다. 2009년 실시된 '일자리 대책 및 녹색뉴딜 사업' 등 금융위기 이후의 사회정책을 분석한 한 연구에 따르면, 이명박 정부는 노동시장에 공급을 단기적으로 축소하는 효과를 가진 탈상품화보다는 노동공급을 최대한 촉진하고자 하는 상품화를 지향하였다(김원섭, 남윤철, 2011: 140).

이명박 정부의 공포정치는 미국산 쇠고기 수입반대 촛불집회를 계기로 시작된다. 이명박 정부의 촛불집회 관련자들에 대한 사법처리, 미네르바 구속, 용산 참사 철거민들에 대한 사법처리, 정부 비판 언론인들의 잇따른 체포,

진보단체의 압수수색과 진보적 인사의 체포, 민간인 불법사찰 등은 과거 공안정국의 이미지를 불러일으키기에 충분한 것이었으며, 이에 수많은 공안정국 규탄 시위가 발생했고, 국제앰네스티는 "한국정부가 공포정치를 하고 있다."(경향신문, 2010. 5. 13.)라는 견해를 밝히기도 했다. 하지만 이러한 이명박 정부의 공포정치는 기존의 공포정치와는 다르다. 이전의 정권들이 일정 정도 정권 내부의 한계 또는 결함을 인식하고 있었다면, 이명박 정부는 자신들이 처한 정치적 불안 및 위기의 원인을 전적으로 외부세력의 선동에 의한 것으로 인식한다. '명박산성'으로 상징되는 '불통'은 이러한 공포의 외부 전가의 또 다른 모습이다. 수많은 비판과 저항에도 불구하고, 이명박 정부가 국민과의 소통을 거부하는 것은 '옳은' 정부와 '그릇된' 선동세력이라는 자기인식에 기초한다. 따라서 비판세력들이 말하는 공안탄압과 공포정치는 또 다른 선동일 뿐이고, 자신들의 행위는 단지 체제혼란세력에 대한 올바른 법집행일 뿐이다. 따라서 복지정치와 같은 새로운 희망의 정치는 제시되지 않고, 저항세력에 대한 강력한 처벌만이 뒤따른다. 세계금융위기 이후의 친서민 정책 역시 이러한 인식 범위에서 벗어나지 않는다. 즉, 현재의 경제적 어려움은 정권의 정치적 실패에 있는 것이 아니라 세계경제라는 외부에 원인이 있을 뿐이고, 따라서 '착한' 정부는 어려운 국가재정에도 불구하고 '불쌍한' 생계 곤란자들의 삶을 지원한다고 생각한다.

하지만 청와대와 집권여당의 감정은 서로 달랐다. 지방선거와 잇단 보궐선거에서 여당의 패배는 집권여당에게는 엄청난 권력상실의 공포로 다가왔다. 특히 무상급식을 둘러싸고 대결을 벌인 2010년 지방선거, 2011년 서울시장 보궐선거에서의 패배는 집권여당에서 복지정치를 전면에 내세우게 했다. 한나라당 시절 지방선거 패배 이후 박근혜의 '한국형 복지국가' 구상의 발표, 원내 대표의 반값 등록금 발언, 서울시의 무상급식 반대 주민투표의 패배 이후 '평생맞춤형 복지' 당론채택, 새누리당의 '생애 주기별 맞춤 복지' 등이 바로 그것들이다. 박근혜의 한국형 복지국가 구상을 기본으로 하는 집권여당의 비주류세력을 축으로 하는 제한적인 선별적 복지는 진보세력의 보편적 복지와의 논쟁을 통해 복지정치를 전면화했다.

하지만 집권여당의 복지정책은 야당과의 복지대결을 야기한 것만은 아니었다. 이에 대한 당내 보수세력과 청와대의 대응은 복지 포퓰리즘에 대한 경고였다. 이명박 대통령이 2011년 신년사에서 직접 복지 포퓰리즘에 깊은 우려를 표명하는가 하면, 2012년 총선 국면에 접어들면서 정부는 복지비용을 내세워 "복지 포퓰리즘과 전면전을 선포"(뉴스투데이, 2012. 2. 20.)하고 나섰다. 이러한 청와대와 정부의 대응 배후에는 또 다시 공포정치가 자리 잡고 있다. 그것이 바로 '재정위기론'을 앞세운 서구의 '복지국가 위기론'의 담론을 통한 공포정치다. 그리고 또한 이러한 공포정치의 배후에 깔린 감정이 바로 자신감을 넘어 현실을 직시하지 못하는 자만심이며, 그것의 표현이 바로 이명박 대통령 자신이 말한 '도덕적으로 완벽한 정부'이었다.

이렇듯 이명박 정부는 청와대와 당 간의 공포정치와 복지정치의 대결을 특징으로 한다. 그러나 이명박 정부의 성장의 정치를 위한 공포정치는 다음과 같은 한계로 인해 그 목적을 달성하기 어렵다. 첫째는, 이미 성장의 정치가 공포정치가 유발하는 공포를 넘어서는 공포를 성장의 한계로 인해 노정시켰고, 이것이 바로 복지정치의 지평을 확대시키고 있다는 점이다. 둘째는, 정치적 반대세력들이 바로 성장의 정치가 노정한 공포, 즉 환경 공포와 원자력 공포 등을 그들의 공격 무기로 삼고 있고, 심지어는 이것이 새로운 공포정치의 토대가 되고 있다는 점이다. 셋째는, 그간의 우파정권의 계속된 공포정치의 학습 결과 국민들이 공포정치가 조장하는 공포를 의심하거나 심지어는 비웃는다는 점이다. 이는 천안함 사건의 경우에서처럼 국민들이 그것의 사실 여부를 떠나 그것에 대한 정부의 발표에 불신감과 의혹을 드러내는 데서 분명하게 드러난다. 넷째는, 국민이 보수정권이 유발하는 미래의 공포보다도 당장 현재의 경제적 현실에서 더 큰 불확실성과 공포를 실제로 경험하고 있다는 점이다. 이러한 점에서 현실은 공포정치의 공간을 축소하고, 복지정치의 공간을 확대하고 있다.

5. 결 론

지금까지 검토한 바와 같이, 한국 보수정당 내에서 복지정치의 공간이 확장되고 있고, 복지정치를 둘러싼 대립과 논쟁이 정치의 한 축을 형성하고 있다. 이른바 우파정치의 지형이 공포정치에서 복지정치로 이행하고 있다. 복지 또는 분배라는 단어가 좌파 내지 사회주의의 동의어처럼 간주되던 시대에 비한다면, 한국의 보수에게 복지가 공포였던 시대, 즉 복지가 '사회성원들에게 잘못된 버릇을 들여 결국엔 시장원리를 망치고 경제성장을 멈추게 할 몹쓸 전염병'으로 인식되던 것에서(홍경준, 2010: 196) '성장과 복지의 선순환'을 내세운 박근혜식 복지로의 진전은 격세지감을 느끼게 한다. 그러나 우파정치세력의 복지정치는 그 태생적 한계로 인해 커다란 제약에 처할 수밖에 없다.

첫째, 보수정권의 복지정치는 집권 보수세력의 권력상실 또는 권력축소의 공포에서 연원한다. 여기서 문제가 되는 것은 복지정치가 타자, 특히 사회적 약자의 공포가 아니라 자신들의 공포를 축소시키려는 데 있다는 점이다. 즉, 복지이념 또는 복지정책의 근본을 이루는 '타자지향성'보다는 '자기중심성'이 우파 복지정치의 중심을 차지하고 있다. 따라서 이러한 복지정치는 자신의 공포가 사라지거나 약화되는 순간 단순한 수사에 불과한 것이 되고 말 가능성이 크다. 따라서 우파 복지정치는 항상 그 반대세력으로부터 진정성을 의심받을 수밖에 없고, 그리하여 그 정책의 실행 이전에는 지지세력의 확보에도 일정한 한계가 따른다.

둘째, 보수세력의 복지정치에는 항상 외부 진보세력과의 복지 대결뿐만 아니라 그 내부에서 복지정치를 둘러싼 분열이 존재한다. 즉, 성장의 정치와 복지정치를 둘러싼 보수진영 내부의 갈등은 결국 당 정체성 논쟁을 유발하고, 그 과정에서 복지정치의 공간을 스스로 축소시킨다. 그 결과 앞서 언급한 복지정치의 자기중심성이 설정하는 선별적 복지조차 축소되어, 잔여적 복지에 그치게 되는 경향이 있고, 그것은 결국 '우파 포퓰리즘'이라는 내외적 비판에 취약해진다.

셋째, 강력한 보수세력에 의해 복지정책이 실행된다고 하더라도, 이것은 사회 내에 매우 보수적인 복지제도의 틀을 갖추기 마련이며, 이는 다시 후일 복지국가의 변화와 발전에 독자적인 영향력을 미친다. 그간 우파정권의 복지정책 결과, "철저히 시혜의 산물로 시작된 생활보호제도, 국가통치의 우군인 군인 · 공무원 등에게 특혜적 조치를 준 각종 사회보험제도, 국가는 없고 민간 복지사업자만 있게 만든 사회복지제도 등등의 틀은 두고두고 바로 잡기 힘든 왜곡된 복지지형의 기초가 되고 말았다."(이태수, 2010: 201) 즉, 복지제도의 '경로 의존성(path dependency)'의 문제를 만들어 낸다. 그간 의료보험제도의 완전한 통합의 어려움은 이를 잘 보여 준다.

이러한 한계에도 불구하고 이제 복지정치는 보수정당에서도 배제할 수 없는 핵심 정책이 되었을 뿐만 아니라 선거 국면에서 보수정당은 진보정당과 피할 수 없는 복지대결을 벌이고 있다. 하지만 두 정당의 지향점은 보편적 복지와 선별적 복지로 분명히 다르다. 그리고 선거에서 항상 진보진영이 승리할 수 있는 것도 아니다. 진보진영이 승리한다고 하더라도, 복지정책과 관련하여 세금폭탄론, 재정파탄론, 경제파탄론을 앞세워 보수진영이 펼치는 강력한 공포정치는 국민들에게 불안의식을 조장하고 진보정권에게는 권력상실 또는 축소의 공포를 불러일으켜 역시 복지정책에 일정한 제약을 가져오게 한다. 그간 진보정권에서 실시한 복지정책과 관련하여 "왼쪽 깜빡이 켜고 우회전했다."라고 평가하게 한 것(안상훈, 2011: 1)도 바로 이러한 상황에서 연원한다.

따라서 역설적이지만, 한국의 복지국가 발전을 앞당기는 또 다른 방법 중의 하나는 우파정권에서도 역시 복지정치를 강력하게 그리고 진정하게 펼칠 수밖에 없는 정치사회적 분위기를 조성하는 것이다. 비록 우파의 복지정책이 제한성과 선별성, 그리고 선거포퓰리즘의 성격을 지니지만, 앞서 살펴본 바와 같이 보수정치세력의 극도의 권력상실 공포는 복지정책의 범위를 확대하고 수사를 넘어 그것을 실천하도록 강요하며, 반발하던 우파진영을 설득할 수 있는 토대로 작동한다. 이른바 박근혜식 복지구상이 보수정당 최초의 종합적이고 체계적인 복지국가 설계이며 생애의 전주기를 보장하는 보편적 서비스의 확대를 지향한다는 점에서 전향적이라는 평가(마인섭, 2011: 49)가 만약 올바른 지적이라면, 그것은 이러한 가능성을 보여 주는 것이라고 할 수 있다.

하지만 이러한 모든 것을 추동할 수 있는 힘은 시민사회에서 나온다. 복지정책을 설계하고 실행하는 힘은 보수정당과 진보정당을 막론하고 정치세력이지만, 그것을 추진하게 하는 힘은 현재로서는 선거권력에서 나오고 또 그것이 그 정책을 뒷받침하기 때문이다. 그러나 지금까지 살펴보았듯이, 복지정치에는 현재 약화되었지만 여전히 강력한 대항정치, 즉 공포정치가 존재한다. 복지국가의 발전을 위해서는 바로 이 공포정치를 넘어서는 것이 필수적이다. 복지국가 위기담론이 우세한 현시점에서, 그리고 세계경제의 침체국면에서 경제위기설에 기초한 공포정치는 여전히 위력을 발휘한다. 경제적 불안정 시기가 미래의 불안과 공포를 강화하기 때문이다. 하지만 복지정치는 이러한 불안과 공포를 '안전의 감정'으로 전환시키기 위한 것이다. 그럼에도 불구하고 복지정치가 불안과 공포를 가져오는 까닭은 복지에는 복지부담자와 복지수혜자라는 이분법적 구조가 존재한다고 믿기 때문이다. 그리고 잔여적 · 선별적 복지는 이러한 이분법적 인식을 더욱 강화한다. 하지만 복지를 보편적 권리로 인식할 경우, 부담자와 수혜자라는 이분법적 구조는 사라진다. 복지는 우리 모두가 그 대상자인 잠재적 수혜자를 위한 것으로, 우리 모두는 부담자인 동시에 수혜자가 된다. 이러한 인식은 모든 사람에게서 복지에 대한 공포에서 복지를 통한 미래의 안전으로 '감정적 전환'을 가져온다. 이것은 바로 복지국가로의 길은 공포로 인한 움츠림이 아니라 '안전의 연대'에 있음을 말해 준다. 부담자와 수혜자를 가르는 공포로 인한 분열과는 달리 모두를 아우르는 안전의 연대는 우파의 복지정치를 넘어 진정한 복지정치로 나아가는 복지국가 감정정치의 토대가 될 것임에 틀림없다.

참고문헌

강명세(2003). 한국복지국가의 기원: 비스마르크와 박정희 모델 비교. 이숙종 편. 경제위기와 복지의 정치. 세종연구소.

강병익(2009). 정당체계와 복지정치: 보수-자유주의 정당체계에서 열린우리당과 민주노동당의 복지정치를 중심으로. 기억과 전망, 20.

구연상(2002). 공포와 두려움 그리고 불안: 하이데거의 기분분석을 바탕으로. 화성: 청계.

권문일(1989). 1960년대의 사회보험. 하상락 편. 한국사회복지사론. 서울: 박영사.

권혁용(2011). 정당, 선거와 복지국가: 이론과 선진민주주의 국가의 경험. 의정연구, 17(3).

김동규(2004). 한국 사회복지정책의 통사적 고찰. 한국행정사학지, 15.

김석준(1989). 한국에서 신중상주의적 안보국가의 대두와 복지국가로의 변환. 성곡논총, 22.

김석준(1991). 한국자본주의국가위기론. 서울: 풀빛.

김순영(2011). 이명박 정부의 사회복지정책: 사회복지정책의 후퇴?. 현대정치연구, 4(1).

김연명 편(2002)., 한국 복지국가 성격논쟁 I. 서울: 인간과 복지.

김영순(2009). 노무현 정부의 복지정책. 경제와 사회, 82.

김영재, 서봉섭(1995). 권위주의 정치체제에서의 복지정책의 형성에 관한 연구: 유신체제에서의 억압적 성격의 변화를 중심으로. 지역개발연구, 7.

김영화, 신원식, 손지아(2007). 한국사회복지의 정치경제학. 파주: 양서원.

김원섭, 남윤철(2011). 이명박 정부 사회정책의 발전: 한국 복지국가 확대의 끝?. 아세아연구, 54(1).

김종일(1992). 한국사회 복지정책의 흐름과 논리. 경제와 사회, 16.

김태성, 성경륭(2000). 복지국가론. 파주: 나남.

김호진(1994). 제5공화국의 정권적 성격, 5공평가 대토론: 현대사를 어떻게 볼 것인가 6. 서울: 동아일보사.

남찬섭(2005). 한국의 60년대 초반 복지제도 재편에 관한 연구: 1950년대와의 관련성을 중심으로. 사회복지연구, 27.

마인섭(2011). 한국정당의 복지정책과 선거. 의정연구, 17(3).

박용수(2009). 국내 진보정부하 사회복지 개혁의 한계에 대한 이론적 고찰. 한국동북아논총, 52.

박원순(1997). 국가보안법연구 2: 국가보안법적용사. 서울: 역사비평사.

박형신(1995). 정치위기의 사회학. 서울: 한울아카데미.

박형신, 이진희(2008). 먹거리, 감정, 가족동원: 미국산 쇠고기 수입반대 촛불집회의 경우. 사회와 이론, 13.

박형신, 정수남(2009). 「거시적 감정사회학을 위하여」. 사회와 이론, 15.

백두주(2011). 경제위기 이후 한국 사회정책의 변화와 효과: 김대중 · 노무현 정부를 중심으로. 담론 201, 14(1).

성경륭(1992). 억압으로부터 복지로 : 한국의 정치민주화와 국가-자본의 노동통제. 한림대학교 사회조사연구소 연구논문 시리즈 #92-18.

손호철(2005). 김대중 정부의 복지개혁의 성격. 한국정치학회보, 39(5).

신광영(2011). 복지는 좌파의 정책일까. 김연명 외 편. 대한민국 복지: 7가지 거짓과 진실. 서울: 두리미디어.

안상훈(2011). 한국 복지정치의 지형: 한국의 복지정치와 지속가능성. 한국사회복지정책학회 춘계학술대회 발표문.

양재진(2007). 유신체제하 복지연금제도의 형성과 시행유보에 관한 재고찰. 한국거버넌스학회보, 14(1).

윤종주(1983). 서언. 복지사회의 본질과 구현. 성남: 한국정신문화연구원.

이갑윤(1989). 13대 국회의원선거에서의 투형형태와 민주화. 김호진 외 편. 한국의 민주화: 과제와 전망. 서울: 경남대 극동문제연구소.

이영환(2002). 김대중 정부의 사회복지정책 평가: 탈빈곤과 재분배의 관점에서. 경제와 사회, 55.

이영환, 김영순(2001). 한국사회복지발달에 대한 계급정치적 고찰. 상황과 복지, 9.

이태수(2010). 보수에게도 복지는 있다. 그러나 철학은 없다. 이창곤 편. 어떤 복지국가에서 살고 싶은가?: 대한민국 복지국가 논쟁. 서울: 도서출판 밈.

이혜경(2006). 현대 한국 사회복지제도의 전개: 경제성장, 민주화 그리고 세계화를 배경으로. 이혜경, 다케가와 쇼고 편. 한국과 일본의 복지국가레짐 비교연구. 서울: 연세대학교 출판부.

전두환(1980). 민주복지국가의 건설. 전기저널, 44.

정수남(2010). 노동자의 불안 · 공포와 행위의 감정 동학. 한국학중앙연구원 한국학대학원. 박사학위논문.

조희연(1993). '지역감정'과 한국의 민주주의. 창작과 비평. 93/봄.

주은선(2008). 이명박 정부 시대의 사회복지: 복지시장의 전면화. 서석사회과학논총, 1(2).

최재성(2010). 이명박(MB) 정부의 사회복지정책의 특성과 과제: '친기업적 보수우익' 에서 '친서민 중도실용?. 한국사회복지조사연구, 25.

홍경준(2010). 복지담론을 가지지 못한 한국 보수주의. 이창곤 편. 어떤 복지국가에서 살고 싶은가?: 대한민국 복지국가 논쟁. 서울: 도서출판 밈.

Barbalet, J. M. (2007). 감정의 거시사회학: 감정은 사회를 어떻게 움직이는가. 박형신, 정수남 역. 서울: 일신사.

Esping-Andersen, G. (2006). 복지자본주의의 세 가지 세계. 박형신 외 역. 서울: 일신사.

Flam, H. (1993). Fear, Loyalty and Greedy Organizations. In S. Fineman (Ed.), *Emotion in Organizations*. London: Sage.

Flam, H. (2009). 기업 감정과 기업 내의 감정. 잭 바바렛 편. 감정과 사회학. 박형신 역. 서울: 이학사.

Furedi, F. (2005). *Politics of Fear: Beyond Left and Right*. London: Continuum.

Furniss, N., & Tilton, T. (1979). *The Case for Welfare State*. London: University of Indiana Press.

Gilligan, J. (2012). 왜 어떤 정치인은 다른 정치인보다 해로운가: 정치와 죽음의 관계를 밝힌 정신의학자의 충격적 보고서. 이희재 역. 서울: 교양인.

Gramsci, A. (1991). *Selections from the Prison Notebooks*. London: Lawrence and Wishart.

Heidegger, M. (1998). 존재와 시간. 이기상 역. 서울: 까치.

Hewitt, C. (1977). The effect of political democracy and social democracy on equality in industrial societies. *American Sociological Review*, 42.

Hibbs, D. (1977). Political Parties and Macroeconomic Policy. *American Political Science Review*, *71*(2).

Hicks, A., & Swank, D. (1984). On the political economy of welfare expansion: A comparative analysis of 18 advanced capitalist democracies, 1960-1971. *Comparative Political Studies*, *17*.

Kemper, T. D. (1978). *A Social Interactional Theory of Emotions*. New York: John Wiley.

Korpi, W. (1983). *The Democratic Class Struggle*. London: Routiedge and Kegan Paul.

Pierson, C. (1998). 근대국가의 이해. 박형신, 이택면 역. 서울: 일신사.

Pierson, C. (2006). *Beyond the Welfare State*, Third Edition. Cambridge: Polity.

Ritter, G. A. (2005). 복지국가의 기원. 전광석 역. 파주: 법문사.

Stephens, J. (1979). *The Transition from Capitalism to Socialism*. London: Macmillan.

Weber, M. (1991). 막스 베버 선집, 임영일 역. 서울: 까치.

Wilensky, H. (1981). Leftism, Catholicism and democratic corporatism. In P. Flora & A. Heidenheimer (Eds.), *The Development of Welfare States in Europe and America*. London: Transaction Books.

제3장

복지태도와 복지정치

김희자

1. 복지국가와 복지태도

제2차 세계대전 이후 복지국가가 사회구성원 전반을 아우르는 제도로 발전되어 온 서유럽 국가들에서는 복지가 선거와 관련된 주요 쟁점이 된지 이미 오래지만, 그간 한국에서는 선거와 복지가 직접적으로 연결된 경우가 흔치 않았다. 하지만 최근의 선거상황은 이제 한국사회에서도 복지가 가장 중요한 정치적 쟁점의 한 영역을 차지하게 되었음을 잘 보여 주고 있다.

제3공화국 이래 제5공화국에 이르기까지 정치민주화 이전에 이미 우리 사회에 다양한 복지제도가 도입되고는 있었으나, 그 당시 복지제도는 국민들의 적극적인 의사표현을 수반하는 정치적 과정을 통해 출현했다기보다는 주로 정권의 정통성 확보 혹은 홍보를 위해 위로부터 도입된 경우가 많았다고 할 수 있다. 한국사회에서 정부가 추진하는 복지제도의 확대에 대해 일반 국민들의 광범위한 의사표현이 이루어진 것은 국민연금과 국민건강보험 등에서 도시자영업자를 포괄하는 개보험화를 추진하는 과정과 기초생활보장제도, 기초노령연금을 도입하는 과정 등 정권의 문민화가 이루어진 이후였으며, 이 시기에도 각 사안이 선거와 직접적으로 연결되었다고 보기는 어려웠다. 하지만 2010년 서울시 교육감선거와 2011년 서울시장 보궐선거는 초·중등학생에 대한 보편적 무상급식이라는 복지사안이 중심 쟁점이 된 선거였다. 이 문제는 새로 선출된 교육감이 추진하는 보편적 무상급식제도에 서울시가 반대 입장을 표명하면서 주민투표, 시장 사퇴, 보궐선거로까지 비화되었으며, 1여 년을 훌쩍 넘는 이러한 과정은 단순히 한 지방자치단체의 복지 프로그램 확대에 대한 이견 대립이라고 보기 어려울 정도로 중앙정치세력들 사이의 대격돌을 초래했다. 이는 하나의 복지쟁점이 정권의 유지·창출과 관련된 격렬한 정치적 동원의 중요한 매개가 될 수 있음을 잘 보여 주고 있으며, 이 과정에서 복지와 관련된 정치사회적 이념의 대립, 계급의 지역 간 분화 등이 적나라하게 노출되었다.

복지국가는 재화의 재분배를 둘러싸고 야기되는 정치적 갈등을 통해 형성·발전되어 왔다. 즉, 복지국가란 시장경제에 의해 이루어진 재화의 분배를 국가가 강제로 재조정하는 제도이며, 이러한 재조정과정에서 시장경제를 통해 분배된 몫보다 누가 얼마나 더 내놓을 것인가 혹은 더 얻게 될 것인가는 매우 첨예한 정치적 갈등을 유발할 수밖에 없다. 민주적 선거가 정치권력의 창출 원리로 작동하는 현대사회에서 사회구성원들이 이 같은 재분배에 대해 어떠한 태도를 갖는가는 해당 사회의 복지제도 모습을 결정하는 매우 중요한 요인이 된다. 이 때문에 복지국가가 잘 발달되어 온 서구복지국가들 사이에서도 복지제도의 질과 형태는 매우 다양한 편차를 나타내고 있다. 사회구성원들의 복지태도가 복지국가의 질을 결정하기도 하지만, 복지국가의 경험은 다시 사회구성원들의 복지태도에 영향을 미칠 수 있다. 스웨덴과 같이 복지국가를 통해 양질의 수혜를 경험한 사회구성원들은 다른 나라들보다 복지에 대해 보다 긍정적 태도를 형성한다(Esping-Andersen & Korpi, 1984). 이렇게 사회구성원의 복지태도는 그의 정치적 동원을 통해 제도화된 복지국가와 불가분의 관계에 놓여 있다.

복지국가에 대한 긍정 혹은 부정적인 태도를 일컫는 복지태도는 다차원적 속성을 가진다. 자본주의 시장경제에서 분배된 몫을 재조정하는 것은 매우 광범위한 국가의 활동을 필요로 하며 다양한 프로그램을 통해 이루어진다. 각각의 프로그램들은 그 대상과 급여의 수준, 재원 등이 서로 다르며, 따라서 사회구성원들의 복지태도 또한 프로그램별로 서로 달리 나타나는 것이 일반적이다. 이렇게 프로그램별로 다양화되는 복지태도는 크게는 사회전체의 운영원리에 대한 이념에서부터 작게는 노동, 가정, 여가 등을 포괄하는 현대인의 생활전반과 관련된 가치관들과 관련되어 있다.

2. 사회이념과 복지태도

제도와 정책의 발전이 그러하듯, 서구에서 복지국가 역시 사회적 격변과 사회이념들의 헤게모니 변화에 따라 부침을 겪으며 발전해 왔다. 자본주의 사회의 발전과 성숙과정에서 두드러진 영향력을 가진 사회이념은 크게 자유주의와 사회주의를 들 수 있다. 이 두 이념은 경제체제, 자유, 평등과 같은 사회구성의 기본적인 원리에 대해 대립적인 주장을 내세우고 정치적 헤게모니를 다투어 왔지만, 사실 복지국가의 발전은 서로 대립하는 이 두 사회이념들이 내세우는 가치들이 이종배합되는 과정이기도 했다. 따라서 오늘날 복지정책의 변화와 발전을 둘러싼 정치적 논의는 자본주의 초기 형태의 극단적 자유주의나 혁명을 주장하는 극단적 사회주의이념을 기반으로 진행되는 것은 아니다. 그럼에도 불구하고 자유주의적 시각으로 복지국가를 해석하고 운영하고자 하는 정치세력의 복지태도와 복지정책에 사회주의적 가치를 최대한 반영하고자 하는 정치세력의 복지태도는 상당히 다르게 나타난다. 이들은 '국가역할의 규모' '빈곤에 대한 책임소재' '경제적 효율성과 복지와의 관계' 등에서 서로 다른 관점을 가지고 있으며, 이는 종종 복지정치에서 대중의 복지태도에 영향을 미치게 된다.

먼저 국가역할에 대한 대립적 시각을 살펴보자. 1970년대 중후반 서구경제가 침체기에 들어서면서 보수주의자들은 당시의 경기침체가 국가개입의 전면적 확대를 가져온 복지제도에 있다고 주장하면서 복지체제에 대해 강력한 반감을 표출했으며, 이 같은 반복지주의 공격은 영국과 미국에서 국가 복지지출의 축소를 정책의 전면에 내세운 대처와 레이건의 집권으로 이어졌다. 대처와 레이건이 집권하면서 복지에 대한 공격적인 정치적 수사와 함께 복지제도의 대대적인 재편이 이루어졌음은 물론이다. 이 당시 실제 정부지출의 축소는 그다지 많이 이루어지지 않았다는 지적도 있지만(Mishra, 1990), 정책의 실효성 여부를 떠나서 '작은 정부'라는 구호는 당시 양국 모두에서 보수주의자들의 커다란 지지를 받았다.

'작은 정부론'의 기원은 초기 자본주의 사회의 정치적 이념이었던 자유주의로 거슬러 올라갈 수 있다. 아담 스미스(Adam Smith)와 같은 초기 자유주의자들은 시장에서 자신의 이익을 극대화하기 위한 개인들의 자유로운 행위가 '보이지 않는 손'에 의해 궁극적으로 사회적 이익과 조화를 이룰 수 있다고 보았으며, 이 관점에서 볼 때 국가는 사회질서를 유지하기 위한 치안활동에 준하는 최소한의 역할에 머무르면서 개인의 자유로운 경제행위를 침해하지 않기 위해 노력하는 것이 바람직하다. 이처럼 '경찰국가'로까지 표현될 정도로 국가역할을 최소화해야 한다는 주장 때문에 초기 자본주의 사회를 지배했던 자유주의는 자유방임주의라고도 불린다.

반면 국가가 국민들의 생존에 전면적으로 개입하여 재분배를 꾀하는 오늘날의 복지국가는 국가역할의 확대를 기반으로 한다. 이처럼 국가역할의 확대가 사회적 지지를 얻게 된 데에는 초기 자본주의 사회에서 이루어진 가혹한 노동착취와 빈부격차, 주기적으로 찾아오는 공황 등의 사회문제가 자유방임주의자들이 이야기하듯 '보이지 않는 손'에 의해 자연스레 치유될 수 있는 문제가 아님을 인정하면서부터였다. 산업화 이후 심화된 빈부의 격차와 하층계급에 놓인 극한의 생활조건은 영국사회에서 건강한 노동력이 재생산되는 것이 불가능할 정도로 참혹한 것이었다. 장기간의 착취와 생활조건의 악화로 인해 국민들의 체력이 급속히 떨어져 군지원자 중 1/3 이상이 부적격자로 판정되곤 했다.[1] 이는 병력뿐 아니라 노동력 재생산 자체가 심각한 타격을 입고 있다는 징표였으며 국가경쟁력에 영향을 줄 수 있는 문제로, 지배계층에게도 위기로 다가오게 되었다. 또한 1800년대 말, 공황이 주기적으로 야기되고 실업이 만연하게 되면서 빈곤에 대한 제도적 대응이 불가피하다는 인식이 힘을 얻게 되었다.

여기서 복지와 관련하여 중요한 가치관의 변화를 볼 수 있는데, 그것은 빈곤이 개인의 책임인가 사회적 책임인가와 관련된 것이다. 초기 자본주의 사회에 지배적이었던 자유주의의 관점에서 볼 때 개인들은 열심히 노력할 때 당연히 그에 상응하는 이득을 시장에서 취할 수 있을 것이며, 시장에서 경쟁을 통해 형성되는 빈부격차와 같은 불평등은 사회부정의라기보다는 각 개인들이 이득을 얻기 위해 열심히 노력하도록 만드는 좋은 기제로 간주될 수 있다(George & Wilding, 1994). 요컨대, 자유주의자들의 입장에서 볼 때 부유함은 근검절약의 생활태도를 견지하면서 시장에서 열심히 노력한 대가이며, 빈곤은 빈민 개인의 능력부족이나 나태함 등에서 비롯되는 것이라고 간주된다. 따라서 빈곤에 대한 책임은 개인이 지는 것이 당연한 것이었다. 하지만 공황은 실업과 빈곤이 개인으로서는 불가항력적인 사태로부터 야기될 수 있음을 보여 주었다. 특히 1929년 미국에서부터 시작된 세계대공황은 초기 자본주의사회에 대한 제도적 수정의 필요성을 광범위하게 인정하게 된 계기가 되었다.

시장의 자유행위를 제한하기 위한 제도화 조치는 노동법의 제정으로부터 시작되었다고 할 수 있다. 노동법은 국가가 노동시장에 대해 규제를 가하는 것으로, 1830년대 초 영국에서 입법화되었던 공장법으로 출발하여 초기에는 아동노동과 여성노동에 대한 노동시간 규제 등을 내용으로 했지만, 오늘날

---

1) 영국 병무청의 『1900년 보고서』에 의하면 입대부적격자가 1896년 42.2%, 1897년 38.0%, 1898년 35%, 1899년 32.9%, 1900년 28%로 나타났다(함세남, 1996: 78-79).

의 노동법은 노동력의 모집과 배치, 퇴직에 이르는 고용의 모든 과정에 대한 국가의 개입을 포괄하고 있다. 그러나 노동법에 따른 보호는 노동시장에 진입해 있지 못한 사회적 약자들에게는 적용되지 않는다. 이들 혹은 노동시장에 진입해 있다 하더라도 여전히 생존의 문제가 있는 노동자들의 생존권보장을 위해서는 또 다른 논리의 사회적 보호가 필요하며, 이들을 위해 국가가 강제로 조세나 사회복지 기여금의 형태로 소득의 일정부분을 환수하여 소득의 보장과 여타의 서비스를 제공하는 것이 바로 복지제도다.

일단 국가의 제도적 개입을 인정한다 하더라도 개입을 어디까지 어떻게 할 것인가에 대해서는 다양한 가능성이 존재한다. 오늘날 자유주의적 관점에서는 국가의 역할이 초기 자본주의와 같은 '경찰국가' 정도는 아니더라도, 될 수 있는 한 적은 정도로만 확대되어야 한다고 본다. 이러한 주장 뒤에는 국가의 개입이 공황과 같이 어쩔 수 없이 초래된 빈곤을 해결하는 행위를 넘어서, 개인의 나태함 등 노동윤리의 결여 때문에 야기되는 빈곤에까지 혜택을 주지는 않도록 해야 한다는 고민이 자리 잡고 있다고 할 수 있다. 에스핑-안데르센(Esping-Andersen)은 자유주의 사회이념에 기초한 복지국가는 국민들에게 노동과 복지 중 어느 하나를 선택할 것을 강요하여 자유주의적 노동윤리를 보장하고자 한다고 지적한다(Esping-Andersen, 1990). 역사적으로 유럽에 비해 자유주의가 강력한 정치적 힘을 발휘해 왔으며, 복지정책의 발전과정에서도 자유주의와의 타협 여부가 정책발전의 주요 요건이 되어 왔던 미국은 복지제도 최소화의 대표적 사례로 볼 수 있다(Rimlinger, 1991). 미국은 세계대공황 이후인 1935년에 이르러서야 처음으로 연방차원에서 사회보장제도가 수립되었으며, 현재도 의료보험이 전국적인 사회보험으로서 제도화되어 있지 않다. 노인, 장애인 등의 사회적 약자에 대한 지원은 큰 저항이 없지만 보편적 프로그램에 대해서는 여전히 강력한 저항이 있기 때문이다.

반면 오늘날 지구상의 최대 복지국가로 평가받는 스웨덴의 경우, 세계대공황 이후 수십 년간 장기집권했던 사회민주주의 정당의 정치적 역할이 컸다. 자본주의로부터 사회주의로의 이행에 대해 실용주의적·점진주의적인 접근방식을 취하고 있는 스웨덴 사회민주주의자들은 복지정책에 사회주의적 가치를 최대한 반영하려고 노력해 왔다. 사회민주주의적 관점에서 볼 때 복지국가는 노동력의 탈상품화가 이루어질 수 있을 정도로 확대되는 것이 바람직하다. 탈상품화(decommodification)란 "개인과 가족이 노동시장에 참여하든 하지 않든 사회적으로 받아들여질 만한 정상적인 생활수준을 유지할 수 있는 상태"를 말한다(Esping-Andersen & Korpi, 1984: 183). 즉, 사회민주주의자들은 노동자들이 경제적 강제로 인해 억지로 소외된 노동에 참여할 수밖에 없는 상황을 탈피할 수 있도록 복지국가가 일정한 생활수준을 보장해야 한다고 본다.

사회이념은 국가복지와 경제효율성과의 관계에 대한 태도와도 연관된다. 레이거니즘과 대처리즘에서 볼 수 있듯이 자유주의 이념을 내세운 보수주의자들은 복지국가의 확대가 경제성장에 걸림돌이 될 수 있다고 본다. 이들은 국가가 과도하게 시장에 개입하고 복지를 확대할 경우, 고용에 수반되는 복지부담금으로 인해 기업의 고용비용이 상승함으로써 경쟁력이 떨어지고, 또한 복지비용을 충당하기 위한 조세부담률이 높아지면 기업의 투자의욕을 약화시킬 수 있다고 주장한다. 반면 스웨덴 사회민주주의자들의 경우, 성장과 분배는 결코 제로섬 게임이 아니며, 양자는 조화를 이룰 수 있다고 주장하면서 복지와 경제성장을 접목한 정책모형을 개발하여 적용해 왔다. 또한 스웨덴에서 복지제도의 확대는 적극적 노동시장정책과 긴밀히 결합되어 추진되었다.

정리해 보면 사회이념에 따라 국가역할의 규모, 빈곤의 책임소재에 대한 해석, 그리고 복지와 경제효율성의 관계에 대한 판단이 달라지며, 이러한 차이는 각각의 복지프로그램이 어떤 사람들을 대상으로 하는가, 그리고 급여와 비용부담이 어떤 방식으로 구성되는가와 관련하여 프로그램별로 다양한 복지태도를 초래하게 된다.

3. 복지대상의 범위와 복지태도

위에서 살펴본 바와 같이 정부의 개입규모에 대한 태도의 차이는 누구를 위한 복지인가와 밀접한 관계를 가진다. 복지의 대상과 관련하여 부각될 수 있는 쟁점은 크게 두 가지를 들 수 있는데, 그 하나는 '노동력이 없는 사람만을 복지의 대상자로 할 것인가 아니면 노동력이 있는 사람도 대상으로 포함시킬 것인가'이며, 다른 하나는 '복지 프로그램이 현재 생존의 문제에 봉착한 사람들만을 대상으로 할 것인가 아니면 모든 사람들을 포괄할 것인가'다.

1) 노동능력의 유무에 따른 대상의 구분

서구 복지제도 발달의 역사에서 먼저 쟁점화된 사안은 노동이 가능한 빈민에 대한 처우였다. 동서고금을 막론하고 노인, 장애인, 아동 등 노동능력이 없는 사람들은 국가의 공적 복지이든 민간의 자선이든 복지급여의 일차적 대상이 되어 왔으며, 한국에서도 예부터 환과고독, 즉 독립생활이 불가능한 사람들 중 친족의 지원망이 결여된 사람들은 구제의 주요대상으로 설정되어 왔다. 반면 노동능력이 있는 성인에 대한 구호는 가뭄이나 홍수와 같은 자연재해나 전염병의 발병 등 대규모 사회적 재앙의 피해자에 국한되는 것이 일반적이었다.

산업화 전후에 서구에서 복지가 공적으로 제도화되는 과정에서도 노동능력이 없는 사람들에 대한 지원은 당연한 것으로 간주되었으나, 노동력이 있는 사람들에 대해 구호를 제공할 때는 노동능력이 없는 사람들과는 다른 처우가 필요하다는 인식이 지배적이었다. 영국에서 엘리자베스 1세 시기에 구빈법이 선포되었을 때에도(1601) 구호대상이 되는 빈민의 노동력 유무가 빈민에 대한 차별화된 처우의 기준으로 제시되었다. 이에 따르면 장애인이나 노약자 같이 노동력이 없는 빈민들에게는 구빈원에서 숙식을 제공하도록 하였지만 그 외 노동력이 있는 빈민들에게 구호를 제공할 때는 교정원에 수용하여 노동을 강제함으로써 노동윤리를 가르치도록 하였다. 이후 현실적으로 이러한 구분이 잘 지켜지지 않고 교정원이나 구빈원을 막론하고 이들 시설에서 구호를 받는 빈민들이 가혹한 노동과 참혹한 생활조건에 노출됨에 따라 이들에 대한 처우가 점진적으로 완화되었지만, 1834년에 구빈법이 개정되면서 노동능력이 있는 사람들에 대한 처우는 다시금 강력한 조건을 수반하게 된다. 이같은 구빈법 개정은 산업화 이후 폭증하는 인구와 이에 따른 빈민 수의 증가로 인해 구빈비용이 늘어난 것이 중요한 배경이 되었다. 개정구빈법에서는 구빈법 초기의 기준을 복원하여 노동능력이 있는 사람들에게 구호를 제공할 때는 무조건 시설에 수용하여 강제적으로 노동시켰다. 앞서 살펴본 바와 같이 자유주의사상에 입각해 볼 때, 노동능력이 있는 자의 빈곤은 게으름, 무책임함 등 개인의 도덕적인 문제로 야기되는 것으로 간주되므로 빈곤의 극복은 빈민 개인의 노력에 달린 것이다. 따라서 그들에 대해 국가가 무언가를 제공할 때는 당연히 노동윤리의 가르침을 대가로 해야 하는 것이다.

이러한 논리는 오늘날에도 상당히 영향력을 발휘하고 있다. 대부분의 국가에서 일정 소득 이하의 빈곤을 이유로 제공되는 공공부조에서 급여를 제공할 때 다양한 조건을 제시하고 있다. 한국에서도 1961년 처음 공공부조법으로서 생활보호법이 제정된 이후 수십 년간 생계비를 지급하는 대상은 늘 65세 이상의 노인, 18세 이하의 아동, 장애인, 임산부 등과 같은 인구학적 기준을 충족하는 사람들로 제한되어 왔었다. 2000년 국민기초생활보장법이 시행된 이후에 비로소 노동능력이 있는 사람들에게도 최저생계비 이하의 소득자이면 생계비를 지원하였지만, 국민기초생활보장제도에서도 노동능력이 있는 사람들은 '조건부수급자'로 따로 분류하여 수급의 조건으로 '자활에 필요한 사업에 참가할 것'을 제시하고 있다(국민기초생활보장법시행령 제8조).

미국에서 1996년에 복지개혁을 단행하면서 AFDC, 긴급부조 등의 공공부조를 TANF로 전환할 때 중요한 배경이 되었던 논리[2] 또한 노동능력 있는 자의 노동윤리에 대한 강조라고 볼 수 있으며, 영국 등에서 제기된 '생산적 복지'라는 수사에 내포된 함의 또한 이와 크게 다르지 않다. 즉, 노동 가능한 사람들에 대해 복지급여를 제공할 때는 늘 그러한 복지급여가 노동윤리를 훼손하지 않도록 장치를 마련해야 한다는 자유주의적 경계심이 복지와 노동윤리 간의 긴장관계를 유발하고 있으며, 각 사회의 복지정치에서 이러한 경계의 논리가 얼마나 힘을 발휘하는가에 따라 노동능력이 있는 사람에 대한 복지급여의 수준과 조건이 달라진다고 할 수 있다.

2) 보편적 복지와 선별적 복지

복지대상과 관련한 두 번째 쟁점은 '아동, 노인, 장애인, 실업자 등 복지제도가 자립생활이 불가능한 사회적 약자만을 복지제도의 대상으로 할 것인가' 혹은 '현재 독립생활을 영위하는 데 문제가 없는 일반인들까지 대상에 포함시킬 것인가'를 둘러싼 것이다. 사회복지 3대 프로그램으로 꼽히는 공공부조, 사회보험, 사회복지서비스 중 가장 먼저 발달해 온 공공부조는 노령, 장애, 실업 등 여러 이유로 인해 빈곤에 처해 있는 사람을 대상으로 한다. 반면 사회보험은 현재 생존의 위험에 봉착하지 않은 일반인들을 향후에 맞이하게 될지 모를 노령, 실업, 질병 등과 같은 사회적 위험에 대비시키는 예방적 프로그램이다. 1800년대 후반 독일에서 처음 출현한 사회보험은 하층노동자계급을 대상으로 시작했지만, 이후 유럽 각국에 파급되어 점진적으로 적용대상을 넓혀오다가 제2차 세계대전 후에 전 국민을 대상으로 한 보편적 프로그램으로 발전해 왔다. 사회보험이 이처럼 보편적 프로그램으로 자리잡

---

2) 미국은 1996년 과거 아동이 있는 빈곤가족에 대한 지원제도였던 AFDC(Aids to Families with Dependent Children), 긴급부조, JOBS의 세가지 프로그램을 묶어 '보호가 필요한 가정의 일시부조를 위한 정액보조금제TANF(Block Grants for Temporary Assistance for Needy Families)'로 대체하였다. 이 프로그램은 일생동안 공공부조를 받을 수 있는 수혜기간을 통산 5년으로 제한하였고, 수혜자들의 수혜조건을 일정시간 이상 노동을 하였는가 여부와 철저히 연계되도록 했다.

게 된 것은 세계대공황과 제2차 세계대전이라는 엄청난 사회적 재앙의 경험이 촉발제가 되었기 때문이다. 이들 두 사건은 중산층조차 사회적 위험에서 자유롭지 않다는 인식을 공유하게 해 주었고, 이에 대한 포괄적 대비의 필요성을 절감하게 했던 것이다. 오늘날 복지제도를 운영하는 서구국가들 대부분이 연금보험, 의료보험, 실업보험, 산업재해보상보험 등 4대 사회보험제도를 구축하고 있다.

하지만 자유주의적 색채가 강한 미국과 사회민주주의 영향력이 강한 스웨덴은 사회보험의 종류에 있어서도 차이를 보인다. 위에서 살펴본 바와 같이 미국에서는 대부분의 사회복지서비스와 실업보험, 산업재해보상보험 등이 기업단위 혹은 지방정부단위로 제공되고 있으며, 특히 의료보험의 사회보험화가 이루어지지 않아 국민은 의료서비스를 민영의료보험체제에 의존할 수밖에 없다. 이 때문에 4,700만의 보험미가입자들이 의료사각지대에 놓여 있었으며, 정권출범 후 이들에게 최소한의 의료보험 혜택을 주기 위해 의료개혁을 추진하던 오바마 정부는 엄청난 정치적 반내에 맞닥뜨려야 했다. 반면 스웨덴은 일반적으로 거론되는 4대 보험 외에도 아동의 출산과 양육에 수반되는 비용까지도 부모보험이라는 사회보험의 형태로 운영하고 있다. 이들 나라 외의 대부분 복지국가들에서는 사회보험제도가 보편적 프로그램으로 운영되어야 한다는 필요성 자체보다는 주로 사회보험 급여의 수준과 보험료의 부담을 어떤 방식으로 구성할 것인가가 쟁점화되고 있다. 서구 사회에서 고실업현상의 장기화와 노령화, 의료산업의 발전으로 인한 의료수가의 상승 등으로 사회보험의 재정이 악화되고 보험료부담이 가중되면서 이해당사자들 간 복지태도의 차이를 나타내고 있다.

한편 사회복지서비스의 경우에는 보편성 여부와 관련하여 좀 더 복잡한 복지태도의 분화를 볼 수 있다. 공공부조와 사회보험은 주로 소득보장과 의료보장에 집중되어 있어 급여의 내용이 비교적 단순하다. 하지만 사회복지서비스는 생계비 지원과 의료서비스와 같은 전통적 급여로는 해결되지 않는 다양한 사회적 약자의 문제들을 해결하기 위한 것이다. 장애인, 아동, 노인

등의 사회적 약자들에게는 돈과 의료서비스를 제공하는 소득보장과 의료보장도 물론 필요하지만, 이들이 독립적인 생활을 유지하기 위해서는 그 이상의 여러 가지 지원이 필요하다. 예를 들면, 이동 편이성을 제고하기 위한 교통시설 및 서비스, 특수교육, 통합교육을 위한 보조인, 취업을 위한 장애유형별 직업훈련시설, 고용을 위한 사회적 강제와 유인 등 장애인에 대해서만 해도 일일이 열거하기 어려울 정도의 다양한 서비스가 필요하다. 노인성 질환자들에 대한 간병, 학대로부터의 보호 및 치료, 보호시설의 제공 등 이들 사회적 약자들의 복지욕구는 매우 다양하며, 이들에 대해 어떤 급여를 얼마나 어떤 방식으로 제공해야 할 것인가 등과 관련하여 급여의 내용들을 표준화하고 개량화하기가 사회보험보다 훨씬 어렵다.

급여의 내용이 다양한 만큼 각 급여를 공공부조의 대상 혹은 그에 준하는 저소득계층에게 제한적으로 제공할 것인가 아니면 국민 전체 혹은 최상층을 제외한 다수의 중산층에게 보편적으로 제공할 것인가에 대한 복지태도는 프로그램별로 다양하게 나타날 수 있다. 사회복지서비스의 선별적 · 보편적 제공을 둘러싼 정치적 논란에서 주로 등장하는 쟁점을 추려보면 다음과 같다.

첫째, 사회복지서비스를 선별적으로 제공할 경우 발생되는 낙인을 어떻게 바라볼 것인가다. 이는 2011년 서울시 아동무상급식의 보편적 제공을 둘러싼 갈등에서 가장 쟁점으로 떠올랐던 부분이기도 하다. 소득보장은 급여계좌로 이체함으로써 수급과정에서 수급자 여부가 다른 이에게 공개될 가능성이 적지만 아동무상급식의 경우 일선현장에서 비밀유지원칙이 제대로 지켜지지 않는 경우가 많고, 이 경우 수급 대상이 어린 아동이라는 점에서 심리적 위축과 그 영향이 장기화될 가능성이 많다. 이 밖에 공공임대아파트단지 등의 사례에서 볼 수 있듯이 선별적으로 제공되는 프로그램에서 낙인은 거의 피해가기 어려운 문제다. 이 같은 낙인의 문제를 한정된 급여를 효율적으로 사용하고 복지비용을 억제하기 위해 치러야 할 대가로 볼 것인가 아니면 절대 침해되어서는 안 되는 인권의 영역으로 간주하고 대처해야 할 것인가에 대한 태도의 차이가 복지정책과 관련한 정치적 갈등을 촉발한다.

둘째, 사회적 약자를 가족의 책임으로 돌릴 것인가 아니면 사회가 책임질 것인가다. 이에 대한 복지태도는 바람직한 가족관계가 무엇인가에 대한 가치관에 따라 많이 좌우될 수 있다. 저소득층에게만 사회복지서비스를 제공한다는 것은 급여대상이 되는 사회적 약자가 속해 있는 가구의 소득에 따라 급여를 제공한다는 것이고, 이는 곧 가족이 저소득이나 빈곤에 노출되지 않는 한 사회적 약자를 책임져야 한다는 의미다. 반면 사회적 약자에 대한 서비스를 보편적으로 제공하면 그들의 존재가 다른 가족의 부담이 되지 않는다. 보편적인 서비스 제공을 지지하는 사람들은 이것이 사회적 약자가 가족 내에서 동등한 인격체로 대우받을 수 있고, 돌봄의 부담 때문에 어쩔 수 없이 가족을 떠나 복지시설로 가야 하는 불행한 사태를 줄일 수 있다고 주장한다. 스웨덴은 모든 가족구성원들의 평등하고 민주적인 가족관계를 유지하기 위해, 가족 내의 취약한 구성원이 다른 가족의 부담이 되지 않도록 각 개인별로 필요한 복지욕구를 최대한 충족하여야 한다는 가족개념을 따르고 있다. 예를 들어, 450일에 달하는 출산 및 육아휴가, 10세 이하 아동을 둔 부모들에게 각각 연간 60일씩 120일까지 제공될 수 있는 단기 부모휴가, 다양하고 높은 보육의 질을 제공하는 보육체계를 제공하여 아동의 출산과 양육이 가족의 부담으로 작용하지 않도록 지원하고 있다(김희자, 2003). 아울러 모든 장애인과 노인세대의 독립적 생활을 보장하기 위한 다양한 서비스가 위와 같은 가족개념에 입각하여 보편적 급여로 제공되고 있다. 하지만 많은 나라에서 아동의 양육은 부모의 고유한 권한이며 책무라는 핵가족개념에 입각하여 사적인 영역으로 인식되고 있으며, 앞서 살펴보았던 미국의 AFDC나 그에 뒤이은 TANF 등의 프로그램도 모두 선별적인 것이다.

셋째, 중간계급을 복지정치에서 어떻게 활용할 것인가의 문제다. 사회복지서비스를 보편적으로 제공하는 것은 복지국가에 대한 대중들의 지지를 확보하는 데 효율적이다. 에스핑-안데르센은 사회민주주의 복지국가는 사회적 권리를 보편적으로 보장하는 진정한 복지제도를 통해, 모두가 수혜자이며 모두가 의존자이며 모두가 지불의 의무를 지는 사회를 창출할 수 있다고 본다. 이러한 유형의 복지국가는 노동계급과 중간계급이 분리되는 것이 아니라 두 계급 사이에 복지국가를 지향하는 보편적 유대를 구축할 수 있게 된다(Esping-Andersen, 1990). 즉, 보편적 복지제도는 중산층을 포함한 국민 전체를 복지수혜자로 끌어들임으로써 이들을 복지제도의 지지자로 만드는 효과가 있다.

복지국가를 축소하고자 하는 보수주의자들도 일단 형성된 중간층을 위한 복지제도는 함부로 공격하기 어렵다. 미쉬라에 따르면 내셔리즘과 레이거니즘이 복지국가를 실제적으로 축소하지 못한 이유는 중간계급을 포괄하는 보편적 프로그램에 대한 대중의 폭넓은 지지 때문이었다. 이 시기 실제 공격을 받은 것은 주로 하층을 위한 선별적 프로그램들이어서 하층의 생활만 더욱 피폐화되는 결과를 초래했다(Mishra, 1990).

현재 한국의 사회복지서비스는 대부분 선별적 프로그램으로 구성되어 있다. 가구별 소득이 최저생계비 이하인 가구, 혹은 최저생계비의 120% 이하인 가구, 130% 이하인 가구 등 프로그램별로 다양한 소득기준을 적용하면서 사회복지서비스를 빈곤 혹은 저소득층에게만 제공한다. 대부분의 중산층들에게는 이러한 혜택이 없으며, 따라서 이들 급여가 적정한지 급여의 방식은 어떠한지에 대해 특별한 사회적 주목을 받기 어려운 형편이다. 그러나 이 프로그램들이 중산층을 광범위하게 포함하는 보편적인 것으로 진화할 경우 커다란 정치적 쟁점으로 등장하게 되며, 최근의 보편적인 무상급식문제나 보육수당, 반값등록금 등을 둘러싼 사회적 반응은 이를 잘 보여 주고 있다.

4. 복지재원과 복지태도

'복지를 누가 받을 것인가'만큼이나 중요한 것은 '복지에 소요되는 비용을 누가 감당할 것인가'다. 복지비용에 소요되는 재원은 크게 일반조세와 사회보장세 및 보험료로 나뉠 수 있다. 일반조세는 복지비용의 명목으로 부과되는 것은 아니나, 공공부조와 사회복지서비스의 상당부분은 일반조세에서 지급되므로 복지국가의 확대는 조세의 상승을 수반하게 마련이며, 때로 국가부채의 확대도 초래할 수 있다. 한편 사회보장세와 보험료는 특정의 복지 프로그램과 연계되어 부과되므로 프로그램별 복지태도에 직접적인 영향을 미칠 수 있다.

복지국가의 확대가 조세와 연결되어 있기 때문에 결국 면세대상자인 하층 소득자를 제외한 중산층 이상의 국민들 모두에게 비용과 관련한 부담을 가져올 수밖에 없다. 따라서 납세자로서의 위치를 부담스러워하는 계층은 사회복지서비스를 보편적으로 제공하는 것에 대해 거부감을 가질 가능성이 높다. 지난해 서울시장선거에서 뜨거운 쟁점이었던 아동무상급식의 보편적 제공에 대해 반대의 입장을 취한 사람들의 논리도, 단지 해당 프로그램 하나에 대한 반대를 넘어서 이것이 보편적 복지서비스의 물꼬를 트는 역할을 함으로써 전반적인 복지지출의 확대를 야기하지 않을까 하는 우려와 연관되어 있었다. 서울시 교육감 선거와 서울시장 보궐선거에서 강남 3구의 뚜렷한 반대의사 표출도 이러한 우려와 무관하지 않다고 해야 할 것이다.

그러나 비용부담 자체가 곧바로 복지국가에 대해 부정적인 태도를 초래한다고 볼 수는 없다. 대중의 복지태도와 복지정치에서 중요한 부분은 국가복지의 확대에 따른 조세 혹은 사회복지보험료 등의 기여금 부담이 얼마나 소득에 누진적으로 적용되는가다. 즉, 소득재분배의 정도가 국가복지의 확대와 관련한 복지태도의 차이와 밀접하게 관련되어 있다. 조세의 누진성이 확실할 경우 최상층을 제외한 광범위한 중산층의 복지태도가 국가복지의 확대에 꼭 부정적일 것이라고 볼 수는 없다. 국가복지가 확대되고 특히 보편적으로 제공되는 프로그램이 많아지면 중산층 역시 복지의 수혜자가 될 것이며, 이러한 수혜를 위한 비용에서 최상층이 기여하는 부분이 커진다면 자신들의 비용부담이 일정 정도 늘어나더라도 복지국가를 긍정적으로 받아들일 수 있기 때문이다.

사회보험료에 있어서도 소득재분배의 정도가 복지태도에 중요한 영향을 미친다. 사회보험은 보험의 원리를 따르므로 원칙적으로 보험료를 일정기간 납부한 사람들이 수혜자가 된다. 사보험과 달리 사회보험에서는 시장소득의 재분배효과를 꾀하므로 보험료를 납부할 때는 대체로 시장소득에 비례하여 납부하지만, 급여를 받을 때는 자신이 납부한 금액에 정확하게 비례하여 받게 되는 것이 아니다. 사회보험의 비용 및 급여의 구성이 높은 소득재분배를 꾀하도록 이루어져 있고, 중간층이 그로부터 적절한 수혜를 받는다면 소득이 아주 높은 상층은 부정적인 복지태도를 가질 수 있지만, 다수의 국민들은 지지적 태도를 보여 줄 것이다. 이때 보험료 부과의 기준이 되는 소득을 산정하는 지표도 중요하다. 즉, 기준소득의 산정에서 근로소득이나 금융, 또는 임대소득 등 현재의 소득만을 기준으로 할 것인가 아니면 보유하고 있는 부동산이나 차량 등 여타 재산의 가치도 소득환산과정을 거칠 것인가, 또 소득환산과정을 거친다면 그 산식이 현실적인 부의 위계를 제대로 반영하는가는 소득재분배효과에 중요한 영향을 미친다. 예를 들면, 한국의 국민건강보험료 산정에 있어서 지역가입자는 자택소유여부 등이 반영되는데, 이들 지표가 부의 소유와 관련된 누진적 성격을 갖는가에 대해 지속적인 논란이 제기되고 있다.[3)]

조세의 누진성이나 보험료의 부과가 높은 소득재분배를 꾀하는 방식으로 구성되어 있다 하더라도 이것이 실효성을 가지려면 모든 계층에서 소득이 투명하게 포착될 수 있다는 것이 전제되어야 한다. 노동자들은 임금이 정확하게 조세당국에 보고되므로 소득파악이 용이한 반면, 의사나 변호사 등의 전문직, 자영업자들의 소득포착은 쉽지 않으며, 상층으로 갈수록 부동산과 각종 금융자산 등에 의한 소득을 정확하게 파악하는 것은 용이하지 않은 것이 현실이다. 한국에서 과거 조합주의방식으로 운영되던 의료보험을 전국민

3) 또한 지금은 수정이 되었으나 최근까지 재산이 아무리 많아도 소득이 없으면 직장가입자인 가족구성원의 피부양자로 분류되어 직장가입자의 근로소득에 부과되는 보험료 외에는 보험료를 면제받아 형평성의 문제를 야기했으며, 이 때문에 재산이 많은 최상층에서 높은 건강보험료가 부과되는 것을 회피하기 위해 유령직장인으로 등록하는 경우도 발생하여 사회문제가 된 바 있었다.

을 포괄하는 국민건강보험으로 전환하는 과정에서 직장가입자들의 반발이 심했던 것도, 당시에 신용카드의 사용이 아직 일반화되지 않아 오늘날보다도 세원포착에서의 비형평성 문제가 더 심각했던 것이 중요한 원인이었다.

5. 집단별 복지태도와 복지정치

이처럼 복지국가의 재분배과정에서 어떤 집단이 복지로부터 보다 많은 수혜를 얻고 어떤 집단이 보다 많은 복지비용을 부담하는가, 즉 복지프로그램을 둘러싼 복지이해는 복지태도에 영향을 미친다. 물론 한 개인의 사회적 지위는 매우 다양한 속성을 가지고 있으며, 각각의 복지프로그램별로 수혜대상과 정도, 그리고 비용부담의 대상과 정도가 다르기 때문에 복지이해와 복지태도 또한 프로그램별로 다르게 형성될 수 있다. 하지만 현실적으로 각 개인이 모든 복지프로그램에 대해 자신의 이해득실을 완벽하게 인지하여 손익을 따져 본 후 복지태도를 취할 수는 없다. 또한 특정 사회문제에 대한 사람들의 가치관이나 태도는 일관성과 합리성을 가진다기보다는 대체로 다양한 정서적 · 논리적 착종형태를 띠게 마련이어서 복지이해가 반드시 복지태도를 결정한다고 보기는 어렵다. 정치사회적 측면에서 볼 때 계급의 이해는 정치적으로 동원될 때 비로소 정치적 의미를 가진다고 할 수 있다.

그럼에도 불구하고 복지이해가 대중의 복지태도형성에 있어서 객관적인 토대가 된다는 점은 부인할 수 없다. 이 때문에 복지태도는 종종 복지이해에 따라 집단별로 달리 나타난다고 주장되어 왔다. 전통적으로 복지이해와 관련하여 복지태도의 집단별 차이를 초래하는 것으로 간주되어 왔던 요인은 계급 혹은 계층과 같은 경제적 지위다. 하층계급은 시장경제로부터의 분배몫이 적은 만큼 복지국가를 통한 재분배로부터 더 많은 수혜를 받을 것이며 따라서 복지국가를 지지하는 태도를 보이는 반면, 경제적 지위가 높은 집단일수록 복지비용의 부담으로 인해 복지국가에 부정적인 태도를 보이리라는 것이다. 하지만 복지국가의 발전은 다양한 복지프로그램과 사회조직의 변화를 가져왔으며, 이 때문에 경제적 지위 외의 다른 요소들이 복지이해를 가르는 중요한 기준이 되고 있다는 주장도 제기되어 왔다.

1) 계급 · 계층에 따른 복지태도

노동자계급 특히 하층노동자계급과 빈민들이 공공부조와 사회보험 등 근대복지제도의 형성 초기부터 주요한 대상으로 설정되어 왔다는 사실은 이들이 복지국가의 수혜집단이며, 상층은 복지국가의 비용을 부담하는 집단이 될 것임을 시사한다. 복지태도에 대한 전통적인 시각은 이처럼 복지이해가 계급 · 계층과 반비례한다는 전제 위에서 경제적 지위가 낮은 계층은 복지국가를 지지할 것이며, 경제적 지위가 높은 계층일수록 복지국가에 부정적일 것이라고 판단했다. 실제 서구 여러 나라에서 복지국가의 형성기에 중간계층은 공공부문은 기본적 보장만을 책임지고 나머지는 민간부문에 의해 공급되는 '최소국가'라는 전략을 채택했다(Kangas & Palme, 1990).

하지만 복지국가의 발전에 따라 이렇게 계급이나 계층에 복지이해가 반비례한다고 단순화시키기에는 어려운 측면이 존재하는데, 최하층이나 최상층을 제외한 광범위한 중간층의 복지이해는 대단히 복잡한 양상을 띠며 이들 광범위한 중산층의 복지태도의 향배가 민주주의를 기반으로 하는 현대사회의 복지정치에 있어서 매우 중요하다. 중간층은 복지비용을 위한 납세자이며 동시에 수혜자가 될 수 있고 어느 쪽의 역할에 더 비중이 실리도록 복지프로그램이 짜이는가에 따라 복지이해가 달라지기 때문이다. 즉, 이들의 복지태도는 복지프로그램이 보편적인가 선별적인가, 조세와 사회복지기여금의 부담이 계층별로 어떻게 분포되어 있는가에 따라 다양하게 나타날 수 있다. 위에서 살펴본 것처럼 중간층을 포함하는 보편적 프로그램은 정치적으로 지지를 동원하기 쉽고 따라서 제도수립이 용이하며, 한번 수립되면 되돌리거나 축소하기 어렵다. 서구의 복지제도에서 보편적 복지프로그램이 확산되면서 중간계급은 오히려 하층계급보다도 더 많은 이득을 취하고 있다는 주장도 있다. 연금제도, 영국의 NHS(National Health Service), 보편적인 대학교 무상교육, 주택소유자에 대한 조세 감면 등과 같은 것들은 중간계급이 하층계급 보다 더 많은 이익을 얻게 되는 프로그램들로 꼽힌다. 왜냐하면 중간층은 하층보다 평균수명이 더 길어서 연금수혜를 더 많이 받을 수 있고 병원을 하층보다 더 자주 찾을 수 있는 시간적 여유와 예방적 지식이 있으며, 대학진학율이 높고 주택을 소유할 수 있는 가능성이 더 높기 때문이다(Gould, 1982; Le Grand, 1987; Le Grand & Winter, 1987; Gilbert, 1983).

하지만 중간층으로부터 복지국가에 대한 지지적 태도를 동원하기 위해서는 복지프로그램이 보편적인 것만으로는 충분치 않다. 중간층의 복지태도는 복지프로그램이 보편적일 뿐 아니라 중간층의 기호를 만족시킬 수 있을 만큼 질적으로 높은 수준의 급여를 제공할 수 있을 때 긍정적이 될 수 있다(Esping-Andersen, 1990). 이들은 국가복지가 제공되지 않더라도 상업화된 민간복지수단을 획득할 능력이 있기 때문에 노동자계급만큼 복지국가에 의존적이지는 않다. 사적 복시는 소득재분배적 성격이 없고 자신이 높은 비용을 부담하면 그만큼 급여에서 혜택이 주어지기 때문에 소득이 높은 계층에게 매력적이다(Taylor-Gooby, 1985: 53). 따라서 복지국가가 이들의 소비수준에 상응하는 수준의 수혜를 제공하지 못할 경우 이들은 복지국가에 대해 비판적인 태도를 취할 수 있다. 납세부담은 가중되고 자신이 소비할 만한 것은 얻지 못할 때, 이들은 한편으로 질 높은 사적 복지를 구매하기 위해 비용을 지불하고 다른 한편으로 강제적으로 시행되는 국가복지 때문에 공적 비용을 지불함으로써 이중으로 지불한다고 여길 수 있다(Galbraith 1992: 46-47).

이 외에도 계층이나 계급과 같은 경제적 지위와 복지국가에 대한 지지 정도가 반비례하리라고 보기 어렵게 만드는 요인으로는 객관적 · 경제적 이익을 주관적으로 인식하고 정치적으로 반영하는 능력이 계층별로 차이가 난다는 데 있다. 대체로 당장의 생존이 급박하고 교육연한이 짧은 하층의 경우에 자신의 복지제도와 관련된 정보에 취약하므로, 복지이해를 정확히 인식하여 복지태도를 형성하고 정치적 행위로 표출하는 것이 상층에 비해 어렵다고 할 수 있다. 반면 상층은 대체로 자신들의 계급이익을 정확히 인지하고 정치적으로 표출하는 경향이 있으며, 복지에 있어서도 복지이해를 반영하는 복지태도를 견지하기 용이하다(김영순, 여유진, 2008).

2) 계급 · 계층 외의 집단별 복지태도

복지국가로부터 수혜를 많이 받는가 그렇지 않는가, 즉 복지이해가 복지태도에 영향을 미칠 것이라고 볼 때 복지국가에 대한 선호도는 수혜의 다양성만큼 차이를 나타낼 수 있다. 때로 경제적 지위와 다른 속성을 가진 변수들이 복지이해를 가르며 이 때문에 계급이나 계층이 복지태도에 미치는 영향이 점차 감소된다는 주장들이 제기되어 왔는데, 이러한 변수들로는 성, 연령, 복지부문종사자 여부 등을 들 수 있다(Svallfors, 1995).

(1) 성별 복지태도

자본주의 사회에서 핵가족이 발달해 오면서 남성과 여성 간의 성별분업은 이전보다 훨씬 강화되었다고 간주되고 있다. 복지국가의 발달과정에서도 성분업의 영향이 결코 과소평가될 수 없다. 성분업구조 속에서 여성들은 주로 가사, 양육, 간병 등의 돌봄노동을 전담해 왔는데, 소득보장과 의료보장에 국한되던 초기 복지국가와 달리 사회복지서비스가 확대되는 오늘날의 복지국가는 많은 부분이 타인을 돌보는 돌봄노동으로 구성되어 있다. 여성은 복지국가를 통해 이런 영역으로 자원이 배분되는 것을 남성보다 더 지지할 것으로 생각되는데, 이는 복지국가의 확대가 여성들의 생활기회를 다양한 방식으로 개선시켜 왔기 때문이다.

우선, 복지국가의 확대로 직접적인 수혜자의 위치를 점하게 될 가능성이 남성보다 여성들에게 보다 높을 것이다. 특히 가족복지와 관련된 사회복지서비스들은 복지국가에 대한 여성들의 긍정적 지지를 확보하는 데 기여할 것으로 볼 수 있는데, 가족해체가 많아지는 현대사회에서 어린 아동의 양육을 맡게 되는 것은 대체로 여성들이어서 이들 여성가구주가구들의 빈곤의 문제가 심각해져 서구사회에서는 '빈곤의 여성화'라는 용어가 널리 확산되기도 했다. 이를 완화하기 위한 한부모가족지원, 아동양육비선급제와 같이 이혼 및 그 이후에 대한 제도들이 강화되고 서비스가 확대되는 것은 여성들에게 보다 직접적인 혜택을 제공할 것이다. 또한 복지국가에 의해 공적으로 제공되는 돌봄노동을 통해 가족성원 중 아픈 이와 노인을 돌봐야 하는 사적인 보호노동으로부터 여성이 어느 정도 해방될 수 있도록 해 준다.

직접적인 수혜자 위치로서의 이해 외에도 복지국가의 확대는 여성들에게 취업의 기회를 확대한다는 긍정적인 측면이 있다. 복지국가에 의해 수행되는 노동의 상당부분이 돌봄노동으로 구성된다는 것은 복지국가의 확대 자체가 여성으로 채워지는 노동시장을 구성한다는 것을 의미한다. 아동보육, 간병, 방문간호 등은 그 전형적인 예다. 즉, 복지국가를 통해 여성들은 독립적인 생활과 취업의 기회를 더 가질 수 있으므로 여성들은 남성들보다 더 긍정적인 복지태도를 가질 수 있다는 것이 성 변수의 중요성을 강조하는 학자들의 주장이다(Svallfors, 1995).

(2) 연령별 복지태도

복지국가의 재분배는 계층 간 재분배를 꾀하는 것으로 볼 수 있지만, 실제로 많은 부분 같은 계층끼리 주고받는 과정을 포함하고 있다(Gough, 1990). 대체로 생애주기상 서로 다른 국면에 위치한 연령집단들 사이에서 이러한 재분배가 이루어지는데, 부모에게 의존할 수밖에 없는 아동기와 그들을 키워야 하는 젊은 부모시기, 노년기 등 생애주기별로 누구나 부딪히게 되는 취약 연령대가 존재하며, 자신이 혜택을 받을 연령대가 되면 복지국가의 확대를 지지하고 복지국가의 비용부담이 많아지는 연령대에 진입하면 부정적인 입장이 될 수 있다.

하지만 오늘날 서구복지국가가 처한 사회환경의 변화, 즉 고실업사태로 인해 청장년층 역시 취약자들로 등장한다는 점, 그리고 서구 가족생활의 엄청난 변화로 인해 더 이상 표준화된 생애주기라는 것을 특정하기 어렵다는 점 등 때문에 아동을 양육하는 부모시기, 노년기 등과 같이 전통적인 취약연령집단이 복지태도의 지지층이라고 간주하기 어려울 수 있다. 에스핑-안데르센은 스칸디나비아 사회정책의 변화추이 중 가장 놀랄 만한 것은 정책의 우선권이 청장년에게로 옮겨진 것이라고 지적한다. 스웨덴 등 스칸디나비아 국가들에서는 성인재훈련 정책들, 평생교육, 직업이동 계획, 육아휴직 제공, 한부모 가정 등에 대한 지원 등 가족과 고용의 변화로 노인보다 젊은이들에게 더 많은 사회지출이 이루어지고 있다는 것이다(Esping-Andersen, 1994).

(3) 복지부문 종사자/비복지부문 종사자와 복지태도

복지국가가 확대된다는 것은 복지부문에 종사하는 사람들이 그만큼 많아진다는 뜻이기도 하다. 서구에서 이들은 대체로 공부문 종사자로 간주되어 공부문 종사자와 사부문 종사자 간 복지태도의 차이를 초래하는 원인으로 간주된다. 복지부문 종사자들은 복지국가에 대해 확고한 지지집단으로 부상할 것이라고 생각한다. 그 이유는, 첫째 복지국가부문이 번영한다는 것은 그 종사자들에게 보다 많은 승진의 가능성, 보다 나은 노동조건, 보다 높은 경제적 보상, 보다 안전한 고용환경 등이 주어진다는 것을 의미하기 때문이다. 둘째, 복지부문 종사자들은 노동경험과 교육 등의 사회화과정을 통해서 복지국가가 해결해야 하는 취약자들의 문제들에 대해 보다 많은 인식을 가지게 된다. 따라서 이들 문제에 대해 복지국가를 통한 공적인 해결방식이 적합한 것으로 여기는 경향이 생기게 마련이기 때문이다.

그러나 복지가 아닌 비복지부문 · 사부문 종사자들은 바로 그 두 가지 이유 때문에 공부문을 짐으로 여길 수 있다. 또한 공부문 내에서도 복지국가의 성장에 따라 새로 창출된 집단과 다른 집단 사이에 균열선이 있을 수 있다. 군인, 경찰, 일반행정과 같은 '고전적' 관료제와 재생산과 교육에 종사하는 새로운 '복지' 관료제 사이의 균열이 복지태도를 결정하고 정치적 동맹의 가능성을 창출하는 데 있어서 중요하다는 주장도 있다.

6. 결 론

이제까지 살펴본 복지태도의 여러 차원과 집단별 태도의 차이는 결국 복지정치가 자본주의 사회 내의 계급 동원의 성격을 갖고 있다는 점을 시사한다. 물론 복지태도의 집단별 차이를 초래하는 변수로 계급이나 계층 외에 성, 연령, 복지부문 종사자 여부 등이 제시되기도 하지만 사실 복지부문 종사자 여부를 제외하고는 성이나 연령별 분화 역시 복지제도를 통해 이익을 얻는 수혜자의 입장 여부와 관련된 것이다. 이들 여성, 아동, 노인 등 성별 연령별 취약자들에 대한 수혜를 위한 복지정치 또한 취약자 모두에게 보편적으로 수혜를 제공할 것인가 경제적 하층만을 대상으로 할 것인가, 복지재원의 부담은 계급별로 어떻게 분배할 것인가의 여부와 같은 쟁점에서 벗어나기 어렵기 때문에, 결국은 계급정치의 특성을 드러낼 수밖에 없다.[4)]

복지국가의 경험이 오래된 서구에서는 계급을 토대로 한 복지정치적 동원이 광범위하게 이루어져 왔고 이 때문에 계급에 따른 복지태도의 차이가 잘 드러난다. 하지만 한국에서는 복지정치와 계급적 동원이 이제 막 시작되는 단계이며, 여러 경험적 연구에 의하면 아직까지 복지태도의 계급적 차이가 뚜렷하게 나타나지 않았다.[5)] 그러나 초등학생의 보편적 무상급식이 정치쟁점화되면서 선거결과에서 지역에 따른 계급투표의 경향이 일부 드러나기도 했다. 그리고 이를 계기로 보편적 복지에 대한 쟁점이 반값등록금, 무상보육

4) 스벨포스는 스웨덴에서 계급 외의 변수들이 계급변수보다 복지태도에 더 영향을 미치는 것은 아니라는 것을 경험적 연구를 통해서 보여 준 바 있다(Svallfors, 1995).

5) 외국의 복지태도에 대한 연구결과와 한국의 복지태도를 비교하여 제시하고 있는 김영순, 여유진(2008)의 연구는 스웨덴 · 영국 · 독일 · 미국 등에서 블루칼라들은 복지국가에 보다 높은 지지적 태도를 보이며, 전문직 · 준전문직 · 화이트칼라 등의 중간층은 복지태도 지지도가 낮게 나타나 복지태도에 대한 계급설명력이 높은 반면 한국의 경우는 계급별 차이가 뚜렷하지 않음을 보여 주고 있다.

등으로 확대되고 있다. 하지만 이들 쟁점을 둘러싼 논의에서 제시되는 보편적 복지의 수준이 아직은 낮은 수위에 머물러 있고 또한 이러한 논의가 앞으로 치르게 될 선거에서는 어떻게 반영될지 예측하기는 어렵다. 따라서 스웨덴을 비롯한 복지선진국에서처럼 한국에서도 복지태도와 복지정치에 계급의 이해가 반영될 수 있을지에 대해서는 많은 논의가 진행 중이다. 한국은 한국전쟁 등의 경험으로 사회이념에 있어 서구와는 다른 제약점들이 여전히 작동하고 있어 복지국가의 확대발전에 어려움이 있으나, 한편으로는 복지에 대한 대중들의 요구가 빠르게 성장하고 있어 한국의 고유한 복지발전의 궤적을 만들어 나갈 수 있을 것으로 보인다.

참고문헌

김영순, 여유진(2008). 한국인의 복지태도, 경제와 사회, 91.
김희자(2003). 여성 · 가족 · 복지정책. 서울: 도서출판 양지.
함세남(1996). 선진국 사회복지발달사. 서울: 홍익재.

Esping-Andersen, G. (1990). *The Three Worlds of Welfare Capitalism*. Cambridge: Polity Press.

Esping-Andersen, G. (1994). 황금기 이후?, 변화하는 복지국가. UN사회개발연구소. 한국사회복지연구회 역. 서울: 인간과 사회.

Esping-Andersen, G., & Korpi, W. (1984). Social Policy as Class Politics in Post-War Capitalism: Scandinavia, Austria, and Germany, In J. H. Goldthrope (Ed.), *Order and Conflict in Contemporary Capitalism*. Oxford: Oxford University Press.

George, V., & Wilding, P. (1994). 복지와 이데올로기. 김영화, 이옥희 역. 서울: 한울.

Gilbert, N. (1984). *Capitalism and the Welfare State*. New Haven and London: Yale University Press.

Gough, I. (1990). 복지국가의 정치경제학. 김연명, 이승욱 역. 서울: 한울.

Gould, A. (1982). The Salaries Middle Class and Welfare State in Sweden and Japan. *Policy and Politics, 9*(4).

Galbraith, K. (1970). *The Affluence Society*. London: Penguin.

Kangas, O., & Palme, J. (1990). The Public-Private Mix in Pension Policy. *International Journal of Sociology, 20*(3).

Le Grand, J. (1987). The Middle Class Use of the British Social Services. In R, E, Goodin. & J, Le Grand.(Eds.), *Not Only the Poor-The Middle Classes and Welfare State*. London: Allen and Unwin.

Le Grand, J., & Winter, D. (1987). The Middle Classes and the Defence of Brithsh Welfare Statr. In R. E. Goodin & J. Le Grand (Eds.), *Not Only the Poor-The Middle Classes and Welfare State*. London: Allen and Unwin.

Mishra, R. (1990). *The Welfare State in Capitalist Society: Policies of Retrenchment and Maintenance in Europe, North America and Austrailia*. Toronto: University of Toronto Press.

Svallfors, S. (1995) The End of Class Politics? Structural Cleavages and Attitudes to Swedish Welfare Policies. *Acta Sociologica, 38*.

Taylor-Gooby, P. (1983). The Welfare State and Individual Freedom: Attitudes to Welfare Spending and to the Power of State. *Political Studies, 31*(4).

제2부
복지 현실과 복지정치

제4장

고령자와 복지정치

김철주

1. 서 론

한국사회에서 사회복지의 발전과 변화에 대한 정치사회학적 관점의 연구와 토론이 최근 들어 급증하고 있다. 이러한 사실은 노동유연성의 확대, 근로빈곤층의 증대, 그로 인한 사회양극화의 심화 등과 같은 사회경제적 변화가 가져온 사회복지에 대한 전국민적 욕구의 증대에 기반하고 있으며, 이에 적극적으로 대응하기 위한 정치적 지형의 부분적 변화가 맞물리면서 발생한 현상으로 볼 수 있다.

한국사회에서 복지정치에 대한 담론들은 이제 막 그 논의가 불붙기 시작했기 때문에 아직 체계적인 이론적 관점의 제시와 그에 따른 의미 있는 결과물의 산출을 기대하기에는 어려워 보인다. 특히 서구 복지국가들에서 전개되어 온 복지정치에 대한 기존 논의에 대해 정교한 이론적 정리 작업이 이루어지지 않은 채 복지동맹, 정당체제, 시민사회의 역할 등이 혼재된 상태에서 다양한 논의가 이루어지고 있다.

서구 복지국가의 생성, 변화, 발전에 관한 정치사회학적 관점은 특정한 역사적 맥락에서 출발하여 당대의 현실과 밀접한 관계를 맺으며 발전해 왔으며, 이를 통해서 다양한 이론적 성과들을 도출해 냈다는 점에 주목할 필요가 있다. 즉, 복지정치론의 전개 및 발전은 복지국가의 변동과정과 분리하여 사고할 수 없다는 점과 복지국가의 변화과정에 대한 다양한 이론적 고민을 통해서 성장해 왔다는 점을 고려할 때, 복지정치론의 발전과정을 복지국가의 변화과정과 결합하여 살펴보는 작업이 필요하다고 여겨진다. 다시 말해서 복지국가의 발전기의 이론, 복지국가 위기상황에서의 이론, 그리고 복지축소기의 이론을 구분해서 살펴볼 필요가 있으며, 이 과정을 동일한 관점에서 살펴보는 몰역사적 관점을 피해야 한다는 점이 지적되어야 한다.

이 글에서는 2절에서 성장과 재편, 그리고 축소의 각 시기별로 복지국가의 변동을 정치적 관점에서 설명한 복지정치의 이론들을 당대의 조건에 맞게 살펴보고자 한다. 이 과정을 통해서 각 시기의 이론적 작업에 대한 분석과 평가를 일정하게 수행하고, 복지정치의 축적된 이론적 성과를 종합해 보려고 시도한다. 이러한 작업을 토대로 3절에서는 고령자 복지정치의 핵심인 연금제도와 관련된 정치사회적 분석을 시도해 보고자 한다. 특히 프랑스의 사례를 집중적으로 살펴봄으로써 복지정치론의 이론적 시사점을 구체적으로 살펴보는 기회를 가져 본다.

2. 이론적 논의

1) 발전기의 이론: 권력자원론의 등장과 복지정치론의 발전

복지국가의 형성과 발전, 그리고 변화를 둘러싼 정치사회학적 관점의 이론적 논의를 시작한 것은 권력자원론(Power Resource Theory: PRT)으로 볼 수 있다. 이 이론은 특히 복지국가의 발전모델로 평가되는 북유럽 복지국가의 사회경제적 맥락에 기초하여 연구를 전개하였으며, 시기적으로도 복지국가의 성장기로 불리는 1970년대까지의 상황을 주된 연구기간으로 삼고 있다.

일반적으로 권력자원론은 계급적 관점, 즉 노동과 자본 간의 대립관계를 통해서 사회복지의 발전과정을 설명한다(Korpi, 1983). 이때 중요한 관심은 '노동계급의 권력동원' 능력인데, 노동계급이 집단적 실천을 통해서 정치적·사회적 자원을 얼마나 동원할 수 있는가 하는 점이 복지국가의 발전을 좌우하는 주요한 변수로 파악된다. 권력자원론은 사회적 계급기반을 강조하는 입장(노동계급의 조직화 정도, 노동계급의 응집력 등)과 정치적 차원을 강조하는 입장(정부의 구성, 정당의 성격 등)의 두 차원으로 구분되기도 한다. 하지만 양자가 공히 노동계급의 정치사회적 영향력을 복지국가 발전을 결정하는 독립변수로 이해하는 공통점을 갖고 있다.

권력자원론은 북유럽 복지국가의 생성과 발전이 과정을 설명하는 주요한 이론적 성과로 평가되고 있으며, 노동계급이라는 단일한 설명요소를 적절하게 제시함으로써 복지정치의 이론적 지평을 연 것으로 평가할 수 있다. 하지만 계급적 분절과 그 정치적 재현이 취약한 국가들에 대한 이론적 적용의 어려움, 탈산업화로 인한 전통적 노동자 계급의 계급적 기반 약화에 따른 이론적 중심의 약화, 1980년대 복지국가 위기 이후에 나타난 축소정치에 대한 분석적 무능 등으로 인해 논리적 적실성이 약화되고 있다.[1)]

1) PRT의 이론적 발전은 힉스와 미즈라가 제시한 세 가지 차원의 권력자원론(Hicks & Misra, 1993), 아나 리코가 제시한 권력자원의 4요소 등에서 좀 더 분화된 모습(Ricco, 2004)을 보여 주고 있다. 또한 최근의 정책 네트워크 이론들은 다양한 사회적 행위자들의 네트워크 가능성을 제시하면서 복지동맹과 반복지동맹, 그리고 현상유지동맹(stakeholder coalition)과 현상타파동맹(stake-challenger coalition)의 형성 등에 대해 논의하고 있다(Jacobs, 2003; Peterson, 2003).

2) 복지국가 위기와 제도주의적 관점들: 재편의 정치학

1980년대 들어서 PRT는 복지국가 특히 사회보험에 기초한 대륙복지국가들(Continental Welfare State: CWS)의 무장해제를 예측하였다. 이는 1980년대에 복지국가의 위기를 상징하는 현상, 즉 영국에서 벌어진 대규모의 복지감축이 CWS에서 동일한 방식으로 발생할 것이라는 견해를 표명한 것으로 볼 수 있다. 이러한 주장의 배경으로, 대규모 실업이 노동자의 관점에서는 자본 측에 유리한 방향으로 교섭의 변화를 가져올 것이고, 이는 결과적으로 노동자의 축소된 사회권으로 귀결될 것으로 가정하였다. 이러한 현상은 궁극적으로는 기존의 노동계급 권력자원이 작동하던 사회경제적 기초를 심각하게 훼손하는 결과를 가져올 것으로 판단하였다. PRT의 관점에서 노동계급의 권력자원의 약화는 발전기의 복지국가를 지탱하던 중추적 요소의 약화로 볼 수 있으며, 이로 인한 노동계급의 결집력 약화가 궁극적으로는 복지국가의 대대적 축소로 이어질 가능성이 높다고 보았다. 특히 북유럽에 비해 노동계급의 정치사회적 자원이 빈약한 대륙복지국가의 해체는 필연적 귀결이라고 판단하였다.

하지만 1990년대 후반까지 CWS에서 복지국가의 대규모 감축은 일어나지 않았다. 정반대로 지출수준은 계속 증가하였고, 전체적으로 살펴보아도 복지국가의 규모는 북유럽은 물론이고 대륙의 복지국가들에서도 유의미하게 축소되지 않았다(Häusermann, 2010).

이런 상황이 제도주의자들을 전면에 나서게 하였다. 이들은 경로의존, 제도적 관성(inertia), 그리고 제도적 균형 등의 메커니즘에 초점을 맞추었다. 권력자원론과 더불어 제도주의적 시각은 복지국가의 발전을 설명하는 주요한 이론적 성과로 평가되고 있다. 제도주의는 '경로의존성(path dependency)'을 이론적 기반으로 하여 역사적 유산인 현존제도의 강한 제약을 통해서 복지국가의 유지가 이루어지는 과정에 초점을 맞춘다. 피어슨에 따르면 '증가하는 수익과 긍정적 피드백 메커니즘'이 기존제도를 유지하는 기제이며, 기존

제도에 이해관계를 갖는 집단의 '비토 파워'가 복지국가의 축소를 가로막는 역할을 하게 된다(Pierson, 2000).[2] 이런 맥락에서 피어슨은 새 정치(New Politics)—복지국가의—를 제창하였는데, 그 핵심적 내용을 살펴보면 다음과 같다. '숙성한 복지국가는 내재적으로 일체의 변화에 반대한다. 왜냐하면 민주적 선거라는 맥락에서는 복지급여를 수급하는 유권자의 강력한 힘이 존재하기 때문에 복지축소는 과도한 위험전략으로 전락할 가능성이 높다.'

볼드윈은 다른 맥락에서 PRT와의 차별화를 시도한다. 노동계급 중심성에 기초한 PRT와는 달리 볼드윈은 위험범주라는 새로운 개념을 통해서 복지정치의 전개를 설명하였다. 즉, 단일한 사회계급의 관점에서 벗어나 위험범주라는 개념을 제시하고, 각 위험집단의 선호와 사회적 균열구조가 정책결정에 더 적극적인 역할을 한다고 평가한다(Baldwin, 1990). 볼드윈의 주장은 탈산업화가 진행되면서 발생한 노동계급의 분화와 다양한 이해집단의 등장이라는 사회적 맥락을 반영한 것으로 평가할 수 있으며, 복지정치의 주체와 관련해서 계급중심적 관섬에 위험범주를 추가함으로써 PRT의 견해를 확대한 측면을 높게 평가할 수 있다. 또한 각 위험집단의 '선호'를 복지정치의 중심테마 중의 하나로 제시함으로써 제도주의가 이론적 지평을 확대할 이론적 근거를 제공하게 된다.

이상의 논의를 이어받아 전개된 정책선택 등에 대한 이론적 논의의 확대는 주로 제도의 맥락에 대한 평가와 결부된다. PRT는 특정한 정책의 선택이 사회집단 간의 협상결과, 특히 노자 간의 협상결과인 것으로 평가하였다. 하지만 제도주의적 관점에서 정책선택이란 각 이해집단 간의 협상결과가 단순하게 인준되거나 반영되는 것이 아니라, 제도가 각 개인 및 집단의 정책선택을 제약하고 구조화하는 과정에 초점을 맞추는 것이다(Immergut, 1992; Thelen & Steinmo, 1992; Hall & Taylor, 1996). 정책선택과 관련된 논의는 구

2) 이러한 관점은 역으로도 설명이 가능하다. 즉, 기존의 반복지적 제도배열과 이해관계자가 복지정책의 확대를 가로막는 비토 포인트로 작용하는 예다. 이때 복지국가의 발전은 이 지점을 돌파하는 과정으로 볼 수 있는데, 관련 연구는 한상근(1999) 참조.

조적 관점과 개인의 선호라는 두 가지 방향으로 전개되었다. 먼저 구조적 관점에서는 사회정책에 대한 집합적 선택의 기제로서 정치제도에 초점을 맞추었다. 이러한 논의는 대부분 정치제도의 비례성과 복지국가의 발전 간에 일정한 상호관련성이 있다는 점을 강조하는 것으로 귀결된다(Iversen & Sockice, 2001; 김영순, 2011). 여기서 더 나아가 보 로드슈타인(Bo Lothestein)은 통치의 질(Quality of Government)이 복지정책의 확대에 중요한 역할을 담당한다고 주장하였다.[3)]

두 번째 관점은 선호의 내생성에 대한 강조로부터 제도적 맥락을 도출하는 관점이다. 즉, 각 개인의 제도에 대한 선호는 개인을 둘러싼 제도적 맥락에 의해 결정된다는 점을 강조하는 것이다. 아이버슨과 데이비드(Inverson & David, 2005)는 자본주의 다양성론의 관점에 입각하여 생산체제의 제도적 제약 하에 표출되는 사회성원의 선호가 중요하다고 생각하였다. 홍경준(2009)에 따르면 직능전속성의 정도가 큰 사회구성원일수록 위험회피에 대한 선호가 높게 나타났고 이는 결과적으로 사회정책에 대한 높은 선호로 귀결되었다. 이를테면, 조정시장경제하에서 각 개인은 특수적 직능을 발전시키게 되는데, 전사회적으로 직능전속성이 높아질수록 위험회피를 선호하게 되며, 이는 궁극적으로 사회정책의 발달이라는 결과를 가져오게 된다.

이상에서 살펴보았듯이 제도주의의 이론적 정향은 주로 복지국가의 재편과 관련된 상황을 정치사회적으로 설명하는 데 초점을 맞추고 있다. 특히 복지국가의 위기 시에 재편의 과정을 강하게 제약하는 제도적 요소와 개인의 선호 등에 대한 이론적 논의를 전개함으로써 복지정치의 이론적 자원을 풍부하게 만들어 주었다.

---

3) 보 로드슈타인은 중간계급과 상류층이 보편적 복지를 위한 재정적 부담을 감수할 의사가 있는가의 여부는 국가의 통치—수긍할 수 있는 복지의 제공과 '무임승차'에 대한 관리—에 대한 신뢰(trust), 즉 통치의 질과 관련된다고 주장하였다. 이때 통치의 질은 '신뢰할 수 있고 의존할 만하며, 불편부당하고 부패하지 않은 통치 제도들'로 정리된다(www.poq.pol.gu.se).

3) 축소정치: 제도와 행위자의 결합-유연한 복지동맹

1990년대까지는 제도주의적 설명이 경험적 지지를 받는 듯 보였지만 몇 년도 채 되지 않아 유럽복지국가에서 행해지는 복잡한 개혁의 동력을 설명하는 데에는 실패하게 되었다. 논쟁의 초점이 되었던 CWS 역시 광범위한 변화가 진행 중이다.4)

이처럼 위기 이후 수십 년간 발생한 복지국가의 변화에 대한 연구들은 많았으나, 전체적으로 일치된 의견을 제시하는 데까지는 나아가지 못하고 있다. 이는 각각의 이론적 입장이 복지국가의 변화 원인과 그 동력에 대한 설명과정에서 서로 다른 문제에 초점을 맞추고 있기 때문이다. 호이저만에 따르면 '제도적이고 관념적인 경직성에 초점을 둔 연구(제도주의적 관점)는 행위자의 변화하는 선호로부터 발생하는 개혁의 가능성을 과소평가하였고, 이익집단과 권력관계에 초점을 맞춘 연구(PRT적 관점)는 권력균형의 변동효과는 과잉평가하면서 제도적 제약은 무시하는' 모습을 보여 주었다. 따라서 복지국가변동을 적절히 설명해 내기 위해서는 반드시 구조와 행위, 즉 행위자와 제도 양자에 모두 초점을 맞추어야만 한다. 왜냐하면 제도는 행위자의 주요한 정책선호에 영향을 끼치는 것에 그치는 것이 아니라, 주체형성의 관점에서 본다면 행위자의 전략적 행동을 위한 유인구조(incentive structure)를 규정하기 때문이다(Häusermann, 2010). 따라서 복지국가의 정치적 변동과정을 적절하게 이론화하기 위해서는 양자를 이론적으로 결합하는 과정이 필수적이며, 이 과정은 복지정치를 추동하는 동맹의 결성(coalition building)이 어떻게 이루어지고 작동하는가를 살펴보는 것을 통해서 이론적 실마리를 찾을 수 있다. 연대중심적 이론틀(coaltition-centered theoretical framework)은 이러한 맥락에서 제기되었다. 탈산업자본주의의 시대, 이른바 복지국가의

4) 축소의 방향은 아니라 하더라도, 급여범위가 새로운 수급자 집단—노동시장외부자, 여성, ltc 환자 등—으로 확대되었다. 또한 복지국가 설계의 구조 자체가 변화하기도 하는데, 이를테면 기여재정방식에서 보다 조세재정이나 자본화(capitalization) 방식으로의 변화도 일어나고 있다(Häusermann, 2010).

축소기를 둘러싼 정치사회적 맥락은 호이저만의 다음 주장에 잘 요약되어 있다.

> 지난 20년간 '4가지 차원'의 개혁—① 급여수준의 감축, ② 재정 메커니즘의 개혁, ③ 특정직업집단의 복지특권에 대한 표적화된 개혁, ④ 새로운 사회적 욕구와 요구에 대한 복지국가의 구조조정—이 CWS 개혁의 주요 의제였다. 각 차원은 특유한 승자 · 패자를 수반하며, 이것이 특정한 갈등노선과 행위자의 배열을 가져온 이유다. 이 행위자 배열의 다원성이 다차원적 정치의 토대와 가능성을 제공한다. 정책사업가는 자신의 개혁프로젝트를 위한 특정한 다수를 형성하기 위해, 상이한 갈등의 라인을 조직 · 연계하기 위해 노력해야 한다. 이러한 연대공학의 시도에서 성공할 수 있는 기회는 제도적 틀에 달려 있는 바, 권력집중형 제도보다는 권력분산형 제도가 유연한 연대 형성에 유리하다. 만약에 정책형성자가 거대한 개혁 패키지를 전략적으로 제기할 수 있다면 그리고 제도적 틀이 상당한 유연성을 보장한다면, 그때 정책 공간의 다차원성은 정책 변동과 복지국가 현대화를 가져올 수 있는 주요한 요소가 된다(Häusermann, 2010).

호이저만(2010)에 따르면 CWS의 변동은 네 가지 차원에서 정리될 수 있다. 먼저 전반적으로 진행된 사회복지급여의 감축이 지적되어야 할 것이다. 연금 등으로 대표되는 소득보장급여의 측면뿐 아니라 다양한 분야에서 사회복지의 축소는 피하기 어려운 대세를 이루었다.

두 번째로는 재정 메커니즘의 개혁이 이루어졌다. 각국에서 광범위하게 진행되는 민영화는 제도의 설계가 자본주의적 성격의 재정화(capitalization) 과정을 경과하고 있음을 알려 준다. 이는 재정의 축소라는 단순한 맥락에서의 변화라기보다는 재정적 기반의 다양화를 통해서 공공재정의 축소 내지는 부담 전가라는 방식으로 기존 복지국가의 재정적 메커니즘이 변경되고 있음을 보여 준다.

셋째, 복지특권집단에 대한 표적화된 개혁이 이루어지고 있다. 즉, 노령연금이 취약집단을 포괄할 수 있도록 대상 집단을 조정하는 것이다. 다시 말해서 불완전 및 비정규 고용관계에 놓여 있는 아웃사이더들 혹은 젠더화된 근로 유형 등을 연금제도의 정상적 포괄범위에 포함시키는 작업이 각국의 복지개혁과 연금개혁의 핵심과제로 등장하고 있다.

마지막으로 탈산업사회로 접어들면서 나타나기 시작한 새로운 사회적 욕구의 광범위한 등장과 이에 대한 복지국가의 구조조정이 필연적으로 나타나기 시작했으며, 점차 자리를 잡아가고 있다.[5] 고령화에 따른 장기요양보호서비스의 확대, 여성의 경제 진출에 따른 케어 공백의 대체, 노동시장 외부자에 대한 다양한 보호 대책의 등장 등이 구조조정의 핵심을 이룬다.

이상에서 제기한 각각의 개혁의제가 진행됨과 더불어 기존의 복지국가와는 구별되는 새로운 수혜자(winner)가 나타나기 시작하고, 피해자(loser)도 새롭게 등장하기 시작했다. 이러한 사회적 집단의 변동은 필연적으로 복지국가의 정치를 둘러싼 새로운 갈등구조의 등장을 가져오게 되었다. 호이서만(2010)에 따르면 새로운 갈등노선은 필연적으로 새로운 행위자 배열을 가져오게 된다. 문제는 새롭게 나타난 행위자 간의 대립구조가 이전 시기처럼 단순한 배열—계급 간, 그리고 계급을 대표하는 정당 간의 대립—을 보여주는 것이 아니라 상당히 다차원적인 형태를 띠고 있다는 점이다. 행위자 배열의 다차원성은 노조, 자본가그룹, 여성, 연령, 정당 등의 다원화를 기반으로 한다. 결국 복지축소 시기의 다원화된 정치적 배열을 제도의 개혁을 위해 어떻게 조정하고 동원할 것인가가 주요한 과제로 제기될 수밖에 없다. 즉, 복지동맹의 문제가 핵심과제로 떠오르게 되는 것이다.

이 지점에서 복지국가 축소시기에 나타나는 복지정치의 이론적 핵심인 '유연한 복지 동맹'에 관한 강조가 도출될 수 있다. 기존의 계급적 대립구조의 약화 및 재배열, 새로운 사회적 위험의 도래에 따른 위험범주의 다양화, 시민직접행동의 등장 및 온라인을 매개로 한 새로운 집합행동의 확산 등이 이러한

5) 김철주, 박보영(2006)의 "새로운 사회적 위험의 도래와 복지국가의 현대화" 참조.

동맹의 성격을 유연하면서도 다차원적인 동맹의 형태로 유도하고 있다.

호이저만은 여기서 만족하지 않고 제도적 틀에 대한 고민을 추가한다. 이는 PRT의 문제의식과 제도주의의 관점을 결합하려는 시도로 보이는데, 주로 정치적 제도에 초점을 맞춘다. 즉, 권력분산형 정치제도의 유연성이 복지동맹의 유연한 형성 · 확대 · 강화 · 해산 등에 유리하게 작용하며, 궁극적으로는 개혁의 결과를 산출해 내는 데 중요한 역할을 한다는 점을 지적한다.[6)]

복지국가의 성장기로부터 재편기, 축소기 등의 논의를 다양한 차원에서 요약하면 〈표 4-1〉과 같이 정리할 수 있다.

〈표 4-1〉 복지정치의 이론적 궤적

시기구분	복지성장기	복지재편기	복지축소기
지배적 패러다임	권력자원론	제도주의	연대정치론
이론적 초점	노동계급의 권력동원 능력	경로의존성, 비토 포인트, 선호	유연한 복지동맹
축적구조	포드주의	포스트-포드주의	탈산업사회 신자유주의 득세
고용구조	완전고용	실업의 확산	고용구조 양극화
주요행위자	산업노동자계급	노동계급 축소 계급 구성의 다양화	탈산업적 계급구조 지위집단의 다양화
사회적 위험	소득중단/축소	실업, 신사회적 위험	고용구조 악화(비정규직 일반화, 장기실업 신사회적 위험집단 등장 인구학적 위험)
복지정책	소득보장	적극적 노동시장정책/사회서비스	신사회적 위험 보호/연금개혁
연대 형성	노동계급과 중간계급	지위집단, 유권자 연합, 신사회운동	시민직접행동, 위험집단별 동맹 가능성
정당정치	사민당의 약진 보수-사민체제 정립	보수-사민체제 약화 정당 대의 능력 약화	정당의 계급성 및 대의 능력 취약

6) 이는 기존 제도주의의 정치적 제도에 대한 논의들을 수용한 것으로 평가할 수 있다.

3. 고령자 복지정치: 연금을 둘러싼 정치적 변동

이 장에서는 고령자와 관련된 복지정치의 구조와 전망에 대해서 연금제도를 중심으로 살펴본다. 주지하다시피 연금은 복지정치의 핵심 의제다. 이는 연금제도가 갖고 있는 복지국가에서의 재정적 · 인구적 비중에 덧붙여 연금을 둘러싸고 진행된 다양한 정치적 경합의 과정[7]이 연금의 중요성을 반증하고 있기 때문이다. 이 장에서는 연금제도를 둘러싼 정치적 분석을 논쟁의 초점이 되고 있는 CWS의 연금개혁을 대상으로, 호이저만의 분석을 통해서 연금개혁의 기초, 연금정치의 갈등구조, 그리고 연금정치의 동맹구조에 대해 살펴보고자 한다.

1) 연금개혁의 기초: 새로운 개혁의제의 등장

20세기 후반부터 진행된 긴축과 탈산업화는 대륙 유럽 복지국가의 모든 사회정책에 심각한 도전장을 내밀었다. 특히 연금제도는 재정적 안정성의 측면에서 낮은 경제성장률, 지속적인 실업, 고령화 등으로 인해 발생하는 위협에 직면해 있으며, 노동시장의 변동, 가족안정성의 하락, 성 평등에서 비롯되는 새로운 욕구들이 지속적으로 제도의 개혁을 요구하고 있다. 따라서 연금제도의 개혁과정에 대한 분석을 통해서 탈산업적 사회정책 형성의 이론적 모델을 검증할 수 있는 가능성이 제기되고 있다. 비록 연금제도는 전형적인 구 사회적 위험인 고령자의 퇴직에 대응하기 위한 소득보장 정책이지만, 복지국가의 현대화 테제를 검증하는 데 적합한 사례라고 볼 수 있다.

최근에 제기된 연금을 둘러싼 개혁의제와 갈등구조는 다음과 같다. 먼저 비

7) 연금을 둘러싼 스웨덴의 노동계급과 중간계급의 연대(김영순, 2010 참조)와 레이거노믹스의 광풍에서도 연금제도에 대한 공격을 피해 갔던 사례 등에서 연금을 둘러싼 복지정치가 복지국가와 노인복지의 핵심임이 잘 드러나고 있다.

용억제를 둘러싼 분배적 정치의 등장이다. 1990년대에 지속적 긴축(permanent austerity)의 맥락에서 소득대체율 수준, 연금 산식, 퇴직 연령, 인플레와 연금의 연동지수(indexation)와 같은 파라미터(parameter)들이 지속적으로 변경되었다. 직접적 이해당사자인 피고용자들은 연금권을 방어하기 위해 노력하였으며 자본가들은 연금비용을 억제하는 데 관심을 가지고 있었기 때문에 연금개혁은 자본과 노동 사이의 전통적인 계급 갈등을 재생산하는 경향이 있다.

두 번째 개혁의제는 재정구조의 친자본주의적 성격 도입(capitalization)을 통해 재원조달의 안정성을 높이는 일이다. 특히 부과방식(PAYG)을 주된 재정적 시스템으로 유지했던 기존의 연금 재정방식을 적립식 개인계좌제도를 통해 보충하는 개혁 제안과 관련하여 갈등이 생겨났다. 적립식 개인계좌제도는 숙련 여부를 둘러싼 구조화된 갈등을 산출하는 경향이 있다. 고숙련자 및 고소득자의 입장에서는 이 제도가 더 유리해 보일 수 있지만, 저숙련자들의 입장에서는 추가로 저축할 여유가 없기 때문에 보편화된 정률 방식의 연금보호를 선호하게 된다. 따라서 적립식의 개인계좌는 고부가가치를 생산하는 근로자들을 위해서는 아주 매력적인 연금저축제도를 제공함으로써 고숙련자의 충성에 대한 보상기제를 마련한다. 이는 결국 숙련에 기초한 노동 내부의 이질성을 촉진하는 결과를 가져왔다. 기업의 측면에서 살펴보면 대기업은 고숙련 노동의 확보와 유지를 위해서 적립식 개인계좌제도에 동의했다. 그러나 소기업은 재정적 측면에서 근로자를 위한 적립기회를 제공할 여력이 없었기 때문에 반대할 수밖에 없었으며, 이 과정에서 기업의 크기와 숙련 수준에 기초한 '계급 간 이해를 뛰어넘는(cross-class)' 갈등이 발생할 여지가 커졌다.

세 번째는 대상집단의 조정(targeting)이다. 이 개혁은 노령연금이 취약집단을 포괄할 수 있도록 대상집단을 조정하는 작업이다. 탈산업경제에서는 불완전 및 비정규 고용관계에 놓여 있는 아웃사이더들이 급격하게 증가하고 있는데, 주지하다시피 아웃사이더들은 완전한 기여 기록이 결핍되기 마련이다. 대상집단 조정의 개혁은 그 목적이 희소자원을 가장 필요로 하는 위험집단에게 제공하는 것이었다. 이를 위해 고특권 집단의 급여는 낮추고, 저보상 집단에게 급여를 확대하는 것은 필수적 과정일 수밖에 없었다. 기존에 고숙련자 및 공공부문의 근로자에게 부여해 왔던 특권은 긴축의 시기에는 정당화될 수 없기 마련이고 조정을 둘러싼 수급권자 간의 갈등이 유발되었다. 한마디로 대상집단 조정은 인사이더와 아웃사이더 간의 노동 내부 분열을 촉진하였다.

또한 비정규 및 젠더화된 근로유형을 연금제도의 정상적 포괄범위에 포함시킴으로써 대상집단의 개혁이 젠더 평등, 개인화, 그리고 자유로운 생활양식 선택에 기여한 것으로 볼 수 있다. 이로 인해 가치의 측면에서 대상집단의 조정은 인사이더와 아웃사이더뿐 아니라, 자유주의자들과 전통주의자들 사이의 분열을 초래하기도 한다. 한편 대상집단의 조정에 관한 한 사용자의 이해관계는 분열되어 나타났다. 주 근로자들이 남성인 사업장에서 사용자들은 여성에게 유리한 연금권의 증가를 지원하지 않으려 했으며, 여성이 주 근로자인 사업장의 사용자들은 그 반대의 현상이 나타났다.

마지막으로 재조정(recalibration)을 들 수 있다. 재조정은 남성생계부양자 연금체제에서 성 평등을 확대한 개혁조치로 볼 수 있는데, 성 평등주의적인 연금개혁의 내용들이 여기에 포함된다. 재조정 정책의 구성요소에 대해 살펴보면 다음과 같은 요소가 주를 이룬다. 즉, 노동시장 참가와 무관하게 연금권을 허용하는 것, 기여와 급여 사이의 연계를 단절하는 것, 돌봄제공자에 대하여 연금 크레디트를 제공하는 것, 그리고 결혼 또는 이혼 시에 배우자 사이의 연금기여와 권리의 분할 등이 그것이다.

재조정 관련 갈등 양상은 노동과 관련해서는 대상집단의 조정과 유사하지만, 자본과 관련해서는 상이한 모습을 보여 준다. 특히 사용자들 입장에서는 재조정 개혁을 지원할 이유를 찾을 수 없다. 왜냐하면 재조정은 노동시장 참가에 인센티브를 제공하지 않기 때문이며, 궁극적으로 재조정은 탈상품화를 창출해 나아가기 때문이다. 이런 현상은 궁극적으로는 자본 측에 유리한 과정으로 평가할 수 없다. 결국 자본들 사이에서는 재조정에 대해 동질적 이해관계(반대 선호)가 형성된다. 자유주의자들은 전통주의자들보다 재조정을 더 지지한다. 왜냐하면 재조정은 젠더 평등에 기여하기 때문이다. 따라서 재조정은 자유주의자들과 전통주의자들 사이의 가치 갈등 역시 초래하게 되었다.

2) 연금정치의 갈등구조

앞에서 살펴본 연금개혁의 이슈들은 다양한 선호와 갈등의 구조를 창출한다(〈표 4-2〉 참조). 이는 탈산업사회의 연금정치가 단일한 계급구조나 사회집단간의 대립을 넘어서서 계급과 성, 그리고 가치의 경계를 넘어서고 있음을 보여 준다.

선호와 갈등의 다양성은 정치적으로 다양한 동맹의 결성과 의제별로 유연한 연합의 가능성을 확대시킨다. 즉, 산업사회에서 비교적 명료하게 나타났던 계급 간 갈등의 (계급적) 정당에 의한 대의적 정치로의 전환과 선거를 통한 개혁의제의 확정과 같은 단일한 경로의 정치과정(개혁이슈-선호/갈등구

〈표 4-2〉 연금개혁을 둘러싼 갈등구조-지지와 저항의 유형

제도	개혁이슈	선호와 갈등	
		찬성	반대
급여	분배	노동자(주로 저숙련)	자본가
재정	자본화	고숙련 노동자와 관련 자본가	저숙련 노동자와 관련 자본가
수급자격	조정	외부자 자유주의자 여성노동력을 주로 고용하는 고용주	내부자 전통주의자 남성노동력을 주로 고용하는 고용주
	재조정	외부자 자유주의자	내부자 전통주의자 자본가

조-정당표현-선거-개혁의 과정)이 더 이상 효력을 발하기 어렵게 되었다.

분배를 둘러싼 갈등구조가 정치적 동맹의 가능성으로 나아가기 위해서는 다양한 정치사회적 집단에 의해 갈등구조가 현재화하여야 한다. 이때 정치사회적 집단은 기존의 계급 간, 정당 간 균열구조를 뛰어넘는 다차원적인 성향을 보여 주고 있다. 프랑스의 사례를 갈등구조별로 일별해 보면 그 다원성은 보다 확실하게 나타난다.[8)]

분배정치와 관련된 갈등구조는 노자 간의 대립이지만, 찬성과 반대를 둘러싼 사회집단은 다양하게 포진된다. 먼저 1983년 이후의 연금개혁에서 분배정치의 확산에 찬성하는 집단으로는 사회민주당, 공산당, 국민전선, 녹색당, 부분숙련 노조(CFDT), 저숙련 노조(CGT) 등이 관대한 연금급여를 옹호한 것으로 나타나며, 반대파는 중앙당, 보수당, 소규모기업가연합(CGPME) 등은 반대 진영을 형성한 것으로 나타났다.

분배정치뿐 아니라, 연금제도의 개혁 의제별로 자본화, 조정과 재조정 등에 대해서 찬반과 관련된 사회집단의 포진은 매우 다원화된 형태로 표출되었는데, 그 내용은 아래의 〈표 4-3〉에 잘 나타난다.

〈표 4-3〉 프랑스 탈산업사회의 연금정치의 정치사회적 구조-갈등구조와 갈등집단

개혁의제	갈등구조	갈등집단	
		찬성	반대
분배정치	노동 대 자본	사민당, 공산당, 국민전선, 녹색당, 부분숙련 노조(CFDT), 저숙련 노조(CGT)	중앙당, 보수당, 소규모기업노조(CGPME)
자본화	고숙련노동/자본 대 저숙련노동/자본	중앙당, 보수당, 녹색당, 고숙련노조, 관리자 노조	국민전선, 공산당, CGPME, CGT
조정 및 재조정	아웃사이더와 자유주의자 대 인사이더와 전통주의자	녹색당, CFDT	중앙당, 보수당, 국민전선, CGPME, CGT

8) 프랑스는 계급, 사회집단, 정당 등이 다원화되어 있으며, 다양한 사회적 집단이 자신의 이익을 구조화하는 과정에서 선호와 갈등의 구조를 가장 잘 보여 주는 사례로 손꼽을 수 있다.

3) 연금정치의 유연한 동맹

개혁의제 별로 다양화되는 갈등집단의 등장은 연금을 둘러싼 유연한 동맹의 필요성을 역설하고 있다. 왜냐하면 특정한 정치사회적 집단(공산당, 저숙련 노조)이 분배정치에 대해서는 찬성의 입장에 서다가도 다른 의제(조정 및 재조정)에 대해서는 반대의 입장에 서기 때문이다. 이처럼 탈산업사회의 정치는 일관된 선호와 행위노선을 요구하기 어렵게 만들며, 각 의제별로 다양한 주체를 가로지르는 유연한 동맹의 필요성을 제기하고 있다. 특히 각각의 개혁의제가 단일한 시기에 단일한 의제로 제기되기보다는 현실적으로 특정 시기에 복합적인 패키지로 제공되는 경우가 자주 나타나며, 이때 연금을 둘러싼 정치적 동맹의 배치는 보다 복잡한 형태를 띠게 된다.

먼저 분배정치를 둘러싼 동맹의 구성에 대해 살펴보면, 일반적으로 이 의제는 전통적인 계급갈등의 양태를 보여 준다. 즉, 대부분의 노조와 좌파정당은 분배의 정치에 동의하는 광범위한 개혁의 동맹세력으로 결집될 수 있는 반면에, 사용자 그룹과 우파당은 반대진영에 결집하게 된다. 반면에 조정과 자본화라는 개혁의제를 놓고 복지동맹을 구성하는 경우에 공산당과 저숙련 노조, 그리고 사회주의 정당은 동맹에서 배제된다.

몇몇 특징적인 사례를 사회적 주체의 관점에서 살펴보는 것도 흥미롭다. 저기술 노동력에 기반한 남성노동자(insider)의 노조단체인 저숙련노조(CGT)는 분배정치에는 찬성하지만 자본화나 조정에는 반대의 입장을 보인다. 반면에 우파 정당그룹(Gaulistes)은 분배정치와 조정에 대해서는 반대하지만, 자본화에는 찬성한다.

이러한 각 집단의 선호도의 분기가 의제별로 다양한 정치적 동맹의 가능성을 낳는다. 분배와 관련해서는 기존의 계급동맹이 개혁의 성공을 판가름하는 기준점이 될 수 있다. 반면에 자본화와 관련된 개혁의제를 실현시키기 위해서는 복잡한 동맹의 형성이 필요하다. 먼저 노동자 측에서는 고기술 노동력을 확보한 남성중심 노조(CGC)가 개혁의 주된 지지층이며, 사용자 측에서는 대규모 제조업과 서비스업종의 사용자 연합(CNPF), 정당 쪽에서는 우파당과 중앙당의 결합이 필요하다. 반면에 이에 대한 반대의사를 표명하는 저숙련 노조(CGT), 소규모 기업가 연합(CGPME), 공산당 등의 반대가 적극적으로 결합한다면, 이 의제는 구체적 정책으로 현실화되기 어렵다.

개혁의제별로 각 집단의 정치적 선호와 그에 따른 동맹의 가능성을 일괄적으로 정리해 보면 〈표 4-4〉와 같다. 찬성하는 집단(○)과 반대하는 집단(×)이 의제별로 다양하기 때문에, 각 개혁의제에 따라 다양한 동맹의 실현과 유지가 개혁의 성패를 가름하는 요소가 된다.

〈표 4-4〉 프랑스의 연금개혁 의제별 동맹의 가능성

구분	단체	구성 및 특징	갈등선		
			분배	capitalization	targeting
			계급 갈등	고기술 노동/자본 대 저기술 노동/자본	outsider/자유주의자 대 insider/전통주의자
노조	CGC	고기술 노동력, 남성/여성, insider/outsider	o	○	o
	CGT	저기술 노동력, 남성, insider	○	×	×
	CFDT	여성, outsider, 고/저기술 노동력	○	o	○
사용자	CGPME	수공업, 소규모	×	×	×
	CNPF	제조업과 서비스업, 대규모	×	○	
	PCF	공산당	○	×	
정당	PSF	사회당	○	x	○
	Gaulistes	UDR, RPR	×	○	×
	Centristes	중앙당		○	×

○: 찬성, ×: 반대, o: 소극적 찬성, x: 소극적 반대

출처: Häusermann, 2010에서 재구성

4. 결 론

이 글에서는 고령자의 핵심적 복지의제인 연금과 관련된 복지정치의 전개에 대해서 살펴보았다. 이를 위해서 2절에서는 복지정치의 이론적 궤적을 살펴보았다. 특히 복지국가의 성장기와 재편기, 그리고 축소가 이루어지는 각각의 역사적 시기별로 지배적인 이론적 패러다임을 간략하게 정리해 보려고 노력하였으며, 결론적으로 복지축소의 시기에 작동하는 핵심적 패러다임으로서 '유연한 정치적 동맹'이라는 이론적 과제를 제기하였다.

3절에서는 연금제도를 둘러싼 정치적 동맹의 다양성을 제시함으로써 현대의 복지정치가 갖는 함의와 가능성을 찾아보려 하였다. 이 과정에서 다양한 사회집단이 개혁 의제별로 연합과 반대를 구성할 수 있는 가능성을 광범위하게 갖고 있음을 프랑스의 사례를 통해서 제시하였다.

우리나라에서 복지정치는 이제 막 그 시험대에 오르고 있다. 진보정당과 노동계급의 사회적 역량이 부족하고 복지국가의 확대를 견인하거나 유지할 수 있는 제도적 유산이나 정치적 배열이 불리한 상황에서, 다양한 복지동맹의 가능성을 유연하게 확대하여 살펴보는 것이 궁극적으로는 우리나라의 복지정치를 활성화하는 기제가 될 수 있음을 지적하고자 한다.

참고문헌

고원(2011). 정당체제의 재편과 복지국가의 진로. 한국 복지정치의 대전환, 2011년도 특별 심포지엄. 한국정치사회학회.

김영순(2011). 보편적 복지국가를 위한 동맹. 시민과 세계, 19.

송호근, 홍경준(2006). 복지국가의 태동: 민주화, 세계화, 그리고 한국의 복지정치. 서울: 나남.

신진욱(2011). 한국에서 복지국가 운동의 조건과 전략. 시민과 세계, 19.

안상훈(2003). 친복지동맹의 복지지위균열에 관한 정치사회학적 비교연구: 스웨덴의 경험과 한국의 실험. 사회복지연구, 21.

은수미(2011). 복지국가를 위한 노동의 사회적 연대. 시민과 세계, 19.

최태욱(2011). 복지국가건설과 '포괄정치'의 작동을 위한 선거제도 개혁. 민주사회와 정책연구, 19.

홍경준(2009). 선호와 정치제도를 중심으로 한 사회정책 발달이론의 모색, 한국사회복지학, 61(4).

Baldwin, P. (1990). *Politics of Solidarity*. Cambridge: Cambridge University Press.

Häusermann, S. (2010). *The Politics of Welfare State Reform in Continental Europe: Modernization in Hard Times*. Cambridge: Cambridge University Press.

Hall, P., & Taylor, C. R. (1996). Political Science and the Three New Institutionalism. *Political Studies, 44*.

Hicks, A., & Misra, J. (1993). Political Resources and the Growth of Welfare in Affluent Capitalist Democracies, 1960-1982. *The American Journal of Sociology, 99*(3).

Immergut, E. (1992). *Health Politics: Interests and Institutions in Western Europe*. Cambridge: Cambridge University Press.

Iverson, T., & David, S. (2005). Electoral Systems and the Politics of Coalitions: Why Some Democracies Redistribute more than others?. *American Political Science Review, 100*(2).

Korpi, W. (1983). *The Democratic Struggle*. London: Routledge & Kegan Paul.

Peterson, M. (1993). Political Influence in the 1990s: From Iron Trianges to Policy Networks. *Journal of Health Politics, Policy and Law, 18*.

Pierson, P. (2000). "Increasing Returns, Path Dependece and the Study of Politics". *American Political Science Review, 94*(2).

Ricco, A. (2004). "Health and Welfare in the 20th Centry". Paper prepared for the 2004 Conference of the EU Concerted Action Cost A15 on "Reforming Welfare States in Europe.". *Nantes, 22*(3).

Steinmo, S., Katheleen, T., & Frank, L. (Eds). (1992). *Structuring Politics: Historical Institutionalism in Comparative Analysis.* Cambridge: Cambridge University Press.

제5장 비정규직과 복지정치

한상근

1. 97년 체제의 출현과 노동자

우리나라의 노동시장은 1997년 말에 시작된 외환위기의 이전과 이후로 구분된다. 1997년 말 이후 노동시장에서 나타난 가장 큰 특징은 고용의 불안정이다. 외환위기는 기업체의 이른바 구조조정을 강제하였고 실업자를 대량 양산하였다. 1996년의 실업률은 2.0%에 불과하였지만 IMF 개입 이후 97년에는 2.6%, 98년에는 7.0%, 99년에는 6.3%에 이르렀다. 특히 15세 이상 29세까지의 청년 실업률은 12.2%(1998년 기준)에 이르러 청년 실업문제는 한국사회의 주요 쟁점으로 등장하였다. 청년실업 문제뿐만 아니라 명예퇴직과 구조조정 등으로 가장(家長)이 조기에 직장에서 퇴출되는 사태 역시 중요한 사회적 쟁점이 되었다.

전체 실업률 못지않게 중요한 것은 고용의 질이 급격하게 악화되었다는 점이다. 전체 근로자 가운데 임시직 근로자와 일용직 근로자의 수가 급격히 증가하여 고용의 질 하락을 쉽게 확인할 수 있다. 1년 미만의 고용계약에 따라 일하는 임시직 · 일용직 근로자의 비중은 외환위기 전후로 극적인 변화를 경험한다. 전체 근로자 가운데 임시직 · 일용직 근로자의 비중은 1995년 41.9%에서 1997년 45.7%, 1999년 51.6%, 2011년 38.7%에 달하게 된다.

97년 이후 노동시장에서 나타난 이상의 사태들은 '고용의 불안정(employment instability)'으로 특징지어진다. 이와 같은 노동시장의 변화를 지칭하는 데 '97년 체제'란 용어를 사용할 수 있다(한상근, 최동선, 2007). 97년 체제하에서 노동자들은 고용 불안에 노출되어 있으며, 다수의 노동자들이 임시직 · 일용직 상태로 고용된다. 따라서 97년 체제에서 비정규직은 핵심적 사회문제로 자리 잡고 있다.

97년 체제하의 노동자들은 학교에서 직업세계로의 이행(transition from school to work)에서부터 직장생활(work life), 그리고 은퇴에 이르기까지 전반적인 생애이력(life history)에서 고난의 삶을 경험한다.

[그림 5-1]에서 보듯이 25.2세에 대학을 졸업한 한국의 청년들은 졸업 후 10.9개월 동안 취업 준비를 하고 나서야 첫 직장에 들어가게 된다. 그러나 이들이 경험하는 직장은 괜찮은 일자리보다는 임시직 · 일용직일 가능성이 높다. 우리나라 임금노동자 가운데 37.3%(2012년 2월 기준)가 임시직 · 일용직이다. 하지만 인문계열 대졸자의 비정규직 비율은 49.8%에 이르고 있다(연합뉴스, 2010. 10. 5.).

첫 직장을 얻는 과정 자체가 지난하지만 졸업 이후 4년차 노동자들 고용상태를 조사해 보면 취업자 2명 가운데 한 명은 임금, 복지, 근로시간 등의 근로조건에 대한 불만으로 이직한다. 특히 첫 직장이 임시직 · 일용직인 경우 이직률이 63.7%에 이르고 있다(한국고용정보원, 2012).

우리나라 노동자들이 생애의 주된 일자리에서 이직하는 연령은 55세다. 그러나 이것이 직업생활의 마지막은 아니다. 주된 일자리에서 이직한 이후 67.3세까지는 경제활동을 영위한다. 은퇴 후 노령연금 등 복지혜택이 충분하지 못한 우리나라의 특성을 반영하여 주된 일자리에서 물러난 뒤 12년 이상을 더 일한다.

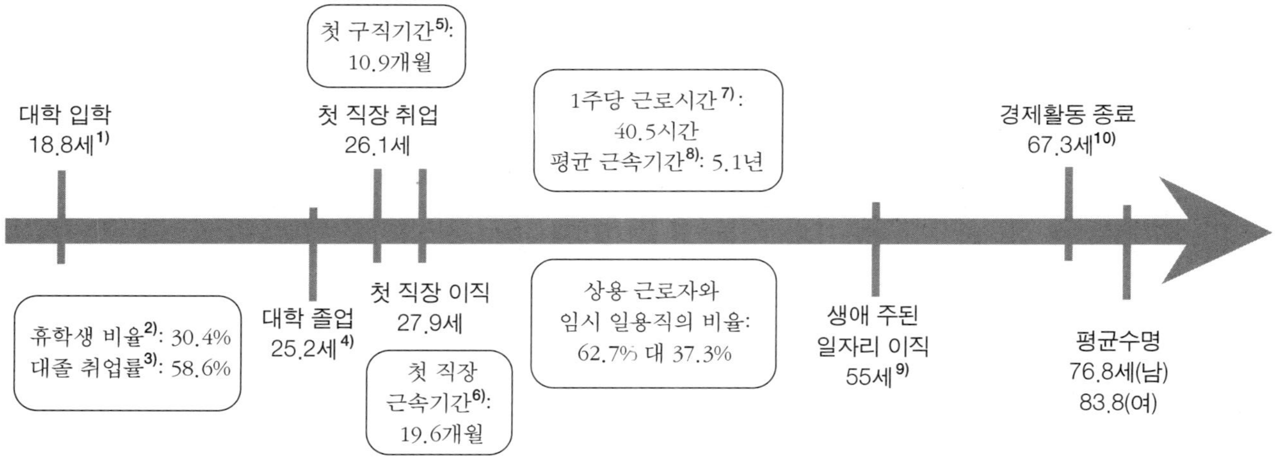

[그림 5-1] 97년 체제하 노동자의 생애주기

자료: 한상근 · 최동선(2007)을 수정.

---

1) 한국교육개발원의 교육통계자료(2006).
2) 한국교육개발원, 『교육통계분석자료집』 2011년 자료.
3) 교육과학기술부 · 한국교육개발원, 『취업통계연보』 2011년 자료.
4) 남학생이 입학하여 졸업하기까지 5.3년이 소요되었다. 통계청, 경제활동인구조사(청년층, 고령층) 부가조사 결과. 2011년 자료.
5) 통계청, 경제활동인구조사(청년층, 고령층) 부가조사 결과. 2011년 자료.
6) 통계청, 경제활동인구조사(청년층, 고령층) 부가조사 결과. 2011년 자료.
7) 통계청, 경제활동인구조사 (근로형태별)부가조사 결과. 2011년 자료.
8) 통계청, 경제활동인구 (근로형태별)부가조사 결과. 2011년 자료. 임금근로자의 평균 근속기간은 5.1년으로 조사되었다.
9) 통계청, 경제활동인구조사 (청년층, 고령층)부가조사 결과. 2007년 자료. 가장 으래 근무한 일자리의 평균이직 연령은 남성이 55세, 여성이 52세이었다.
10) Scherer, P. "Age of Withdrawal from the Labor Force in OECD Countries". Labor Market and Social Policy Occasional Papers. No.49. OECD. 그리고 방하남 외(2005).

2. 비정규직에 관한 선행연구 검토

비정규직 문제를 다룬 주요한 선행연구를 검토해 보자. 이주희(2010)는 「비정규직과 노동정치: 산업부문 간 비교 연구」에서 금융 · 유통 · 보건의료 부문을 중심으로 비정규직과 관련된 노동정치의 딜레마와 노조의 대응방식을 분석하였다.

이주희(2010)는 양적 분석을 위하여 통계청의 『경제활동인구부가조사』와 한국노동연구원의 『한국노동패널』 자료를 활용하였다. 또한 심층면접 기법을 부가적으로 사용하였다.

이 연구에서는 금융산업, 유통업, 보건의료업을 중점적으로 다루고 있는데, 이 세 산업부문에 속한 노조들은 전면적인 조직화나 즉각적인 정규직화와 같은 비정규직 친화적 정책을 지향하지는 않고 있으나 노동자와 사용자의 전략은 각 산업별로 차이가 있었다. 금융산업의 정규직 노동조합의 경우 고용안정을 최우선으로 하는 수세적 입장에 몰려 있으며, 대체로 고용안정과 정규직 임금 극대화를 목적으로 한 노동정치를 구사하는 것으로 나타났다.

조돈문(2009)은 「비정규직 문제와 정규직 노동자들의 내적 이질성: 공공부문 정규직 노동자 분석」에서 비정규직 문제에 대한 정규직 노동자들의 의식 편차를 분석하여 그 원인과 인과적 메커니즘을 규명하려고 하였다. 이 연구의 주요 연구방법은 설문조사와 심층면접이었다.

이 연구에서 주목되는 점은 정규직과 비정규직의 의식 차이다. 다수의 정규직은 비정규직 문제에 관심을 갖고 있지 않은데, 이는 정규직의 물질적 위치에 따른 현상으로 이해된다. 그러나 이 연구에 따르면 구조조정과 고용불안을 경험한 노동자들은 그렇지 않은 노동자들에 비해 계급적대 의식과 비정규 문제의식이 상대적으로 더 높았다.

조돈문(2009)은 노동조합 간부 활동, 노동시장 경험, 비정규직 접촉이 '정규직 노동자들의 무관심과 이기주의를 극복하는 데 기여하는 특별한 계기들'이라고 보았다.

장귀연(2011)은 「비정규직과 신자유주의 노동정책, 노동운동의 전략」이란 연구에서 신자유주의적 노동정책이라는 관점에서 비정규직과 관련된 쟁점들을 검토하였다. 이 연구에서는 노동자들의 분할과 위계가 더욱 강화되는 맥락을 신자유주의적 노동관리에서 찾고 있다. 저자는 무기계약제와 직무급제, 고용서비스 산업정책이 신자유주의적 노동관리를 세련화하는 방식이라는 점을 강조한다. 무기계약제와 직무급제는 신자유주의적 노동관리 전략으로서 일반적으로 연구되고 있는 주제다. 반면 이 연구에서 정부의 고용서비스산업 활성화 정책에 주목하는 것은 새롭다. 장귀연(2011)은 우리나라의 고용서비스의 공공성이 미약함에도 불구하고 정부가 고용서비스 산업의 육성을 먼저 이야기한다고 비판한다. 그의 주장에 따르면 정부의 고용서비스 산업육성 정책은 노동자의 안정성을 제고하기보다는 고용서비스 산업을 자본의 이윤 창출 분야를 확대하는 데 초점을 맞추었다.

윤정향(2004)은 「비정규 노동자에 대한 정책적 접근: 법정 외 기업복지를 중심으로」에서 비정규 노동자에 대한 사회복지 대책의 한 부문으로서 법정 외 기업복지의 문제점과 개선방향을 검토하였다. 윤정향은 비정규 노동자의 법정 외 기업복지 배제 원인을 정부, 고용주와 정규직(노동조합), 비정규직 각각의 전략적 행위자 차원에서 분석하였다. 이 연구에 따르면 비정규 노동자가 법정 외 기업복지 혜택을 누리지 못하는 것은 비정규 노동자를 둘러싸고 있는 '배제구조(structure of exclusion)'가 형성되어 있기 때문이다. 그는 비정규 노동자를 보호하기 위해서 노동조합의 실리주의 노선을 지양하려는 적극적인 노력이 필수적이라는 점을 강조한다.

김강식(2008)은 「비정규직 고용실태 및 인적자원관리의 과제」에서 우리나라에서 비정규직 고용의 증가 이유를 정규직 노동의 경직성을 회피 및 우회하기 위한 수단으로 비정규직을 과도하게 활용하였다는 점에서 찾고 있다. 저자에 따르면, 비정규직은 소극적인 업무태도, 낮은 업무의욕과 낮은 업무능력, 인자자원관리 대상에서 제외, 정규직과의 차별 등 다양한 문제를 야기하고 있다. 그리고 저자는 비정규직에 대한 인적자원관리상의 과제를 제시한다. 소극적 측면에서는 비정규직 보호법의 준수가 필요하다. 적극적 측면에서는 현재의 직무를 분해하여 정규직 근로자 직무와 비정규직 근로자 직무로 재설계하는 것이 필요하다고 주장한다.

금재호(2012)는 「사업체 규모로 살펴본 비정규직 근로자」에서 비정규직의 현황과 실태를 분석하였다. 금재호는 비정규직이 사회안전망에서 배제되고 있다는 점을 지적하고 고용형태별로 임금격차를 분해하였다. 이 연구에 따르면 개인의 특성으로 설명되지 않는, 즉 차별적 임금격차는 전체 임금격차의 21.3%다. 비정규직의 현황을 보면 비정규직의 대부분은 여성, 청소년, 중·고령자 등 취약계층으로 구성되어 있다는 주장도 중요하다. 이 점은 취약계층을 위한 대책과 비정규직 대책이 서로 중첩될 수밖에 없다는 것을 시사하고 있다.

지금까지 살펴본 선행연구들에서 필자가 주목하는 것은 다음과 같다.

이주희(2010)의 연구는 노동조합과 사용주가 비정규직 문제를 둘러싼 미시적 전략을 추적하려고 한 점에서 의의가 있다. 조돈문(2009)의 연구는 비정규직 문제에 무관심한 정규직 이기주의를 본격적으로 다루고 자신의 해법을 제시하고 있다는 점에서 의의가 있다. 장귀연(2011)의 연구는 신자유주의적 노동정책들이 노동자들과 노동운동에 미친 영향, 노동운동이 재구성해야 할 지점을 제시한 것이 주목된다. 윤정향(2004)의 연구는 법정 외 기업복지 추이와 비정규 노동자 적용실태를 분석하였다. 또한 비정규 노동자의 법정 외 기업복지 배제 원인을 분석하였다. 이 연구는 비정규 노동자를 위한 사회복지 대책으로서 법정 외 기업복지의 재편 방향을 제시했다는 점이 주목된다. 김강식(2008)의 연구는 비정규직 문제를 인적자원관리라는 틀로 보았다는 점에서 의미가 있다. 이 연구는 근로자가 수행하는 직무를 재설계하고 인센티브 방식의 임금지급 방식을 제시하고 있다는 점이 특징이다. 금재호(2012)의 연구는 비정규직의 구성과 현황에 대한 기본적인 정리다. 또한 정규직과 비정규직의 임금격차를 실증적으로 제시하고 있다는 점에서 의의가 있다.

3. 고용의 질과 비정규직

97년 체제의 고용상황은 주요 국가와 비교해 보면 그 실태를 알 수 있다. 국가의 공식통계를 보면 우리나라의 실업률은 2012년 2월은 4.2%로서 주요 선진국에 비하여 낮은 상황이다. 단, 청년층(15~29세)의 실업률은 8.5%로서 전체 실업률의 두 배 이상이다. 우리나라의 실업률을 외국과 비교해 보면 일본(4.5%)과 비슷한 수준이다. 프랑스(10.5%)와 스페인(23.8%)의 경우 공식 실업률이 매우 높게 발표되고 있다.

우리나라 고용문제는 고용률 개념을 도입해 보면 실업률이 가진 함정이 잘 드러난다. 공식 실업률은 우리나라가 다른 나라와 비교하여 상대적으로 낮은 상태를 유지하고 있지만, 고용률은 오히려 낮은 수준이다. 고용률이란 15세 이상 인구 가운데 취업자의 비율[11]이다. 우리나라의 고용률(2012년 2월)은 63.0%인데, 미국은 66.4%, 호주는 72.1%를 기록하는 등 주요 국가에 비하여 낮은 것을 알 수 있다.

〈표 5-1〉 주요국 실업률 (단위: %)

	한국(12년 2월)	미국	호주	일본	독일	프랑스	스페인
실업률	4.2	8.7	5.9	4.5	6.4	10.5	23.8
청년층*	8.3	17.0	13.3	8.5	7.9	23.9	49.6

*한국(15~29세), 미국(16~24세), 호주 · 일본 · 독일 · 프랑스 · 스페인(15~24세)
**미국 · 호주(2012. 2.), 일본 · 독일 · 프랑스 · 스페인(2012. 1.)
***독일 · 프랑스 · 스페인 실업률은 15~74세다.

출처: 통계청(2012).

11) 이를 공식으로 표현하면 다음과 같다. 고용률(%) = (취업자 ÷ 15세 이상 인구) × 100

실업률과 고용률은 비례보다는 반비례하는 나라들이 적지 않다. 주요 국가의 실업률과 고용률을 비교해 보면 실업률이 낮은 국가인 한국, 멕시코, 룩셈부르크 등의 경우 고용률이 낮다. 반면 독일, 핀란드, 스웨덴 등의 국가는 실업률은 6% 이상이나 고용률은 70% 이상을 유지하고 있다.

97년 체제하 노동자의 상태는 고용의 질을 살펴보면 보다 명확하게 분석

〈표 5-2〉 주요국 15~64세(OECD 비교기준) 고용률 (단위: %)

	11년 2월	6월	7월	8월	9월	10월	11월	12월	12년 1월	2월
한국	62.4	64.8	64.6	64.1	63.6	64.5	64.4	63.8	63.0	63.0
미국	65.9	66.8	66.9	66.9	66.8	67.0	67.0	66.8	66.1	66.4
일본	70.1	70.6	70.0	70.1	70.6	70.6	70.6	70.3	69.8	-
호주	72.7	72.8	72.8	72.1	73.1	72.7	72.4	73.0	71.7	72.1

출처: 통계청(2012).

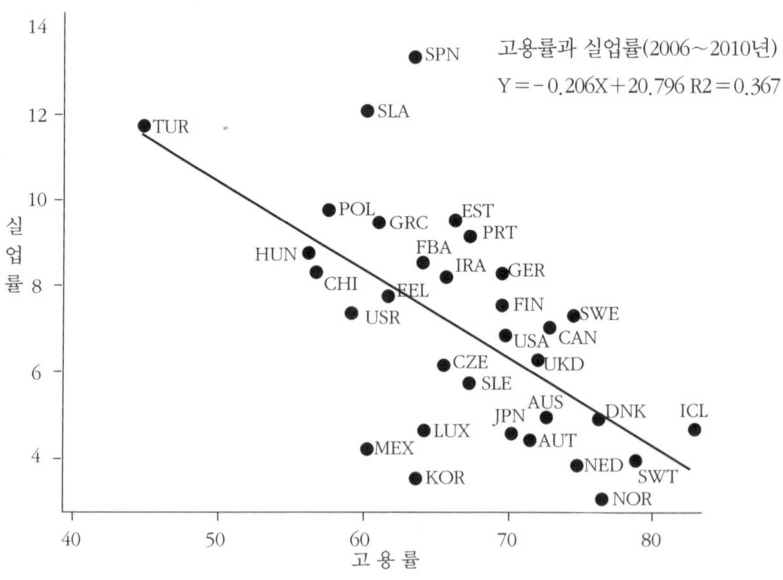

[그림 5-2] 고용률과 실업률의 관계

출처: 김유선(2012). 노동사회.

할 수 있다. 한국의 경우 멕시코, 터키와 더불어 고용의 질이 현저히 낮다. 고용의 양과 질이 정적 상관관계를 이루고 있는 나라들이 즐비하고, 덴마크와 노르웨이 등은 고용의 질과 양이 모두 양호하다.

4. 비정규직의 규모와 실태

비정규직의 실체 자체에 대한 인식에서부터 정치적 관점의 차이를 확인할 수 있다. 노동계, 경영계, 정부 등 입장에 따라서 비정규직 규모에 대한 파악부터 다르다.

1) 노동계의 입장

먼저 노동계의 비정규직 규모에 대한 인식을 살펴보자. 노동계는 정부와 경영계가 노동 유연성을 높이는 정책을 사용하면서 비정규직이 양산되었다고 본다. 비정규직의 양산에도 불구하고 이들을 정규직으로 전환하려는 시도는 거의 없었다고 비판한다. 최근 몇 년 사이에 노동계가 전력을 다해서 투쟁한 쌍용자동차, 한진중공업 사태는 바로 비정규직과 정리해고 문제에 관한 것이었다.

노동계를 대변하는 노동사회연구소는 임시직 · 일용직 680만 명(38.8%)에, 부가조사에서 확인된 상용직 가운데 비정규직 185만 명(10.6%)을 합쳐 865만 명(49.4%)이 비정규직으로 보았다(김유선, 2011). 상용근로자라 하더라도 이른바 '취약근로자'는 비정규직의 범위에 포함된다고 보고 있다.

노동계는 임시직 · 일용직 근로자뿐만 아니라 일부 상용근로자도 비정규직으로 보고 있다. 1년 이상 계약을 하는 상용근로자 일부도 비정규직이라는 입장이다. 다시 말해서 비정규직 범위를 경제활동인구 본조사상의 임시직 · 일용직 근로자와 상용직 근로자 중 부가조사상의 비정규직 근로자를 합한 것으로 파악하고 있다.

이러한 입장에서 전국민주노동조합총연맹(이하 민주노총)은 "근무실적이 불량하거나 사업 · 예산의 축소 또는 폐지 시 고용관계 종료가 가능하다고 명기함에 따라 정작 고용조차 안정적이지 않다."라며 "결국 무기계약직 노동자들은 사업의 변경과 매년 결정되는 예산에 따라 또 다시 파리 목숨 신세가 되고 말았다."라고 주장하였다(머니투데이, 2012. 1. 16.).

2) 정부와 경영계 입장

정부와 경영계는 비정규직 추계방식에서 동일한 입장을 견지하고 있다. 정부와 경영계는 한시 근로, 시간제 근로, 파견 근로, 용역 근로, 가내 근로, 호출 근로 등 특수고용형태 가운데 하나에 해당되는 노동자를 비정규직으로 추계하고 있다. 구체적으로 설명하면 통계청에서 주관하는 경제활동인구조사 부가조사에서 7개 설문 문항(한시 근로, 시간제 근로, 비전형 근로, 파견 근로, 용역 근로, 가내 근로, 호출 근로, 특수고용형태) 중 어느 하나에 응답한 사람을 비정규직으로 보고 있다.

통계청의 비정규직 개념을 보다 상세히 설명하면 다음과 같다. 통계청은 비정규직이 고용형태에 의해 정의되는 것으로 보며 ① 한시적 근로자, ② 시간제 근로자, ③ 비전형 근로자 등으로 분류한다(통계청, 2011).

먼저 한시적 근로자는 근로계약기간을 정한 근로자(기간제 근로자) 또는 정하지 않았으나 계약의 반복 갱신으로 계속 일할 수 있는 근로자와 비자발적 사유로 계속 근무를 기대할 수 없는 근로자(비기간제 근로자)를 포함하는 것으로 본다.

시간제 근로자는 직장(일)에서 근무하도록 정해진 근로시간이 동일 사업장에서 동일한 종류의 업무를 수행하는 근로자의 소정 근로시간보다 1시간이라도 짧은 근로자로, 평소 1주에 36시간 미만 일하기로 정해져 있는 경우가 이에 해당된다.

비전형 근로자는 파견 근로자, 용역 근로자, 특수형태 근로자, 가정 내(재택, 가내) 근로자, 일일(단기) 근로자를 포괄하고 있다(통계청, 2011).

- 파견 근로자: 임금을 지급하고 고용관계가 유지되는 고용주와 업무지시를 하는 사용자가 일치하지 않는 경우로 파견 사업주가 근로자를 고용한 후, 그 고용관계를 유지하면서 근로자 파견계약의 내용에 따라 사용사업주의 사업장에서 지휘, 명령을 받아 사용 사업주를 위하여 근무하는 형태
- 용역 근로자: 용역업체에 고용되어 이 업체의 지휘하에 이 업체와 용역계약을 맺은 다른 업체에서 근무하는 형태(예: 청소용역, 경비용역업체 등에서 근무하는 자)
- 특수형태 근로자: 독자적인 사무실, 점포 또는 작업장을 보유하지 않았고 비독립적인 형태로 업무를 수행하면서도—다만 근로제공의 방법, 근로시간 등은 독자적으로 결정하면서—개인적으로 모집 · 판매 · 배달 · 운송 등의 업무를 통해 고객을 찾거나 맞이하여 상품이나 서비스를 제공하고 그 일을 한만큼 소득을 얻는 근무형태
- 가정 내 근로자: 재택근무, 가내하청 등과 같이 사업체에서 마련해 준 공동 작업장이 아닌 가정 내에서 근무(작업)가 이루어지는 근무형태
- 일일(단기) 근로자: 근로계약을 정하지 않고, 일거리가 생겼을 경우 며칠 또는 몇 주씩 일하는 근무형태

정부에서 제시하는 가장 최근의 통계자료(2011)에 따르면 비정규직 규모는 599만 5천 명으로 임금근로자 중 34.2%를 차지하고 있다. 이 가운데 한시적 근로자는 3,442천 명, 시간제 근로자는 1,702천 명, 비전형 근로자는 2,427천 명이다. 비전형 근로자의 다양한 하위요소 가운데 가장 큰 비중을 차지하는 요소는 특수형태 근로자(13천 명)와 일일 근로자(10.5천 명)다. 이 자료에서 특징적인 것은 2009년 8월의 비정규직 통계치가 5,754천 명에서

매년 증가하여 2년 만에 241천 명이 증가되었다는 점이다.

〈표 5-3〉 근로형태별 근로자 규모 (단위: 천 명, %, 전년 동월 대비)

	2010. 8.	구성비	2011. 3.	구성비	2011. 8.	구성비	증감(률)	
〈임금 근로자〉	17,048	100.0	17,065	100.0	17,510	100.0	462	2.7
• 정규직	11,362	66.7	11,294	66.2	11,515	65.8	153	1.3
• 비정규직	5,685	33.3	5,771	33.8	5,995	34.2	309	5.4
- 한시적	3,281	19.2	3,370	19.7	3,442	19.7	162	4.9
- 시간제	1,620	9.5	1,532	9.0	1,702	9.7	82	5.0
- 비전형	2,289	13.4	2,311	13.5	2,427	13.9	138	6.0

출처: 통계청(2011). 2011년 8월 경제활동인구조사.

대기업을 대변하는 전국경제인연합회(이하 전경련)는 비정규직 규모에 대하여 정부 측 입장을 지지하고 있다. 전경련은 '전체 임금근로자 1,751만 명의 34.2%인 599만 5,000명'을 비정규직 근로자로 보고 있다(전경련, 2011). 경영계는 노사정위원회 합의(2002년 7월)를 따라서 ① 한시적 근로자 또는 기간제 근로자(근로계약기간과 근로의 지속성 기준), ② 단시간 근로자(근로시간 기준), ③ 파견 용역 호출 등의 형태로 종사하는 근로자(근로 제공방식 기준)로 비정규직으로 개념화하고 있다.

5. 비정규직과 정치

비정규직 문제를 놓고 관련된 주요 행위자들은 다양한 비정규직 대안을 제출하였다. 여기서는 경영계와 노동계, 그리고 주요 정당이 제안한 비정규직 대안을 살펴보려고 한다.

1) 경영계와 노동계

(1) 경영계

경영계는 현행 비정규직 법에서 규정한 근로자 사용기간 제한이 비정규직 근로자의 고용안정성 확보라는 애초의 입법의도와는 무관하게 일자리의 안정성을 저해한다고 주장한다(전경련, 2011: 5-6). 다시 말해서 비정규직법의 사용기간 제한 규정으로 인해 비정규직 형태로 계속 근로를 희망하는 근로자가 일자리를 잃고 있는 것이 근본적인 문제라고 경영계는 보고 있다.

이러한 입장에서 전경련은 비정규직 관련 문제의 해결방안으로 다음과 같이 제시하고 있다(전경련, 2011: 17-21).

첫째, 정규직-비정규직 이분법적 사고로 접근해서는 비정규직 문제를 해결할 수 없으므로 노동시장 현실에 입각하여 실현 가능한 대책 마련이 필요하다. 더하여 사용기간 제한에 따라 비정규직 피해를 보고 있는 현실을 인식하는 것이 중요하다.

둘째, 비정규직 사용기간 제한 규정을 폐지하고, 정규직에 대한 과보호를 완화해서 노동시장의 유연성을 제고해야 한다. 전경련은 정규직에 대한 과도한 보호가 비정규직 사용을 증가시키는 실질적인 원인으로 보고 있다. 이에 따라 정규직에 대한 과도한 보호가 철폐되어야만 정규직과 비정규직 근로자 간의 실질적 차이를 줄일 수 있다고 주장한다.

셋째, 노동시장 유연성 제고를 위해서는 기업의 자율적인 인력조정을 보장하고 임금을 유연화하여 과도하게 높게 형성되어 있는 정규직의 임금을 낮춰야 한다.

넷째, 전통적 고용형태에서 벗어나 원격-재택근무, 시차 출퇴근, 집중시간근로 등 다양한 형태의 근로제 활성화로 새로운 일자리가 창출될 수 있도록 지원한다. 전경련은 시간제 근로, 한시적 근로, 비전형 근로 등 다양한 근로형태를 필요로 하는 업종이 늘어나고 있으므로 근로형태의 다양화를 모색할 필요성을 제시하였다.

다섯째, 비정규직의 직업능력개발 강화를 통해 기술수준과 직무수행 능력을 높이도록 지원하고 자신의 능력에 맞는 일자리 선택을 위한 서비스를 활성화한다.

경영계는 정부와 여당이 비정규직 대책을 제시할 때마다 이견을 제시하였다(한국경영자총협회, 2011a). 2011년 9월 정부와 여당이 합동으로 비정규직 종합대책을 발표하자 경영계는 비정규직을 '없어져야 될 일자리'로 보고, '정규직, 직접고용'만을 지향하는 당정의 대책에 대해 이와 같은 선례는 찾을 수 없다며 비판하였다. 또한 사내하도급업체근로자의 고용과 근로조건을 원청기업이 직접 책임지라는 것은 시장경제질서를 훼손하는 것이며, 불법파견이라는 이유만으로 직접 고용관계를 강제하는 것은 과잉입법으로 위헌적 소지가 있다고 지적하였다. 무엇보다도 앞서 지적한 논리와 같이, 비정규직 문제의 근본원인인 정규직 근로자에 대한 과보호 문제 해소가 우선이라고 주장하고 있다.

2011년 11월 당정이 공공부문 비정규직의 무기계약 전환 발표에 대해서도 경영계는 다음과 같이 비판하였다(한국경영자총협회, 2011b). 비정규직 근로자의 무기계약직 전환이 일자리 문제를 해결하고자 하는 노력으로 이해되나, 해결방안의 그릇됨을 지적하며 비정규직의 정규직화가 아니라 노동시장의 유연성을 제고시켜야 일자리 부족 문제를 해결할 수 있다고 본다. 이에 따라 기간제 근로자 사용기간 폐지 또는 연장, 파견 근로자 허용업무 확대 등 고용유연성을 제고하는 방향으로 정책이 추진되어야 한다고 경영계는 주장하였다.

새누리당을 비롯한 정당에서 제시하는 비정규직 대책에 대해서도 경영계는 전면적으로 부정하는 입장이다. 새누리당 비상대책위원회가 비정규직 대책을 발표하자 한국경영자총협회(이하 경총)은 다음과 같은 입장을 표명하였다(한국경영자총협회, 2012).

첫째, 상시 · 지속 업무에 종사하는 비정규직을 사실상 모두 정규직으로 전환하라는 것은 기업 인력운용의 기본원리를 심각하게 훼손하는 것이다.

비정규직 사용의 필요성은 그 업무가 '핵심업무냐, 주변업무냐.'를 기준으로 판단되어야지, '상시 · 지속 업무' 여부는 판단기준이 될 수 없다.

둘째, 사내하도급근로자의 고용과 근로조건을 원청기업이 직접 책임지라는 것은 시장경제질서를 훼손하는 것이다. 원청기업과 사내협력업체가 근본적으로 별개의 회사이므로, 원청기업근로자와 사내하도급근로자는 차별시정의 비교대상이 될 수 없다.

셋째, 정규직 과보호와 노동시장 경직성이 해결되지 않은 채, 비정규직 보호를 명문으로 한 규제 추가는 문제의 본질을 외면하는 임시방편일 수밖에 없다.

이상의 논리로 경총은 새누리당이 선심성 비정규직 공약을 제시하였다고 비판하였다.

(2) 노동계

노동계에서는 외환위기 이후 기업들의 경영전략으로 구조화된 노동시장 유연화 정책은 비정규직 노동자의 양산으로 귀결되었다고 인식하고 있다(노광표, 2012: 4). 노동계를 대표하는 민주노총은 2012년 총선과 대선을 맞이하여 노동 · 사회 대개혁 요구안을 10대 과제 78대 요구사항으로 정리하여 제시하였다. 10대 과제 가운데 첫 번째 과제는 '비정규직 차별 철폐 · 정규직화 권리 보장'이다(전국민주노동조합총연맹, 2012).

비정규직 차별 철폐, 정규직화 권리 보장을 위한 요구안은 다섯 가지로, 그 내용은 다음과 같다.

첫째, 기간제 근로계약 사용사유 제한이다. 기간제법 제4조(기간제 근로자의 사용)를 '기간 제한' 방식에서 '사용사유 제한' 방식으로 개정하고, 기간제 남용 시 무기 근로계약으로 간주한다.

둘째, 불법파견 · 위장도급 · 중간착취 근절이다. 중간착취 구조를 합법화하는 판견법을 전면 폐지하고 상시업무는 외주용역 전환을 금지한다.

셋째, 차별처우 금지 및 차별시정 제도의 실효성 확보다. 동일가치노동 · 동일임금 원칙을 명문화하고 고용형태에 따른 일체의 차별적 처우를 금지한다.

넷째, 특수고용 노동자의 근로의 권리 및 노동3권 보장이다. 근로기준법, 노조법상 근로자, 사용자 개념을 확대하고 사각지대에 놓인 특수고용 노동자의 노동 3권 보장과 부당노동행위를 근절한다.

다섯째, 공공부문 비정규직 대책 수립과 민간분야로의 확대다. 학교, 지자체, 공공기관의 비정규직과 무기계약직을 정규직화한다.

민주노총은 공공부문의 상시업무는 외주용역 전환을 금지해야 한다고 주장한다. 공공부문에서 총액 인건비제를 폐지하고, 민간에 위탁된 상시업무는 공공부문으로 환원시킨다.

한국노동조합총연맹(이하 한국노총)도 '차별없는 노동정책'을 주요 정책사업으로 설정하고 비정규직 대안을 제시하고 있다(http://www.inochong.org). 한국노총의 주장은 ① 비정규직의 편법적 남용규제, ② 정규직 전환 기업에 대한 인센티브제, ③ 무분별한 용역전환 및 위장도급 규제입법 마련, ④ 차별시정 제도의 개선이다.

2) 주요 정당

(1) 새누리당

새누리당은 비정규직 근로자 문제를 당의 핵심과제 가운데 하나로 선정하고 비정규직 대책을 내놓았다. 새누리당 비상대책위원회가 제시한 비정규직 문제로 내놓은 3대 기본방향은 다음과 같다(새누리당 보도자료, 2012. 2. 7.).

첫째, 비정규직 패러다임 대전환이다. 기업의 노동유연성은 보장하되 임금 등 인건비 절감의 수단으로 활용하지 못하도록 하고 공정임금 지급원칙을 세워 고용불안(고용유연성) 요인에 상응하는 보상이 되도록 한다. 또한 임금 등 근로조건이 정규직과 차별되지 않게 보장하는 비정규직 패러다임의 대전환을 주장한다.

둘째, 사내하도급 근로자의 법적조치 강화다. 무분별한 비정규직 남용을 방지하기 위해 최근 늘어나고 있는 사내하도급 근로자의 근로조건 보호 등 법적 조치 강화를 주장한다.

셋째, 비정규직 감축은 공공부문이 선도하고 기업 자율로 유도한다. 공무원, 공기업 등 공공부문부터 비정규직을 없애고 기업에 대해 재정지원 없이 자율적으로 비정규직 감축을 추진토록 제도적으로 뒷받침한다.

보다 구체적인 비정규직 문제에 대한 정책과제는 다음과 같다(새누리당 보도자료, 2012. 2. 7.). 첫째, 임금 및 근로조건 등 개선을 위하여 경영성과에 따른 인센티브성 경영 성과급도 비정규직에 지급한다. 둘째, 공공부문의 경우 2015년까지 비정규직 고용을 전면 폐지한다. 대기업은 상시 · 지속 업무에 대해서는 정규직 고용으로 전환한다. 셋째, 사내하도급 근로자 보호 등에 관한 법률 제정이다.

이러한 인식의 연장선에서 19대 총선 공약이 발표되었다. 비정규직 차별 개선방안은 위에서 서술된 것과 동일하다. 비정규직 수 감축방안이 공약으로 발표되었는데, 그 내용은 기간제 근로자와 단시간근로자 및 파견 근로자의 차별시정 신청기간을 확대(3개월 → 6개월)하는 것이다. 그리고 불법파견으로 확인될 시 사용기간에 관계없이 사용 사업주가 해당근로자를 직접고용하도록 의무를 부과하는 것이다. 이를 위하여 2012년 중 「기간제 및 단시간 근로자 보호 등에 관한 법률」과 「파견 근로자 보호 등에 관한 법률」을 개정하겠다고 새누리당은 제시하였다(새누리당 19대 총선 공약집, 2012).

(2) 민주통합당

민주통합당은 3대 정책약속 중 하나로 '차별 없는 노동시장을 만들어 비정규직 문제를 해결하는 것'으로 설정하였다. 비정규직의 고용사유를 제한하고, 동일가치노동 · 동일임금원칙에 따라 임금과 근로조건의 차별을 없앰으로써 비정규직 사용유인을 제거하고, 공공부문이 솔선수범하여 비정규직 문제를 해결함으로써 민간부문을 유도한다는 정책안을 제시하였다. 비정규직에 대한 민주통합당의 정책목표는 '정규직 전환을 통하여 현재 약 50%인 비정규직 비율을 2017년까지 절반수준으로 감축하는 것'이다. 세부적으로 19대 총선 공약 내용을 살펴보면 다음과 같다(민주통합당, 2012).

첫째, 정규직 전환을 통하여 현재 약 50%인 비정규직 비율을 2017년까지 절반수준으로 감축한다. 일시적 · 임시적 필요에 의한 경우에만 기간제 및 시간제 근로계약 허용하도록 기간제법 사용사유 제한조항을 신설한다. 그리고 취약계층 고용창출에 대한 지원제도, 일자리 나누기 지원, 고용유지지원사업을 확대 · 활용하여 기존의 비정규직을 정규직으로 전환하는 경우 정규직 전환지원금을 지급한다.

둘째, 동일가치노동 동일임금원칙을 근로기준법에 명시하고 차별처우 금지사유에 고용형태를 추가한다. 그리고 파견법, 기간제법의 차별시정 신청주체 및 기간, 비교대상을 확대한다. 차별시정 주체를 당사자 이 외 그가 속한 노동조합, 상급단체로까지 확대한다. 차별적 처우를 인지한 날로부터 최소 6개월로 차별시정 신청기간을 연장한다. 또한 과거 동일 업무에 종사하였던 근로자를 포함하여 차별을 판단한다.

이러한 정책안을 위하여 민주통합당은 「기간제 및 단시간 근로자 보호 등에 관한 법률」「파견 근로자보호 등에 관한 법률」「고용보험법」「근로기준법」「노동조합 및 노동관계조정법」 등을 개정하겠다고 공약으로 제시하였다. 민주통합당의 공약에서 특징적인 것은 비정규직 고용 개선 현황 등에 대한 사회적 책임 공시제도의 도입이다. 이 제도에 따르면 일반적인 재무정보 이외에 회사의 지배구조, 비정규직 고용 개선 현황, 청년고용 및 일자리 창출 현황 등 기업의 사회적 책임 관련 정보를 공시한다. 따라서 사회적 책임을 지수화하고 우수한 기업에 대해서는 조세감면 등 인센티브를 주자는 것이 민주통합당의 공약이다.

(3) 통합진보당

통합진보당은 19대 총선 공약으로 비정규직 비율을 OECD 평균 수준인 25%가량으로 축소하여 노동시장을 정상화하겠다고 제시하였다(통합진보당

정책위원회, 2012). 통합진보당 공약의 특징은 노조 조직률을 높여서 대등한 노사관계 확립을 노동과 일자리 현안 해결의 중요한 지렛대로 보는 것이다. 통합진보당은 비정규직 등 모든 노동자의 노동조합 결성 및 단체교섭권을 인정해서 노조 조직률 20%, 단체협약 적용률 50%를 만들어야 대등한 노사관계가 확립할 수 있다고 주장한다.

비정규직 문제해결을 위한 구체적인 추진방식은 다음과 같다. 먼저 기간제 사용사유 제한 강화 등을 통해 비정규직을 줄이고, 미조직 · 비정규 노동자들의 노동기본권을 보장하는 방향으로 법제도를 제정 · 개정한다. 학습지, 골프장 경기보조원, 레미콘기사, 보험모집인 등 특수고용 노동자의 노동기본권을 인정하고 간병, 청소 보육 등 돌봄 노동자의 노동 3권을 보장하여 상시적으로 필요한 노동은 비정규직 활용을 규제하고 직접 정규직으로 고용하도록 한다.

둘째, 동일노동 · 동일임금을 명문화하여 비정규직에 대한 차별 금지를 법제화한다. 그리고 기간제 사용을 기본적으로 금지하고 출산, 육아, 질병, 계절 사업 등 명백히 합리적 사유가 있는 경우에만 예외적으로 기간제를 사용할 수 있도록 법제화한다. 또한 중간착취를 합법화하고 저임금 구조를 고착화시키는 파견 근로자법을 폐지한다.

셋째, 민간 기업의 비정규직 노동자의 정규직 전환을 유도하기 위해 전환기금을 설치하는 등 재원을 마련한다. 재벌 대기업이 고용에 대한 책임을 공유하는 차원에서 연간 3조 원 이상의 전환기금을 확보한다. 해당 업종에서 평균 이상의 비정규직을 고용하는 기업은 불안정고용 부담의 명목으로 고용안정세를 납부하도록 한다. 더불어 정부출연금을 확보하여 전환기금을 보충하고 기금을 안정적으로 운영하도록 한다.

(4) 3당 정책안 비교

지금까지 정당을 포함하여 주요 사회적 행위자의 비정규직에 대한 입장을 살펴보았다. 복지정치의 견지에서 볼 때 다양한 대안을 정치의 영역에서 실현할 수 있는 주체는 정당이다. 따라서 주요 정당의 비정규직 정책안을 비교해 보는 것은 의미가 있다.

새누리당이 노동의 유연성을 강조하던 기존 입장에서 비정규직 문제를 중요한 정책적 과제로 삼았다는 것 자체가 큰 변화다. 그럼에도 불구하고 새누리당의 비정규직 대책은 다른 정당과 비교하여 단편적이고 소극적인 입장이다. 비정규직 대책에서도 노동의 유연성을 보장한다는 단서조항을 제시하고 있으며 민간부문의 비정규직 축소를 위한 구체적 수단이 미약하다. 인센티브성 경영 성과급을 비정규직에게도 지급하려는 정책은 그야말로 미봉책에

〈표 5-4〉 주요 3당의 비정규직 정책안 비교

	주요 내용	법적 조치
새누리당	• 노동의 유연성은 보장하되 공정임금 지급원칙 제시 • 공공부문은 2015년까지 비정규직 고용을 전면 폐지 • 대기업은 상시 지급적 업무를 정규직 고용으로 전환 • 기간제 근로자와 단시간 근로자 및 파견근로자의 차별시정 신청기간을 확대(3개월 → 6개월) • 인센티브성 경영 성과급을 비정규직에게도 지급	• 사내하도급근로자의 근로조건 보호 등에 관한 법률 제정 • 「기간제 및 단시간 근로자 보호 등에 관한 법률」과 「파견근로자 보호 등에 관한 법률」 개정
민주통합당	• 2017년까지 비정규직 비율을 현재의 절반수준으로 감축 • 비정규직을 정규직으로 전환하는 경우 정규직 전환 지원금을 지급 • 파견법, 기간제법의 차별시정 신청주체 및 기간, 비교대상을 확대 • 비정규직 고용 개선 현황 등에 대한 사회적 책임 공시제도의 도입	• 동일가치노동 · 동일임금 원칙을 근로기준법에 명시 • 「기간제 및 단시간 근로자 보호 등에 관한 법률」「파견근로자보호 등에 관한 법률」「고용보험법」「근로기준법」「노동조합 및 노동관계조정법」 등 개정
통합진보당	• 기간제 사용을 기본적으로 금지하고 출산, 육아, 질병, 계절 사업 등 명백히 합리적 사유가 있는 경우에만 예외적으로 기간제를 사용 • 비정규직 비율을 25%가량으로 축소 • 기간제 사용사유 제한 강화 등을 통해 비정규직 감축 • 민간 기업의 비정규직 노동자의 정규직 전환을 유도하기 위해 전환기금을 설치	• 동일노동 · 동일임금을 명문화하여 비정규직에 대한 차별금지를 법제화 • 조직 · 비정규 노동자들의 노동기본권을 보장하는 방향으로 법제도를 제정 및 개정

불과하다.

새누리당은 각종 여론조사에서 정세가 불리하다는 상황판단과 맞물려 비정규직 문제를 핵심과제로 채택했지만, 문제해결을 위한 해법에서는 방어적이고 단편적 대책에 머물고 있다.

민주통합당은 동일가치노동 · 동일임금 원칙을 근로기준법에 명시하겠다는 제안을 하여 비정규직 해결을 위한 틀을 제시했다는 점은 높이 평가받을 만하다. 또한 2017년까지 비정규직 비율을 현재의 절반수준으로 감축하겠다는 구체적인 정책목표를 설정한 것 또한 의미가 있다.

이러한 정책목표 실현을 위하여 파견법, 기간제법 개정, 비정규직 고용 개선 현황 등에 대한 사회적 책임 공시제도의 도입 등을 제시하고 있다. 그러나 전반적으로 민주통합당의 정책은 현재의 법 제도적 틀을 크게 벗어나지 않는 가운데 개선안을 제시하고 있는 것으로 평가된다.

통합진보당은 비정규직을 사회적 주체로 보고 비정규직의 노동조합 결성 및 단체교섭권 확보가 선행되어야 한다고 본다. 비정규직이 기본적인 사회적 권리를 확보해야 대등한 노사관계가 성립하고 이를 통해서 노동시장의 정상화를 이룰 수 있다고 본다. 통합진보당은 전환기금 설치를 통해 민간기업의 비정규직을 정규직으로 전환시키고, 기본적으로 기간제 사용을 금지하고 예외적으로만 인정한다는 구체적인 정책 방도를 제시하였다는 점이 특징이다.

민주통합당과 비교해 보면 동일노동 · 동일임금의 명문화 등은 공통적이지만, 비정규직 축소를 위한 강력한 정책적 수단을 제시하고 있다는 점에서 통합진보당의 정책안은 보다 적극적이고 진전된 안이라고 평가할 수 있다.

6. 결 론

우리는 아직도 고용의 불안정을 내장한 97년 체제 속에 있다. 비정규직의 생성과 유지, 그리고 축소의 메커니즘은 정당정치의 영역과 맞물려 있다. 1997년 이후 외환위기의 해법을 찾는 과정에서 노동의 유연성이 강조되었다. 신자유주의의 세계적 흐름과 연관되면서 고용의 불안정은 확대되고 재생산되었다.

고용의 불안정은 비정규직 문제를 우리사회의 핵심과제로 만들었다. 사회적 이슈가 되자 비정규직 문제의 해법은 주요 정당의 관심사가 될 수밖에 없었다.

이 장에서는 복지정치의 관점에서 주요 정당의 비정규직 정책안을 비교 분석하였다. 본 연구의 정당별 정책에 대한 평가는 3당의 복지정책안을 비교 · 연구한 선행연구와도 일맥상통한다. 오건호(2012)는 새누리당의 정책안은 '맞춤형 잔여복지', 민주통합당 안은 '과장된 보편복지', 통합진보당 안은 '원칙적 보편복지'로 규정한 바 있다.

각 당의 비정규직 대책을 살펴보면, 새누리당은 기존 정책안에서 크게 진전된 모습을 보였음에도 불구하고 잔여복지의 틀을 크게 벗어나고 있지 못하다. 민주통합당과 통합진보당의 정책안은 동일노동 · 동일임금 원칙의 적용을 제시하고 있어 비정규직 문제에 있어서 보편복지 패러다임을 지향하고 있다. 비정규직 감축을 위한 방도에 있어서는 통합진보당의 안이 보다 원칙적이면서도 구체적이라는 특성이 있다. 그러나 통합진보당의 정책안은 여대야소(與大野小) 상황, 즉 소수의 정치적 지분을 가지고 있는 통합진보당의 정치적 현실을 고려할 때 실제 정책화하여 실현되기까지는 커다란 장벽이 있는 것 또한 사실이다.

앞으로 비정규직 문제를 포함하여 고용의 질을 보다 본격적으로 다루기 위해서는 '괜찮은 일자리(decent job)'나 '좋은 일자리(good job)' 등의 개념을 도입할 필요가 있다. ILO(1999)에서는 '괜찮은 일자리(decent work)'를 자유롭고 공평하며, 안전하고 인간적 품위가 존중되는 조건 속에서 남녀 모두 종사하는 생산적인 일자리로 정의하였다(한상근, 박천수, 정윤경, 장혜정, 김나라, 2011).

젠크와 동료들(Jencks, C., Perman, L. & Rainwater, L. 1988)은 좋은 일자리를 개념화하고 이를 측정할 수 있는 도구를 만들었다. 이들이 만든 좋은 일자리의 구성 요소를 보면 크게 금전적 특성과 비금전적 특성으로 나누어진다. 금전적 요소는 임금을 의미하고, 비금전적 요소에는 근무시간, 복리후생, 훈련 및 승진기회, 위험, 교육수준, 업무특성, 업무의 자율성, 조직환경 등을 포함하고 있다.

괜찮은 일자리와 좋은 일자리 개념은 앞으로 비정규직 문제를 포함하여 고용의 질을 다룰 때 고려되어야 한다. 비정규직 문제는 동일노동 · 동일임금 원칙하에 노동법의 범주에서 다룰 수 있다. 그러나 현대 산업사회의 다양한 요인들이 혼재되어 등장한 비정규직 문제의 해법을 위해서는 보다 분석적인 틀로 접근하여야 한다.

참고문헌

김강식(2008). 비정규직 고용실태 및 인적자원관리의 과제. 경상논총, 26(3).
김유선(2011). 비정규직 규모와 실태. 한국노동사회연구소.
김유선(2012). 19대 총선 양 노총과 제 정당의 노동부문공약 비교. 한국노동사회연구소.
김유선(2012). 차기 정부의 노동정책 개혁과제. 노동사회.
노광표(2012). 노사관계 전망. 노동저널.
오건호(2012). 정당별 총선 복지공약 비교 평가-내가 만드는 복지국가.
윤정향(2004). 비정규 노동자에 대한 정책적 접근: 법정 외 기업복지를 중심으로. 상황과 복지, 18(8).

이주희(2010). 비정규직과 노동정치: 산업부문간 비교연구. 한국사회학, 44(1), 26-59.

장귀연(2011). 비정규직과 신자유주의 노동정책, 노동운동의 전략. 마르크스주의 연구, 8(4).

전국경제인연합회(2011). 비정규직 사용기간 제한의 문제점과 대안. FKI 이슈 페이퍼.

전국민주노동조합총연맹(2012). 99%가 함께 사는 사회를 위한 민주노총 총대선 노동 · 사회 대개혁 요구안.

조돈문(2009). 비정규직 문제와 정규직 노동자들의 내적 이질성: 공공부문 정규직 노동자 분석. 경제와 사회. 여름(82).

통계청(2011). 2011년 8월 경제활동인구조사-근로형태별 및 비임금 근로 부가조사 결과.

한국경영자총협회(2011a). 당 · 정의 비정규직 종합 대책에 대한 경영계 입장.

한국경영자총협회(2011b). 공공부문 비정규직의 무기계약직 전환 관련 경영계 코멘트.

한국경영자총협회(2012). 새누리당 비정규직 공약 발표에 대한 경영계 입장.

한국고용정보원(2012). 대졸 취업자, 첫 직장 취업 후 2년이 고비(2012. 1. 26. 보도자료).

한국비정규노동센터(2011). 통계로 본 한국의 비정규 노동자.

한상근, 박천수, 정윤경, 장혜정, 김나라(2011). 한국의 직업지표 연구(2011). 한국직업능력개발원.

한상근, 최동선(2007). 생애안정시대를 열자. 이원덕 편. 21세기 국가전략. 한국직업능력개발원.

Clark, A. C. (1998). Measures of Job Satisfaction. What Makes a Good Job?. Evidence from OECD Countries. Labor Market and Social Policy-Occasional Papers. No. 34. OECD.

Farr, J. M., & Laurence, S. (2003). Best Jobs for the 21st Century. JIST Works; 3rd ed.

Jencks, C., Perman, L., & Rainwater, L. (1988). What is a Good Job? A New Measure of Labor-Market Success. *American Journal of Sociology, 93*(6), 1322-1357.

Kalleberg, A. L., & Stephen, V. (2005). Pathways to a Good Job: Perceived Work Quality among the Machinists in North America. *British Journal of Industrial Relations, 43*(3), 431-454. Sept.

◎ 포럼 연설문

- 한국노동사회연구소(2012). 차기 정부의 노동정책 개혁과제, 토론회 발표문, 월간노동사회(http://www.klsi.org/magazine/magazine.htm?no=2240)

◎ 정당 공약집 및 보도자료

- 민주통합당 19대 총선 공약집(2012)
- 민주통합당(2012). 내 삶과 대한민국을 바꾸는 민주통합당의 정책비전
- 새누리당 보도자료, '비정규직 근원적 문제 뿌리 뽑는다.' 2012. 2. 7.
- 새누리당 기본정책(2012)
- 새누리당 19대 총선 공약집(2012)
- 통합진보당 정책위원회(2012). 통합진보당 19대 국회의원 선거 분야별 공약해설집
- 한국노총-민주통합당 총선공약(2012)

제6장

장애와 복지정치

변민수

1. 서 론

우리나라의 장애인 문제를 해결하기 위한 정치적인 노력과 갈등은 장애인 관련 법률의 제정과 제도가 도입되는 과정에서 살펴볼 수 있다. 장애인의 복지를 위해 정부가 정책적으로 개입하기 시작한 것은 전쟁 희생자에 대한 원호대책을 수립한 1950년대부터다. 그러나 장애원인과 관계없이 본격적으로 장애인 일반을 대상으로 장애인 복지정책을 폭넓게 시행한 것은 1981년 「심신장애자복지법(이하 「장애인복지법」)」이 제정된 이후라 할 수 있다. 그 후 1990년 「장애인고용촉진 등에 관한 법률(이하 「장애인고용촉진법」)」이 제정되면서 복지정책의 차원에서 장애인 고용의 중요성이 부각되었으며, 2008년 「장애인차별금지 및 권리구제 등에 관한 법률(이하 「장애인차별금지법」)」이 제정되면서 모든 생활영역에서 장애를 이유로 한 차별을 금지하고 장애인의 권익을 실현하기 위한 법적인 기반이 마련되었다.

장애인차별금지법의 제정은 장애인구가 늘면서 일어난 환경의 변화와 장애인 당사자들이 정치 일반에 참여한 결과라 할 수 있다. 장애유형 및 장애인정 범위가 2000년, 2003년 두 단계를 거쳐 확대된 후 장애 인구는 2010년을 기준으로 250만 명을 넘어섰다. 2010년 통계청의 인구총조사 결과를 살펴보면 전체 인구 약 4천 858만 명 중에 장애인이 차지하는 비율은 5.15%로 2010년 말 우리나라 국민 20명 중 한 명 이상은 장애를 등록한 것으로 나타났다. 개인적인 사유로 장애등록을 하지 않았거나 장애인복지법에서 정하지 않은 기타 장애를 겪고 있는 경우를 포함한다면 실질적으로 장애가 있는 국민은 등록장애인의 규모보다 더 큰 것으로 추정된다. 장애범주가 확대됨에 따라 장애인구의 내적인 구성과 특성도 변화했다. 장애유형이 확대되면서 장애인 당사자의 장애특성에 따라 차별화된 정치적 욕구가 표면화되었다.

장애인 복지정책은 등록장애인 일반을 포괄하면서 외연적 확대가 이루어졌으며 장애인의 복지를 위한 법률들도 제정되었다. 장애인의 사회참여 확대와 권익향상을 위해 「장애인복지법」「장애인연금법」「장애인 · 노인 · 임산부 등의 편의증진 보장에 관한 법률」「장애인활동지원에 관한 법률」등이 개정되었으며, 「장애아동복지지원법」「장애인고령자 등 주거약자 지원에 관한 법률」 등이 제정되었다. 그럼에도 불구하고 장애인 복지정책의 실효성에 대해서 장애인 당사자들은 지속적으로 문제를 제기하고 있다. 최근에는 장애인 복지정책 대상을 선별하여 서비스를 제공하거나 축소하는 일련의 조치로 인해 장애인 당사자들의 비판이 오히려 거세지고 있다. 장애인 복지를 둘러싼 문제를 해결하기 위해 장애인 당사자들의 집단적인 문제제기와 장애인 국회의원들의 정치적 움직임이 있지만 문제해결을 위한 해당 법률의 시행령 수정과 시행규칙을 구체화하는 작업들은 계속 추진해야 하는 과제로 남아 있다. 이 글에서는 장애인 복지와 관련된 법률의 제정 그리고 제도의 도입과정에서 나타난 사회적 상황과 장애인 복지증진을 위한 장애인 당사자들의 운동을 연계하여 살펴보았다.

2. 장애인 복지의 태동

해방 이후 우리나라 장애인 문제가 정책적으로 다루어지기 시작한 것은 전쟁희생자에 대한 사회복지 차원의 원호를 목적으로 제정된 1950년의 「군사원호법」과 1951년의 「경찰원호법」을 그 효시로 볼 수 있을 것이다. 군사원호법은 1956년 개정을 통해 '고용명령(동법 제19조)'에 관한 규정이 신설되었고, 같은 해에 경찰원호법도 원호종류에 '직업보호(동법 제5조)' 규정을 추가로 포함시켜 생계부조를 위한 소득보장 대책을 마련하였다. 군사원호법이나 경찰원호법은 해방 후 국가기구의 형성에 기여한 장애인에게 국가가 정책적인 편의를 제공할 필요성에 의해 만들어졌다. 주목할 점은 장애인의 권리형성을 위해 국가가 정책적인 근거를 가지고 지원했다는 측면에서 이전의 구휼 일변도의 사회사업과는 차별성을 갖는다.[1)]

1950년대의 전쟁희생자에 대한 군경원호대책은 주로 소득보장과 재활서비스를 제공하는 것이었다. 1960년대 박정희 정권은 대폭적인 정부정책의 재정비를 통해 전쟁의 잔재를 처리 · 완료하고, 이를 통해 반공국가를 지향하는 국가지배질서를 확립하고자 하였다. 이러한 차원에서 복지제도의 재편은 원호제도를 중심으로 이루어졌고, 그동안의 군경원호사업이 효과적이지 않았다는 판단 아래 원호관련제도를 집중적으로 재편하였다. 1961년 제정된 「군사원호보호대상자고용법」은 국가에 대한 희생 또는 공헌한 사람 등 특정한 이유로 장애를 가진 장애인에 대한 보상의 일환으로 제정되었다.

1960년대는 전쟁의 흔적을 처리하기 위한 사회재편성 차원에서 일부 장애

1) 「군사원호법」과 「경찰원호법」은 1961년 보훈관련법 통폐합 차원에서 「군사원호보상법」으로 통합되었고, 이는 다시 1984년의 「국가유공자예우 등에 관한 법률」에 통합 · 일원화된 다음 1997년 「국가유공자 등 예우 및 지원에 관한 법률」로 개정되었다.

인을 대상으로 하여 장애인 정책을 추진한 시기로 규정할 수 있을 것이다. 1961년 제정된 「생활보호법」은 노령, 질병, 기타 근로능력의 상실로 인하여 생활유지의 능력이 없는 자에 대한 생계보호, 의료보호, 해산보호, 장제보호 등의 내용을 담고 있다. 그 대상은 폐질, 기타 정신 또는 신체의 장애로 인하여 근로능력이 없는 자가 포함되어, 장애로 인한 빈곤자를 대상으로 국가의 보호를 명문화하고 있다. 그러나 법에서 정하고 있는 재활시설은 재활보다는 수용 · 보호의 성격이 강했으며, 운영에 대한 정부의 지원 역시 미비하였다. 1963년에 제정된 「산업재해보상보험법」 역시 근로자의 업무상 재해보상을 목적으로 하고 있다. 이 시기의 장애인 정책은 장애인 일반의 문제해결에 초점을 두기보다는 일부 장애인을 대상으로 국가가 보상을 실시하고 국민으로 하여금 애국심을 함양하여 확고한 국가관을 정립하는 데 그 목적을 두고 추진되었다(한국재활재단, 1997).

1970년대는 국제적인 장애권리운동의 확대로 장애인의 인권이나 노동권 문제에 대한 관심이 세계적으로 높아지는 시기다. 예를 들어, 국제연합(UN)은 국제적인 장애권리운동의 압력에 따라 장애에 대한 접근방식을 '재활'에서 '사회의 완전한 참여'로 전환하면서, 1971년 '정신지체인의 권리에 관한 선언'과 1975년 '장애인의 권리선언'을 결의하였다. 다음 해인 1976년에는 '세계 장애인의 해(1981년)'를 선정하였다.

그러나 이 당시 우리나라는 박정희 유신정권 아래 반공과 안보, 경제성장 우선주의가 지배적인 상황에서 장애인의 문제는 부차적인 것으로 인식되었다. 그 결과 장애인 정책은 장애원인에 따라 제정된 특수장애인 법에서 장애유형과 등급을 나누어 분류하는 정도에 머물러 있었고,[2] 장애인의 권리운동은 장애인 전체의 문제제기나 근본적인 해결을 도모하기보다는 개별적인 사안에 대한 캠페인이나 걷기대회, 그리고 국가에 대한 청원 등을 통해 당면 문

2) 공무원연금법(1960), 군인연금법(1963), 산업재해보상법(1963), 국가배상법(1967)에서는 장애유형과 등급을 분류하여 차등화하였다.

제해결에 관심을 기울였다.[3)]

장애인 정책과 관련된 이 시기의 특징은 「특수교육진흥법」이 제정된 배경을 통해 살펴볼 수 있다. 1974년 대학예비고사에는 합격하였으나 시각장애를 이유로 입학원서 접수를 거절당한 5명에 대해 시각장애 관련 11개 단체는 문교부 장관과 각 대학 총장 앞으로 탄원서를 보냈다. 1977년에는 서울대학교 응용미술학과에 지원한 청각장애인이 장애를 이유로 불합격되고, 영남대학교 약학과에 지원한 장애인 6명이 모두 필기시험에는 합격했지만 장애를 이유로 모두 불합격 판정을 받았다. 1950년대 후반부터 소아마비 장애인구가 급증하자 국가는 안정적인 노동력을 재생산한다는 차원에서 장애예방에 관심을 갖게 되었다. 이를 계기로 1970년대 들어 장애인 당사자들은 국가에 대한 청원운동을 통해 장애문제를 사회적으로 가시화시키기 시작하였다(한국소아마비협회, 1995).[4)] 전쟁으로 인한 장애발생 이외에 일반적인 장애가 장애인 당사자의 집단적인 이해관계의 표출로 인해 정책적인 문제로 다루어지게 되었고, 이러한 노력에 힘입어 1977년에 「특수교육진흥법」이 제정되었다.

「특수교육진흥법」은 장애인에 대한 특수교육을 진흥하여 생활에 필요한 지식과 기능에 관한 교육을 실시함으로써 사회생활에 기여하게 함을 목적으로 하고 있다(동법 제1조). 이 법에서는 국립 또는 공립의 특수교육기관에 취학하는 장애인 및 사립 특수교육기관의 의무교육과정에 취학하는 장애인의 교육도 무상으로 함을 명시하고 있으며, 입학에 대한 편의제공과 입학거부

---

3) 이 시기 장애권리운동의 주체는 장애인 당사자보다는 '소아마비아동특수보육협회' '한국정신지체아보호협회(1968년)' '뇌성마비아복지회(1978년)'와 같은 장애인단체의 전문가나 부모, 학생들을 중심으로 이루어졌고, 장애인 고용과 관련하여 간접적인 성과로는 장애인 자립작업장인 '정립전자'의 모태가 된 한국 최초의 '지체부자유자' 이용시설인 '정립회관(1976)'의 건립을 들 수 있다.

4) 1972년 지체부자유의 고교 체능검사 면제(동아일보, 1972. 1. 31.), 1976년 대학입시 입학제한 철회(한국일보, 1976. 2. 26.) 등 장애인 당사자들의 국가에 대한 청원운동은 소아마비 장애인에서 비롯되어 지체부자유자 등으로 확대되면서 그 범위가 공직임용까지 확대되었다.

등 불이익처분의 금지 등을 규정하고 있다.

그럼에도 불구하고 1970년대에 장애인 문제가 사회의 주목을 받지 못한 이유는 정치적 영향이 컸던 것으로 보인다. 1970년대는 국제적으로 베트남이 공산화되면서 인접국이 사회주의화되는 도미노 현상이 발생하였으며, 국내적으로는 민주화와 산업화가 충돌하는 혼란의 시기였다. 3선 개헌안이 통과되고 뒤이어 박정희 대통령이 제7대 대통령으로 취임하였다. 불안한 정국을 수습하고 장기집권을 보다 확실히 하기 위하여 1972년 국회를 해산하고 비상계엄령을 선포함으로써 '10월 유신'이 단행된 시기다. 사회복지 부문이나 장애인 문제는 당시 정부의 의제가 될 수 없었을 뿐만 아니라 국회의 정치적 기능과 시민사회의 정치적 활동이 봉쇄되었던 시기라고 볼 수 있다.

1980년대는 우리나라 장애인 정책이 형성될 수 있는 국내외 여건이 크게 개선된 시기다. 대외적으로 국제연합(UN)은 1981년을 '세계 장애인의 해'로 정하고, 효과적인 장애인 정책을 촉구하기 위해 1982년 '장애인에 관한 세계행동계획(WPA)'을 수립하여 '장애인의 권리선언'에서 표출된 철학을 구체화하였다. 또한, 국제노동기구(ILO)도 1983년 장애인 고용차별과 관련된 국제규범이라고 할 수 있는 '장애인의 직업재활과 고용에 관한 협약(제159호)'을 채택하였다.

장애인 정책의 세계적인 흐름에 맞추어 우리나라도 1981년 '장애인의 날(4월 20일)'을 정하고, 같은 해 우리나라 최초의 장애인 관련 기본법이라고 할 수 있는 「심신장애자복지법」을 제정하였다. 「심신장애자복지법」은 심신장애 발생의 예방과 심신장애자의 재활 및 보호에 관하여 필요한 사항을 규정함으로써 심신장애자의 복지증진에 기여하는 것을 목적으로 제정되었다.

그러나 사회적 · 경제적 활동 참가를 통한 자립노력의 주체는 장애인 당사자와 그 가족으로 한정되어 있었다(동법 제4조). 특히 장애인 고용과 관련해서 국가 또는 지방자치단체가 장애인의 고용촉진을 위해 심신장애자에게 적합한 직종의 개발 및 보급, 심신장애자에 대한 적성검사 및 직업지도, 작업 환경 또는 기능에 적응할 수 있도록 하기 위한 훈련 등을 실시하고, 장애인의 능력과 적성에 따라 직접 고용하거나 민간사업주가 고용하도록 권유할 것을 노력조항으로 규정하였지만(동법 제11조), 이러한 규정은 구체적인 정책수단을 갖지 못해 선언적 성격이 강했다.[5)]

1980년대는 신군부세력이 등장함에 따라 정치적 격변의 시기였다. 1979년 10 · 26 사태 이후 전국에서는 민주화를 요구하는 시위가 격렬하게 이루어졌고, 그러는 가운데 1981년 전두환 정부가 들어섰다. 전두환 정부는 '복지국가'의 건설을 국정지표로 내세웠지만, 시민운동과 노동운동에 대한 탄압과 더불어 장애인 정책의 기조도 박정희 정부와 크게 다르지 않았다. 이러한 사회적 환경 속에서 「심신장애자복지법」이 제정된 것은 국가의 장애인 복지에 대한 의지보다는 국가 차원에서 장애인 복지를 확보해야 한다는 국제연합의 권고를 신군부가 거부할 수 없는 정치적 상황이 크게 작용했다. 따라서 「심신장애자복지법」은 장애인 복지와 관련해서 국가가 제도적 장치를 처음으로 마련했다는 측면에서 중요한 의미를 갖지만, 국가적 책임과 그에 걸맞는 정책수단이 구체화되지 못한 문제가 있었다.

전두환 정부와 달리 1987년에 들어선 노태우 정부는 시민사회의 역량이나 요구가 상당히 자유롭게 분출된 시기라고 할 수 있다. 특히, 1988년 서울올림픽과 함께 장애인올림픽의 개최가 확정되면서 장애인에 대한 사회적 관심은 크게 높아졌다.[6)] 그 결과 그동안 개별적인 사안으로 대처하던 장애인 문제는 사회통합적인 차원에서 복지뿐만 아니라 노동, 교육 등 다양한 분야로

---

5) 동법 제11조는 국가 및 지방자치단체의 장애인 고용 관련 사업수행의무를 규정하고 있지만 이는 의무적 사항이 아니며, 시행령과 시행규칙에서도 구체적인 장애인 고용에 대한 언급이 없었다.

6) 서울올림픽의 개최를 계기로 사회에서는 장애인도 사회적 약자(social minority)로 인식되고, 장애인이 겪는 불평등을 해소해야 하는 국가적 · 사회적 책임이 강조되기 시작하였다. 이와 함께 장애인에 대한 정책수요가 급증하였고 장애인에 대한 정책지원 및 경제활동 참여가 제도적으로 모색되기 시작하였다(황수경, 2009).

확대되었고, 이는 장애인의 복지정치참여로 구체화되었다.[7] 장애인에 대한 사회의 인식 전환과 장애인 운동에 따른 노력으로 1989년 「심신장애자복지법」이 「장애인복지법」으로 개정되었다.[8]

1980년대는 지금까지 지속되었던 권위주의적 통치체제가 붕괴하고 사회 전반에 민주화가 급진전되는 등 정치적 격변기였다. 1980년대 초기는 군부의 권위주의적인 통치하에서 장애인 문제를 구호차원이나 혹은 대외적인 홍보차원에서 접근해 실질적인 내용을 포괄하지 못했지만, 1980년대 후반 들어 서울올림픽 개최와 다양한 시민사회계층의 형성과 함께 장애인의 정치참여가 이루어지면서, 구체화된 장애인 정책이 마련될 수 있는 통로가 형성되었다고 평가할 수 있을 것이다.[9]

3. 복지에서 고용으로

1990년대는 「장애인고용촉진 등에 관한 법률」이 제정됨으로써 우리나라 장애인 고용정책의 틀이 마련되었고, 의무고용제도의 도입에 따른 장애인 고용전략의 체계가 갖춰진 시기다.[10] 1990년에 제정된 「장애인고용촉진 등에 관

7) 우리나라 장애운동은 1980년대를 기점으로 확연히 구분된다. 이전의 장애운동은 장애인 당사자보다는 '소아마비아동특수보육협회(1966)' '한국정신지체아보호협회(1968)' '뇌성마비아복지회(1978)'와 같은 장애인단체의 전문가, 부모, 학생 등 간접적인 이해관계자 중심으로 전개되었지만, 1980년대부터는 '한국농아복지회(1980)' '한국시각장애인연합회(1981)' '한국장애자부모회(1985)' '장애인문제연구회 울림터(1986)' '한국DPI(1986)' '한국지체장애인연합회(1986)' '한국장애인단체총연맹(1988)' 등 직접적인 이해관계자 중심으로 전개되었다.

8) 「장애인복지법」은 장애인복지에 관한 국가의 책임을 명시하고 장애인등록제를 도입하는 등 전문개정이 이루어졌지만, 장애인의 고용촉진(동법 제30조)은 이전의 「심신장애자복지법」을 그대로 수용한 것에 불과하였다.

9) 1987년 당시 여당인 민정당의 노태우 대통령 후보가 장애인의 고용문제를 선거공약으로 채택하였고, 1988년 명동성당에서 최초의 장애인 집회인 '장애인권익촉진 범국민결의대회'와 1989년 '전국지체부자유대학생연합회'의 농성 등을 통해 장애인고용촉진법의 제정을 약속받았다는 사실에서 당시 장애인 고용문제가 중요한 사회적 · 정치적 이슈였음을 알 수 있다.

한 법률」은 국가 및 지방자치단체와 사업주의 장애인 고용에 대한 책임을 명시하였고(동법 제3조, 제4조), 이를 강제하기 위해 상시 근로자 300인 이상 사업주에 대해서는 일정비율(의무고용률 2.0%) 이상의 장애인을 고용하도록 의무화하였다. 그리고 의무고용률에 미달하는 인원에 대해서는 부담금을 납부하도록 하는 의무고용제도(quota levy system)를 도입하였다(동법 제35조).[11] 이 과정에서 1997년 12월에 20개 유형별 · 지역별 장애인단체가 한국장애인총연맹(이하 한국장총)을 결성했다. 한국장총은 장애인들의 공통적 욕구인 '생존권'과 '노동권' 영역에서의 정치적 의사를 표출해 왔으며, 1988년에는 「장애인고용촉진 등에 관한 법률」을 「장애인고용촉진 및 직업재활법」으로 개정하기 위해 노력하였다. 이후에도 장애인 단체들은 1990년 시행령 제정 과정에서 시도된 '의무고용률 완화', 1994년 '간접고용 강화', 1998년 '의무고용제도 무력화' 등에 대해 지속적으로 대응해 왔다.

이 법에 따라 장애인 고용을 전문적으로 담당할 한국장애인고용촉진공단이 설립되어 장애인 고용에 필요한 조직과 내용을 구체화함으로써 장애인 고용이 장애인 정책의 중심으로 자리 잡게 되었다.[12] 그러나 의무고용제도의 도입에도 불구하고 사업주가 장애인을 고용하기보다는 부담금을 납부하여 고용의무를 면제하려는 경향이 강해 장애인 고용률은 1991년 0.39%에서 1997년 0.46%로 증가하는 데 그쳐 의무고용제도에 의한 실질적인 장애인 고

---

10) 우리나라 헌법은 지도이념인 전문에서 국민 모두에 대한 기회균등보장을 선언하고, 사회적 기본권 보장을 위한 복지국가의 실현을 제시하고 있다. 이를 구체화하여 헌법 제32조는 모든 국민의 근로 권리를 규정하고, 헌법 제34조는 인간다운 생활을 할 권리와 함께 국가의 사회보장 · 사회복지 증진 의무, 특히 장애인에 대한 국가보호를 강조하고 있다. 장애인고용촉진 등에 관한 법률은 이러한 헌법의 이념과 원리를 구체화하고 실현하기 위한 실천법이다.

11) 의무고용제도는 1991년부터 실시되었고, 의무고용률은 1991년 1%, 1992년 1.6%, 그리고 1993년 2%가 적용되었다.

12) 장애인 의무고용제도 도입 당시 경제인단체 및 장애인단체 간에 의견이 크게 대립되었으며, 부처 내에서도 경제부처와 사회부처 간에 의견 조율이 쉽지 않았다. 특히 적용대상 사업주의 범위와 의무고용률(기준고용률)을 둘러싸고 극명하게 견해가 갈리었는데, 이때 정해진 적용대상 사업주 범위는 2003년까지, 그리고 의무고용률은 2009년까지 그 골격을 유지하였다(황수경, 2009).

용효과는 크지 않았다.

김영삼 정부는 1993년 '신경제 5개년 계획', 1994년 '21세기 위원회', 1995년 '삶의 질의 세계화를 위한 기본구상' 등 새로운 사회복지개혁안을 제시하였다. 이를 바탕으로 1996년 삶의 질의 세계화를 위한 '국민복지기본구상'에 따라 장애인 복지를 획기적으로 증진시킬 수 있는 종합대책을 마련하고자 하였고, 총리를 위원장으로 하는 '장애인복지대책위원회'에서 '장애인 복지발전 5개년 계획'을 수립하고자 하였다(한국재활재단, 1997).

한편, 의무고용제도의 도입 이후 고용효과가 미진한 가운데, 장애인 단체에서는 장애인 고용정책이 중증장애인에 대한 보호고용의 규정 없이 고용촉진 및 고용알선에 초점을 두고 있다는 비판이 제기되기 시작하였다.[13] 그러던 중 1997년 말 외환위기로 경제상황이 악화되면서 대량실업이 발생하자 그 영향은 사회적 편견과 차별에 시달리던 장애인에게 더욱 심각하게 나타났고, 새로운 장애인 고용정책의 필요성이 대두되었다.

사회안전망이 미비한 상태에서 외환위기로 대량실업과 대량빈곤층이 형성되는 가운데 1998년 김대중 정부가 출범하였다. 김대중 정부는 민주주의와 시장경제의 병행발전—또는 민주적 시장경제—을 국정이념으로 제시하였고, 인간개발 중심의 생산적 복지를 사회정책의 국정지표로 제시하였다. 한편, 1998년 말 외환위기로 인한 경제위기에 대응하기 위해 적극적인 공공부문의 구조조정과 경영합리화를 추진하기 위한 '정부출연·위탁기관경영혁신추진계획'을 수립하였는데, 이 계획에 따라 「장애인고용촉진 등에 관한 법률」의 개정에 관한 논의도 시작되었다.

이 과정에서 노동부와 보건복지부는 서로 다른 형태의 입법안을 주장하였다.[14] 장애인 고용정책의 이관을 둘러싼 논란은 국회에서 환경노동위원회와

---

13) 1997년 '장애우권익문제연구소' 등은 장애인 고용업무의 보건복지부 이관을 내용으로 하는 '장애인직업재활법'의 법률안을 제시하였고, 1998년 장대협 등의 장애인단체 요구에 따라 국민회의는 직업재활정책을 마련하기 위한 '장애인직업재활정책기획단'을 발족하였다.

14) 노동부는 국회환경노동위원회에서 권철현 의원을 중심으로 '장애인고용촉진등에관한법률개정

보건복지위원회의 대립, 노동부와 보건복지부 간의 대립뿐만 아니라 장애인 단체 사이에서도 이관파와 비이관파로 나뉘어 성명전이 난무하였고, 경쟁적인 세력 과시 등의 갈등이 심화되었다.[15] 그 결과 국회 환경노동위원회의 의결법안으로 입법을 추진하기로 결정하고, 1999년 말 「장애인고용촉진 및 직업재활법」이 국회에서 통과되어 2000년 개정 · 공포되었다.

한편, 우리 사회에 생산적 복지이념에 관한 논의가 확산되면서 장애인 분야에서도 사회통합적(social inclusion/integration) 혹은 정상화(normalization) 정책이 모색되었다. 수용시설과 같이 사회와 격리된 직업재활이 아닌 고용과 연계된 직업재활과 금전적 보조가 아닌 경제활동 참여를 통한 자립을 지향하였다. 이러한 생산적 복지이념에 따라 장애인 직업능력개발과 고용촉진 대책 추진기반 구축을 목표로 1998년 '제1차 장애인고용촉진 5개년 계획(1998~2002)'이 처음으로 수립되어 체계적인 고용전략이 추진되기 시작하였고, 1999년에는 장애인 기준을 완화하여 국가유공상이자 및 산재장해자를 의무고용대상에 추가하였다.

이와 같이 1990년대의 장애인 고용정책은 체제상의 미흡이나 문제점으로 인해 그 법이 만들어진 원래의 취지와 목적대로 제 효과를 발휘했다기보다는 제도기반 구축단계에서 많은 한계를 보였다고 할 수 있다. 그러나 의무고용제를 토대로 장애인 고용정책의 사업재원(장애인고용촉진기금)이 마련되고, 사업주체(한국장애인고용촉진공단)가 확립되는 등 장애인 고용정책의 제도적 기반이 완성되었다는 점에서 진일보했다고 볼 수 있다(황수경, 2009).

2000년대 들어 우리나라 장애인 고용정책은 「장애인고용촉진 및 직업재활법」의 개정을 통해 종합적이고 체계적인 고용제도가 정착되고, 장애인고용촉진 5개년 계획의 추진으로 고용전략이 구체화되어 양적인 고용증대가

(안)'을 수정 · 의결하고, 법제사법위원회에 회부하였다. 이와 더불어 이성재 의원 등의 발의로 '장애인직업재활법제정(안)'이 국회 보건복지위원회에서 의결되어 법제사법위원회로 회부되었다.

15) 1998년 말부터 1999년 말까지 장애인 고용정책을 둘러싼 정치권과 장애인단체의 갈등과정에 대해서는 최무현(2003) 참조.

가시화되었다.

이전까지 권장사항이던 국가 및 지방자치단체의 장애인 고용을 의무사항으로 변경하였고, 민간부문의 장애인 고용을 선도하기 위해 재직 중인 장애인 공무원 수가 1만 명에 이를 때까지 장애인 공무원의 공개채용 비율을 100분의 5가 되도록 상향 조정하였다(동법 제23조). 그 결과 2002년 정부부문의 장애인 고용률은 1.66%로 대폭 증가하였다.

2000년대 초 민간부문과 정부부문의 장애인 고용률이 이처럼 빠르게 증가한 데에는 장애인고용촉진 5개년 계획의 체계적인 고용전략과 제도개선에만 기인한 것은 아니다. 앞서 언급한 내용대로 1999년 장애기준을 완화하여 국가유공상이자 및 산재장해자를 의무고용대상에 추가로 포함하였고, 2000년에는 「장애인복지법」의 장애범주가 확대되었다.[16] 하지만 장애인에 대한 인정범위가 확대되고 의무고용 대상자가 늘면서 상대적으로 경증장애인 비중이 빠르게 증가했고, 이미 취업해 있던 장애인근로자가 의무고용에 편입되어 장애인 고용률 수치만 높아지는 문제가 제기되었다. 이러한 문제가 발생함에 따라 2002년 9월 경증 산재장해자가 의무고용대상에서 제외되었다.

1990년대부터 2000년대 초까지는 다양한 시민사회계층의 형성과 함께 장애인의 정책참여가 이루어지면서 장애인 고용을 화두로 장애인 복지정책이 형성된 시기였다. 그러나 노동중심적인 복지정책은 장애인의 사회통합과 정상화가 갖는 다양한 이념적 가치 가운데 장애인의 경제활동 참여를 통한 자립에만 관심이 집중되는 문제를 가져왔다. 실제로 생산적인 복지이념을 구현하는 의무고용제도의 강조는 시행 이후 10년이 경과되면서 또 다른 문제들을 가져왔다. 장애인구가 급격히 증가하면서 장애인 고용이 증가했지만, 장애인의 실업은 오히려 악화되었다.[17]

---

16) 1999년 1단계 장애범주 확대를 통해 뇌병변장애, 신장장애, 심장장애, 정신장애, 발달장애 등 5개 범주가 추가되었고, 다시 2003년에는 2단계 장애범주 확대를 통해 호흡기장애, 간질환장애, 장루장애, 중증간질장애, 안면기형 등 5개 장애유형이 추가되었다. 1단계 확대조치 이후 약 15만 명, 2단계 확대조치 이후 약 12만 명의 장애인이 새로 법정장애인으로 인정받게 되었다(황수경, 2009).

장애인이 진입 가능한 일자리가 장애인의 능력과 적성을 고려하고 있지 않을 뿐만 아니라 비장애인도 꺼려하고 힘들어하는 일자리라면 그러한 곳에 취업하는 것 자체가 장애인에 대한 차별과 배제를 심화하는 것이라 할 수 있다. 어떠한 일자리라도 장애인이 주요 직무를 수행할 능력이 있다면 장애로 인한 불편함이 없도록 근무환경을 조성하여야 한다. 더불어 장애인의 역량에 비추어 필요한 곳에 자율적으로 참여할 수 있도록 서비스 체계를 구축하고 장애인과 비장애인이 함께 일할 수 있는 노동의 형태가 필요하다.

4. 일상의 차별을 넘어

2000년대는 장애인의 차별을 철폐하기 위한 「장애인 차별금지 및 권리구제 등에 관한 법률」(이하 「장애인 차별금지법」)이 제정됨으로써 우리나라 장애인 복지정치의 새로운 전기가 마련된 시기다. 2011년 제정된 「장애인 차별금지법」은 모든 생활영역에서 장애를 이유로 한 차별을 금지하고 장애를 이유로 차별받는 사람의 권익을 효과적으로 구제함으로써 장애인의 완전한 사회참여와 평등권 실현을 통하여 인간으로서의 존엄과 가치를 구현한다는 목적 아래(제1조), 차별행위에 대해 구체적으로 명시하고, 장애 또는 장애가 있다는 추측으로 한 차별을 금지하고 있다(동법 제4조, 제6조). 장애를 이유로 고용, 교육, 재화와 용역의 제공 및 이용, 사법 · 행정절차 및 서비스와 참정권 등 생활영역 전반에 걸쳐 차별을 금지하고 그에 대한 법적 구속력이 있는 구제수단을 규정하고 있다는 점에서 큰 의미를 가진다.

「장애인 차별금지법」이 제정되기까지 장애인의 기초생활 보장을 위한 문제제기와 「장애인연금법」제정, 이동권, 자립생활 등 장애인이 일상생활을

---

17) 장애인 실업자 수가 1995년 12만 명에서 2000년 18만 명으로 증가해 실업률이 27.4%에서 28.4%로 증가했다.

영위하기 위해 필요한 권리를 구체적으로 제기한 운동들의 성과가 있었다.

국민기초생활보장제도의 엄격한 선정기준, 비현실적인 생계급여, 형식적인 자활사업에 더하여 장애로 인한 추가비용이 반영되지 않는 문제를 제기한 장애인이 2002년 자살한 사건이 발생하였다. 1인 가구 수급권자로서 26만 원 정도의 생계급여를 받고 있던 한 여성 장애인은 최저생계는커녕 약값과 병원비조차 제대로 감당할 수 없어 청계천에서 노점을 하며 생계를 꾸려가고 있었다. 그러나 노점을 통한 수입이 있을 경우 수급권을 유지할 수 없다며 노점을 그만두거나 수급권을 포기할 것을 강요받았고, 영구임대아파트의 입주권과 의료급여에 대한 권리를 포기할 수 없어서 노점을 그만두게 되었다. 이로 인해 겪게 되는 생존권의 위협으로 장애인은 극단적인 선택을 하게 되었다. 이 사건 이후 기초생활권 쟁취를 위한 운동과 장애인연금법제정 운동이 시작되었다. 2002년 한국뇌성마비장애인연합을 중심으로 한국뇌성마비부모회, 전국정신지체인부모연합회 등 3개 단체가 '장애인연금법제정공동대책위원회'를 구성하였으며 이후 이어진 노력들은 2011년 「장애인연금법」 제정으로 이어졌다. 이 과정에서 장애인단체들은 다양한 권리 영역별 연대난체를 형성하였다. 장애인기본생활권 투쟁에 있어서의 장애인수급권연대와 장애인연금법제정을 위한 공동대책위원회, 장애인노동권과 관련된 장애인노동권연대나 장애인고용장려금 축소 철회를 위한 중증장애인사업장 공동대책위원회, 장애인차별금지법제정추진연대 등 수많은 공대위나 연대단체들이 구성되어 각자의 목표를 가지고 다양한 운동을 전개하였다.

2001년에는 오이도역에서 한 장애인이 수직형 리프트의 철심이 끊어져 추락하여 사망한 사고가 발생하였다. 사고 이후 오이도역 대책위 소속의 장애인들이 서울역 선로를 점거하는 집회를 통해 사회적 여론을 집중시켰다. 이동권 문제는 장애인의 삶 속에서 큰 의미를 지닐 수밖에 없었다. 장애인에게 요구되는 노동권, 교육권, 이동권, 기본생활권 등 다양한 영역별 권리들 가운데 그 어느 것이 더 중요하다고 말할 수 없으며 서로 연관되어 존재하지만, 이동권의 해결은 생존하고 살아가기 위해 다양한 활동영역에 근본적인 배제와 관계의 단절을 거부하는 기초적이고 필수적인 권리로서의 성격을 가지기 때문이다. 이후에도 지속적으로 이루어진 집회와 행사는 장애인이동권 문제를 사회적으로 환기시키는 효과를 거두게 된다. 그 결과 서울시는 '2004년까지 모든 지하철 역사에 엘리베이터를 설치'하고, '저상버스도입을 위한 추진협의회'를 구성하며, '중증장애인의 이동을 지원하기 위한 콜택시 100대 도입'을 약속하기에 이른다. 이러한 노력은 2005년 「교통약자의이동편의증진법」의 제정으로 이어졌다. 장애인이동권 운동은 장애인 당사자들이 운동에 참여하고 운동의 주체로서 구성될 수 있는 새로운 계기를 마련해 놓았다고 할 수 있다. 제도권에 편입되지 않은 장애인 당사자 조직들이 일상적인 활동과 운동을 벌이게 되었다. 그리고 이러한 과정 속에서 중증장애인이 핵심적인 주체로 전면에 나섰다는 점도 의의가 있다. 지하철이나 버스 등 대중교통 문제를 중심으로 한 이동권의 문제가 휠체어를 이용하는 중증장애인들에게 있어 더 직접적이고 절실한 문제이기 때문이었겠지만, 이를 통해 등장한 새로운 주체들은 이후 장애인자립생활운동의 대중화 및 확장과 맞물리며 장애인운동의 핵심적인 활동가 역할을 수행하게 된다.

2000년 한국 최초의 자립생활센터인 피노키오자립생활센터와 광주우리이웃자립생활센터가 설립되었다. 2001년 한국자립생활네트워크가 출범하여 활동하면서, 자립생활운동의 담론은 조금씩 대중화되기 시작하였다고 할 수 있다. 장애인 자립생활(Independent Living: IL)운동은 장애에 관한 모든 정책과 서비스의 전달과정이 장애인의 주도권 및 참여가 보장되는 가운데 이루어져야 한다는 장애인당사자주의의 이념을 바탕으로, 중증장애인의 '자기 결정권'을 확립하고 지역사회에서 자립적으로 살아갈 수 있는 사회적 환경과 서비스를 구축하기 위한 운동이라고 할 수 있다. 장애인 자조모임들이 장애인자립생활센터로 전환하거나 기존의 장애인단체들이 센터를 설립하면서 자발적으로 생겨난 장애인자립생활센터들은 2003년 한국장애인자립생활센터협의회를 구성하고 활동보조인서비스(Personal Assistance Service: PAS)의 제도화를 이끌어 냈다.

장애인의 기초생활을 위한 기초급여와 장애연금, 이동권, 자립생활운동 등을 추진한 장애인단체를 포함하여 대부분의 장애인단체가 총망라된 '장애인차별금지법제정추진연대'(이하 장추련)가 공식출범하면서 한국사회의 장애인차별금지법제정운동이 본격화되었다. 장추련은 출범 당시 한국장애인단체총연맹과 한국장애인단체총연합회를 비롯한 58개 장애인단체가 참여하였다. 2004년 장애인단체가 주도한 '장애인차별금지및권리구제등에관한법률(안)'에 대한 전국적인 공청회가 이루어졌고, 정부에서도 5대 차별영역(학벌, 여성, 장애인, 이주노동자, 비정규직)에 대한 차별금지를 공약으로 내세운 노무현 정부의 출범과 함께 「사회적 차별금지법」 제정 및 '국가차별시정위원회' 설치의 흐름이 형성되었다. 이후 보건복지부 장관은 독립적인 장애인차별금지법 제정을 약속하며 '장애인차별금지법 시안 마련을 위한 추진단(가칭)'을 구성하게 된다. 이후 전국장애인차별철폐연대(준)은 기존의 장추련을 비롯한 장애인계 내의 주요 연대단체들과 인권, 사회단체, 정당까지를 포괄하는 장애인차별금지법제정 공동투쟁단을 이끌어냈다. 이러한 장애인단체의 포괄적인 연대는 2006년 국가인권위원회에서 독립적인 「장애인차별금지법」의 필요성을 인정하게 되고, 국가인권위원회는 차별금지법안을 정부에 권고하게 된다. 2006년 열린우리당, 한나라당, 민주노동당이 '장애인차별금지법'을 입법 발의하고, 2007년 발의안을 안건 상정하여 국회 보건복지위와 법제사법위원회를 통과한 이후 장애인차별금지법은 국회 본회의를 통과하게 된다.

향후 「장애인차별금지법」이 지향하는 장애인 차별해소와 장애인의 평등권실현을 위해서는 장애인차별금지법이 고용, 교육, 복지, 사회활동 등 장애인의 일상생활 전 영역에서 내실 있게 이행되어야만 실질적으로 사회 전반에 그 변화가 확대될 수 있다. 이를 위해서는 장애인 당사자 및 일반 시민들의 「장애인차별금지법」에 대한 이해 부족을 해소하기 위해 법의 중요성과 주요 내용을 홍보하고 「장애인차별금지법」에 대한 교육을 실시할 필요가 있다. 또한 방송, 언론, 온라인 등 각종 홍보매체를 통한 대국민 차원의 장애인식

개선 사업이 병행되어야 할 것이다. 특히 장애인 당사자들을 위해서는 차별 발생 시 권리구제를 요청할 수 있도록 권리구제 교육을 포함시켜 차별에 대한 시정이 이루어질 수 있도록 하는 것이 중요하다.

2000년대는 다양한 장애인단체의 연대를 통한 복지정치참여를 통해 장애인의 일상에서의 권익을 옹호하는 관련 법률들이 제정되고 개정된 시기다. 일상의 모든 영역에서 장애인의 인권을 보장하고 차별을 금지하기 위한 국가차원의 체계가 수립되고 있다.

그러나 「장애인차별금지법」은 차별금지에 대한 구체적인 범위가 명확하지 않고 차별금지를 시정할 수 있는 정책적 수단이 충분하지 않는 등의 문제가 과제로 남아 있다. 차별행위에 대한 시정명령을 위한 조사방법에 대한 규정이 미비하고 「장애인차별금지법」 위반 여부에 대해 불명확한 문제 등이 있다. 무엇보다 지속적으로 장애인 차별금지와 관련한 지표들을 검토하고 개선해야할 사항에 대해서는 지속적으로 이행을 촉구해야 한다. 이를 위해선 소관부처인 보건복지부, 권고를 담당하는 국가인권위원회, 이행을 담보하는 법무부 등 각 부처의 유기적인 지원을 이끌어 낼 수 있는 위상의 전담부서가 필요하다.

5. 결 론

장애인의 복지와 관련된 주요 법률의 제정과 제도가 도입되는 과정에서 공통적으로 찾을 수 있는 점은 장애인 당사자의 참여가 법의 실효성을 담보하는 주요 동력이라는 것이다.

1981년 「심신장애자복지법」이 제정되기 이전까지 장애인 당사자들의 정치적인 참여에 의한 성과는 미비하다고 할 수 있다. 장애인 당사자들 스스로 장애인 문제를 사회 구조적 문제로 인식하고 그에 대한 대책을 요구하는 움직임은 찾아보기 힘든 상황이었다. 당사자가 배제된 상황에서 제정된 「심신장애자복지법」은 한국 역사상 최초의 장애인복지에 관한 법률이라는 상징적 의미를 갖지만, 그 내용을 살펴보면 장애인 시설에 관한 사항과 재활에 대한 내용들이 대부분을 차지하는 한계가 있다.

그에 반해 1990년대 장애인의 절박한 문제였던 생존권 및 노동권 문제를 가지고 진행되었던 「심신장애자복지법」 개정 및 「장애인고용촉진법」 제정 운동은 한국사회의 본격적인 장애운동 시작을 알리며 체계적으로 법 개정 및 제정에 장애인이 참여하게 된다. 이전의 장애인 관련 문제들이 대부분 개인적 청원이나 여론에 대한 호소를 통해 구제되는 방식이었다면, 양대 법안 개정 및 제정 운동 이후부터는 장애인 문제를 사회 구조적인 관점에서 분석하고 정부와 국가의 책임을 사회적으로 제기하는 움직임이 구체화되었다.

이후 장애인 당사자들의 조직적인 정치참여는 여러 장애인 관련 법안의 제정과 개정을 이끌어 냈다. 그 과정에서 기성 정치세력과 연계된 시민운동으로서 장애운동이 성장하게 되었고 지역단위에서도 자리매김하게 되었다. 이후 「장애인연금법」 제정, 이동권, 자립생활 등 장애인이 지역사회에서 일상을 영위하기 위해 필요한 권리를 제기한 운동들의 성과가 관련 법안의 제정과 개정으로 나타나기 시작했으며, 일련의 투쟁을 통한 장애인단체의 연대는 「장애인차별금지법」 제정으로 이어졌다. 그 결과 일상생활의 전 영역에서 장애인 차별금지와 인식개선의 제도적인 기틀이 마련된 것이다.

무엇보다 「장애인차별금지법」 시행 이후 자신이 겪고 있는 일들이 부당한 차별인가 확인하는 장애인이 늘어나고 있다. 장애인 자신이 받은 차별에 대한 문제의식과 장애인의 권리에 대한 문제제기가 장애인 복지정치 실천으로 이행되고 있는 것이다.

그동안 장애인 복지정치의 성과나 그로 인하여 나타난 여러 법안들의 내용을 살펴보면 장애인 당사자들의 적극적인 참여와 실천이 중요하다는 것을 알 수 있다. 향후 장애인의 인권이 향상되기 위해서는 법률의 실효성을 담보할 수 있는 하위법령을 구체화하는 작업이 요구된다. 이를 위해서는 장애인 개인의 권리구제를 넘어, 사회적 약자 일반의 권익을 회복하는 의제의 중심에 장애인의 복지정치가 자리매김할 필요가 있다. 이는 대표적인 사회적 약자인 장애인의 복지정치는 장애인과 비장애인의 연대를 통한 사회적 합의를 통해서 지속적인 생명력을 가질 수 있으며 그 성과는 궁극적으로 우리 사회 일반의 권익 실현에 기여하기 때문이다.

참고문헌

국가인권위원회(2012). 장애인차별금지 및 권리구제 등에 관한 법률 시행 4주년 기념 토론회.

김도현(2007). 차별에 저항하라. 서울: 박종철 출판사.

김종진, 장창엽, 유완식, 김언아, 이정주, 류정진, 강필수, 최종철, 남용현, 김윤삼(2008). 의무고용제도 재설계 방안. 한국장애인고용촉진공단 고용개발원.

오길승(2003). 김대중 정부의 장애인 고용정책 평가. 직업재활연구, 13(1), 115-146.

이석진, 김삼섭(2004). 한국특수교육정책 변천과정의 분석을 위한 기초 연구. 특수교육저널: 이론과 실천, 5(1), 27-49.

이성규, 김혜경, 전혜연, 최성이(2005). 장애인고용 60년사. 한국장애인고용촉진공단.

이소영(2007). 권리기반 장애정책으로의 전환과 그 한계. 고려대학교 대학원 박사학위논문.

조성열(2004). 장애인 직업재활분야의 현황과 과제: 관련 법과 제도를 중심으로. 직업재활연구, 14(1), 247-271.

정근식(2004). 장애의 새로운 인식을 위하여: 문화비판으로서의 장애의 사회사. 당대비평, 14, 252-278.

정태수열사추모사업회 편(2005). 한국사회 장애민중운동의 역사.

청와대 노동고용정책비서관실(2006). 우리나라 고용정책의 변천과 향후 정책과제.

한국소아마비협회(1995). 소아마비 없는 2000년.

한국재활재단(1997). 한국장애인변천사. 경기: 양서원.

한국장애인단체(2002). 한국장애인 10년으로 장애인복지 전기 마련. 복지동향, 1, 29-32.

황수경(2009). 장애인 고용정책의 평가와 재설계 방향. 2009 국회 정책세미나 장애인 고용정책의 방향과 의무고용제도의 전망 발표 자료집, 17-41.

Barral, C., Sanchez, J., Roussel, P., Bertrand, & Yvonne. (2009). Country report on the implementation of policies supporting independent living for disabled people. Academic Network of European Disability experts(ANED).

Campbell, J., & Oliver, M. (1996). *Disability politics*. Philadelphia: Temple University Press.

Floyd, M., & Curtis, J. (2000). An Examination of Changes in disability and employment policy in the United Kingdom. *European Journal of Social Security, 2*(4), 303-322.

Lightfoot, L. B. (1998). *The implications of new dsability rights polices on the contours of the welfare states in the United States and Great Britain*. Indiana: Indiana University.

Metts, R. L. (2000). Disability issues, Trends and recommendation for the world bank. World Bank.

Thornton, P., & Lunt, N. (1997). Employment policies for disabled people in eighteen countries: A review. Social policy research unit.

제7장

영유아보육과 복지정치

이경순

1. 서 론

현재 우리나라는 노동시장 구조의 변화, 가족형태와 기능의 변화, 사회적 가치의 변화 등으로 인해 가정 내에서 건전한 양육이 이루어지기 매우 어려운 실정에 놓여 있다(조병환, 2005). 때문에 아동양육의 권리와 복지 요구가 사회적 차원에서 제기되고 있으며, 이에 대한 책임이 가족을 벗어나 사회와 국가가 보육사업에 적극 개입해야 한다는 요구가 커지고 있다(백혜리, 2007). 이러한 사회적 · 국가적 요구는 국제연합(이하 UN) '아동권리협약'을 비준하면서 더욱 강해졌다. 이 협약에는 전 세계 아동들이 안전한 환경에서 생존 · 발달 · 보호받을 권리가 있음을 천명하였고, 이를 위해 부모 · 사회 · 국가가 협력하여 아동양육을 책임져야 함을 강조하고 있다(UN 아동권리협약 제18조).

우리나라는 이 협약을 1990년에 비준한 바 있고, 1991년 이러한 문제에 대응하기 위하여 「영유아보육법」을 제정하여 시행하였다. 그 결과 1990년에

1,919개소에 그쳤던 어린이집은 2010년 12월에는 38,021개소로 증가하였고, 보육아동 수는 1990년 48,000명에서 2010년 12월에는 1,279,910명으로 급증하였다(보육통계, 2010. 12.).

그럼에도 불구하고 보육서비스의 질적인 성장은 거의 없었다. 여기에는 정부차원의 정책 부재도 한몫을 차지한다. 보육 90년이라는 역사에도 불구하고 아직까지도 보육시설인 어린이집과 유치원과의 기능적 차별성이 이루어지지 않고 있으며, 유치원의 경우 주무부서가 교육과학기술부인데 비해서 어린이집의 경우 주무부서가 교육부, 내무부, 여성부, 복지부로 정권교체시마다 부처가 바뀌는 것을 보게 된다. 그 이유는 보육의 목적과 개념에 대한 사회적 인식의 부족과 보육시설의 보육서비스 부족, 주무부서의 불확실성, 주요정책의 연속성 결여, 보육법인의 운영형태 정립의 부재—비영리법인 혹은 영리법인— 때문이라고 말할 수 있다. 이러한 한국보육정책 90년의 역사와 보육의 현황을 살펴보고 보육정책의 문제점과 대안을 제시하고자 한다.

2. 보육 현황

1) 보육의 개념 및 유형

우리나라의 경제구조와 가족구조의 변화는 보육(保育)의 문제를 초래하였다. 경제구조의 변화로 여성의 취업이 증가하였고 이에 따른 자녀양육의 어려움이 발생하였다. 또한 가족구조의 변화에 따라 편부모가정 혹은 조손가정, 미혼모가 증가되어 자녀양육의 문제를 가져왔다. 이러한 사회적 위기에 대한 대처로 생겨난 것이 '보육(保育)' 이라는 개념이다. 이러한 보육의 의미가 「영유아보육법」에 잘 나타나 있는데 법 제1조를 보면 "영유아의 심신을 보호하고 건전하게 교육하여 건강한 사회구성원으로 육성함과 아울러 보호자의 경제적·사회적 활동이 원활하게 이루어지도록 함으로써 영유아 및 가정의 복지증진에 이바지함을 목적으로 한다."라고 되어 있다. 또한 동법 제2조 제2항을 살펴보면 "보육이란 영유아를 건강하고 안전하게 보호·양육하고 영유아의 발달특성에 맞는 교육을 제공하는 어린이집 및 가정양육 지원에 관한 사회복지서비스를 말한다."라고 정의한다. 여기에서 영유아란 6세 미만의 취학 전 아동을 말한다(「영유아보육법」 제2조 제1항). 따라서 보육정책은 영유아의 심신을 보호하고 건전하게 교육하여 건강한 사회구성원으로 육성함과 아울러 보호자의 경제적·사회적 활동이 원활하게 이루어지도록 함으로써 가정복지증진에 이바지하며 영유아를 건강하고 안전하게 보호·양육하고 영유아의 발달특성에 맞는 교육을 제공하는 사회복지서비스라는 복지증진 차원으로 이해된다.

두 번째로 현행 보육정책에서 보육의 유형은 「영유아보육법」상 어린이집은 사회복지 이용시설에 해당되며 어린이집은 국공립어린이집, 사회복지법인어린이집, 법인·단체 등 어린이집, 직장어린이집, 가정어린이집, 부모협동어린이집, 민간어린이집으로 구분된다(동법 제10조). 어린이집을 운영하려는 자는 시·군·구청장의 인가를 받아야 한다. 어린이집의 종류별 유형은 〈표 7-1〉과 같다.

〈표 7-1〉 어린이집의 유형

종 류	내 용
국공립어린이집	국가나 지방자치단체가 설치·운영하는 어린이집
사회복지법인어린이집	사회복지사업법에 따른 어린이집
법인·단체 등 어린이집	각종 법인(사회복지법인을 제외한 비영리법인)이나 단체 등이 설치·운영하는 어린이집으로 대통령령으로 정하는 어린이집
직장어린이집	사업주가 사업장의 근로자를 위하여 설치·운영하는 어린이집(국가나 지방자치단체의 장이 소속 공무원을 위하여 설치·운영하는 어린이집을 포함한다.)
가정어린이집	개인이 가정이나 그에 준하는 곳에 설치·운영하는 어린이집
부모협동어린이집	보호자들이 조합을 결성하여 설치·운영하는 어린이집
민간어린이집	제1호부터 제6호까지의 규정에 해당하지 아니하는 어린이집

출처: 법제처(2011). 영유아보육법.

2) 보육시설 이용현황

보육시설은 '보육시설 확충 3개년 계획'에 의거 비약적으로 양적 성장을 이루어 2002년 2,103억 원이던 보육예산이 2004년 전면개정 후인 2005년에는 6,001억 원으로 약 3배 정도 늘어났으며, 2011년에는 2조 4,784억 원으로 10년 전에 비해 약 10배 정도 증가했다. 보육지원 아동 수도 2002년 193,000명, 2006년 670,000명, 2010년 870,000명으로 꾸준히 증가하고 있으며, 현재는 38,021개소의 어린이집이 설치되어 있다. 또한 취원 아동 수는 127만 명에 이르고 있고, 여기에 22만 명이 교직원으로 종사하고 있다.

보육시설 일반현황을 살펴보면 아래의 〈표 7-2〉와 같다.

〈표 7-2〉 보육시설 일반현황 (단위: 개소, 명, %)

구분			계	국공립	법인	민간			부모협동	가정	직장
						소계	법인 외	민간개인			
시설 수	개소		38,021	2,034	1,468	14,677	888	13,789	74	19,367	401
	(비중)		100.0	5.3	3.9	38.6	2.3	36.3	0.2	50.9	1.1
아동 수	정원		1,556,808	153,792	143,841	890,733	62,698	828,035	2,226	337,900	28,316
	(비중)		100.0	9.9	9.2	57.2	4.0	53.2	0.1	21.7	1.8
	현원	계	1,279,910	137,604	114,054	723,017	51,126	671,891	1,898	281,436	21,901
		남	665,305	71,195	60,124	375,690	26,846	348,844	1,051	146,009	11,236
		여	614,605	66,409	53,930	347,327	24,280	323,047	847	135,427	10,665
	(비중)		100.0	10.8	8.9	56.5	4.0	52.5	0.1	22.0	1.7
	이용률		82.2	89.5	79.3	81.2	81.5	81.1	85.3	83.3	77.3
종사자	인원	계	229,084	20,980	17,368	112,239	7,708	104,531	398	73,895	4,204
		남	7,710	462	1,281	4,878	488	4,390	14	1,025	50
		여	221,374	20,518	16,087	107,361	7,220	100,141	384	72,870	4,154
	(비중)		100.0	9.2	7.6	49.0	3.4	45.6	0.2	32.3	1.8
시설 1개당 아동 수			33.7	67.7	77.7	49.3	57.6	48.7	25.6	14.5	54.6
종사자 1인당 아동 수			5.6	6.6	6.6	6.4	6.6	6.4	4.8	3.8	5.2

출처: 보건복지부(2010). 2010년도 보육통계.
[아동 수 : 현원(종일, 야간, 24시간, 방과후 보육) 기준. 이용률: 현원/정원 비율]

3) 보육시설 종사자의 자격

보육시설에 종사하고자 하는 자는 법령에 의하여 보육교사 자격증을 취득하여야 하며 보육교사가 되기 위해서는 〈표 7-3〉과 같이 보육관련 교과목 및 학점을 이수하고 실습을 필한 자이어야 한다. 또한 2014년 3월부터는 전문성 강화를 위해 학점이수를 현재 12과목 35학점 이상에서 17과목 51학점 이상으로 상향 조정하려 하고 있다.

〈표 7-3〉 보육관련 교과목 및 학점(제12조 제1항 관련)

영역	교과목	이수과목(학점)
보육기초	아동복지(론), 보육학개론, 아동발달(론), 보육과정	4과목(12학점)필수
발달 및 지도	인간행동과 사회환경, 아동관찰 및 행동연구, 아동생활지도, 아동상담(론), 특수아동지도	1과목(3학점) 이상 선택
영유아 교육	놀이지도, 언어지도, 아동문학, 아동음악과 동작, 아동미술, 아동 수학 · 과학지도, 영유아 프로그램 개발과 평가, 영유아교수방법(론)	3과목(9학점) 이상 선택
건강, 영양 및 안전	아동건강교육, 아동간호학, 아동안전관리, 아동영양학, 정신건강(론)	2과목(6학점) 이상 선택
가족 및 지역사회협력 등	부모교육(론), 가족복지(론), 가족관계(론), 지역사회복지(론), 자원봉사(론), 보육정책(론), 보육교사(론), 보육시설운영과 관리	1과목(3학점) 이상 선택
보육실습	보육실습	1과목(2학점) 필수
전체	12과목(35학점 이상)	

출처: 법제처(2011). 영유아보육법 제12조 제1항.*

※ 비고
1. 대학 등에서 이수하여야 할 교과목 및 학점 일반
   1) 교과목명이 서로 다르더라도 교과목의 내용이 유사하면 동일한 교과목으로 인정하고, 보육실습의 경우 명칭과 관계없이 실습기관과 실습기간의 조건을 만족하는 경우에는 보육실습으로 인정한다.
   2) 각 과목은 3학점을 기준으로 하며 최소 2학점 이상이어야 한다.
2. 보육실습에 관한 기준
   가. 실습기관: 실습은 법적으로 인가받은 보육시설 및 종일제 유치원에서 보육교사 1급 또는 유치원 정교사 1급 자격을 가진 사람이 실습을 지도하여야 한다.
   나. 실습기간: 실습기간은 4주, 160시간을 원칙으로 하되, 야간대학 등의 경우에는 실습을 2회에 나누어 실시할 수 있다.
   다. 실습평가: 실습평가는 실습계획서에 근거하여 하되, 평가점수가 80점 이상인 경우에만 실습을 이수한 것으로 인정한다.

4) 영유아 대상기관

우리나라의 영유아 대상기관은 보건복지부소관의 보육기관으로 어린이집이 설치되어 있고, 교육과학기술부 소관의 교육을 담당하는 유치원이 설치되어 이원화체제로 시행하고 있으며, 영유아를 돌보는 유사기관의 기능별 차이를 살펴보면 〈표 7-4〉와 같다.

〈표 7-4〉 보육시설과 유치원의 기능별 운영 현황

	영유아보육	유아교육
소관부처	보건복지부(시, 군, 구)	교육과학기술부(교육지원청)
대상아동	0~12세(방과 후 보육포함)	만 3~5세
기능	보호+교육	교육+보호
명칭	어린이집	유치원
근거법령	영유아보육법(05. 01. 30. 개정 영유아보육법 시행)	유아교육진흥법, 교육기본법, 초중등교육법(05. 01. 30. 유아교육법 시행)
교사자격	보육교사 1급, 2급, 3급	유치원정교사 1급, 2급, 3급(시행 안 함)
연금별	국민연금	공무원연금/사학연금
고용보험	국공립: 국가50%, 종사자50% 민간: 법정요율에 따라 고용주, 근로자 부담	공무원연금/사학연금으로 고용보험 대체
운영일수	표준보육과정 공휴일 제외 연중운영	유치원교육과정 연 180일 이상으로 종일제는 학부모와 협의 · 탄력 운영
아동 대 교사 비율	영유아보육법 시행규칙 제7조 별표 2 - 0세: 3인당 교사 1명 - 1세: 5인당 교사 1명 - 2세: 7인당 교사 1명 - 3세 이상: 15인당 교사 1명 - 취학아동: 30인당 교사 1명	각 시 · 도 교육청 결정(서울시) - 3세: 20인당 교사 1명 - 4세: 30인당 교사 1명 - 5세: 30인당 교사 1명 - 4~5세 혼합반: 25명당 교사 1명
운영시간	1일 12시간 이상 원칙	반일반, 시간연장제반, 종일제반 선택

출처: 영유아보육법 및 유아교육진흥법을 중심으로 재구성함.

3. 한국보육정책의 이해

1) 한국보육정책의 발전

(1)「영유아보육법」 이해

우리나라 보육사업의 역사는 정부의 보육정책과 맞물려 있다. 먼저「영유아보육법」의 기본내용을 살펴보면「영유아보육법」은 1991년 제정된 이래 현재까지 총 29회 개정되었으며, 법 구성을 보면 제1장 총칙, 제2장 어린이집의 설치, 제3장 보육교직원, 제4장 어린이집의 운영, 제5장 건강 · 영양 및 안전, 제6장 비용, 제7장 지도 및 감독, 제8장 보칙, 제9장 벌칙 등 56조 및 부칙으로 되어 있다 .

「영유아보육법」의 목적은 영유아의 심신을 보호하고 건전하게 교육하여 건강한 사회구성원으로 육성함과 아울러 보호자의 경제적 · 사회적 활동이 원활하게 이루어지도록 함으로써 영유아 및 가정의 복지증진에 이바지하는 것(제1조)이다. 이 법에서 사용하는 '영유아'는 6세 미만의 취학 전 아동을 말하며, '보육'이란 영유아를 건강하고 안전하게 보호 · 양육하고 영유아의 발달특성에 맞는 교육을 제공하는 어린이집 및 가정양육자원에 관한 사회복지서비스를 말한다(제2조).

또한 법에서 말하는 보육이념을 보면, 보육은 영유아의 이익을 최우선적으로 고려하여 제공되어야 하며, 영유아가 안전하고 쾌적한 환경에서 건강하게 성장할 수 있도록 하여야 한다(제3조 제1항). 영유아는 자신이나 보호자의 성, 연령, 종교, 사회적 신분, 재산, 장애, 인종 및 출생지역 등에 따른 어떠한 종류의 차별도 받지 아니하고 보육되어야 한다(제3조 제2항)고 규정하고 있다. 또한 보육의 책임에 대한 조항을 보면, 첫째 모든 국민은 영유아를 건전하게 보육할 책임을 지며, 둘째 국가와 지방자치단체는 보호자와 더불어 영유아를 건전하게 보육할 책임을 지고, 셋째 특별자치도지사 · 시장 · 군

수 · 구청장은 영유아의 보육을 위한 적절한 어린이집을 확보하여야 한다고 규정하고 있다(제4조).

(2) 「영유아보육법」의 변천과정

「영유아보육법」은 1991년 제정되기 이전과 그 이후로 나누어 살펴볼 수 있는데, 본 장에서는 1991년 「영유아보육법」 제정 이전과 이후, 2004년 「영유아보육법」 전부 개정과 전부 개정 이후를 중심으로 살펴보기로 한다(한국보육진흥원, 2011).

① 1991년 「영유아보육법」 제정 이전

우리나라의 보육사업은 1921년 태화기독교사회관에서의 탁아프로그램으로 시작되었다. 이후 1961년 「아동복리법」이 제정 · 공포되면서 보육시설인 탁아소가 법정시설로서 정부의 지도 · 감독을 받게 되고, 1982년 유아교육진흥법이 제정되면서 종래 보육시설 및 탁아소 등이 새마을유아원으로 통합되어 4세 미만의 아동을 보육하는 기관으로 구분되는 등 일대변화기를 맞게 된다. 특히 「영유아보육법」이 제정되기 바로 직전인 1987년에는 남녀고용평등법이 제정되어, 사업주는 근로여성을 위한 수유, 탁아 등 육아에 필요한 시설을 제공해야 한다고 제시하였으며, 여성 위상 및 양성평등의식 고조로 '보육' 이 주요 키워드가 되었다.

② 1991년 「영유아보육법」 제정

1991년 「영유아보육법」 제정 당시 법 제정 이유를 보면, 현대사회의 산업화에 따른 여성의 사회참여 증가와 가족구조의 핵가족화에 의한 탁아수요가 급증함에 따라 아동보호와 교육문제는 개인적인 차원을 넘어 사회적 · 국가적 차원에서의 해결이 불가피하게 되었다. 하지만 당시 아동복지법에 의한 탁아사업은 시설 설립주체의 제한으로 보육사업 확대가 곤란하였고, 관장부처의 다원화로 체계적이고 효율적인 보육사업 추진하는 데 문제점이 있었다.

이에 정부는 1991년 1월 「영유아보육법」을 제정 · 공포함으로써 영유아의 보호와 교육에 관한 별도의 입법을 마련하여 보육시설의 조속한 확대 및 체계화를 추진하고자 했다. 또한 아동의 건전한 보호 · 교육 및 보육자의 경제적 · 사회적 활동을 지원함으로써 증진을 도모하고자 하였다.

③ 1991년 「영유아보육법」 제정 이후

1991년 「영유아보육법」 제정 이후 2004년까지 8차례의 일부 개정으로 부분적인 제도 보완이 이루어졌다. 특히 1997년 8월에는 「사회복지사업법」 개정으로 인해 법인, 단체 또는 개인은 시장 · 군수에게 신고를 하고 민간보육시설을 설치할 수 있게 개정되었다(시행 1998. 7.).

1997년 12월에 이루어진 일부 개정의 경우, 영유아보육의 정의를 신설하여 보육의 범위를 명확히 하고, 초 · 중등교육법에 초등학교 취학 직전 1년간 유치원아의 교육을 무상으로 실시하는 방안이 제기됨에 따라 저소득층 중심의 보육유아에 대하여도 무상보육을 실시할 수 있도록 근거를 마련하여 형평을 기하도록 하였다. 아울러 국가가 보육시설 설치운영에 재정지원을 함으로써 가정의 육아 및 보육비용 부담을 완화하고자 하였다(시행 1998. 3.).

또한 1992년 2월에는 민간보육시설 또는 직장보육시설의 폐지 또는 휴지에 관한 승인제를 신고제로 완화하고, 보육비용의 승인제를 폐지하여 시 · 도지사가 정하는 범위 안에서 보육비용을 받을 수 있도록 하는 등 일부 규제를 완화하여 영유아의 보육이 활성화되도록 하기 위해 「영유아보육법」이 일부 개정되었다. 이때 개정된 주요내용은 '보육시설의 설치절차를 시설 종류별로 분류하던 것을 민설의 휴지 또는 폐지의 경우 시장 · 군수 · 구청장의 승인을 얻도록 하던 제도를 신고제로 완화함(제11조)' '보육시설의 보육료는 시장 · 군수 · 구청장의 승인을 얻도록 하고 그 한도액을 보건복지부장관이 정하도록 하던 것을 지역설정에 맞추어 탄력적인 수납이 가능하도록 승인제를 폐지하고 한도액은 관할 시 · 도지사가 정하도록 함(제24조)' 이다(시행 1999. 5.).

④ 2004년「영유아보육법」 전부 개정

여성의 사회참여가 확대되고 가족구조의 변화 등으로 인해 영유아보육에 대한 수요가 증가함에 따라, 국회는 2004년 1월 19일「영유아보육법」을 전부 개정하여, 보육시설 종사자의 자격기준을 강화하고, 영유아보육시설 설치 · 운영을 종전 신고제에서 인가제로 전환하는 등 영유아보육에 대한 공공성을 강화하도록 하였다. 특히 보육교사 및 원장의 자격증제, 어린이집 평가인증제, 표준보육과정 도입은 보육종사자의 전문성 확보 및 자격관리의 효율성과 투명성 제고, 보육서비스의 질적 수준 향상에 크게 이바지하였다.

⑤ 2004년「영유아보육법」 전부 개정 이후

2004년「영유아보육법」 전부 개정 이후, 2011년까지 21차례의 일부 개정으로 부분적으로 제도를 보완해 왔다. 특히「영유아보육법」 제정(1991) 당시 보육업무는 보건복지부에서 수행하고 있었으나, 2004년 정부조직법이 개정됨에 따라 2004년 6월 12일사로 영유아보육업무가 여성가족부로 이관되었다. 그러나 2008년 3월 정부부처의 통폐합 조정에 따라 보육업무가 다시 보건복지가족부로 이관되었으며, 2010년 3월 청소년 · 가족 업무만 여성부로 이관되어 부처명이 보건복지가족부에서 보건복지부로 변경되었으나, 보육업무는 그대로 저출산 정책 및 아동 업무와의 연계성 때문에 보건복지부가 주무부처로서 업무를 수행하고 있다.

(3) 누리과정

유보통합의 첫 단계 만 5세 누리과정 시행으로 보건복지부와 교육과학기술부는 어린이집과 유치원으로 이원화되어 있는 보육 · 교육과정을 통합, 〈5세 누리과정〉을 마련하였으며, 이에 따라 2012년 3월부터는 우리나라 만 5세 어린이들은 어린이집과 유치원 어느 곳에 다니더라도 〈5세 누리과정〉을 제공받을 수 있게 된다.

보건복지부와 교육과학기술부는 2011년 9월 30일, 5세 누리과정 도입근거 마련을 목적으로 하는 「영유아보육법」 시행령과 유아교육법 시행령, 지방교육재정교부금법 시행령 일부개정령을 공포하였다. 개정 · 공포된 영유아보육법 시행령과 유아교육법 시행령은 5세 누리과정 도입시기에 맞춰 2012년 3월 1일부터 시행되며 지방교육재정교부금법 시행령은 2012년 1월 1일부터 시행하되, 개정된 산정기준은 2012년도에 교부하는 교부금부터 적용된다.

이제 2012년 3월부터 우리나라 모든 만 5세 유아들은 국가가 관리하는 양질의 보육 · 교육내용을 통합한 5세 누리과정을 제공받는다. 5세 누리과정은 교과 위주의 인지적 학습활동보다는 생애 초기의 기본소양과 능력을 기르는 과정으로, 초등학교 1, 2학년군의 창의 · 인성교육 내용과의 체계적인 연계성을 확보하고자 하였다.

5세 누리과정의 1일 운영시간은 3~5시간을 기준으로, 유연하고 탄력적으로 편성할 수 있도록 하였다. 또한 정부는 현재보다 한 단계 더 질 높은 5세 누리과정 프로그램 운영을 위하여 만 5세 담당교사에 대한 전반적인 연수교육을 실시할 계획이며, 만 5세 담당교사의 자격은 1, 2급 보육교사와 1, 2급 유치원 교사로 하되, 보육교사 수급이 어려운 농어촌 등에 있는 어린이집의 형편 등 현실 수용성을 고려하여 3급 보육교사도 연수교육을 통해 일정 기간 동안 공통과정 프로그램을 담당할 수 있도록 유예기간을 둘 계획이다. 동시에 유치원교사와 보육교사 모두 수요에 비해 공급이 과다하므로 학과별 정원 조정을 통해 전문성 신장과 수급 조절에도 노력을 기울일 계획이다.

5세 누리과정 시행과 동시에 정부는 부모의 소득수준에 관계없이 보육료 및 유치원 교육비를 지원함으로써 국가가 부담하는 의무교육이 10년으로 확대되는 것과 같은 효과를 가지게 된다. 즉, 이것은 국민의 육아 부담을 줄이고, 미래에 대한 투자를 늘리는 일이 될 것이다.

5세 누리과정의 도입은 유아에 대한 보육 · 교육내용을 일원화하는 과정을 통해 보육계와 유아교육계가 합심하여 국가 수준의 공통점을 마련하였다는 점에서 보육과 유아교육의 질적 수준을 한 단계 발전시킬 좋은 계기가 될 것이라고 믿으며, 향후 보육계와 유아교육계가 더불어 발전하는 첫 신호탄이 될 것이라 기대한다.

5세 누리과정은 수준별로 구성되어 있는 현행 만 3~5세 보육·교육과정 중 만 5세 유아에게 필요한 기본능력을 선별하고, 이를 수정·보완하여 마련하였다. 5세 누리과정은 공통과정 전반에 걸쳐 기본 생활습관 및 질서, 배려, 협력 등 바른 인성을 기르기 위한 창의·인성교육을 강조하고 초등학교 교육과정의 연계를 강화하도록 하고 있다. 또한 '신체운동·건강' '의사소통' '사회관계' '예술경험' '자연탐구'의 5개 영역을 중심으로 유아 주도적인 경험과 놀이중심의 통합과정으로 구성하도록 하고 있다(한국보육진흥원, 2011: 22-36).

2) 보육정책의 문제점

어린이집 운영의 실상을 들여다보면, 보육비의 시설운영 등에서 여러 가지 규제를 받으며 공적인 업무를 수행하는 공공기관의 성격으로 개념화되어 있다. 그러나 실제 운영에 있어서는 국공립보육시설과 일부의 법인보육시설을 제외하고는 공공지원 없이 사적으로 운영되는 민간기관이라고 하는 이중적 성격을 지니고 있는 것이 사실이다. 따라서 비영리기관으로 공공의 역할을 수행하고 규제를 받으면서도 재원은 보육료에만 의존하여 운영하다 보니 재투자의 어려움에 봉착하게 되고, 그 결과로 높은 수준의 교사채용이나 부모가 요구하는 수준의 다양한 서비스제공을 위한 시설, 설비확충 혹은 인적구성을 위한 투자 및 재투자가 어려운 실정이다. 따라서 다음과 같은 문제점이 나타나고 있다.

(1) 일원화된 감독체계의 결여

우리나라 보육정책의 대표적인 문제점은 일원화된 감독체계가 없다는 것이다. 대부분의 경제협력개발기구(OECD) 국가들은 일원화된 체계를 추구하고 있다. 그러나 우리의 현실은 다르다. 0~6세 아동의 보육 및 교육서비스를 공급하는 사업자는 그 운영 형태별로, 보육시설, 유치원, 기타시설로 구분할 수 있는데, 이들에 대한 주무부처는 보건복지부와 교육과학기술부로 구성되었다. 관련법과 규제도 다르다. 즉, 각기 다른 법과 규제, 감독체계가 존재한다는 것이다.

먼저 동일한 연령을 대상으로 기관에 따라서 적용되는 법률이 차이가 나는 등 법과 규제의 일원화 결여를 들 수 있다. 보육시설의 관련법을 보면 「사회복지사업법」과 「영유아보육법」의 적용을 받는다. 유치원의 경우 「유아교육관련법」에 적용을 받는다. 기타시설인 학원이나 체육관 등은 학원법의 적용을 받는다. 취학 전 아동을 대상으로 한다고 볼 때, 그 내용에는 경쟁상의 제약을 하는 내용들이 많다. 이를 테면 보육시설에는 가격상한제가 있는 반면 유치원은 그렇지 않다. 보육시설은 영아보육이 가능한 반면 유치원은 금지되어 있다. 따라서 시설 간에 경쟁의 제약을 받고 있다. 물론 시장방식으로 보육문제를 해결하려고 하는 것에 대한 우려와 반대를 표명하는 연구도 있다(유희정, 2002: 87).

다음으로 감독체계의 일원화 결여를 살펴보면, 우리나라의 보육정책에서 0~6세 아동의 보육 및 교육서비스의 공급자를 관장하는 주무부처는 앞서 언급했듯이 보건복지부와 교육과학기술부로 양분된다. 보육시설의 경우 신고인가제로 운영되므로 질에 대한 감독이 필요하며 2006년부터 평가인증제도가 도입된 반면, 유치원은 인가제라는 이유로 평가인증을 적용받지 않는다. 물론 교육지원청은 2010년부터 평가인증제 실시를 권장하고 있다. 학원의 경우 관할 교육지원청의 지도를 받게 된다.

이러한 구조는 보육·교육서비스의 질적 향상을 위한 시설 간 자율경쟁이 어려울 뿐 아니라 영유아보육·교육에 대한 일관된 지원방안이나 중장기적 계획의 수립이 어렵다. 따라서 일원화된 법규와 감독체계를 구축하여 영유아보육·교육환경에 대한 종합적인 계획이 필요하다.

OECD 회원국들은 보육·교육이 일원화된 감독체계를 구축하려 한다. 더

육이 새 정부의 영리법인 도입시도와 민간시설의 프랜차이즈화 도입 시도에 따른 주무부처의 일원화와 관련 법규의 일원화는 시급한 문제라 할 수 있다.

(2) 보육료 지원의 낮은 효과성

보육비 지원 사업으로는 시설종사자 인건비 지원, 영유아보육료 지원, 기본 보조금 제도 등이 있다. 보육시설의 다수를 차지하는 민간시설 이용 아동에게 보조금의 혜택을 부여하고자 2006년에 영아(0~2세)를 대상으로 기본 보조금이 도입되었으며, 유아(3~5세)에 대해서는 추후 도입이 고려되고 있다. 그러나 보조금의 지급방식, 지원범위, 효과성 등에 대한 논란이 도입 초기부터 제기됨에 따라 유아기본보조금 도입은 보류되고 있는 상황이다. 이러한 제반사업은 명목적으로 보육비 지원을 통해 취약계층을 보호하고 일과 가정의 양립을 추구한다고 하나, 실질적인 제도 설계에서는 이와 같은 면이 간과되어 있다. 이를테면 영유아보육료 지원의 경우 가구 소득이 같을 때 맞벌이 부부, 홑벌이 부부, 일하는 편모(부)가 모두 동일한 보조금을 받는다. 또한 기본보조금의 경우 맞벌이 가구 및 일하는 여성에 대해 상대적으로 높은 지원 혜택을 부여하지 않을 뿐만 아니라, 소득계층에 대한 고려 없이 고소득층에도 저소득층과 마찬가지의 보조금 혜택을 부여하고 있다. 그 결과 취약계층의 영유아는 보육서비스에서 소외될 가능성이 크며, 보조금이 여성의 노동시장참여에 미치는 효과도 줄일 수 있다. 따라서 저소득층은 비싼 보육료 때문에 만족도가 낮고, 중산층은 보육서비스 자체 만족도가 낮다고 할 수 있다(박선아, 2005: 51-52).

(3) 부적절한 정책방향

부적절한 정책방향을 살펴보면, 첫째 정책방향의 현실성 결여다. 정부는 보편적(universal) 공보육체계를 이상으로 설정함에 따라 우리나라 현실에 맞지 않는 형태로 보육지원제도를 설계하고 있다. 참여정부의 중장기 계획인 '새로마지플랜 2010'과 '새싹플랜'에서는 공보육시설 확대를 기본계획으로 설정하고 있으나, 공보육시설 확대의 필요성은 명확하게 제시되지 않고 있다(조윤영, 김정호, 2008: 6). 또한 공보육시설 확충, 영유아보육의 국가책임 등 전통적 복지국가식의 보육을 벤치마킹하는 것은 소득세율이 낮고, 보육의 민간시설이 발달해 있는 우리나라 현실에 맞지 않는 정책이다. 보육의 보편성을 지나치게 강조함에 따라 기본보조금과 같이 정책 우선순위를 고려하지 않은 보조금이 도입되고 있다.

둘째, 정책목표의 결여다. 보육은 일과 가정의 양립 및 균등한 아동 발달 제공이라는 보육지원의 정책목표 아래, 정부에서 가구의 보육비 부담을 완화하여 균등한 보육 · 교육기회를 부여하기 위한 방안으로 가격상한제라는 부적절한 정책수단을 사용함에 따라 보육시설의 전반적인 질적 하락을 초래하고 있다(유승희, 2005: 83).

또한 서울형 어린이집, 자율형 · 공공형 어린이집과 같은 새로운 운영형식의 도입은 경쟁촉진을 통해 질적 향상을 위한 서비스제공자의 자발적 노력을 유도하는 것이 아니라 보육시설의 체질개선을 조건으로 기본보조금을 지급함에 따라, 보조금이 시설의 영업이익 보전수단으로 인식될 수 있다.

셋째, 바우처 제도의 현실성 결여다. 보육 바우처 제도는 시장적 관점에서 도입되는 수요 측면의 보조금 제도로 기존의 시설 중심으로 지원되던 보육료 예산을 부모 중심의 선택형으로 전환하는 것을 의미하며, 부모는 자녀에게 최선인 보육시설을 선택하고 서비스 공급자인 시설들은 학부모의 요구에 부합하도록 노력하는 가운데 경쟁을 통한 발전을 하게 된다고 본다. 그러나 이는 보육현장의 현실과 맞지 않다. 그 이유로는 부모의 선택능력에 대한 과대평가 측면을 말할 수 있다. 이 경우 지불할 능력이 있는 경우에만 선택의 폭이 넓게 주어지기 때문이다(전광현, 2003: 357-376). 또한 보육서비스 부분에서는 이미 이용자들에게 시설의 선택권이 보장되어 있어서 자연스럽게 시장 논리가 적용되며 감독관청에서 별도로 감독하지 않아도 현실적으로 시장의 자율규제 효과가 나타나고 있다(최재성, 장신재, 2001: 125-150). 다음은 부모가 보육시설의 질을 제대로 평가할 수 있느냐 하는 문제다. 보육시설에 대한 다양한 정보를 접하고 있음에도 불구하고 부모들은 좋은 보육시설이 무엇인지 잘 모르고 있는 경우가 있다. 때문에 보육시설의 선택권이 부모보다는 전문가나 경영자에 의한 것일 가능성이 있다(김혜금, 2008: 36). 마지막으로 수요자와 공급자에 대한 기준이 마련되지 않았다는 점이다. 바우처 제도를 실시하기 위해서는 바우처의 수요자와 공급자 모두에게 일정 수준의 기준이 먼저 정해져야 한다. 예를 들어, 수요자는 소득수준이나 자녀의 나이, 거주지와 같은 규정이 정해져야 하며, 공급자는 서비스와 관련된 일정한 규정이 정해져야 한다(정광호, 2006: 721-744).

넷째, 국공립보육시설의 비현실적인 확충 문제다. 가장 이상적인 공보육은 무상보육일 것이다. 공보육은 공공의 이익을 위한 보육서비스다. 공보육은 국가나 지방자치단체에 의해 설립 · 운영 · 관리되는 보육시설에서 이루어지는 영유아를 대상으로 한 보호 · 양육 및 교육서비스의 총체라 정의할 수 있다. 우리나라의 공보육은 국공립 보육시설과 민간경영 정부지원시설을 포함하는 개념으로 이해해야 한다(표갑수, 2003: 194). 참여정부의 중장기 보육계획에서 2010년까지 단계별로 전국의 시 · 군 · 구를 우선순위로 국공립 시설을 확충할 계획을 밝히고 있다. 그러나 신축 부지매입에 따른 재정의 부담과 저출산으로 인한 정원미달 사태를 가중시킬 뿐이며, 기존 시설 종사자의 반발을 사고 있다. 이는 보육의 질적 하락과도 연관된다. 이상의 내용으로 볼 때, 현 한국 보육정책의 주요 문제점은 법과 규제가 난무하다는 점이다. 이는 행정부처의 잦은 변경, 즉 일원화된 감독체계의 결여, 보육료 지원의 낮은 효과성, 우선순위를 고려하지 않은 보조금 혜택, 정책목표의 결여, 바우처 제도의 비현실성, 국공립 시설의 비현실적 확충문제 등의 부적절한 정책들로 요약할 수 있다. 이에 바람직한 정책적 제언을 하고자 한다.

3) 바람직한 정책제언

(1) 보육법인 구분의 재정립의 필요성

현재 우리나라의 보육정책은 정책면에서뿐만 아니라 사전적인 의미에서의 보육법인 정의 자체가 불분명하다. 현행 비영리 보육법인으로서 국공립 보육시설은 명확히 말하면 공설민영(公設民營, 설립은 국공립 형식이나 실제 운영은 민간 위탁) 형태라고 할 수 있다. 운영면에서 보면 국공립 보육시설이라도 민간의 범주로 넣어야 한다. 그러므로 보육시설의 구분에 대해 보다 정확한 개념은 '국공립' 보육시설과 '민간' 보육시설이 아니라, '정부 지원' 보육시설과 '정부 미지원' 보육시설의 구분이라고 할 수 있다.

'보육사업의 공공화' 라는 면에서 보면 설립주체의 시각—누가 설립하였는가—이 아니라 운영주체의 시각—공공화된 운영형태인가 아닌가—으로 시설 구분에 대한 개념을 정립하는 것이 타당하다는 것이나. 따라서 보육사업의 공동화를 실현하기 위해서는 현재 민간이 설립·운영하고 있는 보육시설에 대해서도 정부의 지원이 이루어져야 할 것이다.

따라서 비영리 보육법인 시설이 현실화되고 난 후, 현재의 '국공립' 대 '민간' 보육시설 구도를 '정부 지원' 과 '정부 미지원' 보육시설의 개념으로 바꾸어 구분해 본다면, 정부 지원 보육시설은 현재의 국공립(공설민영) 보육시설과 민간 법인 시설, 비영리 보육법인 시설 등이 될 것이고, 정부 미지원 보육시설은 그 외 개인, 단체 등이 설립·운영하는 보육시설로 구분할 수 있을 것이다.

(2) 일원화된 법과 주무부처의 필요성

앞서 언급한 대로 현행 보육정책의 법은 「사회복지사업법」「영유아보육법」「유아교육법」「학원법」 등의 법을 적용하고 있다. 때문에 법인 시설의 경우 두 가지 법의 적용을 받고 있어 운영규제가 강한 편이다. 이러한 법의 분리현상을 일원화하는 통합적인 가칭 '취학전영유아보육법' 의 마련이 필요하다.

OECD 국가들은 복지이념과 보육이념을 같은 맥락에서 보고 보육의 핵심 요소는 사회적 연대를 중시하는 것이고, 모든 영유아에게 평등한 '보육 받을 권리' 를 보장하는 것이다. 보육업무를 관장하는 주무부처가 있을 때 보육은 더욱 발전할 것이 분명하다. 새 정부가 보육을 여성부에서 보건복지가족부로 이관하면서 보육정책이 퇴행하지 않고 제대로 발전하기 위해서는 보육담당부처 간의 일원화가 필요하다. 이러한 일원화는 통합, 융합, 교류, 학제간, 다문화적, 범학문적 등 다양한 단어들로 대체해 사용하는 단어로 여러 분야의 담장과 경계를 허물어 새로운 지식과 가치를 만들자는 취지다. 보육업무가 보건복지가족부로 통합될 때, 기존 부처에의 함몰이나 배타적 지위 보전이 아닌 아동이익이 최우선의 보육이라는 이념을 최대한 구현할 수 있도록 관련 부처나 기관 간의 열린 교류와 협력이 필요하다.

(3) 법인보육시설의 공공화

바우처를 사용하면서 국공립 보육시설이 확대되지 않을 경우, 보육에 대한 가격과 질에 대한 조절 기능이 상실될 수 있으며 수요자의 선택권 증대를 목표로 시작한 정책이 공급자의 보호가 우선되는 방향으로 흐를 수 있다. 외국에서는 교육과 같은 가치재의 경우, 바우처는 공공 부문을 보완하여 효율성을 높이고자 시행되기 시작하였다. 그러나 민간보육의 시장점유율이 월등히 높은 한국에서는 보육시설 간의 경쟁을 통한 서비스의 질을 강화하고 부모의 선택권을 강조하는 바우처 제도를 실시하려면, 국공립과 민간의 격차 해소가 필요하며 국공립 보육의 비중이 더 확산되어야 한다.

따라서 80% 이상의 민간 시설이나 법인 시설의 공공화가 필요하다. 현행 정책은 법인어린이집이 가지는 운영의 제한점인 수익사업전무, 기본재산 담보 처분 제한, 사업 실패 시 국가귀속, 각종 제도적 규제—「사회복지사업법」「영유아보육법」 이중적용—에 따른 경쟁력 약화 등 어려운 상태에 놓여 있다. 따라서 법인어린이집의 생존에 대해 공공성과 투명성을 인정하여 공립

수준의 지원이나 사립 전환의 길을 열어 주어야 한다. 예를 들어, 법인어린이집은 선택에 의하여 설립 시 지원한 건축비에 대한 감가상각을 통해 사립으로 전환할 수 있도록 하여 보육지원 체계의 일원화를 구축하는 것이 필요하다. 또한 법인의 사립 전환을 원하지 않는 법인—특히 농어촌지역—은 공립으로 전환하면 국공립 시설 확충이라는 정부의 정책방향이 적은 예산으로 가능하게 된다.

(4) 보육재정지원의 현실화

보육의 질은 교사의 질적 능력에 달렸고, 그에 따라 우수교사는 인간적인 삶이 보장되어야 한다. 현재 공립유치원의 원장과 교사가 법인 · 국공립어린이집 원장과 교사에 비하여 150% 정도를 더 받고 있다. 이에 향후 정책의 방향은 합리적이고 우수한 인적유지체계가 가능토록 해 주어야 한다. 부족한 재원으로 양질의 서비스를 강요하면 궁극적으로 유아들에게 피해가 돌아간다. 보육의 질은 자격을 갖춘 교직원의 고용과 유지를 위해 교직원의 임금시설투자가 관건인데, 교직원 임금이 통상 60~80%를 차지할뿐더러 이것에 대한 개선 없이는 보육행정은 있지만 보육의 질적 서비스는 없게 된다. 또한 차등보육료 확대로 영세 규모의 보육시설 재정지원을 극대화하여야 한다.

대부분의 선진국에서는 부모의 소득에 따라 재정을 지원하는 전달체계가 별도로 설치되어 지원업무를 수행하고 있다. 이는 재정지원 업무의 효율성을 제고함과 동시에 담당공무원의 업무집중을 높이는 것으로 나타났다. 그러나 우리나라는 시 · 군 · 구 및 읍 · 면 · 동사무소 공무원이 보육료 지원대상자 선정을 위한 소득조사 및 보육료 지원업무를 직접 수행함으로써 업무가 과중되고 보육시설 관리 · 운영에 집중하지 못하는 문제점이 나타나고 있다. 따라서 정부 보조금 지원의 집행에 있어서 투명성을 보장할 수 있도록 정책시행, 예산지원, 시설지도 · 감독기능을 독립시키는 방안도 고려해 볼 만하다.

(5) 근무조건의 개선 및 재교육

보육의 질은 교사의 질이 뒷받침되어야 이루어질 수 있다. 따라서 근무조건의 개선과 교직원의 재교육은 필수조건이 되어야 한다.

어린이집 시설의 교직원의 경우 근무여건이 유사기관인 유치원의 교직원에 비해 어려움에 놓여 있다. 각종 근무여건, 특히 12시간 기본 근무시간과 주 6일, 방학 없음 등의 근무조건, 그리고 최근 강화된 법적 규제와 처벌은 많으나 이는 형평성에 크게 벗어남을 넘어서 현장 보육인 전체의 사기를 저하시킨다. 따라서 법정 근로시간인 8시간 근무를 보장받을 수 있게 하며, 초과 근무시간에 대해서는 반드시 초과근무 수당을 지급하여야 한다. 또한 휴가나 연가일수를 제대로 지키지 않는데, 이는 보육서비스의 질을 저하시키는 요인으로 작용할 수 있다. 따라서 현행 근무조건은 공립유치원 수준으로 개선되어야 한다.

교사의 질을 향상·유지하는 것은 우선 교사자격 요건 상향화와 양성과정에서의 질, 그리고 지속적인 재교육과 평가를 통해 이루어질 수 있다. 현재 보육교사의 재교육은 지방자치단체에서 담당하고 있어 보육전문성을 미처 갖추지 못한 담당공무원이 계획하고 보육교사 재교육을 담당하는 기관에 위탁하고 있는 실정이다. 이를 보육교사와 원장, 그리고 보육교직원들을 재교육할 수 있는 전담부서를 갖추어 보육 현장의 요구에 맞는 다양한 형태의 정규적인 보수교육 및 직무연수, 자격연수 등을 총체적으로 계획하고 실행해야 한다.

4. 결 론

우리사회는 빠르게 늙어 가고 있고, 2010년 합계 출산율은 1.2%로 OECD 회원국 중 가장 낮으며, 고령화 속도는 26년으로 미국 88년, 프랑스 155년보다 훨씬 빠르다. 저출산·고령화가 심각하게 대두된 현재의 상태에서 미래

사회를 이끌어 갈 영유아에 대한 복지정치는 잘못된 정책으로 인해 많은 부작용이 나타나고 있다. 보육사업 90년에 이르러 이제는 정부에서 보육시설을 정책적인 측면에서 영리든 비영리든 규정을 해 줘야 할 것이다. 이를테면 시장논리로 규정하여 무한경쟁을 통한 보육시설의 보육서비스의 질적인 향상을 시도하거나 기존의 비영리기관으로 규정하여야 한다. 만일 보육시설을 기존의 비영리기관으로 규정하고자 한다면 좀 더 적극적인 지원을 통하여 수혜자들의 요구에 부합하는 공공의 역할을 수행할 수 있도록 하여야 한다. 반면 영리단체로 구분 지으려 한다면, 국가가 요구하는 기본적인 규정은 준수하면서도 자유로이 운영하며 진출입이 가능하고 재투자를 하며 사업이 성공할 수 있도록 정책적 기반을 마련하여야 할 것이다. 또한 영유아 복지정책은 관련 기관의 이기주의가 아닌 수혜자인 영유아 위주로 영유아 개개인에 맞는 복지에 정책의 초점이 맞추어져야 할 것으로 기대한다.

대한민국의 미래는 저출산 · 고령화 사회에서 얼마나 미래세대를 잘 양육하고 성장시키는가에 달려 있다. 이러한 점에서 보육정책을 잘 디자인하는 일은 그 어느 때보다 중요하다.

참고문헌

김혜금(2008). 보육서비스에 대한 시장기능 도입의 문제점: 보육 바우처와 보육 자율화 중심으로. 새 정부에 바라는 보육 전문가의 요구. 한국영유아보육 전문가 연대.

박선아(2005). 공보육도입을 통한 한국의 저출산 문제의 극복방안. 서강대학교 공공정책대학원 석사학위 논문.

백혜리(2007). 보육의 발전과 법인보육시설의 미래 역할. 한국법인보육포럼 2차.

보건복지부(2010). 보육통계.

보건복지부(2001-2011). 각 연도 보육사업 안내.

이경순(2008). 한국보육정책의 발전방안. 고려대학교 인문정보대학원 석사학위 논문.

유승희(2005). 보육자율화와 육아지원정책. 보육정책방향의 재정립을 위한 2차 공개토론회.

정광호(2006). 바우처: 공공서비스 선택권과 경쟁. 한국 행정학회 하계공동학술대회.

조병환(2005). 우리나라 보육정책의 문제점과 정책대안에 관한 연구. 고려대학교 정책대학원 석사학위 논문.

조윤영, 김정호(2008). 영유아보육, 정부의 역할은?. KDI 정책포럼, 195.

전광현(2003). 보육료 자율화의 문제점과 과제. 한국 영유아보육학회, 34.

최재성, 장신재(2001). 수요자 중심의 원칙에서 조명한 우리나라 보육료지원제도의 성격에 대한 소고. 한국아동복지학회, 11.

표갑수(2003). 영유아보육의 정체성과 이념 및 공보육을 위한 정책대안. 한국 영유아보육학회, 35.

한국보육진흥원(2011). 비전보육, 7.

UN아동권리협약.

보건복지부. www.mw.go.kr

교육과학기술부. www.mest.go.kr

법제처. www.law.go.kr

제8장

노숙자와 복지정치

권주만

1. 서 론

이 장의 목적은 IMF사태로 인해 크게 증가하고 있는 노숙자 실태와 정부의 복지정치에도 불구하고 노숙자들이 재활을 하지 못하고 있는 원인을 밝히고 대안을 마련하는 데 있다.

노숙자 문제는 IMF사태로부터 비롯된 것은 아니다. 노숙자는 서울역과 영등포역 주변 등에 산재해서 생활해 왔다. 단지 IMF사태로 노숙자가 증가하면서 언론의 관심을 불러일으켰을 뿐이다. IMF로부터 550억 달러의 외화가 들어오면서 차입경영으로 일관해 오던 당시 우리나라 금융기관이나 대기업들은 IMF가 제시하는 금융기준에 부채율 등을 맞춰야 했다. 금융기관들은 자기자본비율(BIS)을 맞추기 위해 자금난에 허덕이는 기업들을 대상으로 대출해 준 자금회수에 들어갔고, 이 과정에서 많은 기업들이 도산했다. 금융기관의 자금회수가 증가하면서 1998년 9월 말까지 모두 2만 27개의 기업이 문을 닫았다. 문을 닫은 기업은 하루 평균 89개, 8시간 기준으로 시간당 11개에 달해 200만 명에 육박하는 실직자를 양산했다(재정경제부, 2001).

차입경영을 하는 기업들이 덩치를 키워 가는 사이에 노동자들의 생존권을 맡긴 기업은 자금난을 겪었다. 또한 기업 자체적인 구조조정이 어렵게 되자 정부가 나서서 구조조정을 독려하고 나섰다. 정부는 재벌들의 부채율을 낮추기 위해 우량계열사를 매각하도록 유도했다. 중복되는 사업장은 통합했다. 수익률이 떨어지는 기업은 스스로 문을 닫았다. 구조조정은 노조의 결속력이 강한 정규직보다는 계약직이나 일용직 등 비정규직이 우선적인 대상이 되었다. 빚에 몰린 자영업자들도 채권자 등에게 쫓기면서 거리를 배회하게 됐다. 2000년 말부터 다시 기업들의 구조조정이 시작돼 노숙자는 줄지 않았다(세계일보, 2000. 11. 17.).

정부는 뒤늦게 노숙자 대책 마련에 나섰지만 만족할 만한 수준은 아니었다. 정부보다는 종교단체나 시민단체들이 나서서 직업훈련을 시켰으나 참여율은 저조했다. 재활직종이 노숙자의 욕구를 자극하지 못한 데다 근시안적인 노숙자 복지정치는 노숙자들로부터 외면당했다.

2. 이론적 배경: 노숙자의 정의와 발생원인

1) 노숙자의 정의

우리가 규정하고 있는 노숙자는 영어로는 홈리스(homeless)다. 역사적으로 홈리스의 원조는 고대 그리스의 철학자 디오게네스(Diogenes)라고 할 수 있다. 디오게네스는 자발적인 홈리스였지만, 최근의 홈리스는 자의든 타의든 치열한 생존경쟁에서 낙오된 경우가 대부분이다(문화일보, 1998. 2. 23.).

우리나라에서는 단순히 거리에서 잠을 자는 사람을 노숙자로 규정할 것인지, 아니면 서구에서 사용하는 홈리스의 개념을 수용하여 안정된 주거환경을 확보하지 않은 사람으로까지 확대해서 규정할 것인지는 정의된 바가 없다(전국실직 노숙자대책종교시민단체협의회, 2000). 노숙자라는 단어보다는 부랑인이라는 단어가 더욱 익숙하다. 국제연합(UN)은 자체적으로 마련한 홈리스 기준에서 "집이 없는 사람과 옥외나 단기 보호시설 또는 여인숙 등에서 잠을 자는 사람, 집이 있으나 UN의 기준에 충족되지 않은 집에서 사는 사람, 안정된 거주권과 직업과 교육, 건강관리가 충족되지 않은 사람" (http://www.homeless1919.org./main.htm)으로 정의하고 있다. 정부는 아직 노숙자의 범위에 대해서 규정하지 않고 있다. 단지 쉼터 등에 수용되어 생활하는 노숙자들만을 노숙자 정책의 대상에 포함시키고 있다.

2) 노숙자의 발생원인

리치(Leach)는 노숙자 발생원인을 내생적(intrinsic) 원인과 외생적(extrinsic) 원인으로 구분하여 설명한다. 노숙의 원인을 전자는 개인의 정신적 또는 신체적 능력 손상이나 장애로 설명하는 것이며, 후자는 실직과 빈곤 같은 외부의 상황적 요인을 의미한다(정원오, 김수현, 1999에서 재인용).

신과 바이츠맨(Shinn & Weitzman)은 홈리스를 보다 포괄적으로 이해하기 위해서는 사람들을 홈리스로 밀어 넣는 요소들을 다차원적으로 구분할 필요성이 있다고 보고 개인적 수준(the level of individuals), 사회적 집단의 수준(the level of social groups), 사회경제적 상황의 수준(the level of the socio-economic context)으로 구분하여 설명하고 있다(정원오, 김수현, 1999에서 재인용). 이들의 주장을 종합하면 노숙의 원인은 하나의 원인이 작용하는 것이 아니라 복합적이고 다원적인 요인이 얽혀 있다.

우리나라의 노숙자 발생원인도 개인적인 원인보다 사회경제적인 원인이 더 크다. 노숙자 대부분은 저학력으로 건설현장 등에서 일용직으로 일하다 IMF를 맞으면서 실직했다. 노숙자 발생원인은 대부분 불우한 가정환경, 저학력과 불안정한 주거생활, 취약한 가족구성, 저임금과 불안정한 고용상태, 불의의 사고 등으로부터 발생한다(노숙자다시서기지원센터, 1998). 결국 노숙자의 발생원인은 실업 등의 경제적인 문제와 정신질환 등의 개인적인 병력, 가족해체, 주택문제 등 복합적으로 얽혀 있다(이기우, 1998). 소위 'IMF형 노숙자' 또는 '실직 노숙자'는 연령이 젊고 노동능력과 의지가 있으며, IMF체제 이후 경제난과 함께 노숙을 시작하게 됐다는 점에서 부랑형 노숙자와는 구별된다.

3) 노숙자의 특성

노숙자의 특성은 실직과정에서 받은 충격과 오랜 노숙생활로 인해 그 생활의 타성에 젖어들면서 만성화되는 것으로 본다. 따라서 종래 '부랑형 노숙자'는 50대 이상이 대부분이며 실직, 질병, 폭음, 가족해체, 주거비 상승 등으로 사실상 노동력을 상실한 상태에서 복지시설 입소와 노숙을 반복하였다.

IMF형 노숙자와 실직 노숙자는 오랜 사회적 소외와 가족해체, 경제적인 불안정이 누적되고 실직 이후 완충기간 없이 노숙에 이르게 됨으로써 부랑형 노숙자로 전락하게 된다(이광찬, 1999). 이는 노숙기간이 노숙자의 사회복귀에 주요 요인이 되고 있음을 설명하고 있다. 노숙자는 본래부터 노숙자로 태어났던 것은 아니다. 노숙자로 전락한 이후 노숙생활에 익숙해지면서 실직 노숙자에게도 부랑형 노숙자들의 전형적인 특징이 나타난다. 노숙자의 재활의지가 어느 정도 기간 동안 유지되느냐를 파악하는 것이 노숙자 재활의 성패를 좌우한다.

3. 노숙자 실태와 재활대책

1) 노숙자 실태와 현황

노숙자 문제는 1998년 초부터 언론에서 관심을 갖고 집중적인 보도를 하면서 사회문제화됐다. 당시 노숙자 수는 정확하게 확인되지도 않았다. 종교단체 등이 파악한 노숙자 현황을 보면 1997년 말 서울역과 시청 앞, 을지로 등 지하보도에서 발견된 노숙자는 대략 400여 명이었다. 그러던 것이 1998년 4월에는 2,000명에 달했고 1999년 상반기에는 6,000명을 넘어서는 등 급격히 증가했다.

〈표 8-1〉 노숙자 변화 추이[1] (단위: 명)

구분	1997년 12월	1998년 4월	1998년 12월	1999년 3월	1999년 8월	1999년 12월	2000년 1월	2001년 4월
쉼터이용	-	-	3,000	5,700	4,800	5,000	5,730	4,777
거리노숙	400	2,000	1,500	500	1,000	500	590	707
계	400	2,000	4,500	6,200	5,800	5,500	6,810	5,484

서울의 노숙자가 전국 노숙자의 70%를 차지하고 있다. 그만큼 노숙자들이 전국에서 일자리를 얻을 기회가 상대적으로 많은 서울로 몰리고 있는 것이다. 정부는 과거 일자리를 얻기 위해 농민들이 서울로 몰려들어 발생한 빈민 문제와 같은 수준으로 노숙자 대책을 마련해야 한다.

다른 지역에 비해 일자리나 재원, 환경 등 기회측면에서 양호한 서울시가 노숙자에 대해 현재보다도 더욱 진지하고 강력한 정책지원 대책이 있어야

1) 전국 실직노숙자대책 종교시민단체협의회 자료(2000)와 보건복지부 노숙자 현황(2001)을 종합한 것이다.

한다(서울시노숙자대책협의회, 2000). 특히 2001년에 들어서는 가족 노숙까지 증가하고 있다. 보건복지부는 2001년 2월 현재 전국 6곳의 가족 노숙자 쉼터에 수용 중인 가족은 100여 가구, 240여 명이다(문화일보, 2001. 3. 16.).[2)]

서울시는 1999년부터(대한매일, 1998. 12. 30.) 동사 등을 우려하여 노숙자들의 겨울철 노숙을 금지시켰다. 그러나 이와 같은 서울시의 정책은 겉으로는 추위로부터 노숙자를 보호한다는 명분이었지만, 사실은 사회로부터 격리시키려는 저의다. 서울시의 정책은 노숙자들의 자립보다는 길거리를 배회하는 노숙자를 줄이는 데 목적이 있었다. 그렇지만 앞의 〈표 8-1〉처럼 거리를 배회하는 노숙자는 줄어들지 않았다.

정부는 노숙자가 나타나면 상담을 실시한 뒤 실직자와 부랑인을 구분하고 부랑인은 경찰이나 구청 등 행정기관을 통해 시설 등에 수용하고 실직 노숙자는 쉼터에 수용했다. 쉼터에 들어온 노숙자는 잠자리는 물론 급식과 심리상담, 의료구호, 일자리도 소개받게 되고 직업훈련 등 재활을 위한 훈련도 받을 수 있다. 특히 서울시는 노숙자가 급격히 증가하자 단기보호시설인 자유의 집과 장기보호시설인 희망의 집 등의 쉼터로 구분해서 노숙자를 보호해 왔다.[3)] 쉼터에 배치된 노숙자들은 취로사업과 공공근로사업—정부나 지방자치단체에서 재정지원—에 참여할 수 있도록 해서 사회에 복귀 또는 경제력을 갖출 수 있는 도움도 받았다.

2) 직업재활의 중요성

직업은 인간의 생존을 지속시키고 삶을 안정시킨다는 점에서 중요한 의미를 가진다. 직업은 개인의 삶의 형태와 내용을 결정하는 주요한 요인으로 우

2) 서울역과 영등포역 등 쪽방 거주 가족 노숙자까지 합하면 노숙자 가구는 500가구에 1,000여 명에 이를 것으로 추산하고 있다.

3) 자유의 집은 상담소에서 상담을 거쳐 입소하며 2~4주 정도 머물면서 자신감 회복을 위해 심층상담도 받는다. 또한 보통 100~200여 명이 생활하지만 1,000여 명이 생활하는 곳도 있다. 희망의 집은 재활지원 대상자만이 입소하는 쉼터로, 최고 6개월까지 생활할 수 있으며 20~30명이 생활하고 있다.

리의 삶과 분리해서 생각할 수 없다. 노숙자의 직업재활은 자신의 삶을 긍정적으로 바라보게 하고 자신감을 심어 주고 사회적으로는 사회불안을 해소시키는 동시에 사회적 비용을 줄일 수 있다. 노숙자 문제는 가족해체, 주거공간의 상실, 정신적 · 육체적 손상, 이로 인한 인간적 존엄성의 상실 등으로 나타나는 만성적인 빈곤화 현상이다(임옥희, 2000).

존스 홉킨스 대학(Johns Hopkings University)의 연구에 의하면 실업이 1% 증가할 때마다 자살은 4.1%, 살인은 5.7%, 심장병, 간경화, 스트레스 관련 질병으로 인한 사망은 1.9% 증가하며, 정신병원 입원자도 증가했다는 보고서를 냈다(이선우, 2000).

노숙자는 '실직 → 가족소득의 중단 혹은 감소 → 가족체계의 변화 → 가족 스트레스의 증가 → 가족위기 → 가족해체'로 이어지는 최악의 시나리오로 유추할 수 있다. 노숙자의 대부분인 76%가 '실직과 경제적인 이유' 때문에 노숙을 하게 된 것으로 보고되고 있다(김미숙, 1998). 이 같은 실업의 불안한 상황을 벗어나기 위해 노숙자들은 알코올과 약물을 시작하거나 약물의 사용량이 늘어나게 된다(이선우, 2000). 알코올이나 약물 사용은 노숙자들의 건강을 악화시키고 결국 폐인으로 내몰고 있으며 사망의 원인으로까지 발전한다. IMF사태 이후 2001년 3월까지 225명의 노숙자가 숨진 것으로 조사됐다. 1년에 1백 명 정도의 노숙자가 숨진 것이다(중앙일보, 2001. 3. 8.).

노숙자는 노숙기간이 장기화되면 될수록 재활의 의지가 약화되고 대인기피증, 신경쇠약증 등이 나타난다. 재활의지가 있는 노숙자의 빠른 취업을 통한 사회복귀가 노숙자의 건강과 사회문제를 축소시키는 지름길이다(한형수, 2000). 재활(rehabilitation)은 의료적 · 물리적 · 심리적 · 직업적인 장애를 가진 사람들이 스스로 자립하여 사회와 상호작용할 수 있도록 돕는 통합적인 프로그램이다(강위영, 나운환, 2001). 직업재활은 실직 노숙자에게 국가가 일방적으로 복지정책을 통해서 생존권을 보장해 주는 측면도 있지만, 근로능력이 있는 사람에게 스스로 자립하여 생활을 영위하도록 하는 데 목적이 있다(박용순, 2001). 이는 장기적인 안목에서 볼 때 국가의 복지비용을 절감시키는 복지정치의 방안이다.

3) 노숙자 재활 프로그램의 내용

대부분의 노숙자들은 서울역 등 서울 도심을 배회하다 쉼터인 희망의 집에 수용됐다. 희망의 집에 입소하는 경로는 자치단체의 조치에 따라 일시보호 기능을 하는 자유의 집에서 머물다 입소하는 경우와 노숙상태에서 곧바로 들어오는 경우, 자발적으로 입소하는 경우 등으로 구분할 수 있다. 이처럼 다양한 상황에 처해 있다가 집합체를 이루기 때문에 이를 분류하기 위해서는 [그림 8-1]와 같은 절차를 거친다.

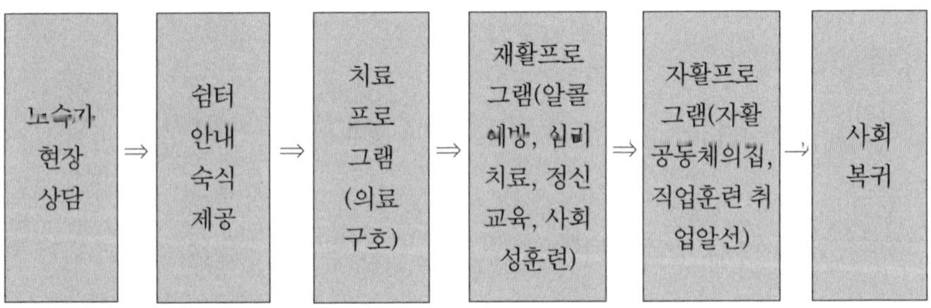

[그림 8-1] 노숙자 종합지원시스템

출처: 보건복지부(2000). 하반기 노숙자 자활사업 실시.

(1) 상담 프로그램

상담(counseling)이란 클라이언트와 전문적 상담자 사이에 언어의 심리적 상호작용을 통해 클라이언트가 자기문제를 명확히 파악하고 해결할 수 있도록 인지, 감정, 태도 및 인격의 변용을 위하여 이뤄지는 원조과정이다.

노숙자는 쉼터에 입소하면 상담을 통해서 알코올중독이나 정신질환, 결핵 등 각종 질병유무에 대해서 우선적으로 확인받아야 한다. 이 과정에서 사안에 따라 노숙자에 대한 개별상담과 집단상담을 실시한다. 상담과정에서 상담자의 판단에 따라 노숙자의 성공적인 재활 여부도 결정된다.

상담 프로그램에서는 노숙자가 희망을 잃지 않도록 용기와 심리적 위로, 취업이 가능하도록 적절한 목표수립, 취업정보 제공 등 전문적 서비스도 수행해야 한다(박성배, 1999).

(2) 의료재활 프로그램

상담을 마친 노숙자들은 종합검진을 통해 어떤 질병을 앓고 있는지를 파악해야 한다. 질병유무의 확인은 자립을 위한 직업재활을 위해 필수적이기 때문이다. 노숙자에게서 가장 심각한 것은 심리적인 압박감과 상실감, 배신감 등이다. 이로 인해서 알코올 중독증세[4]가 심각하게 나타나고 있다. 이와 함께 정신질환(한겨레신문, 2000. 11. 8.)[5]과 결핵(경향신문, 1998. 5. 25.)[6] 등 각종 질병의 온상처럼 노숙자들의 건강이 심각하게 훼손되고 있는 것으로 조사되고 있다. 이 밖에도 위장질환과 피부병, 근골격계질환 등이 심각한 것으로 나타나고 있다.

(3) 심리재활 프로그램

실직 노숙자는 실직으로 인해서 가정이 파괴되고 사회로부터도 위로 받을 수 없는 상황이기 때문에 이를 정상적인 상태로 되돌리는 작업이 필요하다. 따라서 상담이나 치료과정을 거친 노숙자에게는 심리적으로 안정을 되찾을 수 있는 재활의 과정이 필요하다. 부그라(Bhugra, 1996)는 심리재활의 사회정책적 의미에서 "노숙자들에게 정신과 치료가 중요하지만 그들이 필요한 것이 무엇인지 물어보면, 그런 치료보다는 음식, 피난처, 전반적인 의학적

4) 사랑의 전화 복지재단(http://www.homeless1919.org): 사랑의 전화 복지재단에서 1998년 7월 14일 198명의 노숙자를 대상으로 설문조사를 실시한 결과 85.4%가 술을 마시고, 2~3일에 한 번씩 술을 마시는 사람도 25.8%에 달했다.

5) 전국의 노숙자 1,227명 중 22.6%인 277명이 정신질환을 앓고 있다.

6) 대한결핵협회는 노숙자 467명 가운데 9.8%인 46명이 결핵증상을 보였고, 이 가운데 20~30대는 10명, 40~50대는 27명, 60대 이상은 9명이었다고 밝혔다.

치료 등이 우선적으로 꼽히는 게 보통이다. 그래서 우선 노숙자에게 적절한 정신과 치료를 제공한 다음, 자신들의 독립생활을 유지할 수 있게 다른 기본적 지원을 할 필요도 있다." 라며 노숙자들의 심리치료와 정신치료가 그 어떤 서비스보다도 우선되어야 함을 주장하고 있다. 이처럼 노숙자의 심리치료는 재활을 위해 필수적인 사항일 뿐만 아니라 노숙자의 성공적인 사회복귀를 가늠하는 척도다. 따라서 정서적 불안정 요소를 치료하고 심리적으로 희망과 용기를 심어 주기 위해서는 노숙자 개개인이 가지고 있는 본래의 기능을 되찾을 수 있는 심리재활 프로그램이 필요하다(박성배, 1999).

(4) 직업재활 프로그램

심리재활을 마친 노숙자가 당면하는 문제는 일자리를 잡고 독립적인 생활을 유지할 수 있느냐다. 특히 우리나라 노숙자들은 평균연령이 낮고 자활의지가 강하다는 점에서 일자리에 대한 열망의 정도가 크다고 할 수 있다. 이를 위해서 자립의 기초가 되는 일자리 마련을 위한 훈련과정이 필요하다. 이를 직업재활 프로그램이라 한다. 그렇지만 대부분이 일용직이었다(국민일보, 1998. 6. 19.)는 점에서 직업재활의 프로그램 운영에 어려움이 따른다.

대부분의 희망의 집에서 직업재활 프로그램을 운영하고 있지만 노숙자들이 자립을 위한 일자리를 찾는 데는 도움이 되지 않고 있다. 노숙자들의 전직이 단순 일용직이기 때문에 새로운 기술을 접하는 데 두려움이 있을 뿐만 아니라 새로운 기술을 접한다 해도 일자리를 구하기도 어렵다. 상담이나 심리적인 재활을 마친 노숙자의 일자리 마련을 위한 직업훈련에는 전문적인 훈련기관과 연계시키는 방안이 모색되어야 한다(보건복지부, 한국도시연구소, 1999).

(5) 사회재활 프로그램

심리재활과 직업재활을 마친 노숙자에게는 일자리를 마련하고 사회에 복귀해서 정상적으로 정착할 수 있는 여건을 마련해 주기 위한 노력이 필요하다. 현재 사회적응 프로그램으로 널리 시행되는 것으로는 공동생활가정(group home)을 들 수 있다. 당초 공동생활가정은 정신지체를 앓고 있는 사람들을 위한 재활 프로그램으로 시행되었다. 이는 의식주 이외의 교육, 의료, 재활, 사회복귀 등 입소자의 '삶의 질'을 향상할 수 있는 방안을 모색하는 과정에서 등장하였다(박종오, 1997).

그러다 1970년대 이후에는 서구사회에서 나타난 대규모 복지시설의 비효율성을 극복하는 새로운 대안으로 공동생활가정제도가 등장하였다. 공동생활가정의 예로 서구의 여러 나라 및 일본에서 정신장애인을 위한 거주 프로그램으로는 가장 인기 있고 보편화된 지역사회 거주시설(Community Residential Facility: CRF)이다(임옥희, 2000).

(6) 노숙자의 직업재활 대책

① 직업재활 훈련종목

현재 정부와 지방자치단체가 민간단체를 통해서 실시하고 있는 노숙자들의 직업훈련은 자동차정비와 요리, 제빵, 자전거나 집수리, 이 · 미용기술, 청소용역, 도시락 가공이나 폐자원 재활용, 의류생산, 무공해 두부생산, 포장마차, 봉제 · 옷 수선, 열쇠나 도장기술 등 극히 단순기술을 노숙자들의 신청을 받아 실시하고 있다(서울시노숙자대책협의회, 2000).

이러한 업종은 'road business'라 해서 IMF 초창기에 많이 등장하였다. 보건복지부도 민간단체의 신청을 받아 2000년 하반기에 97개 사업을 선정해 예산을 지원했다(보건복지부, 2000). 하지만 주로 포장마차나 트럭을 이용한 과일행상 등 단순한 업종이 대부분이었기에, 노숙자들을 자립시키기 위해 정부가 지원한 사업치고는 너무 초라했고 내용도 빈약해서 무성의했다는 비판이 제기됐다.

노숙자 문제를 너무 단순하고 근시안적인 문제로 보고 단기간 내에 해결을 기대하는 것은 무리다. 특히 노숙자 자립정책이 탁상공론식이라든지, 일회성 행사라든지, 전문인력과의 적절한 결합이 없었다는 것은 노숙자 재활 프로그램을 운용할 전문가가 없고 노하우가 축적되지 않았음을 보여 준다(한형수, 2000).

② 노숙자 재활 프로그램의 문제점

정부와 자치단체가 노숙자들을 대상으로 실시한 자활사업은 평가하기 어렵다. 정부가 종교단체나 민간단체 등에 예산을 지원해 실시한 재활이나 자립 프로그램 자체가 정립된 것은 아니다. 단지 정부나 자치단체는 예산만 지원했고 권장종목도 없이 종교단체나 민간단체 등의 들러리에 불과했다. 노숙자가 줄지 않았다는 것은 정부나 지방자치단체의 노숙자 복지정치에 문제가 있다는 것을 보여 준다. 현재 '희망의 집'에서 운영하는 직업재활과 관련된 프로그램들이 노숙자들이 일자리를 찾는 데 도움이 되지 않고 있다. 소극적인 노숙자들을 새로운 기술습득과 직업훈련으로 몰아갈 수 있는 대안이 있어야 한다(보건복지부, 한국도시연구소, 1999). 정부가 예산지원 사업 이외에 시행한 노숙자 대책은 공공근로사업과 숲 가꾸기 사업 등에 노숙자들이 소득사업을 했다는 정도다. 노숙자에게 구미가 당기는 재활종목이 없는, 그야말로 전시행정에 불과하다(노동부, 2001).

정부는 이와 같은 노숙자의 현실과 노숙자 대부분이 일용직이라는 사실을 고려하지 않은 채 직업재활 훈련종목을 설정했을뿐더러, 노숙자 재활정책의 내실을 기하기보다는 급한 상황을 모면하고 보자는 임기응변 정책으로 일관했다. 이에 대한 대책으로서, 각 복지기관들의 경험을 경청해서 노숙자들에게 적용할 수 있는 '노숙자 직업훈련'이라는 독자적인 노숙자 전문프로그램을 마련할 필요가 있다.

4) 국내 노숙자 연구

국내에서 노숙자에 대한 연구가 본격적으로 이뤄진 것은 IMF사태에 진입한 1997년 10월 이후다. 비록 연구결과는 일천하지만 IMF라는 긴박한 상황을 겪으면서 거리로 내몰린 노숙자들을 구호하는 데 민 · 관이 함께 대응했고, 특히 시민단체와 종교기관의 역할이 컸다. 노숙자 연구는 노숙자의 발생경위 등을 알아보기 위해 노숙의 원인과 실태, 쉼터에서의 생활과 만족도 그리고 사회복귀를 위한 심리적인 요인과 재활대책 등이 주요 과제였다. 임옥희(2000)는 노숙자들의 문제를 가족해체, 주거공간의 상실, 정신적 · 육체적 손상, 존엄성의 상실 등으로 설명하고 있으며, 그동안 경제성장의 누수효과(trickle-down effect)에 의해 가려져 있었던 사회취약 계층이 경제위기 상황에서 노숙생활 형태로 드러났을 뿐이라고 주장한다. 조동한(2001)은 노숙자를 주로 일용직 노동자로서 경제구조의 재편과정에서 직업을 유지하기 힘들고 직업을 잃음과 동시에 모든 경제적 기반이 송두리째 흔들려 삶의 질이 급격히 떨어진 자들로 규정하고 있으며, 정부나 사회가 노숙자는 물론이고 이들이 부양해야 할 가족들에 대한 배려도 함께 마련해야 한다고 설명한다. 한형수(2000)는, 노숙자는 빈곤문제와 경제난 등 복합적인 사회구조적인 여파로 발생했지만 노숙기간이 장기화될수록 자활의 의지가 약화되고 대인기피증과 신경쇠약증 등이 나타난다고 주장하고 있다.

노숙자 재활대책에 대해, 김수현(1999)은 노숙자 문제에 대응하기 위해 각 지방과 중앙차원에서 민관이 협력체제를 구축하고 각종 협의회를 통해서 노숙자 문제를 공론화하고, 정부가 민간에 지원하는 노숙자 사업에 대한 평가체제를 강화해야 한다고 주장한다. 박성배(1999)는 노숙자를 직접 찾아가서 노숙자들이 필요로 하는 것을 서비스하는 아웃리치(out-reach)가 이뤄져야 하는 데에 주안점을 두고, 노숙자들이 집단으로 거주하는 서울역과 영등포역 등 주변에 자유롭게 들러서 약이나 세탁 등 서비스를 받을 수 있는 드롭인 센터(droup-in center)의 확대가 시급하고 주장하고 있다. 특히 가출 청소년 노숙자들에 대한 다각적인 대책 마련을 강조하였다.

4. 연구방법

노숙자 실태와 복지정치 연구를 위한 조사는 2001년 6월 1일부터 6월 30일까지 한 달 동안 실시했다. 조사장소는 서울시가 운영하고 있는 서울 영등포구 문래동의 '자유의 집'이다. 조사대상자에 대한 조사문항은 개별적 사항과 쉼터이동 배경, 재활교육 의지, 직업재활 현황과 정책 등으로 구성했다. 연구방법은 설문조사 방식을 선택했다. 자유의 집에서 생활하고 있는 노숙자 300명을 대상으로 설문지를 배포해 219명으로부터 유효 설문조사 자료를 받았다. 수집된 자료들은 SPSS Window용 8.0을 이용해 분석했다.

5. 연구결과와 분석

◈ 조사결과

(1) 연령분포

〈표 8-2〉에서처럼 40대가 38.8%로 가장 많았고, 30대가 32.4%, 50대가 20.5% 등의 순으로 나타났다. 이는 2000년도 전국 실직노숙자대책 종교 · 시

〈표 8-2〉 연령분포(N=219) (단위: 명, %)

	빈도수	비율
29세 이하	10	4.6
30세 이상~39세 이하	71	32.4
40세 이상~49세 이하	85	38.8
50세 이상~59세 이하	45	20.5
60세 이상	8	3.7
합계	219	100.0

민단체협의회가 실시한 「노숙자복지서비스체계구축방안(2000)」조사[7]처럼 30~40대가 70% 이상의 높은 빈도를 보이고 있다. 40대와 30대, 50대 순으로 한참 일할 연령층에서 이루어졌다.

(2) 교육 정도

〈표 8-3〉에서는 38.4%가 고졸이었고 중졸은 24.2%, 초졸은 16.4%, 대졸은 13.7%다. 특히 중학교 이하의 저학력자가 47.9%를 차지하고 있다. 이처럼 대졸자보다 그 이하의 학력 계층에서 실직자가 많았다는 사실은 학력중시사회의 단면을 직접적으로 보여 주고 있다. 위기 시에 실업고등학교 등에서 기술을 배우고 산업현장에서 일하고 있는 기술자들이 보호를 받아야 하지만 IMF 시에는 학력 순으로 구조조정의 대상이 되었다.

〈표 8-3〉 교육 정도(N=219) (단위: 명, %)

	빈도수	비율
무학	16	7.3
초등학교졸(중퇴 포함)	36	16.4
중학교졸(중퇴 포함)	53	24.2
고등학교졸(중퇴 포함)	84	38.4
대학교졸(중퇴 포함)	30	13.7
합계	219	100.0

(3) 종사분야

실직 노숙자들의 실직 전 직업은 〈표 8-4〉에서 보는 것과 같이 건설업이 31.5%로 가장 많았다. 다음으로는 자영업이 19.2%, 제조업이 16.9%, 서비

7) 전국 실직노숙자대책 종교시민단체협의회가 실시한 조사결과로는 40대가 36.7%, 다음은 30대가 28.7%, 50대가 19.6%로 나타났다.

스업은 15.1%다. 〈표 8-4〉와 〈표 8-5〉를 종합하면 학력이 낮은 사람이 일하는 곳은 주로 건설업이었던 것으로 분석할 수 있다. IMF로 자금난에 허덕이던 건설업체들이 무너지면서 저학력의 노동자들이 거리로 내몰렸다.

〈표 8-4〉 종사분야(N=219) (단위: 명, %)

	빈도수	비율
농림 · 어업	10	4.6
제조업	37	16.9
건설업	69	31.5
자영업	42	19.2
서비스업	33	15.1
사무직	9	4.1
전문직	10	4.6
무직	9	4.0
합계	219	100.0

(4) 취업형태

조사대상자의 노숙자 이전의 취업형태는 정규직이 41.6%로 가장 많았다. 다음으로는 임시직이 29.2%, 계약직도 20.1%로 나타났다. 그러나 시간제나 임시직, 계약직 등 모두가 사실상 비정규직이다. 〈표 8-3〉와 〈표 8-4〉 〈표 8-5〉을 종합하면 저학력자가 주로 취업하는 일터는 건설업이라는 사실을 설

〈표 8-5〉 취업형태(N=219) (단위: 명, %)

	빈도수	비율
정규직	91	41.6
시간제	20	9.1
임시직	64	29.2
계약직	44	20.1
합계	219	100.0

명해 주고 있다. 여기서 주목할 점은 한참 일할 나이인 40대가 비정규직으로 건설업 등에서 일하고 있었고, 이들 대부분은 고졸 이하의 학력자였다는 사실이다. 따라서 대량실직은 40대이자 비정규직인 고졸 이하의 학력자들에게서 대부분 발생했음을 반증해 주고 있다. 또한 노숙자는 IMF 때문에 발생한 것이라기보다는 저소득층에게는 언제나 가능한 형태로 상존하고 있었음을 보여준다. IMF 이후 노동시장의 탄력성이 매우 높아지면서 비정규직이 크게 증가하고 있다. 국민기초생활보장법이 발효되어 시행되고는 있지만 정부가 저소득층에 대한 지속적인 정책수행으로 적용대상자를 확대해야 한다.

(5) 가출시기

〈표 8-6〉은 1998년 이전에는 구조조정과 관계없이 자금난을 겪고 있던 기업들이 자구 노력을 해 볼 시간적인 여유도 없이 문을 닫으면서 실직자들이 거리로 내몰렸음을 보여 준다. 1998년부터는 매 기간마다 실직자가 거의 비슷한 수준으로 발생하고 있다. 그렇지만 1999년 하반기에는 가출비율이 크게 낮아지고 있다. 이는 정부가 IMF 극복을 선언하면서 실직자들이 기대를 갖고 가출을 자제했다고 할 수 있다. 또한 IMF를 극복하기 위해 정부가 나서

〈표 8-6〉 가출시기(N=219) (단위: 명, %)

	빈도수	비율
1998년 이전	60	27.4
1998년 상반기	27	12.3
1998년 하반기	25	11.4
1999년 상반기	28	12.8
1999년 하반기	14	6.4
2000년 상반기	27	12.3
2000년 하반기	24	11.0
2001년 상반기	14	6.4
합계	218	100.0

서 건설경기를 부양하면서 상당수의 실직자를 수용했다는 분석도 가능하다. 이처럼 건설경기가 부양되면서 노숙자들은 본래의 일터로 상당수 수용됐다. 이는 건설경기의 부양이 다른 사회정책 없이도 사회복지 비용지출을 축소할 수 있었다는 점에서 건설경기 부양이라는 사회정책이 노숙자를 줄일 수 있는 대안이라는 분석이 나오고 있다. 그러나 2000년 상반기부터는 가출이 다시 증가하고 있다. 이는 기업들이 2차 구조조정에 들어가면서 정부의 발표만을 믿고 기다리던 실직자들이 실직의 고통을 이겨내지 못하고 길거리로 나왔음을 보여 준다.

(6) 노숙기간

〈표 8-7〉을 보면 조사대상자의 3분의 2 이상이 1년 미만의 노숙생활을 하였다. 조사시점이 2001년 6월인 점을 감안하면 2000년 초반에 상당수의 노숙자들이 실직을 당했던 것으로 나타나서 당시 구조조정의 여파가 컸음을 보여 준다. 그렇지만 노숙기간 6개월 이후부터는 노숙자들이 점차 감소하는 것을 볼 때, 노숙자들이 그만큼 재활을 위해 스스로 노력하고 있음을 나타낸다.

〈표 8-7〉 노숙기간(N=219) (단위: 명, %)

	빈도수	비율
6개월 미만	91	41.6
6개월~1년 미만	60	27.4
1년~1년 6개월 미만	33	15.1
1년 6개월~2년 미만	22	10.0
2년~2년 6개월 미만	5	2.3
2년 6개월~3년 미만	4	1.8
3년 이상	4	1.8
합계	219	100.0

(7) 쉼터 입소 생활기간

〈표 8-8〉는 노숙자들이 생각하는 노숙기간을 얼마 정도로 생각하고 있는지를 나타낸 것이다. 노숙기간은 노숙자의 재활을 위한 재활 프로그램을 운영하는 데 기초적인 정보이기도 하다. 노숙자의 57.1%가 적절한 노숙기간으로 1년 미만을 지적하고 있다. 이 기간 동안 재활 프로그램에 의한 사회복귀를 시도할 때 심리적인 안정뿐만 아니라 가정도 안정될 수 있어 그만큼 복지비용을 줄일 수 있다. 이는 IMF 당시 늑장 대응한 정부에 교훈을 주는 사례이기도 하다. 노숙자의 가정이 안정되면 정부의 복지예산의 지출이 줄고 파생되는 피해도 줄일 수 있어 기회비용은 그만큼 축소된다. 노숙자들이 원하는 것이 무엇인지를 신속하게 파악하고 대응하는 것이 정부가 추구하고 있는 생산적 복지의 한축을 완성하는 지름길이다.

〈표 8-8〉 쉼터 입소 생활기간(N=219) (단위: 명, %)

	빈도수	비율
3개월 미만	13	5.9
6개월 미만	34	15.6
1년 미만	78	35.6
1년 6개월 미만	43	19.6
1년 6개월 이상	51	23.3
합계	219	100.0

(8) 재활 프로그램 참여 여부

〈표 8-9〉에서 보는 것과 같이 조사대상자 가운데 재활 프로그램에 참여한 노숙자는 27.9%에 불과하다. 노숙자의 간절한 소망은 취업인데도 직업재활을 위해서 쉼터에서 운영하는 재활 프로그램 참여 정도가 적다는 것은 취업률이 낮기 때문이다. 따라서 쉼터에서 운영하고 있는 재활 프로그램이 노숙자들의 기대에 제대로 부응하지 못하고 있다.

〈표 8-9〉 재활 프로그램 참여 여부(N=219) (단위: 명, %)

	빈도수	비율
예	61	27.9
아니요	158	72.1
합계	219	100.0

(9) 재활 프로그램 참여 권유

재활 프로그램에 참가했던 노숙자 중에서 주변사람에게 권유하겠다고 응답한 사람은 39.2%에 불과했다. 권유하지 않겠다는 응답은 27.9%, 보통이라는 응답은 33%를 차지해서 기대에 부응하지 못하고 있다. 〈표 8-10〉에서 본 것처럼 응답자의 절대다수인 72%가 재활 프로그램에 참여하지 않고 있다.

〈표 8-10〉 재활 프로그램 참여 권유(N=219), (　　)은 참여자 (단위: 명, %)

	빈도수	비율
적극 권유하겠다	7	3.2(11.4)
권유하겠다	17	7.8(27.8)
보통이다	20	9.1(33.0)
권유하지 않겠다	12	5.5(19.6)
절대 권유하지 않겠다	5	2.3(8.2)
*참여 안 했다	158	72.1
합계	219	100.0

(10) 원하는 재활 프로그램

조사대상자 가운데 66.6%가 직업재활 프로그램을 원하고 있다. 일자리는 노숙자에게 당면한 문제이기도 하지만 가족과의 상봉, 사회활동 등의 측면에서 정상적인 생활을 위한 최소한의 수단이고 목적이다. 〈표 8-11〉는 노숙자들의 직업재활의지를 보여 준다. 노숙자들이 원하는 구체적인 재활 프로그램을 제공하는 것도 노숙자의 재활을 위한 중요한 과제다.

〈표 8-11〉 노숙자들이 원하는 재활 프로그램(N=219) (단위: 명, %)

	빈도수	비율
심리재활	28	12.8
의료재활	33	15.1
직업재활	146	66.6
여가/레크리에이션	12	5.5
합계	219	100.0

(11) 고용안정센터 인지 여부

〈표 8-12〉를 보듯이 노숙자들은 취업알선을 위한 사회안전망으로 구축한 고용안정센터에 대해 50.7%가 모른다고 응답했고, 49.3%는 인지하고 있다고 응답했다. 정부가 나서서 고용안정센터에 대해서 중점적으로 홍보를 했지만 노숙자에게는 덜 알려졌거나 별로 도움이 되지 않았음을 보여 준다.

〈표 8-12〉 고용안정센터 인지 여부(N=219) (단위: 명, %)

	빈도수	비율
예	108	49.3
아니요	111	50.7
합계	219	100.0

(12) 취업정보 획득 장소

조사대상자의 29.7%가 취업정보를 얻는 곳은 생활정보지였다. 〈표 8-13〉을 보면 23.7%는 주변 사람들로부터 일자리를 찾고 있다. 고용안정센터를 통한 일자리 정보는 13.7%에 불과했고 ,쉼터를 통한 정보 취득도 18.3%에 불과했다. 노숙자들이 일자리 정보를 얻는 곳은 자신들이 생활하는 주변환경으로, 공식적인 정부기관보다 더 많은 정보를 접하고 있다. 실업안전망이라는 이름으로 고용안정센터를 확대 설치했지만 노숙자에게는 별 도움이 되지 않고 있다.

〈표 8-13〉 취업정보 획득 장소(N=219) (단위: 명, %)

	빈도수	비율
쉼터	40	18.3
관공서	4	1.8
고용안정센터나 인력은행	30	13.7
사회복지관	16	7.3
신문이나 방송	12	5.5
생활정보지	65	29.7
주변 사람들	52	23.7
합계	219	100.0

6. 결 론

정부는 1997년 말부터 시작된 환난위기 극복기간 동안 20조 원이 넘는 실업예산을 투입했다. 정부가 환난극복에 적극적으로 개입하면서 실직자도 상당히 줄었다. 특히 정부는 2001년 초에 환난위기 이전인 1997년 3/4분기 수준으로 경제상황이 회복되었다는 공식적인 발표를 했다. 그러나 실직자 수는 줄어들었지만 노숙자 수는 크게 줄어들지 않았고 여전히 1998년 수준에 머물러 있다. 이는 노숙자 재활대책에 문제가 있음을 보여 준다.

노숙자정책은 근본적으로 개편되어야 한다. 대책도 보다 구체적으로 마련해야 한다. 우선 노숙자의 범위를 노숙자만으로 국한해서 대책을 마련하기보다는 노숙자로 전락할 가능성이 있는 저소득층으로까지 확대해서 노숙자

대책을 세워야 한다. 또한 노숙자 문제를 궁극적으로 해결하기 위해서는 우선 외국과 같이 노숙자의 실체를 인정하는 것이 선결과제다. 노숙자의 실체를 인정하지 않고는 대책을 논의할 수 없기 때문이다. 이처럼 논의의 대상을 확대하여 거리의 노숙자뿐만 아니라 일명 쪽방(일세방)에서 거주하는 사람들은 경제난이 발생하면 곧바로 노숙자로 전락할 수 있는 경제적 한계 계층이다. 노숙자들이 쉼터로 들어오기 전까지 쪽방 등에서 생활하고 있는 것으로 드러났기 때문이다. 경제적 한계계층에 대한 지원을 확대해서 경제적인 어려움을 극복하도록 하는 것이 노숙자를 방지하는 지름길이다. 그렇지만 초기 정부의 노숙자들에 대한 응급조치는 우선 늘어나는 노숙자의 수를 줄여보자는 안일한 정책이었다. 지금이라도 정부가 나서서 노숙의 원인과 과정을 정확하게 규명하고 그 적절한 지점들을 찾아 포괄적이고 구체적인 대책을 마련해야 한다.

정부 관계자들은 노숙자 전체를, 취업의욕을 상실한 사람으로 보는 경향도 있다. 그러나 노숙자 전체를 근로의욕이 상실된 사람으로 볼 수는 없다. 노숙기간이 길고 짧음이 노숙자의 사회복귀 여부를 결정하는 열쇠라는 사실을 염두에 둬야 한다. 대부분의 노숙자들은 자신이 사회에 복귀할 수 있는 노숙기간을 1년 미만으로 잡고 있다. 이는 노숙자들이 사회에 복귀하는 데 소요되는 심리적인 마지노선이라는 생각이다. 정부나 지방자치단체도 이를 염두에 두고 노숙자들의 사회복귀를 위한 적극적인 대책을 마련해야 한다.

또한 직업훈련소와 쉼터를 연결하고 고용안정센터를 포괄하는 지역별 연계망을 갖추는 것도 한 방안이다. 노숙자들은 심리적으로 볼 때 고용안정센터 등 행정기관 등을 찾기보다는 주변에서 쉽게 접할 수 있는 생활정보지 등과 더 가깝다는 점을 고려해서 쉼터에 직접 나가서 상담하는 것(Out-reach)도 대안이다.

마지막으로 정부는 노숙자정책의 목표를 확실히 해야 한다. 노숙자가 하나도 없는 사회를 추구할 것이 아니라 사회안전망을 통해 노숙자 발생을 최대한 막고, 발생한 노숙자는 빠른 기간 안에 사회생활이 가능하도록 지원해야 한다. 또한 재활이 불가능한 노숙자의 경우 최대한 인간적으로 보호하고, 재활지원과 보호과정에서 상담 · 치료 등 인내심 있는 재활 프로그램을 제공해야 한다. 따라서 정부가 생각한 프로그램에 맞춰서 노숙자를 지원할 것이 아니라, 노숙자가 원하고 사회가 허용하는 최대한의 보호대책을 제공하는 쪽으로 정책을 마련해야 한다. 노숙자 대책은 멀리서 찾을 것이 아니라 그들 주변에서 찾아야 한다.

참고문헌

강위영, 나운환(2001). 직업재활 개론. 서울: 나눔의 집.

김미숙(1998). 도시노숙자의 보호대책. 보건복지포럼. 보건사회연구원.

김수현(1996). 도시서민의 삶과 주민운동. 건설업 일용노동과 노점상. 한국도시연구소.

노동부(2001). 실업대책백서(1998-2000).

노숙자다시서기지원센터(1998). 노숙 원인과 양상.

박성배(1999). 노숙자의 재활 프로그램에 관한 연구. 원광대학교 행정대학원 석사학위 논문.

박용순(2001). 빈곤과 자립, 사회복지의 기본가치. 서울: 학지사.

박종오(1997). 재활 프로그램 모형개발 및 운영시설기준 연구. 한국장애인재활협회.

보건복지부(2000). 하반기 노숙자 재활사업 실시(2000. 8. 14).

보건복지부, 한국도시연구소(1999). 노숙자 재활을 위한 각계의 과제.

서울시노숙자대책협의회(2000). 서울시 노숙자 지원사업 백서(1998-2000).

이기우(1998). 홈리스의 발생원인과 실태에 관한 연구. 한국도시연구소.

이광찬(1999). 노숙자의 재활 프로그램에 관한 연구. 원광대학교 행정대학원 석사학위 논문.

이선우(2000). 실업가구 복지욕구의 변화. 보건학회연구, 20(2).

임옥희(2000). 노숙자의 재활 프로그램의 문제점과 개선방안에 관한 연구. 단국대학교 행정대학원 석사학위 논문.

정원오, 김수현(1999). 한국 노숙 원인에 관한 연구. 서울시정연구, 7(1).

재정경제부(2001). 변화하는 한국 도약하는 경제. 국민의 정부 3주년 기념자료집.
전국실직노숙자대책종교시민단체협의회(2000). 한국의 노숙자 2년의 흐름과 진단.
한형수(2000). 사회복귀를 위한 노숙자 대책에 관한 연구. 사회와 문화, 11.

Burrows, R. (1997). The Social Distribution of the Experience of Homelessness. In R. Burrows (Ed.), *Homelessness and Social Policy*. London: Routledge.
Bhugra, D. (Ed.) (1996). *Homelessness and Mental Health*. Cambridge: Cambridge University Press.
Neale, J. (1997). Homelessness and Theory Reconsidered. *Housing Studies*, *12*(1).
Shinn, M., & Weitzman, B. C. (1990). Research on Homelessness. *Journal Social Issues*, *46*(4).

제9장

결혼이주여성의 재생산권

이화선

1. 서 론

'이주의 여성화(feminization of migration)'는 세계적인 현상이다. 새로운 삶에 대한 약속이나 더 높은 수입에 대한 기대는 여성들의 이주를 촉진하여 왔다. 지난 10년간 여성의 이주에 나타난 특징 중의 하나는 발전도상국 출신의 여성이주자들이 증가하고 있다는 점이다. 장소, 인종, 그리고 성이라는 혼합된 도전에 직면하여 이들이 드러내는 인권상의 취약성은 국제적인 관심사가 되고 있다. 성적 · 인종적 · 사회적 소수자인 이주여성의 인권에 대한 초국가적 관심은 이주여성의 재생산권 문제를 부각시키는 계기로 작용한다. 임신, 낙태, 출산은 여성의 몸에서만 일어나는 현상이기 때문에 적극적으로 재생산을 하기 위한 권리를 확보하는 것은 이주여성의 인권보장에서 반드시 필요한 부분이다. 재생산권은 임신 및 출산권을 중심으로, 이를 거부하는 피임권과 낙태권, 나아가 여성 자신의 신체 및 정신 건강과 관련하여 여성 스스로 결정권을 확보하는 것까지 포함하는 포괄적인 여성의 권리다.

국제인구 및 개발회의 행동강령(International Conference on Population and Development Programme of Action: ICPD)에서도 재생산권을 보편적 인권의 개념으로 파악하고 관련 제도의 정비를 각국 정부에 촉구한 바 있다. 이주자 수가 2억을 넘어선 시점에서 이들의 권리에 대한 침해는 전 세계 인구의 재생산 및 건강과 직결되는 문제이기 때문이다.

우리나라 이주여성의 문제는 1990년대 이후 국제결혼의 증가와 함께 결혼이주여성[1]의 수가 늘어나면서 제기되기 시작했다.[2] 결혼이주여성에 대한 각종의 인권침해 사례가 드러나면서 사회문제로 여겨지기 시작했을 뿐만 아니라 국제사회에서도 비난 및 부정적인 반응이 지배적인 상황에 처하게 되었다. 2007년 6월, 미국무부는 국제인신매매보고서에서 한국의 국제결혼을 '인신매매(trafficking)'라고 표현하며 비판하였다. 또한 2007년 8월, 국제연합(UN) 인종차별철폐위원회는 "한국의 순수혈통주의가 인종차별의 소지가 있다."라며 이에 대한 관련법 제정을 촉구하였다. UN 성차별철폐위원회(CEDAW)는 2007년 8월 한국정부가 제출한 여성차별철폐협약 이행 제5차 및 제6차 보고서에 대한 검토 및 심의결과를 담은 최종 권고문에서 우리나라의 인신매매적 국제결혼 증가에 우려를 표시하며, 한국정부에 결혼중개업자의 활동을 규제하는 법률을 제정할 것을 촉구하였고, 'UN 국제조직범죄협약의 인신매매방지의정서'의 비준도 권고하였다(김상찬, 김유정, 2011).

1) '결혼이주여성'이란 국제결혼을 통하여 한국사회로 유입되어 합법적으로 체류하고 있는 한국 국적을 취득한 이주여성 및 취득하지 못한 이주여성을 모두 포함하는 개념이다. 우리 법에서는 '이민'을 인정하고 있지 않을뿐더러 외국 국적을 가지고 있는 여성에게 국제결혼과 동시에 한국 국적이 주어지지 않기 때문에 '이민'이라는 용어 대신에 '이주'라는 용어를 사용하는 것이 적절하다고 여겨진다. 표명환(2009). 재한 결혼이주여성의 국가적 보호에 관한 법적 고찰. 공법학연구, 제10권 제3호, 한국비교공법학회, p. 99.

2) 2011년 8월 말 기준, 한국사회 내에 체류하고 있는 외국인은 장기 · 단기 · 합법 · 불법체류를 모두 합하여 1,410,259명으로 집계되었다(법무부 출입국, 외국인정책본부, 2011년 8월호, p. 8. 참조). 이러한 현상은 세계화의 결과에 따라 국가 간 인구 이동이 보편화되면서 일어나는 것이기도 하지만, 최근 10년 동안 한국 남성과 외국 여성 간의 국제결혼을 통해 한국사회로 이주해 온 여성들의 수가 늘어난 것이 크게 작용하고 있다.

그럼에도 불구하고 결혼이주여성에 대한 정부의 시각에 큰 변화는 발견되지 않는다. 1992년 추진했던 '연변 처녀와 농촌 총각 짝짓기' 사업의 관점이 저출산 · 고령화 시대에 대한 대비책이라는 기획으로 이관되어 결혼이주여성은 '가족의 구성과 혈통의 유지'라는 관점에서 정책 대상자로 적극적으로 포섭될 뿐, 권리를 가진 개체로서의 이주여성 자체 인권문제는 주변에 머물러 있다. 아직까지 결혼이주여성에 대한 일관된 법적 보호의 원인은 국민의 '배우자'와 '모성'이라는 특수성에 기인하고 있다. 그러나 출산과 자녀양육에 대한 정책지원의 강화는 여성의 재생산권에 대한 보장이 없으면 한계가 있을 수밖에 없다. 따라서 여성 개인의 다양한 생애설계와 행복추구권을 고려하면서 인간의 재생산 과정에서 여성의 의사결정권과 건강권, 이를 보장받을 수 있는 제반 사회적 지원이 결혼이주여성에게도 포괄적으로 보장되어야 한다.

이 장은 이러한 맥락에서 결혼이주여성의 재생산권의 법리를 고찰해 보고자 한다. 결혼이주여성의 인권문제를 다룬 연구들이 나타나고 있기는 하지만 아직까지는 다양한 각도에서의 접근이 부족하며, 재생산권과 관련한 연구는 더욱 미비한 상황이다. 따라서 다소 생소할 수 있는 재생산권의 개념을 소개함과 아울러 결혼이주여성에게 적용 가능한 재생산권의 법리를 탐구하는 것이 이 장의 목적이다. 먼저 여권모델과 건강권 논의를 통하여 확대된 재생산권의 법리가 인권시각의 재생산권 및 재생산건강권으로 통합될 수 있음을 밝힌 후 이를 반영한 국제적 차원의 이주여성 재생산권 보호를 위한 법적 및 제도적 장치들을 소개하려 한다. 아울러 우리나라에서 시행되는 결혼이주여성관련 법제를 살펴보면서 인권시각에서의 재생산권 보호의 중요성을 환기시키고자 한다.

2. 재생산권의 개념

1) 여권모델에서의 재생산권

여성의 재생산권은 1960~1970년대 서구 여성 운동에서 임신, 출산, 피임, 낙태 등에 대한 여성들의 자결권과 통제권을 주장하면서 본격적으로 부각되었다.[3] 1960년대 이후 서구 여성운동에서 주창한 재생산권은 재생산권리와 성적권리가 다 포함되며, 재생산과 성의 영역에서 소외되지 않을 권리 및 여성의 신체에 대한 존중권 등을 포함한다.[4]

여성은 임신이 가능한 신체를 특징으로 가지고 있다는 것과 여성에게 사회적으로 부과되는 '모성'에 의해서 임신, 낙태, 출산, 양육의 문제 등 재생산 과정에 대한 일차적 책임자로 위임되어 왔다. 그러나 여성의 몸에서 이루어지는 재생산 과정을 통제하는 데에는 제한적인 권리만 있다는 점이 지적되고 있다. 이처럼 재생산과 관계된 많은 부분에서 여성은 자신의 몸에 대한 결정권과 통제권을 제대로 갖지 못하고 있다(이선순, 2007). 이는 재생산권이 사회적 권력관계에 영향을 받기 때문이다. 여성의 몸 또는 재생산 과정에 대한 통제권을 둘러싼 이슈는 개인적 문제인 동시에 사회적인 문제가 되어 왔다.

여성주의에서 본격적으로 재생산권 개념을 발전시켰던 페체스키(Petchesky)의 경우, 재생산권을 몸에 대한 자기결정권(bodily self-determination)과 몸의 통합권(bodily integrity)의 두 가지 차원으로 나누어 규정한다(Petchesky &

3) 1960~1970년대 서구 여성운동은 여성이 가지는 신체에 대한 권리 및 재생산권을 국제적인 차원에서 인지시키는 데 크게 기여함에 따라 발전하였다. 그리고 이에 기반을 두어 국제적인 연대를 통해 재생산권리를 기본적인 인권 내지 평등권의 원리에 포함시키기 시작한 1990년대의 여성운동에 의해 보다 진보하였다.

4) 이러한 권리를 구체적으로 살펴보면 강요된 성이나 결혼, 매매춘, 음핵절개로부터의 자유, 출산통제 접근권 확보 그리고 동의 없는 영구불임술 및 동성애 금지로부터 자유 등이 포함된다. 또한 여성에 대한 성폭력, 감금, 불완전한 피임, 원치 않는 임신, 강요된 자녀양육, 원치 않는 의료 개입 등으로부터 자유로울 권리가 포함된다.

Judd, 1998). 전자는 여성이 재생산 사안에서 중심적인 행위자가 될 것과 의사결정자가 되어야 할 권리를 말하는 것이고, 후자는 여성의 몸에 대한 침해나 학대 등으로부터 자유로울 것과 여성의 몸 혹은 재생산 능력이 존중되어야 할 권리를 말한다. 이러한 개념 정의를 통해 페체스키는 재생산 관련 사안에서 여성들 스스로가 주체적 의사결정자가 될 권리와 재생산 정보나 서비스가 여성 중심적으로 제공되어야 할 것을 강조한다.

딕슨-뮐러(Dixon-Muller)는 재생산권리를 선택의 자유권(freedom to choose)과 접근권(right to access), 그리고 통제권(right to control)으로 구분하였다. 선택의 자유권이란 주로 자녀 출산과 관련되어 자녀 수, 터울 조절, 출산 시기, 출산 여부 등을 여성들 스스로 자유롭게 선택할 수 있는 것을 말한다. 이때 여성들의 자유로운 선택이란 강요나 강제가 아닌 자발적인 선택이어야 한다는 것과 아울러 여성 스스로 선택에 대해 책임질 수 있어야 하는 것을 의미한다. 접근권이란 안전하면서도 효율적인 재생산서비스 및 정보에 접근할 권리를 말한다. 예를 들어, 여성의 생식력 통제를 위해 필요한 가족계획 정보와 서비스에 접근할 수 있는 권리를 들 수 있다. 몸 통제권은 주로 재생산과 성의 영역을 모두 포괄하는 것으로 규정하였는데 재생산, 성적 능력에서 소외되지 않을 권리와 자신의 신체의 통합성(integrity)을 확보할 권리를 포괄하는 것으로 규정하였다(Dixon-Muller, 1993).

딕슨-뮐러는 재생산권을 논의함에 있어 섹슈얼리티의 자유 · 권리에 주목하며 섹슈얼리티가 놓여 있는 사회적 권력관계에 대해 강조한다. 재생산은 친밀한 영역에서의 남녀 간 섹슈얼리티와 연관이 깊은데, 딕슨-뮐러가 강조했던 것은 친밀한 영역에서 남녀의 성적태도와 행동은 피임의 선택과 사용에 영향을 미치며, 더 일반적으로 성적관계는 종종 성뿐만 아니라 나이, 인종, 계급에 기초한 권력 불균형을 내포하고 있다는 것이다. 일반적으로 여성들은 남성과의 성적관계 내에서 통제권을 덜 가지고 있는데, 성적관계 내의 불균등한 권력관계는 피임의 선택과 사용방법에까지 영향을 미치며, 피임의 사용이나 피임의 효과에 대한 조사에서도 주로 남성의 섹슈얼리티가 여성의 섹슈얼리티보다 더 중요하고 주된 것으로 채택되고 다뤄진다는 것을 알 수 있다. 가장 친밀하고 개인적인 차원에서부터 가장 공적인 차원에 이르기까지, 개인 대 개인의 권력관계는 성적·재생산적 건강의 결과에 영향을 미치는 것이다. 즉, 재생산 과정과 그 결과들은 권력관계를 내포하고 있는 섹슈얼리티의 영향을 받기 때문에 재생산권 개념을 보다 근본적으로 이해하기 위해서는 사회적으로 조직되고 젠더화된 섹슈얼리티[5)]의 영역들을 인식할 수 있는 분석틀이 요구되며, 재생산권에 대한 분석은 반드시 '재생산의 사회적 관계'에 대한 분석이 포함되어야 한다.

여권모델에서 제기한 재생산권의 법리는 주로 재생산을 둘러싼 통제권의 획득이라고 볼 수 있다. 재생산관계는 젠더와 인종, 계급에 기초한 권력관계를 내포하고 있기 때문에 남성보다 상대적으로 낮은 지위에 있는 여성들은 통제권을 덜 가지게 된다는 것이다.

2) 건강권에서의 재생산권

건강권은 지난 60년에 걸쳐 개념적·규범적으로 상당히 발전해 왔다. 건강권에 대한 전반적인 경향은 권리의 규범적 범위와 이러한 권리들이 적용되는 구조적인 틀에서 확고히 확산되었다. 이러한 확산은 세계적·지역적·국가적으로 건강권에 대한 인식과 적용을 확대했을 뿐만 아니라, 입법자와 재판관들이 사법권의 경계를 넘어서 건강권에 대하여 판단하고 이에 대한 규범적

5) 성적 행위와 실천양식이 성별로 나뉘어 있다는 뜻으로 성별이중규범과 연결된다. 사회적으로 구성된 섹슈얼리티, 권력관계에 대해 참고할 수 있는 논의 중 하나로 케이트 밀레트(Kate Millet)를 들 수 있는데, 그는 젠더와 섹슈얼리티의 교차를 여성 정체성의 가장 중요한 부분이자 여성억압의 핵심으로 이해했다. 즉, 섹슈얼리티를 정치학으로 본 것인데, 여기서 가부장제는 섹슈얼리티를 자연적이고 불변의 것으로, 남녀 간의 관계를 사적이자 비정치적인 것으로, 여성을 자연적으로 남성에 종속되는 존재로 만드는 기능을 한다고 분석했다. 또한 맥키논(Catharine A. Mckinnon, 1997/1987)은 섹슈얼리티에 대한 연구에서, 섹슈얼리티는 세상 속의 사회적 권력 관계 안에서, 젠더가 만들어지는 것과 같은 과정을 통해 사회적으로 구성되는 것이며, 권력에 의해 구성되고 권력을 구성하는 것이라고 봤다.

해석을 적용하는 데에도 영향을 미쳤다. 건강권에 대한 규범적 발전은 재생산적 건강에 대한 관점을 포함한다. 건강권 모델은 인권의 기본적인 측면이 재생산적 건강과 권리, 그리고 그들의 잠재적 결정자들이 존중받고, 보호되고, 실현될 수 있도록 지지하는 관점을 포함한다.

세계보건건기구(WHO) 헌법은 건강을 "단지 아프거나 질병이 없는 상태가 아니라, 신체적 · 정신적 · 사회적으로 완전히 안녕한 상태"라고 정의한다. 1994년 국제인구 및 개발회의 행동강령에서도 이러한 정의를 적용했고, 재생산적 건강권을 "재생산적 제도와 기능 및 과정과 관련된 문제들에서 단순히 아프거나 질병이 없는 상태가 아니라, 신체적 · 정신적 · 사회적으로 완전히 안녕한 상태"라고 폭넓게 정의하였다. 여성에 대한 모든 형태의 차별철폐에 관한 협약(CEDAW) 제12조는 건강권을 포함한다. 이에 따라 각국의 정부는 건강보호의 영역에서 남녀평등과 건강보호서비스에 대한 접근권을 보장하기 위해서 여성에 대한 차별을 철폐하는 데 적절한 모든 수단을 취해야 하며, 임신과 분만, 출산 후 기간에 대한 적절한 서비스를 보장하여야 한다. 이 조항은 재생산적 건강과 관련하여 국가의 의무를 더 강조한다.

건강권 모델은 재생산적 건강권에 대하여 재생산권 모델과는 다른 접근을 한다. 이 모델은 건강권에 기본을 둠으로써, 인권의 기본적인 측면과 재생산적 건강과 관련된 상황을 통합하는 것을 강조한다. 재생산적 건강에 대한 기본적인 인권의 관점은 재생산적 건강이 유지될 수 있도록 하는 데 필요한 지원을 제공하는 것을 포함한다. 이 관점의 핵심은 다음과 같다.

첫째, 건강권이 '건강한 삶이 폭넓은 사회경제적 요인들에 의해 영향을 받는다는 것'에 의존하기 때문에 재생산적 건강권에 대한 인식은 정부가 이러한 요인들과 상황들을 확인하고 지지할 것을 요구한다. 따라서 재생산적 건강권은 성적 · 재생산적 건강 유지를 위한 피임약과 다른 수단들의 제한을 삼가는 노력을 포함한다.

둘째, 건강의 잠재적인 결정자들이 건강을 획득하는 데 핵심 역할을 한다는 것을 인식한다. 음식, 영양, 주택, 안전하고 마실 수 있는 물, 적절한 위생

시설, 건강한 근무조건과 환경과 같은 잠재적인 결정자들은 재생산적 건강에 중요한 영향을 미칠 수 있다. 이러한 결정자들이 보호되지 않는 곳은 정치적 · 사회적 · 경제적 상황을 불안정하게 하고, 재생산적 건강권을 악화시킨다.

셋째, 이 모델에서의 재생산적 건강권은 건강권을 포함한 다른 종류의 인권들이 건강권의 필수적인 요소가 된다는 사실을 인정한다. 인권과 인권의 영향력은 서로 통합되어 있다. 예를 들어, 교육의 접근권과 보건서비스의 유용성, 그리고 폭력으로부터의 보호는 재생산과 관련된 여성의 결정권에 대한 권한을 강화한다(Petchesky, 2000). 따라서 재생산적 건강과 인권은 불가분의 관계를 갖게 되며, 재생산적 건강권의 성취는 다른 인권들의 실현을 필요로 한다.

건강권에서의 재생산권의 법리는 인간의 재생산 활동이 정치 · 사회 · 문화 조건에 관계없이 행복하고 건강하게 이루어져야 한다는 점, 임신 · 출산에 관련된 부부의 건강뿐만 아니라 태어나는 아기의 건강을 포함한다는 재생산건강권에 초점을 맞춘다.

3. 이주여성의 재생산권 보호의 틀

1) 재생산권에 관한 국제동향

여성의 재생산권이 지닌 권리성이 구체화되기 시작한 것은 비엔나세계인권대회(The World Conference on Human Right, Vienna), 카이로인구개발회의(The International World Conference on Population and Development, Cairo), 북경여성대회(The Fourth World Conference on Women, Beijing) 등에서 발표된 여러 선언들과 행동강령을 통해서다. 비록 강제성이 없는 선언적인 차원이라는 한계는 있지만 재생산권리의 방향성을 제시하였다는 점에서

의의를 지닌다.

(1) UN 비엔나선언과 행동계획

UN은 1993년 6월 14일부터 25일까지 비엔나에서 개최된 세계인권대회의 비엔나선언과 행동강령(Vienna Declaration and Program of Action)을 채택한다. 동 강령에서는 여성의 인권이 침해되지 않아야 함은 물론 여성의 인권이 모든 여성 관련 인권 법규의 촉진에 있어 불가결한 부분을 이루어야 한다는 점을 주장하였다. 동시에 UN 여성차별철폐협약 등의 채택을 촉구하고, 적절한 보건서비스를 제공받을 수 있는 권리와 가족계획과 관련하여 포괄적인 서비스를 제공받을 수 있는 권리가 여성의 권리로 인정되어야 한다는 내용 등을 구체적으로 언급하였다. 또한 여성에게는 재생산권리가 인정된다는 것과, 이러한 권리는 자녀의 수와 출산 시기 등에 대하여 자유롭고 책임감 있게 결정할 수 있는 권리로서, 이는 개인의 기본적 인권에 해당하는 것임을 명확히 하였다. 뿐만 아니라 이러한 권리에는 자녀 수와 출산 시기 등에 대한 자유롭고 책임감 있는 결정을 위해 상당 수준의 성적 건강과 재생산건강을 보장받을 수 있는 권리와 그를 위해 요구되는 정보 및 수단을 가질 수 있는 권리가 포함된다는 것을 분명히 함으로써, 재생산권리의 개념을 재생산건강권이 포함되는 개념으로 확대시켰다. 그리고 재생산권리가 보장되기 위해서는 차별이나 협박, 강요 없이 재생산에 관한 결정을 자유롭게 내릴 수 있어야 함을 다시 한번 강조하였다.[6)]

(2) UN 카이로행동강령(ICPD)

1994년 UN 카이로 세계인구개발회의[7)]에서는 재생산권리와 관련하여 과

6) 이상 비엔나선언과 행동계획의 내용 중 여성의 동등한 지위 및 인권에 관하여 규정한 부분(The equal status and human rights of women, 제33~44항) 참조.

7) UN은 인류의 복지증진을 목표로 효과적인 인구사업을 추진하기 위한 정책과제를 결의하고 채택하기 위해 10년마다 세계인구개발회의를 개최하여 각국의 의견을 수렴한다.

거와는 다른 차원의 정책방향을 제시하였다.[8)] ICPD에서 가장 주목할 만한 것은 재생산권리에 대한 정의를 세 가지 항목으로 직접 규정하고 있다는 점이다. 첫 번째 항목은 모든 부부와 개인이 그들의 자녀의 출산 시기와 장소는 물론 자녀의 수를 자유롭고 책임감 있게 결정할 권리와, 이러한 권리의 실질적 보장을 위한 정보와 수단을 가질 권리다. 두 번째 항목은 높은 수준의 성적 건강과 재생산건강의 향유를 가능하게 하면서도 안전하고 효과적인 방법으로 가족계획을 세울 수 있도록 적절한 보건의료서비스에 접근하고 재생산 기능 및 과정과 관련되는 정보를 얻을 수 있는 권리다. 세 번째 항목은 차별과 강요, 폭력으로부터 자유로운 상태에서 재생산을 결정할 수 있는 권리다 (UN 인구기금, 2005).

즉, 여성들의 재생산권리는 자발성이 확보될 수 있는 자유로운 상태에서 임신과 출산을 결정할 수 있는 권리로서 재생산활동에 대한 충분한 정보를 제공받아 적절한 지식을 갖고 결정할 수 있도록 하는 권리이며, 수용가능하고 종합적이며 질적으로 우수한 생식보건서비스를 제공받을 수 있는 권리, 최고 수준의 건강을 유지할 권리와 관련된다는 것을 분명히 하였다.

이와 함께 장기적으로 세계 인구문제를 해결하기 위하여 새롭게 개발해야 할 영역으로 여성의 재생산건강권[9)]을 포함하는 재생산권리[10)]를 채택하였다. 여성은 인구변동의 핵심이 되는 임신과 출산의 주체로서뿐만 아니라, 사회적 · 문화적으로 출산과 관련된 모든 활동의 중심에 있기 때문에 여성의 건

---

8) 세계인구개발회의의 행동계획 제7장 Reproductive Rights and Reproductive Health 참조. 가족계획을 포함한 재생산건강 정책과 프로그램의 기초가 되어야 한다.

9) 재생산건강은 사람들이 만족스럽고 건강한 성생활을 할 수 있고, 자녀를 출산할 능력과 자녀를 가질지 여부, 언제, 몇 명이나 가질지를 결정할 수 있는 자유를 의미한다. 이 마지막 조건에는 남성들과 여성들이 안전하고 저렴하며, 받아들일 만한 가족계획 방법의 선택에 있어서 법에 위배되지 않는 한 출산통제의 방법을 선택할 수 있도록 정보가 주어지고 그에 접근할 수 있으며, 또한 여성들이 임신과 출산을 안전하게 치를 수 있고, 커플이 건강한 아기를 낳을 수 있도록 적절한 의료케어서비스에 접근할 수 있는 권리를 포함한다.

10) 재생산권은 이미 국가법률, 국제인권법에 그리고 기타 UN이 합의한 문서에서 인식되는 인권의 어떤 측면을 포함한다. 재생산권이란 모든 커플과 개인들이 그들의 자녀 수, 터울, 시기를 자유롭고

강권, 인권 및 평등권이 강조된 것이다. 처음으로 재생산건강(reproductive health)이라는 용어가 사용되었고, 재생산건강이 생식계통, 생식기능, 생식과정과 관련하여 단순한 질병이나 선천적인 기형이 없는 상태일 뿐만 아니라, 완전한 육체적 · 정신적 · 사회적 안녕 상태라고 정의됨으로써 재생산건강권이 재생산과 관계되는 보건의 다양한 영역을 함축하는 의미로 가늠되도록 하였다.

1994년의 ICPD에서는 기존의 가족계획 중심의 시각을 벗어나서, 1990년대에 새롭게 형성되던 여성 인권의 시각에서 재생산권이 재조명되기 시작했다는 점에 주목할 필요가 있다. ICPD의 가장 중요한 의미는 여성의 건강, 권리, 평등과 함께 세력화의 중요성을 인식하고, 이를 인구와 개발 프로그램을 통합된 인권틀에 위치시켰다는 점이다. 이는 전통적 인권개념을 여성의 현실과 필요성에 적용한 것이라고 할 수 있다. 1993년 비엔나회의가 공적이고 사적인 영역에서 일어나는 젠더폭력(gender violence)을 인권유린으로 인지하는 첫걸음을 내디딘 것처럼, 카이로 프로그램은 인권의 중요성을 재생산과 섹슈얼리티의 영역으로 재해석하는 데 박차를 가한 것이다.[11)]

(3) 북경선언과 행동강령

재생산권리의 개념은 북경 제4차 여성대회에서 채택된 북경선언과 행동강령에서 더욱 구체화된 내용으로 확인된다. 여성의 인권에는 성적 건강과 재생산건강을 포함하는 여성의 섹슈얼리티, 강요나 차별과 폭력으로부터의 자유와 관계되는 문제들에 대해 여성이 자유롭고 책임감 있게 결정하고 통제할 권리가 포함되는 것으로 설명되면서, 여성의 재생산건강이 단순히 여성

책임 있게 결정할 수 있는 기본적 권리 및 그 권리를 행사할 수 있는 정보와 수단, 그리고 가장 높은 수준의 성적 재생산적 건강을 누릴 권리를 포함한다.

11) 카이로 문서는 낙태에 대한 이중적 태도 및 인간 섹슈얼리티에 대한 보수적 태도로 인해 여성의 인권 옹호에 부족함이 있다고 평가된다. 이 회의의 보수적 집단들은 출산 규제에 낙태가 포함되는 것을 반대하여 '법이 허용하는 경우에 한해 낙태를 허용하고, 낙태는 어떠한 경우라도 가족계획의 방법으로 사용되어서는 안 된다.'는 문장을 넣는 데 성공하였다.

의 권리가 아니라 인권으로 여겨져야 함이 강조되었다.

여성의 재생산건강권은 완전한 신체적 · 정신적 · 사회적 안녕 상태에 도달할 권리이고 만족스럽고 안전한 성생활을 영위할 권리이며, 재생산 여부 · 시기 · 빈도 등을 자율적으로 결정할 자유가 포함되어 있을 뿐만 아니라, 안전하게 임신 · 출산을 할 수 있고 부부가 건강한 아이를 가질 수 있게 하는 최상의 보건서비스에 접근할 권리임과 동시에 안전하고, 효과적이고, 입수가능하고, 수용할 수 있는 가족계획에 대한 정보 및 서비스에 접근할 권리라고 명시되어 있다.[12)]

이는 재생산건강의 개념을 단순히 신체적으로 질병이 없는 상태가 아닌 정신적 · 사회적 안녕까지 목표로 하는 포괄적인 개념으로 확대시킴과 동시에 임신 · 출산이 의료적 위험과 관계된다는 것을 인식함으로써 여성의 건강에 대한 보호를 강조하고, 나아가 임신 전 · 가임기 · 출산 이후의 시기에 있는 여성의 요구까지도 고려하여야 함을 언급함으로써 여성의 재생산권리의 개념을 한 차원 높였다는 점에서 의의가 있다. 여성의 재생산건강의 보호가 단순히 모성건강에 국한되는 것이 아니라 성과 재생산의 영역 전반에서 자유로운 의사결정권을 가지는 것이어야 함을 분명히 하였음은 물론, 재생산건강의 보호를 실질적으로 가능하게 할 수 있는 정보 및 서비스에 접근할 수 있는 권리까지도 주장할 수 있게 하여 재생산권리의 보장에 기여할 수 있도록 하였다. 또한 가임기 이전의 시기에 있어 재생산능력이 아직 완전히 성숙하지 않은 여성, 가임기에 있으나 불임인 여성, 완경 이후의 시기에 있어 재생산능력이 없는 여성에 대해 사회적 · 법적 · 의학적으로 차별적 조치가 취해져서는 안 된다는 것을 분명히 하고 있고, 재생산권리의 개념을 통해 보호되는 여성의 범주를 모든 여성으로 확대했다.

---

12) http://www.un.org/womenwatch/daw/beijing/plaform/human.htm 참조.

2) 인권으로서의 이주여성 재생산권

상술한 국제적 동향에서 나타난 것처럼 재생산권의 법리는 여권모델에서 제기된 여성의 재생산 통제권리뿐만 아니라 포괄적인 건강권의 영역까지 확대된 기본권적 의미로 확장되는 추세다. ICPD 등의 재생산권 논의는 인권의 통합적 구조, 특히 여성권리의 통합성에 대한 강조를 통하여 인권을 여성의 재생산과 성적 권리의 주장옹호로 인식하는 틀을 제공했다. 이제 재생산권은 출산을 안전하고 효과적으로 통제 · 조절할 권리, 자신만의 섹슈얼리티를 이해하고 즐길 권리, 재생산과 관련된 질병이나 죽음으로부터 자유로울 권리, 아이를 건강하게 낳고 기를 권리 등을 포함하는 재생산과 관련된 포괄적인 여성의 권리를 지칭한다(Dixon-Muller, 1993). 이는 여성 스스로 여성의 삶에 막대한 영향을 끼치는 임신 또는 임신중단, 출산과 자녀양육에 이르는 재생산의 전반적인 과정의 주인이 될 수 있으며, 여성의 자기 삶과 생애에 대한 통제권 회복과 관련된다. 이러한 의미에서 재생산권은 여성의 정치적, 경제적 평등권 확보를 위한 기본조건이며, 여성의 삶 자체에 대한 통제권과 연결된다는 의미에서 인권이라는 근본적 차원과도 결부되는 개념인 것이다.

이렇게 포괄적이고 다양한 의미를 묵시적으로 내포하고 있는 재생산권은 인간의 재생산활동이 정치 · 사회 · 문화 조건에 관계없이 행복하고 건강하게 이루어져야 한다는 점, 임신 · 출산에 관련된 부부의 건강뿐만 아니라 태어나는 아기의 건강을 포함한다는 점에서 재생산건강권에 초점을 맞춘다. 최근 나타난 ICPD와 북경선언 등에서도 이러한 인식이 내포되어 있다. 재생산건강권은 단순한 건강의 영역을 넘어 남녀의 재생산은 물론 성과 관련된 건강권(각종 성병을 회피하고 불임을 해결할 수 있는 권리 등), 인권(남녀의 평등권, 임신과 출산에 대한 선택권, 피임법 선택권 등), 모자보건을 비롯하여 특히 여성의 건강에 관한 광범위한 부문을 내포한다. 이는 인종과 사회계층에 관계없이 누구나 임신 · 출산에 대해 알 권리가 있고, 이에 관한 교육기회를 가져야 하며, 효과적인 가족계획 방법도 자유롭게 선택한다는 의미가 포함된다.

그러나 특정 사회나 문화권에서는 임신 · 출산이 남성의 의사에 강요당하는 등 재생산건강의 위협을 받고 있는 여성들이 존재한다. 특히 이주여성들의 경우 재생산과 관련한 전형적인 위험에 노출되어 있다. 이들의 재생산권 역시 다른 여성들과 마찬가지로 인권의 차원에서 접근할 수 있다. 재생산권을 보편적인 인권으로 바라볼 때, 이는 거주국의 국적 및 시민권을 취득하지 못한 이주여성까지 포함될 수 있는 것이다. 다음에서는 인권으로서 이주여성의 재생산권을 보호할 수 있는 국제법적 체계를 소개한다.

3) 이주여성 재생산권 보호의 국제법적 체계

국제법은 대부분의 국내법 체계가 재생산권을 제대로 보장하지 못하고 있는 현실 속에서 모든 여성의 재생산권에 관한 청구 및 기준을 제시하고 있다. 국제법은 시민권의 유무와 상관없이 이주여성의 권리 및 이들에 대한 책임 부여와 그의 위반에 대한 책임 추궁의 중요성에 대해 점차 관심을 기울이고 있다.

여성의 재생산권의 근간이 되는 기존 국제인권협약상의 인권의 명확한 범위 및 내용에 대해서는 다양한 견해가 있을 수 있겠으나, 다수의 학자들은 공통적으로 기존 협약상의 인권 중 생명 · 자유 · 안전권, 재생산적 자기결정권, 혼인동의권, 건강권, 차별로부터 자유로울 권리, 고문 및 그 밖의 잔혹하고 비인도적 · 굴욕적인 대우나 처벌을 당하지 않을 권리, 성폭력으로부터 자유로울 권리 등을 주요한 여성의 재생산권의 구체적 예로 들고 있다.

재생산권은 고유한 인권이고, 이는 거주국의 국적 및 시민권을 얻지 못하는 모든 이주여성들에게도 해당된다. 이러한 사실을 확인하는 것으로, 국제인권법의 기초가 되면서 이주여성들의 재생산적 권리를 더욱 확고히 하는 여섯 개의 핵심적 인권조약이 있다(Aliya, 2008).[13]

13) ① 경제적, 사회적 및 문화적 권리에 관한 국제규약
② 고문 및 그 밖의 잔혹한, 비인도적인 또는 굴욕적인 대우나 처벌의 방지에 관한 협약

이들 조약은 두 가지 측면에서 재생산권의 기초를 형성한다. 첫째, 재생산권은 이 조약들이 이주여성을 포함한 '모든' 여성을 보호하고 있는 인권에서 도출된 것이다. 둘째, '비차별의 원칙'은 이 여섯 개의 조약에 근간을 두고 있으며 이 조약들이 '모든' 여성에게 적용될 수 있도록 한다는 것이다. 이주문제와 관련한 비차별의 원칙은 합법적 이주자이든 밀입국 이주자이든 관계없이 모든 이주자들이 일정한 권리와 대우의 기준을 부여받음을 의미한다. 서로 평등한 존재로서 인간이 지니고 있는 인권은 인종, 피부색, 성별, 언어, 종교, 정치적 견해, 재산, 출생 및 기타의 지위 등을 기초로 구성되어서는 안 된다.

이주여성의 재생산권은 통상적으로 일련의 성별, 국내적 출생 및 지위에 따른 차별로 인하여 침해받게 된다. 비차별의 원칙은 이주여성의 재생산권에 인권조약을 적용할 때 비로소 법적으로 중심에 서게 된다. 국제협약은 당사국 간의 합의이기 때문에 주로 불확실한 시민권 및 국적의 지위를 가지고 있는 이주여성들의 권리는 정당한 시민권자 및 국적자들에 비해 무시될 소지가 크다. 그러나 핵심적 인권협약들에 근간을 두고 있는 비차별의 원칙은 특정사안에 대한 합의가 당사국 간에 이루어진 것일지라도 그 의무는 '모든' 사람에게 적용되도록 한다. 나아가 비차별의 원칙은 그 특성상 단순한 선언적 의미만을 지닌 것이 아니라 실질적이고 적극적인 이행이 수반되어야 하는 법리라는 점이 명확히 인식되어야 한다. '인권위원회'의 일반논평 28(The Human Rights Committee's Genenral Comment 28)은 「자유권규약」 제3조[14]와 관련하여 성평등권(the right to gender equality)이 단순히 비차별을 의미하는 것이 아니라 적극적인 조치가 요구되는 것을 의미하는 것이라

③ 여성에 대한 모든 형태의 차별철폐에 관한 협약
④ 아동의 권리에 관한 협약
⑤ 시민적 및 정치적 권리에 관한 국제규약
⑥ 모든 형태의 인종차별 철폐에 관한 국제협약

14) 제3조: 이 규약의 당사국은 이 규약에서 규정된 모든 시민적 및 정치적 권리를 향유함에 있어서 남녀에게 동등한 권리를 확보할 것을 약속한다.

고 해석하였다.

4. 우리나라 결혼이주여성과 재생산권

1) 결혼이주여성의 재생산권 침해

우리나라는 1995년 정부의 '농촌총각장가보내기' 사업의 일환으로 국제결혼이 본격적으로 추진되면서, 결혼이주여성이 지속적으로 증가하여 왔다. 결혼이주여성의 국적은 중국, 필리핀, 태국, 몽골을 비롯하여 베트남, 캄보디아, 우즈베키스탄, 카자흐스탄 등으로 다양화되고 있다.

2011년 8월호 출입국 · 외국인정책 통계월보 자료를 분석해 보면, 2011년 8월 31일 기준으로 결혼이주자 수는 143,280명이고 전년 동기 대비 3.7% 증가하였다. 결혼이주자의 국적을 살펴보면 중국 45.7%, 베트남 25.3%, 일본 7.6%, 필리핀 5.5% 순이며, 성별로는 남성이 19,325명으로 13.5%이고 여성이 123,955명으로 86.5%를 차지하고 있다(출입국 · 외국인 정책 통계월보, 2011. 8.).

한국의 결혼이주여성은 소수자로서, 성적 · 인종적 하위주체의 정체성을 가지고 있는 것으로 이해된다(송민애, 2008). 즉, 가부장사회에서 결혼이주여성들은 여성에 대한 성차별과 함께 인종차별이 교차되는 다중적인 차별을 경험하며 국제적 이주자로서의 법적 지위로 인하여 인권의 사각지대에 놓일 수 있다.

결혼이주여성들의 혼인 자체가 일종의 '매매혼' 성격을 드리우고 있다.[15)]

15) 한국의 국제결혼이 인신매매적 결혼형태로 변질되어 2007년 UN 여성차별철폐위원회로부터 여성인권침해 방지정책을 마련할 것을 권고 받았다. 이에 따라 2007년 12월 「결혼중개업의 관리에 관한 법률」을 제정하게 되었다. 이 법의 시행에도 불구하고 국제결혼 준비단계에서 결혼중개업체는 한국 남성에게 상대 여성의 신상정보를 일방적으로 제공하는 반면, 여성의 경우 최종적으로 선

〈표 9-1〉 결혼이주여성 국내 체류현황: 연도별 증감 추이 (단위: 명, %)

연도	2006년	2007년	2008년	2009년	2010년	2010년 8월	2011년 8월
인원	93,786	110,362	122,552	125,087	141,654	138,104	143,280
전년대비	25.0	17.7	11.0	2.1	13.2	-	3.7

결혼이주여성은 한국인 배우자와 충분한 교제시간을 갖지 못하기 때문에 국제결혼 중개업자들이 제공하는 정보에 의존하여 결혼을 결정하게 된다. 결혼이 성립되는 과정에서 예비 배우자에 대한 명확한 신상정보, 입국절차에 필요한 정보, 결혼성립 이후 국적취득에 관한 정보, 한국사회에 대한 생활정보 등에 대해 구체적으로 알지 못하기 때문에 본인의 의사를 충분히 개진할 수 없다. 결혼이주여성은 결혼의 주체라기보다는 수단화되는 가운데 인권침해를 받게 된다(손영기, 2011).

결혼이주여성들의 인권침해 사례는 여러 대중매체와 연구들을 통하여 알려지면서 사회문제로 인식되었다. 2007년 7월의 베트남 여성 후인(19세) 사망사건,[16] 2003년 3월 필리핀 국적의 알가나레이 비비(31세) 사망사건, 2005년

택된 이후에 자신을 선택한 배우자의 간략한 신상정보를 제공받지만 이마저도 상당히 허위 · 과장되거나 불명확한 정보인 탓에 이주여성의 인권침해 피해사례가 급증하고 있다. 이와 관련 국제결혼문화의 건전한 정착과 결혼중개업체에 의한 이주여성의 인권침해 피해사례를 최소화하기 위하여 2010년 5월 17일 현행 법제도의 일부를 개정하게 되었다. 그 동안 문제점으로 지적되어 온 개인신상정보 제공에 관하여 개정된 「결혼중개업의 관리에 관한 법률」에서는 개인신상정보 제공에 대하여 의무화 규정을 두고 있다. 즉, 국제결혼중개업체는 이용자와 상대방으로부터 혼인경력, 건강상태(후천성면역결핍증 및 성병 등의 감염 여부를 포함), 직업, 범죄경력(성폭력 · 가정폭력 · 아동학대 등)등에 대한 증빙서류를 제출받아 개인신상정보 확인서를 작성한 후 제공받는 이용자와 상대방이 이해할 수 있는 언어로 번역하여 제공하고(개정 법 제10조의 2), 서로 상대방의 신상정보 확인서를 확인한 후 양쪽 모두 만남에 동의를 한 경우에 한해 만남을 주선토록 규정하고 있다.

16) 2007년 7월 충청남도 천안에서 19세의 결혼이주여성이 술취한 남편(46세, 일용근로자)에 의해 갈비뼈 18개가 부러진 채 사체로 발견되었다. 결혼중개업체 소개로 한국인 남성과 결혼하여 한국으로 입국한 이주여성을 기다린 것은 18만 원짜리 지하 월셋방에서 감금과 다름없는 생활과 남편의 무자비한 폭행이었다. 범인으로 검거된 남편은 수사과정에서 "1,000만 원을 들여 아내를 데려왔는데 자꾸 돌아간다고 해 홧김에 때렸다."라고 진술했다. 대전지방법원은 징역 12년을 선고하였고, 이에 피고인과 검사가 모두 항소하였는데, 대전고등법원은 이를 기각하고 원심을 수긍하여 형이

11월 남편의 폭행으로 숨진 필리핀 여성의 사망사건, 2007년 9월 베트남 여성의 씨받이 사건[17] 등과 같은 여러 사례는 국제결혼에 내재되어 있는 문제가 집적되어 표출된 사안이다. 결혼이주여성들은 가족 내에서 전처 아들이나 시아버지의 성추행과 희롱을 경험하기도 하였으며, 시댁식구들에게 낙태를 강요받기도 한다(고기숙, 2010). 이렇듯 가정에서 패륜적인 성폭력이 일어난다는 것은 결혼이주여성을 자신의 아내, 어머니, 며느리로 받아들이기보다는 무시하고 짓밟아도 저항할 힘조차 없는 약자로 여기기 때문이다. 경제적으로 열악한 나라 출신 여성이라는 상황 자체가 국제결혼의 가족관계에서 가정폭력의 구조적 배경이 되는 것이다(Piper & Mina, 2003).

여성의 재생산과정과 그 결과들은 개인적인 문제인 동시에 사회적인 문제이며, 사회적 권력관계를 내포하고 있다. 이주여성의 재생산권은 일반적으로 그들의 성별과 출생지 및 사회경제적 지위에 따른 차별로 인하여 더 큰 침해를 받는다. 따라서 결혼이주여성의 재생산권의 침해는 이들이 처한 사회적 권력관계와 불가분의 관계를 맺고 있다.

2) 결혼이주여성 재생산권 관련 제도

현재 우리나라의 재생산권 관련 법은 주로 여성의 임신, 출산, 양육과 관련된 부분에 치중되어 있다.[18] 마찬가지로 결혼이주여성의 재생산권을 보호할

확정되었다(대전고법 2008. 1. 23. 선고 2007노425 판결).

17) 불임으로 아이를 갖지 못했던 한국인 부부에 의해 베트남 여성이 '대리모'로 유용되어 두 아이의 출산과 동시에 얼굴도 보지 못한 채 빼앗기고 이혼을 당한, 이른바 '현대판 씨받이 사건'으로 보도되었다. 한국인 부부가 베트남 여성과 결혼하기 한 달 전에 협의이혼을 하였고 이후 베트남 여성과 이혼한 지 1달도 채 안 되어 재혼신고를 하였다는 정황을 통하여 그들이 베트남 여성을 대리모로 유용하고자 사전 의도하였다는 점이 드러났다.

18) 우리나라 헌법에 의하면 임신·출산할 권리로서의 재생산권리만이 강조된다. 임신·출산할 권리는 자신의 자녀를 존재하도록 하여 인간으로서의 존엄과 가치 그리고 행복감을 높이기 위한 것이라는 이유에서 인간으로서의 기본적 인권으로 보장되며, 가족생활의 보장과 모성의 보호라는 국가적 차원의 의무에 근거하여 보장되는 권리일 뿐만 아니라, 이의 보장을 위한 국가의 적극적인 조치를 요구할 수 있는 권리다. 현재 우리나라 법률 중 「모자보건법」「건강가정기본법」「남녀고용평등

수 있는 법제들은 여성의 모성과 아동의 양육에 치중되어 있으며, 소수자로서 결혼이주여성의 인권을 보장하려는 법제는 주변적으로 남아 있는 실정이다. 결혼이주여성의 재생산과 관련된 법은 주로 이주여성 중심의 인권관점보다는 다문화정책 중심의 직접적인 근거가 되는 법령들 위주라고 볼 수 있다.[19)]

주요 법령으로 결혼이주여성의 임신 · 출산과 자녀양육에 관련한 법령인 「재한외국인처우기본법」과 「다문화가족지원법」을 들 수 있으며, 복지관련 법령으로 「아동복지법」 「영유아보육법」 「모자보건법」 「보건의료기본법」 「국민기초생활보장법」 「저출산 · 고령사회기본법」을 들 수 있다.

「재한외국인처우기본법」에서는 제12조의 '결혼이민자 및 그 자녀의 처우'에 관한 조항에서 결혼이민자의 자녀에 대한 보육과 교육을 지원할 수 있도록 명시하고 있다. 「재한외국인처우기본법」이 모든 거주 외국인들을 대상으로 하고 있음에도 불구하고, 자녀의 보육과 교육 등의 지원대상을 '결혼이민자' 가족으로만 한정하고 있다.

「다문화가족지원법」은 다문화가족 지원에 관한 포괄적인 내용을 담고 있는데, 결혼이주여성의 가정폭력 피해로부터의 지원, 다문화가족 자녀의 차별금지, 자녀의 보육 및 교육지원을 포함하고 있다. 특히 제9조 제1항에서는 결혼이주여성의 모성보호를 위해 산전도우미를 파견하거나 통역서비스를 제공할 수 있음을 규정하고 있다.

「아동복지법」에서는 제3조 제1항과 제4조 제5항에서 자신 또는 부모의 '인종'에 따른 차별을 받지 말아야 하고, 차별방지를 위한 시책을 강구하도

과 일 · 가정 양립 지원에 관한 법률」「보건의료기본법」 등에 임신 · 출산에 대한 권리로서의 재생산권리를 사회적 차원에서 적극적으로 보장할 수 있도록 하는 근거 규정들이 포함되어 있다.

19) 결혼이주여성의 국내 정착 과정에서 비롯된 다문화사회 담론이 시작된 이후 최근 몇 년 사이 결혼이주여성 지원에 관한 정부사업이 폭증하고 있다. 특히 여성가족부와 보건복지부 등 관련부서들은 경쟁이라도 하듯이 결혼이주여성 지원사업에 적극적인 정책적 관심을 보이고 있다. 이러한 일련의 관심은 결혼이주여성 및 이들 자녀의 국내 부적응 사례가 언론에 소개되고 그 심각성이 확산되면서 이에 대한 해결책임이 정부로 전가된 것에 기인하는 바가 크다. 그 결과 중앙정부 각 부처에서부터 지자체에 이르기까지 각종 사업 및 프로그램을 통하여 결혼이주여성 및 그 가족에 대한 지원을 확산하고 있다.

록 규정하고 있다. 이는 결혼이주여성 외에도 모든 외국인주민의 자녀에게 적용될 수 있다고 본다. 「영유아보육법」은 제3조의 보육이념[20]과 제26조 취약보육의 우선실시조항,[21] 그리고 제28조 보육의 우선제공,[22] 제35조 무상보육의 특례[23]가 관련된다.

「보건의료기본법」은 건강에 대한 권리와 보건의료 취약계층에 대한 지원과 관련하여 규정하고 있는 법령인데, 이 법에서는 결혼이주여성의 모성보호와 건강에 대해 직접적으로 언급하지는 않고 있다. 제10조 건강권[24]에서도 건강에 관한 권리를 침해받지 않는 대상을 '모든 국민'으로 한정함으로써, 국민의 자격이 주어지지 않은 국적 미취득자나 영주권자의 경우 그 대상에서 제외되고 있다. 결혼이주여성의 모성보호와 관련해서는 특별히 결혼이주여성 등 취약집단에 대한 내용이 명시되어 있지는 않지만, 제32조에서 포

---

20) 제3조 제3항: 영유아는 자신이나 보호자의 성, 연령, 종교, 사회적 신분, 재산, 장애, 인종 및 출생지역 등에 따른 어떠한 종류의 차별도 받지 아니하고 보육되어야 한다.

21) 제26조 제1항: 국가나 지방자치단체, 사회복지법인, 그 밖의 비영리법인이 설치한 어린이집과 대통령령으로 정하는 어린이집의 원장은 영아 · 장애아 · 「다문화가족지원법」 제2조 제1호에 따른 다문화가족의 아동 등에 대한 보육(이하 '취약보육'이라 한다)을 우선적으로 실시하여야 한다.

22) 제28조 제1항: 국가나 지방자치단체, 사회복지법인, 그 밖의 비영리법인이 설치한 어린이집과 대통령령으로 정하는 어린이집의 원장은 다음 각 호의 어느 하나에 해당하는 자가 우선적으로 어린이집을 이용할 수 있도록 하여야 한다. 다만, 「고용정책기본법」 제40조 제2항에 따라 고용촉진시설의 설치 · 운영을 위탁받은 공공단체 또는 비영리법인이 설치 · 운영하는 어린이집의 원장은 근로자의 자녀가 우선적으로 어린이집을 이용하게 할 수 있다. 1. 「국민기초생활보장법」에 따른 수급자, 2. 「한부모가족지원법」 제5조에 따른 보호대상자의 자녀, 3. 「국민기초생활보장법」 제24조에 따른 차상위계층의 자녀, 4. 「장애인복지법」 제2조에 따른 장애인 중 보건복지부령으로 정하는 장애등급 이상에 해당하는 자의 자녀, 5. 「다문화가족지원법」 제2조 제1호에 따른 다문화가족의 자녀, 6. 그 밖에 소득수준 등을 고려하여 보건복지부령으로 정하는 자의 자녀.

23) 제35조 제1항: 초등학교 취학 직전 1년의 유아와 장애아 및 「다문화가족지원법」 제2조 제1호에 따른 다문화가족 자녀에 대한 보육은 무상으로 하되, 대통령령으로 정하는 바에 따라 순차적으로 실시한다. 제3항: 제12조 후단에도 불구하고 국가와 지방자치단체는 제1항에 따른 무상보육을 받으려는 유아와 장애 및 다문화가족의 자녀를 보육하기 위하여 필요한 어린이집을 설치 · 운영하여야 한다.

24) 제10조 제1항: 모든 국민은 이 법 또는 다른 법률에서 정하는 바에 따라 자신과 가족의 건강에 관하여 국가의 보호를 받을 권리를 가진다. 제2항: 모든 국민은 성별, 나이, 종교, 사회적 신분 또는 경제적 사정 등을 이유로 자신과 가족의 건강에 관한 권리를 침해받지 아니한다.

괄적으로 여성의 건강한 자녀출산과 양육지원을 포함하고 있다.

「저출산 · 고령사회기본법」에서는 모자보건 및 보육,[25] 일과 가정의 양립 지원 등을 규정함으로써 출산과 양육에 필요한 제반지원의 사항들을 포함하고 있다. 물론 '임산부'나 '자녀를 양육하려는 자'와 같이 그 대상을 포괄적으로 규정함으로써 민족 · 출신국가 등에 따른 제한은 없지만, 특별히 결혼이주여성에 대한 조항은 포함하고 있지 않다.

2006년 12월 법 개정으로 「한부모가족지원법」상에 외국인 특례조항이 신설됨에 따라[26] 대한민국 국민과 혼인하여 그 사이에서 출생한 대한민국 국적의 18세 미만의 아동을 홀로 양육하고 있는 결혼이주여성은 국적을 취득하기 전이라도 「한부모가족지원법」에 의한 지원을 받을 수 있게 되었다.[27]

---

25) 제8조(자녀의 출산과 보육 등) 제1항: 국가 및 지방자치단체는 모든 자녀가 차별받지 아니하고 안전하고 행복한 생활을 영위하며 교육과 인성 함양에 도움을 주는 사회환경을 조성하기 위한 시책을 강구하여야 한다. 제2항: 국가 및 지방자치단체는 자녀를 임신 · 출산 · 양육 및 교육하고자 하는 자가 직장생활과 가정생활을 병행할 수 있도록 사회환경을 조성 · 지원하여야 한다. 제3항: 국가 및 지방자치단체는 자녀를 양육하려는 자에게 양질의 보육서비스를 제공하기 위한 시책을 강구하여야 한다.

제9조(모자보건의 증진 등) 제1항: 국가 및 지방자치단체는 임산부 · 태아 및 영유아에 대한 건강진단 등 모자보건의 증진과 태아의 생명존중을 위하여 필요한 시책을 수립 · 시행하여야 한다. 제2항: 국가 및 지방자치단체는 임신 · 출산 · 양육의 사회적 의미와 생명의 존엄성 및 가족구성원의 협력의 중요성 등에 관한 교육을 실시하여야 한다. 제3항: 국가 및 지방자치단체는 임신 · 출산 및 양육에 관한 정보의 제공, 교육 및 홍보를 실시하기 위하여 필요한 기관을 설치하거나 그 업무를 관련기관에 위탁할 수 있다.

26) 「한부모가족지원법」 제5조 제2항 · 국내에 체류하고 있는 외국인 중 대한민국 국민과 혼인하여 대한민국 국적의 아동을 양육하고 있는 사람으로서 대통령령으로 정하는 사람이 제5조에 해당하면 이 법에 따른 보호대상자가 된다. 「한부모가족지원법시행령」 제10조(외국인에 대한 특례) 「한부모가족지원법」(이하 "법"이라 한다) 제5조의 2 제3항에 따른 외국인에 대한 특례대상자는 국내에 체류하고 있는 외국인 중 대한민국 국민과 혼인하여 대한민국 국적의 아동을 양육하고 있는 사람으로서 「출입국관리법」 제31조에 따른 외국인 등록을 마친 자를 말한다.

27) 동법에 따른 지원을 받기 위하여서는 결혼이주여성은 ① 배우자와 사별 또는 이혼하거나 배우자로부터 유기되었거나, ② 정신 또는 신체장애로 인하여 장기간 노동능력을 상실한 배우자를 가졌거나, ③ 미혼인 경우, ④ 배우자의 생사가 분명하지 아니한 경우, ⑤ 배우자 또는 배우자 가족과의 불화 등으로 인하여 가출하였거나, ⑥ 배우자의 장기복역 등으로 인하여 부양을 받을 수 없을 경우에 해당하여 홀로 아동 양육책임을 부담하고 있어야 한다.

3) 쟁점 및 함의

정부 차원에서 결혼이주여성의 출산과 자녀양육에 대한 내용이 지원정책에 포함되기 시작한 것은 2006년의 「여성결혼이민자가족의 사회통합 지원대책」에서부터다. 이 정책은 빈부격차 · 차별시정위원회에서 결혼이주여성들을 위한 종합지원대책으로 마련하였으나 결혼이주여성가족, 혼혈인 사회통합을 위한 지원대책으로 그 성격이 바뀌었다. 이는 대통령자문회의인 '저출산과 고령화시대를 위한 미래위원회'의 시각이 담겨있는데, 당시 사회적으로 문제가 되었던 저출산과 고령화시대에 대비하는 대책 및 사회불안방지의 일환으로 결혼이주여성가족에 대한 지원정책을 서둘러 실시하게 되었던 것이다.

당시 빈부격차 · 차별시정위원회에서 대통령 주재의 제74회 국정과제회의를 통하여 발표한 이 대책은 결혼이주여성의 보건서비스 지원과 자녀양육 지원의 내용을 일부 포함하고 있다. 이 대책에 포함된 결혼이주여성 출산과 양육지원 정책들은 새 정부 출범 이후부터는 보건복지가족부에서 추진하고 있으며, 2008년 10월 30일에는 「다문화가족 생애주기별 맞춤형 지원 강화대책」(이하 「생애주기별 지원 강화대책」)으로 발표된 바 있다.[28)]

이 「생애주기별 지원 강화대책」은 결혼이주여성의 생애주기로서 3단계를 '자녀양육기'로 설정하고 임신 · 출산 · 양육지원에 대한 정책을 담고 있는데, 이전의 「여성결혼이민자가족의 사회통합 지원대책」보다 출산 및 양육지원의 부분이 대폭 강화되어 있다.

결혼이주여성 정책은 다문화와 사회통합을 표방하면서 개별주체로서의 결혼이주여성이 아니라 가족 내의 결혼이주여성을 그 대상으로 하고 있다. 이는 결혼이주여성에 대한 통합지원방안이 저출산 · 고령화 사회에 대응하기 위한 방안으로서 그 기본 틀이 성립되면서 인구대책으로서의 성격이 강

28) 2010년 3월부터는 정부조직 개편에 따라 여성부가 여성가족부로 확대 개편되면서, 종전의 보건복지가족부에서 수행하던 다문화가족 지원정책을 수행하게 된다.

하기 때문이다. 결혼이주여성은 한국사회의 가족 위기와 돌봄 노동의 부재를 해결하는 대상으로서 우리사회에서 받아들이고 있는 것이다.

결혼이주여성의 재생산권에 대한 정책은 여성문제로 지적되었음에도 불구하고, 가족문제 차원에서 접근됨으로써 가족의 유지를 목적으로 한다. 결혼이주여성의 재생산권 관련 법제나 여러 대책에서 나타나듯이, 현재 다문화가족의 임신 · 출산에 대한 정책에 재생산권 보장과 관련한 정책은 거의 포함되어 있지 않다.

재생산권이란 출산을 안전하고 효과적으로 통제 · 조절할 권리, 자신만의 섹슈얼리티를 이해하고 즐길 권리, 재생산과 관련된 질병이나 죽음으로부터 자유로울 권리, 아이를 건강하게 낳고 기를 권리 등을 포함하는 재생산과 관련된 포괄적인 여성의 권리를 지칭한다. 재생산권이란 여성에게 재생산과 관련된 활동을 우선적으로 결정할 수 있는 권리가 있음을 의미한다. 이는 인권 차원에서 보장받아야 할 부분이며, 여성의 재생산활동과 그 과정을 통제하는 것도 일차적으로 여성이 되어야 한다. 그래야만 여성 스스로 여성의 삶에 막대한 영향을 끼치는 임신 또는 임신중단, 출산과 자녀양육에 이르는 재생산의 전반적인 과정에 대한 주인이 될 수 있으며, 이는 곧 자기 삶과 생애에 대한 통제권 회복과 관련된다. 이러한 의미에서 재생산권은 여성의 정치적 · 경제적 평등권 확보를 위한 기본조건이며, 여성의 삶 자체에 대한 통제권과 연결된다는 의미에서 인권이라는 근본적 차원과도 결부되는 개념인 것이다.

5. 결 론

세계적인 이주의 여성화 현상과 함께 재생산권을 비롯한 이주여성들의 인권문제는 국제적인 관심사가 되고 있다. 재생산권은 피임과 낙태를 포함하여 임신 · 출산 등의 재생산과 관련된 자기결정권 및 건강권을 포함한 인권의 개념으로 이해된다. 인권으로서의 재생산권 개념은 여러 국제기구들과 세계여성회의 등을 통해 지속적으로 주장되고 있다. 재생산권은 사회적 권력관계와 불가분의 관계를 가진다. 일반적으로 이주여성은 성적 · 인종적 · 사회적 소수자로서 인권면에서 취약하며, 이주여성의 재생산권은 그들의 성별과 출생지 및 사회경제적 지위에 따른 차별로 인해 더 큰 침해를 받는다.

우리나라는 1995년 정부의 농촌총각장가보내기 사업의 일환으로 국제결혼이 본격적으로 추진되면서, 결혼이주여성이 지속적으로 증가하고 있다. 결혼이주여성들과의 혼인이 매매혼적 성격을 띠고 있다는 점에서, 이들의 결혼은 불균등한 권력관계에서 출발한다. 이와 함께 드러나는 결혼이주여성들의 인권침해 사례는 사회적인 문제로 인식되면서 동시에 국제사회로부터 비난의 대상이 되었다.

현재 우리나라의 결혼이주여성에 대한 정책은 여성의 모성과 양육 등에 치중하면서 결혼이주여성들의 사회통합을 강조한다. 결혼이주여성은 한국 남성의 부인과 어머니라는 관점에서 사회적으로 받아들여지고 있으며, 이주여성 자체가 갖는 인권문제는 주변에 머물러 있다. 결혼이주여성의 임신 · 출산 · 양육과 관련된 정책에서도 가족중심적인 성격이 강하다. 재생산권에 대한 보장이 없는 결혼이주여성의 출산과 자녀양육에 대한 정책은 인권적인 측면에서 한계가 있을 수밖에 없다. 따라서 재생산과정에서 결혼이주여성의 의사결정권과 건강권 및 이를 보장받을 수 있는 사회적 지원이 보장되어야 할 것이다.

참고문헌

고기숙(2010). 국제결혼 이주여성의 가정폭력 피해경험에 관한 현상학적 연구. 피해자학연구, 18(1).

김상찬, 김유정(2011). 국제결혼 이주여성의 인권보호를 위한 법적 과제. 법학연구, 43.

소라미(2010). 젠더와 인권의 관점에서 바라본 다문화가족지원법제 검토. 젠더법학, 2(1), 43-79.

양현아(2005). 여성 낙태권의 필요성과 그 함의. 한국여성학, 21(1).

이선순(2007). 재생산권으로서의 낙태에 관한 법여성학적 고찰. 부산대학교 대학원 석사학위 논문.

손영기(2011). 결혼이주여성의 인권보호를 위한 현행 법 제도 고찰. 인문과학연구, 16.

송민애(2008). 다문화사회에서 이주여성의 몸 경험: 유목적 체현을 위한 목회상담 연구. 연세대학교 대학원 박사학위 논문.

유엔인구기금(2005). 2005 세계인구현황: 평등을 향한 약속, 양성평등, 생식보건 및 새천년개발목표. 대한가족보건복지협회.

Aliya, H. (2008). Out of the Shadows: Migrant Women's Reproductive Rights under International Human Rights Law. *Georgetown Immigration Law Journal*, 22.

Dixon-Muller, R. (1993). *Population Policy & Women's Rights: Transforming Reproductive Choice*. Westport: Praeger Publishers.

Petchesky, R., & Judd, K. (Eds.) (1998). *Negotiating Reproductive Rights: Women's Perspective Across Countries and Cultures*. London & New York: Zed Books.

Piper, N., & Mina, R. (2003). Introduction: Marriage and Migration in an Age of Globalization. In N. Piper & M. Roces (Eds), *Wife of Worker?: Asian women and Migration*. New York: Rowmna & Littlefield Pub.

Petchesky, R. P. (2000). Human Rights, Reproductive Health and Economic Justice: Why They Are Indivisible. *Reproductive Health Matters*, May, 2000.

제3부

분야별 복지정치와 복지정책

제10장

장애정책 변화와 정책담론: 「장애인차별금지법」

이소영

1. 서 론

정책은 변화로부터 자유로울 수 없으며 장애정책 역시 예외는 아니다. 1990년 이후의 장애정책 변화는 보상적 정책의 상대적인 위축과 통합적 정책의 상대적인 강조가 특징적으로 나타난다(OECD, 2003). 최근 나타난 통합적 정책도구 중 하나가 차별금지법이다. 평등원리를 기초로 장애인의 불합리한 차별을 금지하는 차별금지법은 영미계 국가들에서 먼저 입법화되었으나, 2000년 유럽이사회 지침 이후 유럽 지역으로 빠르게 확산되었으며 우리나라에서도 2007년 「장애인차별금지 및 권리구제 등에 관한 법률」(이하 「장애인차별금지법」)이 제정된 바 있다.

차별금지법이 확산되면서 국내외의 관련 연구도 축적되었다. 장애권리운동의 전개 및 입법사를 중심으로 한 연구들(Campbell & Oliver, 1996; Hahn, 1996, 2000; Doyle, 1999; Gooding, 2000; Shapiro, 1992; Fleisher & James, 2001)에서 시작하여 차별금지법률의 한계에 대한 비판도 나타났다(Colker,

1999, 2001; Krieger, 2000). 우리나라에서도 「장애인차별금지법」의 제정과정과 관련 쟁점에 관한 연구(박종운, 2004; 유동철, 2005; 남찬섭, 2007; 이승기, 2007; 이철호, 2008; 강민희, 2008; 유동철, 2011)가 적지 않게 나타났다. 기존 연구들은 대체로 차별금지법과 장애권리운동의 관계에 초점을 맞추고 있지만 명시적인 이론화가 주된 관심사는 아니었다. 그러나 차별금지법의 채택은 분리에서 통합으로, 보호주의에서 근로의 증진으로, 복지에서 시민권으로 재지향된 장애 패러다임의 변화를 의미하기 때문에 차별금지법의 입법과정의 동학을 추적하는 것은 정책변화이론의 중요한 연구 주제가 될 수 있다.

정책변화과정의 동학은 다양한 관점에서 설명될 수 있으나 본 연구의 기초가 되는 시각은 슈미트(Schmidt, V.)의 담론제도주의(discursive institutionalism)다. 담론제도주의는 의미 있는 사회적 관행들과 이념들의 역할에 초점을 맞추는 담론분석 방식을 제도주의와 결합시킨 제도주의의 한 분파다. 슈미트(Schmidt, 2006: 188)는 담론이 행위자의 정책문제, 정책유산 및 적합성에 대한 인식을 변화시켜 정책문제에 관련된 그들의 선호도에 영향을 미치며, 그로 인하여 변화를 위한 제도적 역량을 강화시킴으로써 정책변화 창출에 기여한다고 보고 있다.

담론제도주의의 통찰은 정책변화의 동학을 파악할 수 있다는 점에서 유용하다. 새로운 장애정책의 채택은 장애옹호 세력의 주장이 그 사회의 복지철학, 정책 역사 및 제도적 배경들과 부합될 때 가속될 수 있다는 점과 아울러 정책담론이 주요 행위자들의 이념적 지향을 틀 지어 정책변화에 기여하는 점을 보여줄 수 있기 때문이다. 따라서 이 글은 차별금지법 제정과정에서 나타난 정책담론들이 독립변수로서 정책변화를 주도하기도 하고, 기존의 정책지형으로부터 구속을 받아 변형되기도 하는 등 담론의 동학에 초점을 맞추어 보려 한다.

차별금지법 제정을 이끌어 낸 주요한 정책담론을 기회평등(equal opportunity) 담론과 활성화(activation) 담론으로 구분해 보고, 이 담론들이 구체적으로 어떻게 변화되고 작동되었는가를 알아볼 것이다. 먼저 「미국장애인법」

제정과정에서 나타난 핵심행위자들의 이념적 지향과 담론의 역할을 논의하려 한다. 「미국장애인법(Americans with Disabilities Act)」은 최초의 포괄적인 장애차별금지법인 동시에 후속 차별금지법의 모델이 되었으며, 우리나라의 차별금지입법에도 커다란 영향을 미쳤기 때문이다. 다음으로 우리나라의 「장애인차별금지법」 채택과정에서 나타난 담론들을 살펴보면서 특히 그 변화의 양상에 주목해 보고자 한다.

2. 정책변화와 정책담론

1) 정책변동에서의 이념적 요소

정책변동(policy change)이란 정책목표와 정책수단이 본래의 모습과 다른 모습으로 변화되어 나타나는 것을 의미한다. 정책변동은 다양한 시각에서 연구되어 왔다.[1)] 이익집단, 제도, 계급 등은 정책변동을 설명하는 핵심적 변수이지만 관념이나 담론 등의 이념적 과정들이 주목받기도 한다. 정책변동에서의 인지적 및 규범적 요소들의 영향력은 패러다임(Hall, 1993)이나 신념체계(Sabatier & Jenkins-Smith, 1993) 등의 개념을 통하여 분석된 바 있다. 사바티에는 행위자들이 기존의 신념들로 구성된 렌즈를 통해서 세계를 인식한다는 전제하에 핵심가치(deep core)가 변하는 경우는 흔치 않다고 본다(Sabatier, 1999). 홀(1993)은 헬코(1974)의 사회적 학습(social learning)에서 출발하여,[2)] 정책결정자들이 그 안에서 움직이는 관례적인 해석틀인 패러다임(paradigm)

1) 윌슨(Wilson, 2000)은 정책변동을 설명하는 이론적 분기로서 정치과정 및 의사결정론, 엘리트이론 및 신막스주의론, 탈근대 및 문화중심론, 국가중심론의 네 가지를 소개하는데, 국가중심적 접근의 관심은 복지정치와 관련하여 이론적 입지를 강화한 신제도주의이론으로 이어지고 있다.

2) 헬코는 정책결정을 하나의 집합적인 수수께끼풀이(puzzlement)로 파악한다. 그에 의하면 "정부는 권력만 가지고 있는 것이 아니라 풀어야 할 문제들을 가지고 있으며, 정책결정은 사회를 대신한 하나의 집합적인 수수께끼풀이의 형태로 ……많은 사회적 상호작용은 정책을 통한 사회적 학습과정을 형

개념을 사용한다. 홀(Hall, P.)은 정책 패러다임에 구현된 이념들이 제도적인 관행들의 변화를 저해 혹은 유인할 수 있다고 보았는데, 전반적인 정책담론의 변화가 나타나는 급진적인 변동인 3순위 변동의 경우 단순한 사회적 학습의 범위를 넘어서 패러다임의 변화가 발생하는 근본적인 정책변동이 발생한다고 주장하였다.[3)]

사회의 연성적인 측면과 행위자들 간의 상호작용을 중시하는 담론분석은 행위자들 간 설득의 상호작용을 통한 정책결정의 역동성을 보여주는 데 사용되어 왔다. 담론은 일련의 관행들 속에서 생산되고, 재생산되고, 변형되면서 '물리적 현실 및 사회적 현실에 의미를 부여하는 관념, 개념, 범주화의 특정 조합'(Hajer, 1997: 44)으로 정의된다. 개별 행위자의 행동이나 이해관계보다는 이들이 생산하고 지지하는 담론의 생성과 변화가 담론분석의 초점이다. 즉, 정책적 행위를 유발하는 것은 제도 그 자체보다는 제도의 담론실천으로 간주되며, 이 과정에서 사회적 상호작용의 특징적인 양식으로서 논증, 토의, 설득 등이 중시된다(Hajer & Wagenaar, 2003; 장지호, 2009에서 재인용).

이렇게 정책변동에 있어서 규범적 틀의 역할을 이론화하려는 시도들은 있어 왔지만 명시적으로 제도주의적 시각과 담론을 결합하는 것은 상대적으로 새로운 접근방식이라고 볼 수 있다. 제도주의는 정치제도, 국가역량, 그리고 이미 집행된 정책들이 이해의 형성, 정치적 자원에의 접근 및 일반적인 정치 행동들에 어떻게 영향을 미치는가를 강조하는 시각이다(Immergut, 1992; Skocpol, 1992; Pierson, 1994). 제도주의는 공식적 조직과 비공식적 규칙 및 절차들이 행위를 구조화하는 측면, 즉 제도의 구속력에 초점을 맞춘다(Steinmo et al., 1992: 2). 따라서 동일한 내용을 가진 정책이 왜 국가나 체제

성해 왔다."(Helco, 1974: 305-306)라고 하고 있다. 홀(1993: 278)은 "사회적 학습이란 정책의 목표와 기술을 과거의 경험이나 새로운 정보에 반응하여 적응시키려는 숙고적인 시도들"로 본다.

3) 홀은 정책변동의 수준을 목표와 수단 자체는 변하지 않고 단순한 정책도구의 배열을 변경하는 1순위 변동(first-order change), 목표의 위계는 변하지 않고 정책수단만을 변경하는 2순위 변동(second-order change), 도구의 배열, 수단 자체 및 목표의 위계까지 변하는 3순위 변동(third-order change)으로 구분하고 있다.

에 따라 상이한 결과들을 보여 주며, 의도되지 않은 정책결과가 나타나는지를 설명하는 데 유용한 이론으로 평가받고 있다.[4)]

그러나 제도를 분석단위로 하기 때문에 행위자(agent)가 제외되는 측면이 있으며, 특히 역사적 제도주의[5)]의 경우 제도의 안정성과 지속성에 초점이 맞추어져 급진적이고 근본적인 변화에 대한 설명력이 떨어진다는 비판이 제기되었다. 이러한 제도주의적 접근의 약점을 보완하려는 시도 가운데 하나가 담론제도주의(Schmidt & Radaeli, 2004)다.

2) 담론제도주의

기존의 신제도주의 이론에서 제도는 지속적 구조(역사적 규칙성)나 행위자의 행위가 발생하는 맥락(유인구조나 문화적 규범)등의 이미 주어진 것으로 취급되어 왔다. 제도적 규칙들은 행위자 외적인 것이고 행위자들은 이익기반의 계산논리(합리적 선택 제도주의)나 규범기반의 적절성논리(사회학적 제도주의), 또는 역사기반의 경로의존논리(역사적 제도주의) 등의 규칙을 따르는 순응적

---

4) 제도주의란 제도들이 정치 · 사회 · 경제 생활을 어떻게 구조화하는가, 제도들이 어떻게 행위를 구속하는 선택에 영향을 미치는가에 초점을 맞추는 분석을 일컫는다. 홀과 테일러(1996)는 1960년대와 1970년대에 지배적이었던 행태주의적 시각에 대한 반작용으로서 제도의 역할을 강조하는 접근방식을 취한 일련의 학문적 분파를 신제도주의라고 지칭하고, 이들을 역사적 제도주의, 합리적 선택 제도주의, 그리고 사회학적 제도주의의 세 입장으로 나누고 있다. 역사적 제도주의는 역사적으로 구성된 일련의 제도적인 구속요건과 정치과정에 연루된 기회들이 정치 행위자들과 이해집단의 행동에 영향을 미친다는 가정에서 출발한다(Pierson, 1994; Steinmo, Thelen & Longstrech, 1992). 제도적 설명은 행위자가 분석에서 제외되는 측면이 있고, 제도의 안정성과 지속성에 초점이 맞추어져 있기 때문에 정태적인 이론이라는 비판을 받기도 한다.

5) 역사적 제도주의는 정책결정에 미치는 제도적인 유산(institutional legacy)의 영향력과 경로의존(path dependency)으로 집약되는 사회적 인과관계를 주창한다(Pierson, 1994, 1996). 역사적 제도주의자들의 정책변동 설명은 경로의존을 바탕으로 한 소위 '균형종결(punctuated equilibria)'(Baumgartner & Jones, 1993) 개념을 중심으로 구성되어 있다. 정책은 오랜 기간 동안 일정한 경로를 따르는 균형상태에 있다가 그 경로로부터 벗어나 새로운 균형이 창출된다는 가정이다. 핵심분기점(critical juncture)이 되는 사건을 통하여 기존경로로부터 이탈하여 새로운 정책경로로 들어서게 되면 정책변동이 발생하는 것이다.

존재로서 가정되는 경우 제도적 변동은 설명하기 어려워진다. 뿐만 아니라 '생각이 없는' 행위자들은 사실상 행위자라고 볼 수 없다(Schmidt, 2008: 314). 구조에 대한 행위의 종속은 신제도주의이론의 가장 큰 문제점이었으며, 담론제도주의는 바로 이러한 점에서부터 출발한다.

담론제도주의는 제도를 주어진 것(행위자가 생각하고 말하고 행동하는 맥락)으로 다루는 동시에 발현적인 것(행위자의 사고, 언어, 행동의 결과들)으로 취급한다(Schmidt, 2008). 제도는 행위자를 구속하는 구조의 역할을 하는 동시에 행위자에 의해 창출되고 변화되는 구성물로 여겨진다. 제도의 유지와 변화에 있어서 핵심이 되는 것은 행위자들의 담론적 능력(discursive abilities)인데, 이는 행위자들이 생각하고, 말하고 행동할 수 있게 해 주는 의사소통의 논리라는 특징을 지닌다. 담론분석의 주요 주제였던 의사소통과 설득의 메커니즘은 슈미트의 담론제도주의에서도 핵심이다.

담론은 단순한 언어, 담화, 의사소통적 행위 모두를 포괄하는 방식으로 파악된다. 정책담론은 내용적으로 볼 때 일련의 정치적 관념과 가치로, 용법상으로 볼 때 정책형성 및 의사소통에 초점을 맞춘 상호작용의 과정으로 정의된다(Schmidt & Radalli, 2004: 193). 즉, 정책담론은 정책프로그램의 건전성과 적절성을 이야기하는 정책관념 및 이러한 정책관념을 창출하고 전파하는 정책형성 및 의사소통의 상호작용 과정으로 볼 수 있다(schmidt, 2002).

특히 슈미트의 관심은 주어진 사회정치적 배경 속에서 담론이 정책결정에 미치는 영향력을 탐구하는 데 있다.[6] '합의도출적 담론(coordinative discourse)'과 '소통적 담론(communicative discourse)'이 분석적으로 구분된 것은 상이한 제도적 맥락이 담론과정을 틀 짓는다는 점을 명확하게 하기 위해서였다.[7] 슈

6) 슈미트의 경우 담론을 독립변수로 사용하려는 입장이다. 그러나 본 연구에서는 담론을 독립변수로 사용하기보다는 역사적 제도주의를 기본시각으로 하고 담론은 제도와 행위자를 연결 짓는 이념적 과정으로서 매개적 역할을 하는 것—일종의 매개변수—으로 보려 한다.

7) 하나는 공통의 언어와 준거틀을 포괄하는 '합의도출적 담론(coordinative discourse)'인데, 이를 통하여 정책 프로그램의 구성에서 핵심정책집단이 합의에 이르게 된다. 다른 하나는 핵심정책행위자들이 일반 대중을 설득하는 수단의 역할을 하는 '소통적 담론(communicative discourse)'이다

미트는 개혁정책의 실패와 성공을 대비하면서 정책변동의 설명에 기존의 주된 요인을 차지했던 제도와 이해관계의 위치에 담론을 포함시킨다. 슈미트의 연구는 행위자들은 상이한 제도적 맥락 속에서 담론을 발전시키지만, 담론이 행위자의 이해관계를 재정의하여 기존의 이해관계나 변화를 막는 제도적 장애물들을 극복하고 정책변동을 가져올 수 있다는 점을 보여 주었다.

담론제도주의는 다른 제도주의—특히 역사적 제도주의—의 대안이나 근본적인 도전으로 제시되었다기보다는 기존의 제도적 분석을 보완하려는 접근으로 파악하는 것이 타당하다. 담론제도주의는 관념적 과정이 정치적 결과를 설명하는 데 항상 결정적인 것은 아니라는 점을 인정하며, 정치관념과 정치제도는 교차되어 서로에게 영향을 미치는 분석적으로 구분 가능한 현실의 수준을 구성한다고 보기 때문이다(Beland, 2005). 즉, 담론제도주의는 이념과 가정들의 효과에 대한 이해가 이들이 야기하는 특정 영역의 제도적 변동이 취하는 형태와 지향성을 설명하는 데 중요하다는 통찰을 바탕으로, 담론의 요소를 투입함으로써 정책변동에 대한 이해를 보다 풍부하게 하려는 시도라고 볼 수 있다.

3) 정책변화과정에서의 담론연구의 의의

제도적 요인과 이념적 과정의 연결은 권리기반 장애정책으로의 변화의 동학을 설명하는 데 다음과 같은 점에서 유용하게 사용될 수 있다.

첫째, 정책변화에 관여한 주요 행위자들의 이념적 지향이 분기를 보인다는 점이다. 장애권리운동은 1970년대 후반부터 1980년대 초반에 발생하였고, 이를 반영한 권리기반의 장애정책은 1990년대 이후 급속히 확산된다. 그

(Schmidt, 2002: 171). 후자의 강조는 행정부에 권력이 집중되어 있는 단일행위자체제에서, 전자의 강조는 권력이 분산적인 다행위자체제에서 보다 현저하게 나타난다. 네덜란드와 독일 같은 다행위자체제에서는 정부관리가 정책목적을 껴안도록(embrace) 노동계와 노조간부를 설득시켜야 하기 때문에 합의도출적 담론의 지배가 우세한 반면, 영국 같은 단일행위자체제에서는 소통적 담론이 중요하다고 한다(Schmidt, 2002: 172).

런데 이 시기는 복지국가의 성격에 커다란 변화가 발생한 시기다.[8] 복지급여를 감축하려는 정부의 관심사는 권리지향적인 장애계의 입장과 반드시 일치한 것은 아니었다. 서로 다른 이념적 지향이 맞물려지는 과정을 살펴보는 데는 담론의 동학이 유용하다.

둘째, 권리기반 정책은 기존의 제도적 지형 위에 도입된 것이기 때문에 역사적 유산의 영향력을 고려해야 한다. 차별금지정책이 채택되기 이전에 이미 대부분의 국가들은 다양한 장애 프로그램을 구비하고 있었으며, 지금도 시행되고 있기 때문이다. 정책 이전이 발생하면서 제도적 특성이 일종의 필터 역할을 하기 때문에(Jorgens, 2001), 후발 차별금지법의 경우 장애정책의 맥락을 파악하는 것이 반드시 필요하며, 문제인식 등에 관한 여론의 영향력도 새로운 정책수단의 수요에 영향을 미치므로 담론제도주의의 관점이 적절하게 사용될 수 있다.

이 글은 다음과 같이 구성되었다. 먼저 장애차별금지법 제정의 동인이 된 두 개의 담론을 기회평등담론과 활성화담론으로 구분하여 국제사회에서의 두 담론의 영향력을 알아본 후에, 「미국장애인법」 제정과정에서 이 담론들이 주요 행위자들의 행동을 어떻게 변화시켰는지 살펴볼 것이다. 다음으로 우리나라의 「장애인차별금지법」 제정과정에서 수정된 담론들의 모습에 주목하여 담론의 변화가 발생한 이유와 수정된 담론들이 장애정책 변화에 기여한 부분을 논의하려 한다.[9]

---

8) 1970년대 후반부터 복지국가는 경제성장의 둔화, 실업의 증가, 인구학적 변화 등 여러 대내외적 압력에 직면하게 되고, 1980, 1990년대를 지나면서 재정압박을 받게 된 여러 복지국가들에서 감축과 개혁이 나타남으로써 복지국가는 팽창 국면에서 축소 국면으로 전환된다(Mishra, 1984; Pierson, 1994). 소위 항시적 긴축(permanent restraint)의 시대로 돌입한 것이다(Pierson, 2001).

9) 연구방법은 일종의 비교사례방법(comparative case study)을 채택하였다. 이 방법은 사례의 수가 최소 1에서 20 정도에 이르는 연구로서(Lijphart, 1971), 국가와 같은 거시적 설명단위를 비교하는 연구에서 주로 사용되어 왔으며, 연구자로 하여금 사례들을 그들이 위치한 맥락 속에서 바라볼 수 있게 해 준다는 이점을 가진다(Marshall & Rossman, 1991). 비교사례방법은 상호 연관되고 비교적 불변적인 제도 및 행위자 요인의 구조적 차이에 초점을 맞추어 권리기반정책이라는 새로운 정책의

3. 차별금지법 제정과 정책담론

1) 국제사회에서의 기회평등담론과 활성화담론

차별금지의 법제화는 초국가적 영향력을 행사한 두 개의 담론을 둘러싸고 이루어졌다. 장애인의 사회참여를 막는 사회구조적 · 환경적 장벽들에 대한 인식은 장애인의 불평등과 차별을 근절시키려는 기회평등담론으로 발현되었다. 기회평등의 목표는 사회의 모든 영역에서 장애인들에 대한 차별을 불법화함과 아울러 현실적인 참여를 불가능하게 만드는 차별적인 조건들을 제거하려는 것이다. 한편 장애인의 고용상 차별이 장애인의 직업적 · 사회적인 참여와 통합을 저해할 뿐만 아니라 인적자원의 활용과 사회복지 비용의 절감에 부정적 결과를 가져온다는 인식은 활성화담론으로 응축되었다. 장애인의 완전한 참여와 평등을 주장하는 기회평등담론은 일반적으로 장애옹호자들이, '노동자로서의 장애인'에 역점을 두는 활성화담론은 주로 정부 측이 선호하는 담론이었다.

기회평등담론은 장애운동의 가시화와 함께 장애인의 인권과 차별에 대한 국제적인 논의를 통하여 나타났다. 1960년대와 1970년대의 장애운동은 '통합된 사회에서의 장애인의 완전한 참여'를 양성하는 방향으로 변경하도록 압박을 가한다(Young, 2002: 2). 1971년의 정신지체인의 권리선언(Declaration on the Rights of Mentally Retarded Persons), 1975년의 장애인 권리선언(Declaration on the Rights of Disabled Persons),[10] 1982년의 장애인에 관한

채택과 관련된 맥락적 특수성을 규명하는 데 적절하다. 사용된 자료들은 모두 2차적인 자료들이다. 미법무부의 ADA 홈페이지(http://www.ada.gov/)와 노동부의 직무조정넷(JAN, http://www.jan.wvu.e.du/)에서는 「미국장애인법」 관련 정보를 체계적으로 얻을 수 있다. 한국 「장애인차별금지법」의 경우 전문은 법무부의 법률정보센터를 이용하였으며, 관련 논문 외에 논평, 공청회자료, 기사 등도 활용하였다.

10) 전자는 1971년 차 결의안이며, 후자는 1975년 12월 9일 제30차 UN총회 결의안이다.

세계행동계획(World Programme of Action: WPA)[11] 등은 기회평등담론의 확산을 가속화시켰으며, 장애인의 기회평등에 관한 표준규칙(Standard Rules on Equalization of Opportunities for Persons with Disabilities)[12]을 통하여 기회평등담론은 현대적 장애정책의 근간으로 자리잡게 된다.

활성화담론은 1980년대 이후 변화된 복지축소 현상과 밀접하게 관련되어 있다. 1970년대 후반부터 소위 항시적 긴축의 시대(Pierson, 2001)에 들어선 성숙된 복지국가들은 1980, 1990년대를 지나면서 대부분 복지개혁을 단행한다. 국가의 재정능력이 한계에 직면하자 복지지출을 줄이고 노동시장을 활성화하여 조세기반을 확보하려는 각종의 정책들이 나타났다. 복지의 수급자격을 강화하고 기존 수급자들을 노동시장에 참여시켜 납세자로 전환시키려는 시도 속에서 복지의 수혜자였던 장애인들도 소득 있는 직업에 종사해야 한다는 주장들이 힘을 얻게 된다. 최근 장애정책의 흐름이 보상적 정책의 상대적인 위축과 통합적 정책의 상대적인 강조로 특징지어지는 것도 이와 무관하지 않다(OECD, 2003).

고용을 통한 소득확보가 장애정책의 중요한 사안이 되면서 장애인 고용상의 차별 문제도 점점 주목받게 되었다. 특히 국제사회에서 활성화담론은 기회평등담론과 결합되어 그 영향력이 배가되었다. 이에 장애가 무능력(inability) 및 노동불능성과 연관되지 않고 장애인의 배제와 불평등이 차별의 결과라는 점이 부각됨에 따라, 노동시장에서의 차별을 금지하는 효과적인 수단들이 필요하다는 국제적인 공감대가 형성되었다.

국제노동기구(ILO)는 1983년의 제159협약과 제168호 권고에서 고용차별사유 가운데 하나로 장애를 포함시켰으며, 유럽지역에 차별금지법을 확산시

11) 세계행동계획(WPA)의 목적은 장애의 예방, 재활 그리고 장애인의 사회생활의 '완전한 참여'와 발전, 그리고 '평등'이라는 목표의 실현을 위한 효과적 수단들을 증진하는 것이었다. 1983~1992년은 '장애인 10년'으로 선포되었는데, 이 기간에 장애에 관한 쟁점은 협의의 의료적 및 개인적 시각에서 탈피하여 효능화 및 역량강화(empowerment) 접근으로 전환되기 시작한다(Shakespeare & Watson, 2001: 553).

12) 1993년 12월 20일 제48차 UN 총회 결의안.

킨 유럽이사회의 지침 역시 고용영역에서의 장애차별을 금지하려는 의도로 만들어졌다. 유럽이사회가 2000년 11월 2000-78호 지침(Framework Employment Directive: FED)을 발표한 후,[13] EU 회원국들은 차별금지법을 제정하기 시작하였다.

2) 「미국장애인법」에서의 기회평등담론과 활성화담론

(1) 「미국장애인법」과 장애정치지형[14]

미연방차원에서의 장애정책은 온정주의적 요소와 근로의 강조라는 두 가지 측면에서 바라볼 수 있다(Burkhauser, 2001). 즉, 복지경로를 따르는 유형과 노동경로를 따르는 유형으로 대별할 수 있으며, 전자에는 사회보장장애보험(Social Security Disability Insurance: DI)과 보충소득보장(Supplemental Security Income: SSI)이, 후자에는 재활 프로그램과 ADA를 통한 보호가 포함된다.[15] 복지경로의 프로그램들은 장애인들을 빈곤수준에서 살지 않도록 해주는 동시에 장애인들을 노동시장으로부터 분리시키는 효과를 지녔다(Thornton & Lunt, 1997).

특히 근로유인과 관련하여 미 장애정책의 비효율성은 비판을 받았는데, 부분급여 프로그램이 없고 급여 지급기구가 재활기구가 아니기 때문에 수급국면에서 재활국면으로의 유기적 전환이 어렵다는 점이 지적되었다. 급여 프로그램을 떠나는 경우 재활비용을 지급하는 유인책이 고안되기는 하였지

---

13) Council Directive 2000/78/EC는 고용(employment)과 직업에서의 동등한 대우를 위해 일반적인 틀을 확립하려는 지침(Establishing a General Framework for Equal Treatment in Employment and Occupation)으로 FED(Framework Employment Directive, 혹은 FETD(Framework Equal Treatment Directive)로 약칭된다.

14) 이 부분은 필자의 박사학위 논문(2008)의 제4장 제1절 부분을 수정 및 보완한 것이다.

15) DI는 노동시장 참여 및 과거의 소득수준이 기준이 되는 프로그램이며 SSI는 노인, 맹인 그리고 장애 성인 및 아동을 대상으로 하는 자산조사 프로그램이다. DI는 「사회보장법(Social Security Act)」의 Title II에서, SSI는 Title X VI하에서 규정되어 있다. 1935년 「사회보장법」은 현재까지도 대표적인 장애 관련 프로그램들을 규정하고 있다.

만, 직업활동을 개시하여 급부를 떠나는 장애인의 수는 많지 않았다. DI와 SSI의 수급자들은 프로그램이 시작된 이래 꾸준한 증가추세를 보여 왔는데, 1990년대 수혜자가 급등하면서 프로그램의 방대한 구성이 정책적 주목을 받기에 이른다.[16)]

1980년대 이후 중앙정부의 과도한 복지지출 및 그로 인한 재정압박에 대한 비판이 거세지며 노동경로를 강조했다. 1999년에는 Ticket to Work와 Work Incentives Improvement Act(PL106-170)가 통과되었는데, 이 법안은 조기 개입, 점진적인 근로복귀, 건강보험의 확대 등의 근로유인책을 제공함으로써 노동경로로의 전환을 증가시키려는 것이었다. ADA의 수립은 이러한 복지접근방식의 급격한 변화를 배경으로 하고 있었다.

한편 장애정책환경이 변화되는 가운데 장애집단의 권리의식도 높아지고 있었다. 「미국장애인법」 제정 이전 장애인의 권리확장에 영향을 미친 주요한 법률로는 1964년의 「민권법(Civil Rights Act)」[17)], 1973년 「재활법(PL93-112)」, 그리고 1975년의 「전장애아교육법(PL94-142)」 등을 들 수 있는데, 미국의 장애정치지형에 새로운 전기를 마련한 것은 1973년의 「재활법(Rehabilitation Act 1973, as revised PL93-112)」이다. 「재활법」은 직업재활 프로그램에 대한 효과적인 지원을 위하여 만들어진 법률이지만, Title V의 section 501에서 504까지의 부분은 연방의 재정지원을 받는 기구와 프로그램에서의 장애인의 차별 및 고용차별의 금지(제504조), 적극적 수정조치(제501조, 제503조), 합리

---

16) 1989년과 1995년 사이에 SSDI 수급자들은 210만 명에서 340만 명으로 62%의 증가를 보였다. SSI의 경우 수급자수는 1998년 660만 명으로 1974년과 비교할 때 2배 증가하였으며, 급부액은 1997년에 5배로 증가하였다(U.S General Accounting Office, 1998). 1999년 SSA의 장애 프로그램은 570만 명에게 급여를 지불했는데, 이것은 모든 사회보장급부의 12.9%에 달하는 수치였다(Berkowitz, 2001: 639).

17) 1964년 「민권법」은 모든 사람들이 "민족, 인종, 피부색, 종교 혹은 국적" 에 관계없이 "완전하고 평등한 재화, 용역, 특권, 이권 혹은 공적 장소에서의 조정" 에의 자격이 있다(「민권법」 제7편)는 평등원리를 핵심으로 한 연방법이다. 「민권법」은 차별금지에 관한 일반법 내지 기본법으로서의 지위를 가지고 있다. 「미국장애인법」 제1편은 「민권법」 제7편을 모델로 하고 있으며, 적용범위와 구제의 절차 및 내용은 「민권법」 제7편과 동일하다.

적 조정행위(제503조) 등을 명시함으로써 장애인의 권리를 크게 확장하는 데 기여하였다.[18] 특히 제504조(19USC§794)는 "장애를 가진 적격한 개인에 대하여 연방재정지원을 받는 어떠한 프로그램이나 활동에 대해서도 장애를 근거로 한 차별을 금지한다."라고 선언한 반차별조항으로서, 권리기반 정책으로의 진입을 알리는 신호탄으로 평가된다.

특히 미국 장애인운동의 조직화는 제504조가 통과된 후 이의 집행을 둘러싸고 나타났다(Scotsch, 1984). 소관부처였던 보건교육복지성(HEW)이 제504조 시행령의 집행에 미온적인 태도를 보이자 이를 반대하는 시위가 도처에서 발생하고 장애인들의 강력한 요구로 인하여 1977년 제504조의 시행령이 승인된다. 시행령이 승인된 1977년부터 1990년 ADA가 통과되기까지 장애문제의 민권적 측면은 더욱 부각된다. 수적으로 증가한 자립생활센터들은 장애인들을 단합시키는 역할을 함과 동시에 풀뿌리 조직과 정치적 동원의 장소로서, 저항의 참여자로서 기능하였다(Shakespeare & Watson, 2001: 550).

1980년대 미국 장애운동의 특징은 권리행동가들과 압력단체들이 수적으로 증가했을 뿐만 아니라 이들의 응집력 또한 증대되었다는 데 있다(Lightfoot, 1998: 20). 미국 장애운동은 흑인운동, 여성운동, 레즈비언과 게이 해방운동 등과 같은 민권운동의 원리들을 장애인에게 확대하였으며, 목표달성을 위한 행동의 기술로 활용하였다(Dejong, 1983: 11). 미국의 민권운동들은 배제된 집단의 주류사회로 접근 획득을 목표로 하였으며 입법적 성취와 소수집단의 권리의식을 높였는데, 미국 장애운동은 여기에 자조와 자기결정권을 중시하는 자립생활이념을 결합시켰다. 차별 및 장벽의 제거와 아울러 생활에 필요한 기술들을 발전시키는 데 필요한 법적지원도 중요한 관심사였다.[19] 미국 장애운동의 핵심이념은 기회의 평등과 자립적인 생활로 특징지

18) 재활법은 몇 가지 점에서 중요한 의미가 있다. 첫째, 처음으로 장애인의 권리가 연방차원에서 광범위하게 보호를 받음으로써 권리지향적 정책으로의 전환을 개시하였다. 둘째, 장애인의 권리와 관련된 주요한 법적 개념들을 발전시켰는데, 이들은 ADA에서도 준용되었다. 셋째, 장애인들의 대중적인 저항을 최초로 이끌어 낸 촉발제 역할을 수행하였다.

어지는 접근과 선택의 획득이었다(Gill, 1981).

(2) 「미국장애인법」 제정과정에서의 정책담론의 동학: 기회평등담론과 활성화담론의 교차

1990년 제정된 「미국장애인법」은 1973년 「재활법」의 장애차별금지의 법리를 사적 영역까지 확대한 최초의 장애차별금지법률로 고용, 편의시설, 운송, 주정부 및 지방정부의 서비스, 원격소통 등의 각 영역에서 장애를 근거로 한 명확하고 포괄적인 차별금지를 규정한 선도적 민권법제다. 「미국장애인법」이 채택되기 이전에 고용, 교육, 교통, 주택 등의 영역에서 장애인의 권리를 보호하는 개별 법률들은 구비되어 있었으나,[20] 내용의 모호성과 구제절차 및 실효성 확보수단의 미비점 등이 지적되어 왔다.

1977년의 장애관련 백악관회의(White House Conference on Handicapped Individuals)에서 장애인을 위한 민권법안을 요청했는데, 장애평의회(National Council on Disability: NCD)가 이 임무를 부여받게 된다.[21] 장애평의회는 1986년 "자립을 향하여(Toward Independence)", 1988년에는 "자립의 출발점에서(On the Threshold of Independence)"라는 두 개의 보고서를

---

19) 자립생활운동은 미 장애운동사에서 매우 중요한 위치를 차지한다. 더 넓은 장애권리운동에 활력을 불어 넣었던 자립생활운동은 미국 장애운동의 특징인 자기결정, 동등한 기회, 장애인에 대한 자기존중 등의 미국적인 철학을 기본이념으로 삼고 있었다. 이 운동은 젊은 지체 장애 남성들이 중심이 되었으며, 장애인들을 위하여, 장애인들에 의하여 형성되었던 자립생활센터를 중심으로 전개되었다. 소비자주의와 자조를 중시하는 자립생활정신은 자력의존 및 개인적 권리를 중시하는 미국적 전통을 이어받고 있다.

20) 미국민권위원회는 1983년 당시 장애인에 대한 차별을 금지하는 「연방법」이 29개가 있다고 보고하였다(United States Commission on Civil Rights, 1983).

21) 1987년 출범한 장애평의회는 연방정부 내에 설치되어 있으며 광범위한 장애인들을 대표하는 조직이다. 원래는 HEW에 속해 있었으나 현재는 독립적인 연방기구가 되었다. NCD는 대통령에 의해 임명된 15명의 임원들로 구성된다. 임원은 장애인, 장애인의 보호자, 혹은 장애정책 및 장애 프로그램에 상당한 지식을 가진 사람으로서 임기는 3년이며, 장애인이 평의회임원의 다수를 차지해야 한다. 장애평의회의 목적은 모든 장애인들에게 동등한 기회를 보장하고, 장애인들이 경제적 자족, 자립생활, 사회의 모든 면에서의 포함과 통합을 달성하도록 장애인들에게 권한을 부여하는 정책, 프로그램, 관행 및 절차 등을 증진하는 것이다.

통하여 장애인들에 대한 차별을 금지하는 새로운 포괄적 법률의 입법을 권고하였다. 또한 평의회 임원들은 조사연구보고서(Harris Poll)[22]를 활용해 장애인들에 대한 광범위한 차별과 차별금지입법의 지지를 알렸다(NCD, 1997). 결국 NCD는 자체적으로 차별금지법의 초안을 작성하게 되는데, 1988년 NCD의 자문위원이었던 버그도프(Burgdorf, J. R.)가 작성한 ADA의 초안이 의회에 제출된다. 법안의 상정기간 동안 많은 지지활동이 발생하였으며, 사실상 거의 모든 중요한 장애운동단체와 민권 관련 비장애인 조직들이 법안을 지지하는 광범위한 연합을 형성하였다(Fleischer & Zames, 2001: 175).

ADA의 채택에는 두 행위자들이 뚜렷한 활동을 보였다. 하나는 장애시민협회(Consortium for Citizens with Disabilities)로 장애인단체, 전문인단체, 비장애인단체 등을 모두 포함한 장애인조직과 일반 민권조직을 아우르는 장애인 압력단체였다(Young, 2002). 이러한 광대한 연합의 옹호활동은 ADA의 통과에 강력한 지원세력이 되었다. 이들은 장애인 민권논의의 핵심 구성물이 되어 왔던 기회평등담론을 전면에 내세웠다. 1990년 6월 2,000명의 장애권리옹호자들이 지켜보는 가운데 백악관 잔디밭에서 ADA를 비준하게 된 부시대통령의 연설에서도 기회평등담론의 영향력이 발견된다.[23]

반면 ADA의 초안을 작성하고, 의회 내에서 법안의 지지자를 찾는 등 정책창도의 역할을 수행했던 NCD의 경우는 보다 복잡한 담론적 맥락 속에 위치한 상황이었다. NCD는 대다수가 장애인이거나 장애분야에 종사하는 사람들로 구성되었기 때문에 차별금지를 통한 장애인권리의 보호라는 목표를 공

22) Harris Poll은 약칭이며 보고서의 원 제목은 "The ICD Survey of Disabled Americans: Bringing Disabled Americans into the Mainstream"이다. 이 보고서는 장애인에 대한 최초의 전국적인 과학적 조사연구였다. 이 보고서는 근로연령층 장애인의 67%가 실업상태이며, 이 가운데 1/3은 취업을 희망하고 있고, 성인 장애인 수는 전 인구의 약 15%에 해당한다고 밝히고 있다(Harris & Associates, 1986).

23) 부시대통령은 연설에서 ADA를 "장애를 가진 모든 남성, 여성 그리고 아동들이 갇혀 있던 문을 열고 평등, 독립, 그리고 자유의 새롭고 밝은 시대로 나가도록…… 수치스러운 배제의 벽이 마침내 허물어지도록." 하는 것이라고 특징지었다(Bush, 1990).

유하고 있었다. 그러나 NCD 임원들은 레이건에 의해 임명된 공화당원으로 연방예산의 고갈에 대한 책임을 피하려 하였으며, 고용과 사회참여를 동시에 유인할 수 있는 새로운 민권정책을 모색하였다(Lightfoot, 1998). 차별금지법의 기본틀을 제시한 NCD의 보고서들은 차별이 미국 장애인들의 사회참여와 고용을 막는 주요한 장벽이 된다는 점을 강조하고 있었다. 장애인에 대한 차별과 불이익 및 사회참여의 결여는 이들의 경제적 종속을 야기하였고, 장애인의 생활유지비용으로 막대한 국가재정이 필요하게 되었다.[24] 이러한 맥락의 규정은 ADA 자체에서도 발견된다. 사실인정 및 목적(Finding and purpose) 제9항에서는 국가에 대한 의존과 비생산성으로 인해 발생하는 불필요한 지출로서 미국이 수십억 달러의 비용을 부담하게 되리라는 언명이 포함되어 있다[42USC12101(a)(9)]. 즉, ADA는 자립생활운동의 기본요소인 장애인의 독립성과 참여의 철학을 지지할 뿐만 아니라 복지지출을 줄이고 장애인들을 자족적으로 만들 수 있는 보수적 기회평등법안으로서 틀 지어졌다.

기회평등담론과 활성화담론의 결합은 초당적인 지지를 받을 수 있는 기반으로 작용하였다. 공화당은 ADA를 복지경비의 축소수단으로 보았으며, 차별을 장애인들의 근로를 막고 이들이 납세자가 되지 못하도록 막는 하나의 장벽으로서 여겼다(NCD, 1997). 행정부와 의회의 많은 수의 공화당원들은 ADA를 적절하고 보수적인 정치적 수단으로 여기고 지지표를 던졌다. 또한 ADA는 기존의 「민권법」에서 채택되었던 규정들과 용어들을 사용한 민권법안으로서 민주당원과 민권단체로부터 지지를 얻을 수 있었다. 미국의 강한 민권적 유산은 반차별의 사회규범에 익숙해져 있기 때문에 새로운 장애차별법 역시 이 연장선상에서 받아들였던 것이다. 찬성표를 던진 대부분의 의원들은 사회적인 장애시각을 이해하고 있었으며, 장애화시키는 환경에 의해

24) 당시의 한 보고서에 의하면 장애인에 대한 연방정부의 원조는 연간 약 600억 달러에 이르며, 주와 지방정부의 예산을 포함하면 약 2,000억 달러에 이른다고 하였다(Chirikos, 1989: 59).

부과된 차별에 대항할 필요성을 느끼고 있었다(Hahn, 2002).

그러나 장애예산 축소를 검토했던 레이건 행정부는 잠정적인 비용에 대한 우려로 ADA를 통과시키지 않았으며, 부시(George Bush) 후보가 대통령에 당선된 후 ADA는 다시 의회에 상정되었다. ADA의 통과를 위하여 공화 · 민주 양당의 지도자들, 장애공동체, 그리고 기업 측과의 타협이 모색되었다. 우선 초당적인 용어를 사용하여 ADA를 수정하였는데, 주요 기법은 기존의 민권법과의 연결을 부각시키기 위해 「민권법」 TitleIV와 「재활법」 제504조의 용어, 구조, 구제절차를 준용하는 것이었다. 이것은 장애권리운동의 목표와도 부합하는 것이었다. 또한 보수적인 공화당 의원들을 겨냥하여 법률의 초안이 레이건이 임명한 NCD에 의해 작성되었는데, 장애인들이 정부의 급여를 받기 원치 않으며 취업을 원하고 있다는 점이 반복하여 강조되었다(Lightfoot, 1998: 228). ADA가 스스로를 부양하는 자족적인 장애인, 즉 납세자로서의 장애인을 지지한다는 부분은 ADA의 본문에도 포함시켰다.

ADA에 대한 반대는 크게 비용문제, 법안의 모호성, 그리고 소송에의 두려움을 포함하고 있었으며, 특히 비용과 관련하여 일반기업과 운송사업자들의 반대가 심하였다(Hahn, 2002). 반대세력의 가장 중요한 관심사는 법안의 순응비용과 아울러 반차별법의 징벌적 및 보상적 손해배상 부분이었다. 그러나 반대집단의 노력은 상원에서 ADA의 실질적인 반대를 이끌어 낼 만큼 조직적이지는 못하였다(NCD, 2007).

「미국장애인법」의 채택과정을 보면 이 법이 전 사회 영역에 해당되는 포괄적인 장애차별을 금지하는 급진적인 측면을 지니고 있음에도 불구하고 기본적으로 보수적인 미국정치의 틀 안에서 작동되었음을 알 수 있다. 법안이 의회에 상정된 후 활성화담론은 점점 부각된 반면, 기회평등담론은 약화되는 현상이 나타났다. 의회의 청문과 토론에서 ADA는 반복적으로 장애인들이 복지급부에서 탈출하고, 근로역유인을 제거하고, 자립적으로 되는 수단으로서 거론되었다. 미국의 장애정책이 권리기반의 정책으로 변화하는 과정에서 기회평등담론과 활성화담론이 모두 출현하였지만 정책행위자들의 상호작용을 이끌어 타협점을 찾는 중요한 기능을 수행한 것은 활성화담론이었다고 할 수 있다.

4. 「장애인차별금지법」에서의 장애정책담론

1) 「장애인차별금지법」의 장애정치지형

(1) 장애정책의 유산

한국의 장애정책이 비교적 짧은 시간에 외형적 틀을 마련한 것은 다른 복지분야의 정책들과 마찬가지다. 장애정책의 발달은 도입기(한국전쟁 이후~1980년), 제도정비기(1980~1990년대), 복지확대 및 권리증진기(1990년대 이후)로 구분가능한데, 1988년의 서울장애인올림픽과 1999년의 개정 「장애인복지법」을 각 시기의 구분점으로 삼는 것이 일반적인 견해다(한국재활재단, 1997). 전상장애인을 위한 급부와 재활치료로부터 시작되어 「특수교육진흥법」이 제정된 도입기를 지나 1980년대 「심신장애자복지법」의 제정과 함께 국가와 지자체의 장애인복지에 대한 책임이 규정되기 시작하는 등 관련 제도가 정비된다. 1990년대 이후 「장애인고용촉진 등에 관한 법률」(「장애인고용촉진 및 직업재활법」으로 변경됨), 「장애인노인임산부 등의 편의증진보장에 관한 법률」 등이 제정되고, 「장애인복지법」이 개정되었으며, 2007년 「장애인차별금지 및 권리구제 등에 관한 법률」(이하 「장애인차별금지법」)이, 2010년 「장애인연금법」이 통과되어 장애인복지시책 확충과 권리보호장치들이 마련되었다.

한국의 장애정책에서 복지경로의 프로그램은 장애관련 모법인 「장애인복지법」에 의거한 장애수당과 최근 도입된 장애인연금 그리고 보편적 프로그램인 장애연금과 장해급여가 포함된다. 이 프로그램들은 저소득장애인들을 대상으로 하는 선별적 프로그램이거나 노동시장경력을 요구하는 등 제한적 효과를 가지기 때문에 주요한 정치적 쟁점을 이끌어 내지는 못하였다. 「장애인차별금지법」 출현 이전 한국의 장애인복지정책에서 상대적으로 주목을 받았던 사안은 자립생활과 의무고용제라고 할 수 있다.

「장애인고용촉진 및 직업재활법」에 규정된 의무고용제는 1990년 도입된 이후 의무고용률 1%에서 시작하여 점차 상향 조정되어 왔고—2012년 의무고용률 사기업 2.3%—대상의 확대 및 고용부담금의 상승을 동반하는 제도의 확장이 이루어졌다. 이 제도는 사업주와 장애인 양측 모두로부터 문제점을 지적받아 왔다. 장애인은 생산의 주체라기보다는 보호와 면제의 객체로 여겨져 사업주 측에 손실을 부과하는 규제적인 제도라는 인식이 강하기 때문이다(최성욱 외, 2007). 대기업의 경우 의무고용 달성비율은 여전히 낮다. 뿐만 아니라 거의 경증장애인 중심으로 채용되고 있어 중증장애인이 배제된다는 점, 채용 후의 불리한 환경여건 개선에 대한 구속력이 없다는 점 등도 한계로 지적된다. 그러나 우리나라에서 의무고용제는 유럽대륙에서와 같이 장애인의 노동시장 통합의 주요 기제다.

자립생활의 경우 1993년 최초의 자립생활센터가 설립된 이후 2012년 현재 한국 장애인자립생활센터 총연합회에 등록된 센터가 76개소에 이른다. 우리나라 자립생활센터의 모형은 미국의 모형이 일본을 통해 소개되면서 인권운동과 서비스중심 모델이 혼합된 성격을 가지고 있다(이익섭 외, 2007). 「장애인복지법」에 규정된 자립생활서비스의 내용도 활동보조서비스, 동료상담, 정보제공, 권익옹호활동, 이동서비스, 자립생활기술훈련 등으로 미국의 CIL 프로그램과 유사하다. 자립생활 실천의 도입은 장애인 당사자주의를 전파시킴과 아울러 장애인의 권익옹호와 역량강화를 서비스의 기본원리로 정착시키도록 촉구하였고, 중증장애인들에 대한 지원이 중요한 정책의제로 떠오르는 등 장애정책의 전기를 마련하였다.

(2) 장애운동의 유산

장애정책의 틀이 형성되면서 조직적이고 지속적인 저항운동도 체계화되었다. 장애인복지제도가 정비되는 1980년대 이후 장애계도 본격적인 목소리를 내기 시작하였다. 한국 장애운동은 운동의 목표, 형태, 운동주체 등이 구분 가능한 세 시기로 나누어 볼 수 있다(유동철, 2005). 1988년 이전은 장애인단체는 있었으나 합목적적인 전략과 전술은 없었던 장애운동의 태동기로, 문제해결에 대한 청원의 형태가 지배적으로 나타났던 시기였다. 1988년 서울장애인올림픽은 장애운동 성숙화의 촉매가 되었으며, 이후 장애인생존권확보, 노동권확보, 교육권확보 운동 등이 조직적으로 나타나게 된다. 1988년부터 1990년대 중반까지는 장애문제를 사회구조적인 문제로 인식하고 장애인의 권리를 주장하는 장애운동의 성숙기로 볼 수 있다. 경증지체장애인과 전문가집단이 장애운동의 핵심주체로 활동하였으며, 장애인 유형별 단체의 연맹체가 탄생한 시기이기도 하다.

1990년대 후반 장애운동은 또다시 변화하여 다원화의 모습을 보인다. 한국장애인단체총연맹(한국장총)과 한국장애인단체총연합회(장총련) 같은 거대 조직 이외에 풀뿌리 조직들이 전면에 나서기 시작했으며, 운동방식도 시위, 삭발, 농성 등 직접적 행동뿐만 아니라 소송, 입법청원, 공청회, 국제세미나 등 다양화를 보였다. 운동의 주체도 경증장애인에서 중증장애인 중심으로 이동하는 경향을 보였으며, 당사자주의와 차별의 문제가 핵심쟁점으로 떠올랐다. 특히 중증장애인이 장애운동의 중심세력으로 전면에 등장하면서 생활환경을 변화시킬 수 있는 쟁점을 중심으로 일관성 있고 지속적인 운동을 전개하는 경향이 나타났는데, 이동권투쟁이나 420장애철폐투쟁은 대표적인 사례다.

2000년 이후의 장애운동을 보면 빈곤, 노동, 교육 등으로 쟁점을 부분화나 특화하기보다는 생활전반에 관련된 포괄적인 쟁점을 제기하려는 경향이 나타난다. 중증장애인들이 자기결정권을 획득하기 위해서는 특정분야의 개선이 아닌 생활전반을 아우르는 변화가 필요하기 때문이다. 따라서 사회 전반적인 영역에서 장애인의 인권침해에 대한 감수성이 어느 때보다 높아지는 결과가 나타났다. 당사자주의가 전면화되면서 변화된 장애운동의 유산은 장애정책의 환경변화와 맞물려 「장애인차별금지법」 제정을 이끄는 동인으로 작용하게 된다.

2) 「장애인차별금지법」 제정과정에서의 정책담론의 동학: 활성화담론의 쇠퇴와 인권담론의 부상

(1) 「장애인차별금지법」 제정과정 및 주요 내용

「장애인차별금지법」은 2001년 제정운동이 시작된 후 2007년 법안이 통과되기까지 6년에 걸친 제정운동의 결과로 나타난 법이다. 2001년 열린네트워크가 「장애인차별금지법」 제정을 위한 국토순례와 서명운동을 시작한 후 2002년 장애우권익문제연구소가 국회에 「장애인차별금지법」을 입법청원했다. 2003년 장애인차별금지법 제정추진연대(이하 장추련)가 출범하여 공청회 및 공개토론회를 거쳐 2003년 11월부터 2004년 4월까지 기초자료가 수집되고 2004년 11월에 「장애인차별금지 및 권리구제 등에 관한 법률」 안이 마련되었다(김광이, 2005). 2005년 4월부터 7월까지 민주노동당과 법안을 수정하였고, 2005년 9월 노회찬 의원이 「장애인차별금지법」을 입법발의하였다. 한편 2004년 차별시정기구 일원화방침이 발표되면서 이에 저항한 장애계는 독립적 장애인차별금지위원회 설립을 위한 공개토론회 및 촛불집회를 개최하게 된다. 2006년 3월 장추련이 국가인권위원회 점거농성을 한 후 2006년 8월 청와대 측의 제안으로 정부부처와 장추련이 함께 참여하는 민관공동기획단이 구성된다. 민관공동기획단의 12차례 회의를 거친 입법안은 2006년 12월 열린우리당 장향숙 의원을 통해 발의되었고, 한나라당 정화원 의원과 노회찬 의원 발의안을 포함한 3개의 법안이 2007년 2월 제65회 임시국회에서 심의되었다. 국회보건복지위원회의 심의를 통해 만들어진 최종안은 동회기 마지막 날인 3월 6일 재석의원 197명 중 196명의 찬성으로 국회 본회의를 통과하였다.

「장애인차별금지 및 권리구제 등에 관한 법률」은 2007년 통과된 후 2008년 시행령이 만들어졌다. 이날 통과된 법안은 총칙(제1장), 차별금지(제2장), 장애여성 및 장애아동(제3장), 장애인 차별시정기구 및 권리구제 등(제4장), 손해배상, 입증책임 등(제5장), 벌칙(제6장)의 총 6장, 50조 그리고 부칙으로 구성되어 있다. 「장애인차별금지법」은 "모든 생활영역에서 장애를 이유로 한 차별을 금지하고 장애를 이유로 차별받은 사람의 권익을 효과적으로 구제함으로써 장애인의 완전한 사회참여와 평등권 실현을 통하여 인간으로서의 존엄과 가치를 구현" 함을 목적으로 한다(동법 제1조). 또한 고용, 교육, 재화와 용역의 제공 및 이용, 사법 · 행정절차 및 서비스와 참정권, 모 · 부성권 · 성 등, 가족 · 가정 · 복지시설 및 건강권 등 생활상의 다양한 영역에 걸친 차별금지가 규정되어 있다.

최종 법안 작성과정에서 몇 가지 사안들을 해결하지 못한 점이 지적되고는 있지만,[25)]「장애인차별금지법」은 장애계의 자발적이고 대중적인 운동을 통하여 산출된 법으로 장애인당사자가 쟁취한 성과물이라는 점과 장애인의 문제를 인권의 시각에서 정의했다는 점에서 커다란 의의가 부여되는 법률이다(배융호, 2006; 남찬섭, 2007). 제정운동이 시작된 지 6년 만인 2007년 3월 국회를 통과할 때까지 장애인 당사자주의와 인권의 문제는 장애계를 결속시켜 법 제정을 이끌어 낸 원동력이었다고 볼 수 있다. 법 제정과정에서 출현한 정책담론은 이러한 장애정치지형과 관련을 맺고 있다.

(2) 법 제정과정에서의 정책담론의 동학

「장애인차별금지법」 제정과정에서 주도적인 행위자는 장추련이었으며, 국가행위자는 주변부에 머무르는 역할에 그쳤다. 2004년 발표한 보건복지부안은 거센 저항에 부딪혀 사장되었으며, 국가인권위원회는 (사회적)차별금지법을 제정하려 하였으나 점거농성 발생 이후 「장애인차별금지법」 별도 입법

25) 최종 조정안을 앞두고 정당한 편의제공의 범위, 독립적 차별시정기구, 징벌적 손해보상 및 입증책임의 문제 등이 주요 쟁점으로 떠오른 바 있다. 이 부분은 남찬섭(2007) 참조.

을 인정하는 선으로 후퇴하였다. 제정과정 후반부에 민관공동기획단이라는 또 다른 행위자가 나타났으나 이 기구는 정부 측의 입장을 대변하기보다는 조정적인 성격을 가지고 있었기 때문에, 법안의 작성에서부터 법안 관철상의 장애요소와의 갈등에 이르기까지 장추련이 주체적 역할을 수행했다고 할 수 있다.

이러한 배경은「장애인차별금지법」제정과정에서 나타난 담론의 특성에 영향을 미쳤다. 장추련을 비롯한 장애계의 이념적 지향이 지배적 담론으로 떠올랐기 때문에「미국장애인법」의 경우와 같이 기회평등담론과 활성화담론이 맞물린 현상은 나타나지 않았다. 우리나라 차별금지법 제정과정에서 나타난 담론상의 특징은, 첫째 '활성화담론의 위축', 둘째 '기회평등담론의 변이'로 요약할 수 있다.

대부분의 차별금지법들이 고용부문을 중점적으로 다루고 있는 데 비해「장애인차별금지법」에서 고용영역에 특별히 비중을 두지 않은 것은 여러 가지 이유에서 찾을 수 있다. 민관공동기획단의 논의과정에서 시간과 여력이 부족한 탓도 있었지만(남찬섭, 2007: 40), 의무고용제라는 노동시장 통합기제가 이미 작동하고 있는 정책지형상 또다시 규제적인 법안의 내용을 강화하는 것은 재계의 반발을 초래할 수 있기 때문이다.[26] 그러나 의무고용제가 강력하게 시행되는 곳에서 노동시장 통합기제로서의 차별금지법의 역할은 구속받게 된다. 유럽대륙의 경우 차별금지법 도입은 완전한 대안이 아니라 과거와의 부분적인 단절과 미국으로부터 영감을 받은 '덧붙임'이라고 표현된다(Goss et al., 2004: 811). 차별금지법과 의무고용제가 양립되는 경우 차별금지법과 활성화담론의 연결은 제한을 받는다.

뿐만 아니라 정부와 장애계 그 어느 쪽도 법 제정의 필요성으로 '납세자로서의 장애인'을 심각하게 고려하지 않았다는 점은 주목할 만하다. 법 제정 초

26) 실제로 재계는 차별금지법에 대해 비우호적인 태도를 표명하였다. 경총은 차별금지와 관련한 몇 가지 사안에 대하여 반대입장을 표명했으며, 강력한 차별금지법제의 도입은 기업에게 부담을 전가하는 결과를 초래할 것이라는 우려를 나타냈다(프로메테우스, 2006. 11. 2. 참조).

기에 대선과 총선이 겹치면서 「장애인차별금지법」이 정치공약의 하나로 포함되었기 때문에 참여정부에 있어 「장애인차별금지법」은 공약실현이라는 정치적 관점에서 접근되었던 것이다. 담론적으로 볼 때 「장애인차별금지법」의 쟁점은 경제적인 것은 아니었다.

또한 기회평등담론도 한국사회에 맞게 변화와 수정을 겪는다. 「장애인차별금지법」은 차별을 받는 장애인과 인권법이 없는 장애계의 현실(배융호, 2006)을 반영하여 인권을 화두로 삼고 출발하였다. 지속되는 차별관행과 차별의 심각성은 장애계의 공통된 인식이었으며(김광이, 박옥순, 2007), 차별받는 현실로 인한 운동의 목표는 인권쟁취로 연결된다는 것이다(박종운, 2007).

선행법제인 「미국장애인법」이나 유럽이사회지침 등은 기회평등담론의 축이 되는 관념인 평등대우(equal treatment)의 보장을 입법목표로 명시하고 있었다. 평등대우의 원칙은 손상을 가지고 있다는 사실만으로 취업하지 못하는 장애인을 도우려는 것이 아니라 평등원리를 도입하여 장애인의 고용기회를 향상하려는 원리다.[27] 기회평등담론은 장애인의 '무능성'이 아닌 '능력'에 초점을 맞추는 담론으로, 능력은 있으나 기회가 주어지지 않았던 비주류의 집단을 주류사회에 포함시켜 왔던 미국 민권운동의 맥락에서는 상대적으로 승인되기 쉬운 담론이었다.

그러나 서구의 업적주의적 지향성이 강한 기회평등담론은 「장애인차별금지법」 제정 초기 분열된 장애계의 힘을 모으기에 적당한 담론은 아니었다. 보다 광범위하고 보편적인 적용력을 가지면서도 한국 장애인들의 현실에 정

27) 「미국장애인법」은 '장애를 가진 적격한 개인(otherwise qualified individual with a disability)'에 대한 고용상의 차별을 금지한다(42USC12112(a)). 유자격장애인의 개념은 장애인이 필수적 기능들을 수행하는 한, 장애가 차별의 원인으로 불리하게 작용하지 않도록 하려는 것이다. 유럽이사회의 지침 역시 가장 적격하고 적절한 사람이 일자리를 얻는다는 업적주의(meritocracy) 체계 내에서 작동하기 위하여 고안된 것으로, 이 체계에 평등대우의 원칙을 투사하려는 것이다(Whittle, 2002: 303). 기회의 평등은 개인의 능력에 따라서 일할 수 있고, 보수를 받을 수 있도록 한다는 의미에서 개인적인 공적(merit)을 지향한다고 할 수 있다. 따라서 이 개념은 생산성의 손상은 없으나, 스티그마(stigma)와 고정관념에 의해서 기회의 제한을 받는 장애인들에게 보다 적절하다.

합적인 담론이 필요했다. 인권담론은 그러한 역할을 충실히 수행했다고 할 수 있다. 2000년 이후 장애 쟁점의 변화로 인하여 사회 전반적인 영역에서 장애인의 인권침해에 대한 감수성이 어느 때보다 높아지는 결과가 나타났기 때문이다. 또한 인권담론은 최근 장애운동의 특징으로 나타난 당사자주의와의 친화력도 있었다. 장애인이 삶의 결정과 참여의 주체가 되기 위해서는 복지와 정책의 시혜자로 간주되어서는 안 되기 때문이다(장추련, 2003, 「장애인차별금지법」 제정을 위한 공동선언문). '시혜에서 인권으로' 즉, 복지법이 아닌 인권법으로의 정체성은 이미 장애인차별금지법안 도출과정에서부터 규정되었으며(조은영, 박옥순, 2007), 이는 장애계 내부의 응집력을 높이는 데 기여했다. 즉, 인권담론은 장추련 결성까지 장애 내부집단의 합의를 끌어내는 과정과 초안 작성 후 장애대중 및 다른 집단과 소통하는 과정 모두에서 그 힘을 발휘하였다. 인권담론은 변화된 장애운동의 접근방식과 차별금지법 제정의 장애정치지형을 통하여 구속되고 형성된 담론이었다.

5. 결 론

지금까지 담론제도주의의 시각을 바탕으로 「미국장애인법」과 「장애인차별금지 및 권리구제 등에 관한 법률」의 제정과정에서 나타난 정책담론의 동학을 살펴보았다.

「미국장애인법」은 미국적인 자조정신과 1960년대 이후 계속된 소수집단의 권리와 기회평등에 대한 요구를 배경으로 한다. 즉, 장애옹호가들의 기회평등담론과 정부의 활성화담론이 미국 장애정치의 민권적 유산 아래 맞물려 나타난 것이다. 장애인의 독립성과 참여를 지지하는 진보적 담론과 복지지출을 줄이고 장애인들을 자족적으로 만들려는 보수적 담론이 교차됨으로써 권리기반 정책으로의 전환에 박차가 가해졌다. 그러나 이 과정에서 정책행위자들의 상호작용을 이끌어 타협점을 찾는 중요한 기능을 수행한 것은 기회평등담론보다는 활성화담론이었으며, 이 점은 「미국장애인법」이 보수적 기회평등법안의 틀 안에 위치되는 결과를 가져 왔다.

반면 한국의 「장애인차별금지법」은 법안의 작성에서부터 법안 관철상의 장애요소와의 갈등에 이르기까지 진보성향의 장추련이 주체적 역할을 담당했다. 장애계의 이념적 지향이 지배담론을 구성하였기 때문에 기회평등담론과 활성화담론이 맞물린 현상은 나타나지 않았으며, 오히려 활성화담론의 위축과 기회평등담론의 변이가 발생하였다. 기회평등담론은 보다 광범위하고 보편적인 적용력이 있으며 한국 장애인들의 현실에 정합적인 인권담론으로 수정된 후 장애계 내부의 응집력을 높이는 역할을 수행하였다. 이렇게 두 법은 외관상 유사한 법 규정을 지니고 있지만 정책담론을 중심으로 볼 때, 법 제정의 중요 행위자와 이념적 과정은 상이하게 나타남을 알 수 있다. 제한된 사례를 채택한 관계로 일반화하기는 어렵지만 정책변화과정의 다양성과 역동성의 확인이 가능하다는 점에서 담론연구의 의의를 찾아볼 수 있다. 마지막으로 본 연구가 특히 한국의 「장애인차별금지법」 실행이 갖는 의미와 앞으로의 연구과제를 결합시켜 보면서 글을 마치려 한다.

「미국장애인법」이 실행된 후 이 법에 대한 반작용(backlash)으로 인하여 그 효과성이 위축되는 현상이 나타난 바 있다. 일반대중의 사회적 및 도덕적 비전을 앞지르는 법률은 포획(capture) 또는 반작용을 수반하여 그 효력이 반감될 위험성이 있기 때문이다(Krieger, 2000). 다소 보수적인 담론을 배경으로 한 「미국장애인법」에서 이러한 현상이 나타났다는 것은 의미심장하다. 우리나라의 「장애인차별금지법」은 보다 진보적인 담론을 구현하고 있다. 법의 실행에 있어서는 급진적 담론이 오히려 근본적인 변화를 구속하는 장애물이 될 수도 있다. 담론은 제도적 맥락에 의해 끊임없이 영향을 받기 때문에 인권담론의 성격은 법의 실행과정에서 얼마든지 변할 수 있으며, 또 변하지 않을 수 없을 것이다. 담론연구를 비롯한 사회의 연성적 측면에 초점을 맞추는 작업은 이러한 과정을 탐구하는 데도 유용할 것으로 보인다.

참고문헌

강민희(2008). 장애인차별금지법 제정의 장애담론분석. 보건사회연구, 28(2), 209-235.

김광이(2005). 당사자에 의한 장애인차별금지법 제정의 의의 및 쟁점. 복지동향, 86, 29-33.

김광이, 박옥순(2007). 장애인차별금지법 제정 투쟁사. 장애인차별금지실천연대 백서- 우리가 가는 길이 역사다.

김정열(2005). 장애인의 현실과 장애인운동. 경제와 사회, 67, 39-65.

남찬섭(2007). 장애인차별금지법의 제정과정과 쟁점 - 장애인차별금지법 민관공동기획단의 논의를 중심으로. 한국장애인복지학, 6, 5-33.

박종운(2004). 장애인차별금지법 제정의 과제와 전망. 국제인권법, 7, 51-83.

박종운(2008). 장애인차별의 현실과 장애인차별금지법. 복지동향, 114: 4-8.

배융호(2003). 장애차별금지법의 역사적 함의 - 이제 장애인차별금지법이다. 장추련법제위공청회자료집.

배융호(2006). 장애인차별금지법 왜 필요한가?. 복지동향, 45-48, 2006년 7월.

유동철(2005). 한국장애인운동의 성과와 과제. 사회복지정책, 21, 5-33.

유동철(2011). 장애인의 사회적 배제와 참여 - 장애인차별금지법 제정과정을 중심으로. 한국사회복지학, 63(1), 217-239.

이소영(2008). 권리기반 장애정책으로의 전환과 그 한계. 고려대학교 박사학위논문.

이승기(2007). 장애인차별금지법의 제정과정, 쟁점 그리고 함의. 사회보장연구, 23(3), 227-250.

이익섭, 최정아, 이동영(2007). 장애인자립생활모델에 대한 탐색적 고찰: 사회적배제 관점을 중심으로. 한국사회정책, 14, 49-81.

이철호(2008). 장애인차별금지법과 장애인의 인권. 한국콘텐츠학회지, 8(8), 158-175.

조은영, 박옥순(2007). 장애인차별금지법제정추진연대 조직운동사. 장애인차별금지실천연대 백서 - 우리가 가는 길이 역사다.

최성욱, 이제화, 이수진, 김민정(2007). 한국의 장애인 고용정책현황 및 제도적 개선방안 연구: 장애인 의무고용제를 중심으로. 한국장애인복지학, 7, 141-166.

한국재활재단(1997). 한국장애인복지변천사. 파주: 양서원.

한상희(2006). 몸과 법 - 장애인차별금지법을 중심으로. 법과사회, 30, 45-74.

Beland, D. (2005). Idea and Social Policy: An Institutionalist Perspective. *Social Policy and Administration*, *39*(1), 1-18.

Burkhauser, R. (2001). United States Disability Policy in a Changing Environment. FRBSF Working paper 2002-21.

Campbell, J., & Oliver, M. (1996). *Disability Politics*. Philadelphia: Temple University Press.

Colker, R. (1999). The Americans with Disabilities Act: A Windfall for Defendants. *Harvard Civil Rights Civil Liberties Law Review*, *34*(1), 99-162.

Dejong, G. (1979). Independent Living: From Social Movement to Analytic Paradigm. *Archive of Physical Medicine and Rehabilitation*, 60.

Fleischer, D. Z., & Zames, F. (2001). *The Disability Rights Movement-From Charity to Confrontation*. Philadelphia: Temple University Press.

Gooding, C. (2000). Disability Discrimination Act: From Statute to Practice. *Critical Social Policy*, *20*(4), 533-549.

Hahn, H. (1996). Anti-discrimination laws and Social research in Disability: the minority group perspective. *Behavioral Sciences and the Law*, *14*, 1-19.

Hall, P. A. (1993). Policy Paradigms, Social Learning, and the State: The Case of Economic Policy-making in Britain. *Comparative Politics*, *25*(3), 275-296.

Hall, P., & Taylor, R. (1996). Political Science and the Three New Institutionalisms. *Political Studies*, *44*, 936-958.

Hajer, M. A. (1995). *The Politics of Environmental Discourse: Ecological Modernization and the Policy Process*. New York: Oxford University Press.

Hajer, M. A., & Wagenaar, H. (Eds.) (2003). *Deliberative Policy Analysis: Understanding Governance in the Network Society*. London: Cambridge University Press.

Helco, H. (1974). *Modern Social Politics in Britain and Sweden*. New Haven: Yale University Press.

Krieger, L. H. (Ed.) (2000). *Backlash against ADA-Reinterpreting Disability Rights*. Ann Arbor: The University of Michgan.

Lightfoot, L. B. (1998). *The Implications of New Disability Rights Policies on the Contours of the Welfare States in the United States and Great Britain*. Indiana: Indiana University.

Lijphart, A. (1971). Comparative Politics and Comparative Method. *American Political Science Review*, 65, 682-693.

National Council on Disability. (1997). *The Making of the Americans with Disabilities Act.*

OECD (2003). *Transforming Disability into Ability: Policies to Promote Work and Income Security for Disabled People.* Paris: OECD Publications

Pierson, P. (Ed.) (2001). *The New Politics of the Welfare State.* Oxford: Oxford University Press.

Sabatier, P., & Jenkins-Smith, H. (Eds.) (1993). *Policy Change and Learning: An Advocacy Coalition Approach.* Colorado: Westview Press.

Sabatier, P., & Jenkins-Smith, H. (Eds.) (1999). *Theories of the policy process.* Boulder: Westview Press.

Sapiro, J. (1992). *No Pity: People with Disabilities Forging a new Civil Rights Movement.* New York: Times Books, Random House.

Schmidt, V. (2002). Does Discourse Matter in the Politics of Welfare State Adjustment?. *Comparative Political Studies*, *35*(2), 168-193.

Schmidt, V. (2008). Discursive institionalims: the explanatory power of ideas and discourse. *Annual Review of Political Science, 11*, 303-326.

Schmidt, V., & Radaelli, C. (2004). Policy Change and Discourse in Europe: Conceptual and Methodological Issues. *West European Politics*, *27*(2), 183-210.

Scotch, R. K. (1984). *From Good Will to Civil Rights: Transforming Federal Disability Policy.* Philadelphia: Temple University Press.

Shakespeare, T., & Watson. (2001). Disability, Politics and Recognition. In G. L., Albrecht, K. Sealman, & M. Bury (Eds.), *Handbook of Disability Studies.* London: Sage, 546-564.

Young, J. (2002). *Same Struggle, Different Difference: The Americans with Disabilities Act and the Disability Rights Movement. 1964-1990.* North Carolina: University of North Carolina at Chapel Hill.

제11장

지역개발사업과 복지정치: 박정희 정권의 새마을운동

박보영

1. 서 론

박정희 정권의 새마을운동은 근래에 '부활'이라는 말이 어울릴 정도로 집중적인 조명을 받고 있다. 일부 언론은 2~3년 전부터 지면을 통해 박정희 정권의 새마을운동을 재평가하고자 하는 일련의 움직임들을 꾸준히 보여 오고 있다. 그런 보도들은 대개 개발도상국에서 지역사회개발을 통해 국가발전의 기틀을 마련하는 데에는 새마을운동만한 것이 없음을 내세우며, 그 근거로 근자에 아프리카나 동남아시아의 개발도상국에서 앞다투어 한국의 새마을운동을 배워 가려고 문전성시를 이루고 있다는 내용을 담고 있다. 그래서 민주화 이후 우리 기억의 저편 너머로 사라져 버린 줄로만 알았던 새마을운동의 정신과 성과가, 우리가 아닌 타인의 눈을 통해 재평가되고 있다고 강조한다. 정부는 이런 분위기에 맞춰 매년 4월 22일을 '새마을의 날'로 지정하여 2011년부터 새마을운동을 국가기념일로 기리기 시작하였다.

그렇다면 과연 박정희 정권하에서 강력히 추진되었던 새마을운동이 근자에 일부 언론들이 보도하듯 순수한 지역개발사업으로서 커다란 파급효과를 가졌는가? 그리고 남도 알아주는 새마을운동의 긍정적인 측면과 역할을 정작 우리가 잊고 있었는가? 우리는 이 같은 물음에 대해 학문적으로 차분히 고찰해 볼 필요가 있다고 본다. 일부에서 평가하듯 정말 새마을운동이 지역사회개발이라는 측면에서 한국 지역사회복지사에 커다란 의미를 갖는 중요한 유산이라면 앞으로도 이를 지속적으로 계승 · 발전시켜야 할 것이고, 만일 그게 아니라면 그것이 어떤 점에서 한계와 문제를 지녔는지를 비판적으로 검토함으로써 향후 한국 지역사회복지 발전의 밑거름으로 삼아야 할 것이기 때문이다.

박정희 정권의 새마을운동은 농촌을 중심으로 시작해 전국으로 확산된 지역사회개발운동이었으며, 이는 한국 사회복지발달사에서 지역사회복지의 가장 대표적인 사례였다는 평가가 존재한다(황인정, 1980; 정지웅, 최병익, 1992; 김종문, 1977; 최일섭, 류진석, 1996; 김영모, 2001). 하지만 한편으로는 박정희 정권이 새마을운동을 '국민 총화와 동원을 위한 정치적 수단'으로 활용함으로써 새마을운동은 체제유지를 위한 정략적 도구로 변질되었다는 비판적 평가가 존재하기도 한다(김일철, 1991; 전재호, 1998; 박진도, 한도현, 1999; 황병주, 2000; 유병용, 최봉대, 오유석, 한국정신문화연구원, 2001). 이는 권위주의적 발전국가로 정의되었던 박정희 정권이 '농촌근대화'라는 명분을 앞세워 지역개발사업의 일환인 새마을운동을 거국적으로 실시함으로써 자신들의 체제유지를 기도했다고 해석되기 때문이다.

이런 점에서 그 평가가 극명하게 엇갈리는 박정희 정권의 새마을운동을 단순한 지역사회개발 프로그램으로서가 아니라 정치경제적으로 어떻게 바라 볼 것인가는 한국 지역사회개발사는 물론, 사회복지발달사 전체에 큰 의미를 갖는다고 할 수 있다. 통상 복지는 사회적 합의의 산물이고, 사회적 합의는 대의민주제하에서 정치기제 또는 정치과정을 통해 표출되는 경향이 강하기 때문이다(윤상우, 2008; 최장집, 2005). 또한 한국과 같이 권위주의적 발전국가의 역사적 유산을 가진 나라에서는 민주화 이후에도 왜 복지국가로의 발전이 지체되는 경향이 있는지 그 이유를 탐색하는 데 하나의 단초를 제공할 수 있다는 점에서도 큰 의미를 갖는다.

따라서 이 글에서는 박정희 정권하에서 지역개발사업의 일환으로서 대대적으로 시행되었던 새마을운동을 통해 한국의 발전주의 복지정치를 경험적으로 논의해 보고자 한다. 특히 권위주의적 발전국가인 박정희 정권이 어떤 의도와 맥락에서 새마을운동을 추진 및 실시했는지를 살펴보고, 이를 통해 박정희 정권의 새마을운동이 갖는 정치경제적 함의와 한계를 비판적으로 검토해 보고자 한다. 이는 한국의 권위주의적 발전국가가 사회정책의 일환인 사회개발사업을 어떻게 정치적으로 활용했는가를 살펴볼 수 있으며, 나아가 그런 권위주의적 발전주의정치의 유산이 한국 사회복지의 저발전에 어떤 영향을 미쳤는지도 유추해 볼 수 있는 기회가 될 것이다.

이 글은 크게 네 부분으로 구성되어 있다. 첫째, 본격적인 논의에 들어가기에 앞서 지역개발사업으로서의 새마을운동을 정치경제적으로 어떻게 해석할 것인지에 대한 시각과 관점을 제시할 것이다. 둘째, 박정희 정권이 어떤 의도와 목적을 가지고 새마을운동을 실시하였는지를 파악하기 위하여 새마을운동의 정치적 배경과 경제적 배경을 살펴볼 것이다. 셋째, 박정희 정권의 새마을운동의 성격을 파악하고 그 한계가 무엇인지 논하기 위하여 새마을운동의 전체적인 전개과정과 내용을 구체적으로 분석할 것이다. 마지막으로, 앞선 논의를 바탕으로 새마을운동의 복지정치적 함의가 무엇인지를 논할 것이다.

2. 박정희 정권의 새마을운동을 어떻게 이해할 것인가: 발전주의 복지정치

한국의 복지체제를 이해하기 위해서는 동아시아적 특수성과 한국사회의 정치적 특수성을 동시에 고려해야 할 필요가 있다고 본다. 즉, 우리나라 복지정책의 전개를 역사적으로 이해하기 위해서는 동아시아 발전국가론과 발전주의 복지체제론을 적용할 필요가 있다(양재진, 2008; 정무권, 2007). 한국에서 발전국가는 5 · 16 군사쿠데타로 집권한 박정희 정권이 1960년대 이후 국가주도형 산업화를 추구하면서부터 시작된다. 이른바 '1961년 체제'라 부를 수 있는 발전국가는 그 이후 오랜 시간 동안 한국사회의 정치적 · 경제적 기본 틀을 구성해 왔다(손호철, 2006: 15).

박정희 정권은 집권 후 국가기구를 정비하고, 일련의 개혁조치를 단행하였으며, 청와대와 경제기획원 주도의 경제발전계획을 수립하여 수출지향 산업화전략을 추진하였다. 특히 박정희 정권은 '선(先)성장 후(後)분배'의 기조하에 정책결정과 자원배분의 우선순위를 경제부문에 집중시킴으로써 발전국가의 틀을 마련하였다. 그러나 수출주도형 경제성장을 추구하는 발전국가의 형성은 국가로 하여금 수출가격의 상승요인이 될 수 있는 사회보장 도입과 복지지출 확대를 억제하도록 만들었다. 한국의 발전국가는 박정희 정권이 유신체제를 통해 더욱 강력한 권위주의체제를 구축하고, 1970년대 중화학공업육성정책을 추진하면서 더욱 공고화되었다. 박정희 정권은 자신들이 경제성장의 기반으로 삼은 중화학공업화를 위해 재정정책을 적극 활용하였다. 일례로 당시 정부는 재벌들의 중화학공업 진출을 유도하기 위해 막대한 조세특혜와 관치금융을 펼쳤다. 따라서 국가재정이 국민의 후생복지를 위해 투입될 여지가 거의 없었고, 그 결과 복지지출에 있어서 엄격한 '재정적 보수주의'의 적용이 내재화되었다. 복지지출에 대한 재정적 보수주의는 민간의 자원을 최대한 활용하고, 복지수급권은 사회권의 하나로 주어지기보다는 고용과 기여에 연계되었다. 하지만 재정적 보수주의가 사회복지에서 국가개입의 최소화로 이어지지는 않았다. 한국의 발전국가는 별다른 재정적 기여가 없음에도 가부장주의에 입각한 국가개입을 선호하였다(양재진, 2008: 332-333).

권혁주(Kwon, 1999)에 따르면, 한국의 사회정책은 국제적 압력이나 노조의 압력 때문에 발전되어 온 것이 아니라, 정치적 정당성이 약한 정권들이 자신의 정당성을 높이고자 하는 정치적 이유에서 발전시켜 왔다고 한다. 일종의 정치적 후견주의(clientalism)는 전술했듯이 한국 사회복지제도의 구조 속에 내재화되어 있음은 물론, 복지제도에 대한 국가의 최소한의 재정보조와 그에 따른 관리 · 감독이라는 독특한 방식으로 나타나고 있다. 그래서 한국은 주로 복지의 제공자(provider)보다는 규제자(regulator)로서 기능하는 경향이 강하며, 이것은 한국의 사회복지 발전이 후견주의에 기초한 권위주의적 발전국가하에서 이루어졌다는 사실을 보여 준다.

이렇듯 한국에서 사회정책의 발전은 '정당화의 정치'라는 발전주의 복지정치의 맥락에서 이해될 필요가 있다. 더욱이 한국이 1987년 민주화 이후에도 사회경제적 민주화와 그에 따른 사회권의 제도화를 이루지 못한 데는 이 같은 역사적 유산이 작용한 때문이기도 하다(최장집, 2002). 이런 점에서 한국의 권위주의적 발전국가의 기원인 박정희 정권이 어떠한 맥락에서 사회정책을 전개했는지를 살펴보는 것은 매우 중요한 의미를 지닌다. '권위주의적 개발독재체제'로 요약될 수 있는 박정희 정권의 발전국가는 정책과정이 소수의 군 출신 정치가와 기술관료에 의해 좌우되는 철저한 관료독점구조를 가지고 있었다. 정책의제의 선택은 정권유지와 국가정당성 확보에 필요한 경제정책과 안보정책이라는 대단히 협소한 범위에서 이루어졌고, 여기에는 최고 권력자인 대통령의 의지가 가장 중요하게 작용하였다. 그리고 정책결정과 정책집행과정 역시 기술적 합리성으로 무장한 국가관료조직이 그 과정을 주도하고 결정권을 행사하는 폐쇄적 구조를 가지고 있었다. 개발독재의 관점에서 시민사회는 정책생산의 한 담당자가 아니라 위로부터 결정된 정책을 달성하는 데 동원되는 대상에 불과했다(윤상우, 2007: 83).

이 같은 점은 이 글의 분석대상인 새마을운동에서도 여실히 드러난다. 흔히 사회정책 분야에서 박정희 정권의 가장 큰 치적 중의 하나로 거론되고 있는 새마을운동은 지역사회개발이라는 이름으로 시행됐지만, 그 실상은 조국 근대화의 목적 아래 시행된 관주도의 '사회계획(social planning)형' 프로그램이자 프로젝트였다는 점을 부인키는 어렵다.[1)] 새마을운동의 전개과정을 보면 지역주민의 자발적 참여보다는 정부에 의한 기획과 통제, 동원이 주되게 나타나고 있을 뿐만 아니라, 거국적 국민총화 프로젝트—국론통합과 국력극대화를 추구하는—의 일환으로 의식개혁과 의식교육, 조국근대화에의 헌신이 줄곧 강조되고 있기 때문이다. 즉, 새마을운동은 "전체의 복리증진이라는 목적을 위해, 그리고 사회문제의 신속한 제거를 위해 개인에 대한 통제와 관리, 감독을 상당 부분 용인하는" 사회계획형 지역복지사업의 전형적 특징을 보이고 있다(김욱진, 2011: 13).

3. 새마을운동의 정치적 · 경제적 배경

1) 정치적 배경

1960년대 말부터 1970년대 초반 박정희 정권은 영구집권을 위한 초헌법적 독재체제 구축에 박차를 가하였다. 예컨대, 3선 개헌(1969), 대통령 선거(1971), 위수령(1979. 10. 15.) 및 국가비상사태 선포(1979. 12. 6.), 국가보위법 변칙통과(1979. 12. 27.), 7 · 4남북공동선언(1972), 8 · 3긴급경제조치에 의한 사채동결(1972), 10월 유신 및 유신헌법 확정(1972) 등 이 시기에 일어났던 일련의 정치적 사건들이 이를 잘 웅변하고 있다(강만길, 1994). 이 과정에서 박정희 정권은 도시 지식인 그룹과 야당을 중심으로 한 강력한 반대세력의 저항에 직면하게 되었고, 이를 극복할 수 있는 방편으로 대중동원운동을 기획하게 되었다. 즉, 대중에게 직접 호소하는 방식으로 저항세력을 약화시키고 자신의 장기집권을 정당화하고자 하였으며, 궁극적으로는 이를 통해

---

1) 지역복지사업에 관한 대표적 이론가인 로스만(1974)에 따르면, 지역복지사업은 크게 세 가지 유형으로 나뉜다고 한다. 사회계획(social planning)과 지역사회조직화(community organizing), 지역사회개발(locality development)이 바로 그것이다. 로스만의 지역복지사업의 세 가지 모형에 관한 상세한 설명은 김욱진(2011) 참조.

지지기반을 확대하고자 하였던 것이다(박진도, 한도현, 1999: 43).

특히 1971년 4월 27일에 실시된 제7대 대통령 선거는 박정희 정권으로 하여금 대중동원운동의 필요성을 각인시키는 계기가 되었다. 7대 대선에서 박정희와 김대중의 표차가 불과 95만 표 정도밖에 나지 않았기 때문이다. 이는 박정희 대통령에게 정치적 위기로 인식되었다. 즉 야당의 김대중 후보가 자신의 권력에 도전할 대항마가 될 수 있다는 점은 권력자 박정희에게 커다란 위기의식을 불러왔던 것이다. 이는 주한미군철수 문제와 같은 국제정세 변화와 맞물려 유신독재체제의 수립을 가져온 직접적인 요인으로 작용했다고 볼 수 있다. 요컨대, 일련의 정치적 상황은 '유신독재체제의 대중동원 프로젝트'로 이어졌고, 이 프로젝트는 새마을운동을 통해 가장 극적으로 표현되었다고 할 수 있다(황병주, 2000: 54-60; 류제철, 2001: 177-178).[2)]

그 당시의 정치적 상황은 박정희 정권의 정치적 위기의식이 단순한 기우가 아니었음을 방증한다. 일례로 박정희 정권기 여당후보의 국회의원 당선율 변화를 보면, 1970년대에 들어 시 단독선거구의 여당 당선율이 감소추세에 있다는 것을 알 수 있다(〈표 11-1〉 참조). 특히, 박정희 대통령의 집권말기인 1978년 제10대 총선의 시(市) 단독선거구 당선율이 14%에 불과한 것으로 나타나는데, 이는 박정희 정권 유신체제의 정치적 위기를 보여 주는 수치라고 할 수 있다. 하지만 군(郡) 선거구에서의 꾸준한 여당 당선율은 유신체제의 커다란 정치적 자산이 되었다고 할 수 있다. 〈표 11-1〉에서 보듯이 박정희 정권 말기에도 군 선거구에서는 80%의 여당 당선률이 나타나, 시 단독선거구와는 뚜렷한 대조를 보이고 있다(한만수, 1990: 133). 그런데 여기서 중요한 것은 박정희 정권이 군 선거구에서의 승리를 통해 전체 국회의석의 과반수를 획득할 수 있었다는 점이다. 이런 점에서 새마을운동에 의해 동원된 농민들의 지지가 없었다면, 선거과정에서의 행정기관의 정치적 동원을 감안하

2) 새마을운동은 1972년부터 1982년까지 사업 건수가 최소 3만 2,000건(1972)에서 최대 266만 7,000건(1978)으로 엄청나게 급증하여 전국의 모든 마을에서 전개되기에 이르렀고, 정부지원도 막대하여 그 액수는 1973년 213억 원, 1979년에는 4,252억 원에 이르렀다(전재호, 2000: 82).

〈표 11-1〉 박정희 집권기 여당 국회의원 당선율 (단위: %)

구 분	시 단독선거구	시 · 군 혼합선거구	군 선거구	전 체
제6대(1963년)	46	57	77	66
제7대(1967년)	31	95	91	76
제8대(1971년)	20	50	76	56
제9대(1973년)	41	83	51	59
제10대(1978년)	14	69	80	57

*출처: 류제철(2001). 청계논총.

더라도 박정희 정권이 1970년대 일련의 정치적 위기와 저항을 막아 내기는 매우 어려웠을 것으로 판단된다(류제철, 2001).

2) 경제적 배경

급속한 산업화 과정에서 도시와 농촌의 소득격차는 심화되어 갔고, 산업화가 저곡가(低穀價) 정책에 기초해 있었다는 사실 또한 농촌의 소외감을 더욱 가중시켰다. 이른바 '도 · 농(都 · 農) 간의 소득격차'가 박정희 정권으로 하여금 농촌개발사업을 추진케 한 주요 원인이 되었다. 일제강점기 시기부터 발생하기 시작한 도 · 농 간의 소득격차는 광복 이후에도 좁혀지지 않았다. 농업에 대한 지원이 해방 이전보다 커졌음에도 불구하고 많은 양의 농산물 원조로 인해 농산물이 저가(低價)상태에 머물러 있었기 때문이다(박섭, 이행, 1997: 52). 한편, 농산물 생산의 부진은 산업화를 위해 써야 할 외화를 곡물수입에 사용하도록 만들었고, 농촌경제의 피폐화는 농민들의 소비수준을 저하시켜 내수시장을 위축시켰다. 결과적으로 농촌경제의 재건은 단지 농촌만의 문제에 국한되지 않고, 전체 국민경제를 순환시키기 위해서 반드시 해결해야 할 난제가 되었다(전재호, 1998: 155). 실제로 '조국근대화'의 기치 아래 추진된 제1 · 2차 경제개발 5개년 계획도 농촌에서는 별다른 성과를 이루

〈표 11-2〉 도시 · 농촌가구의 평균소득비율 (단위: 원, %)

연 도	도시근로자 월소득(A)	농가 월소득(B)	B/A
1966	13,460	10,848	80.6
1967	20,720	12,456	60.1
1968	23,830	14,913	62.6
1969	27,800	18,156	65.3
1970	31,770	21,317	67.1

출처: 김일철(1991). 70년대 새마을운동의 전개과정과 농촌사회의 변화.

지 못하였다. 새마을운동 초창기인 1970년대 초반 2차 산업은 제1 · 2차 경제개발계획의 성공으로 각각 7.8%, 9.6%의 고도성장을 기록했으나, 농업성장은 같은 기간 각각 5.6%, 1.5% 성장하는 데 그쳤다(한만수, 1990: 154; 류제철, 2001: 179-180).

이러한 소득격차는 '농촌의 피폐화'와 '도시에 대한 동경'을 가져왔으며, 이는 농민들의 상대적 박탈감으로 이어졌다. 이 같은 상대적 박탈감을 해결할 수 있는 방법은 농촌을 떠나서 도시의 '노동자'가 되는 것이었다. 이런 점에서 농가인구가 1970~1975년 연평균 1.69% 감소하고, 1975~1980년 연평균 3.95% 감소한 것은 이러한 현실의 반영일 것이다. 한편, 농촌사회의 인구유출과 농업노동력의 고령화 · 저학력화는 농민의 계급형성과 계급운동에 부정적인 요인으로 작용하게 되었다. 농업만으로는 더 이상 생활할 수 없기 때문에 농촌을 떠난 농민들의 대부분이 도시의 하층계급을 형성하게 되었다. 이는 농촌에서 발생할 수 있는 사회적 갈등요인이 도시로 배출되었다는 것을 의미한다(김태일, 1991: 154-157).

이 과정에서 농민들은 자급자족이 아닌 시장에 내다 팔기 위한 상품으로서 농산물을 생산하게 되었다. 때문에 농산물의 생산증대를 위한 '통일벼' 등의 새로운 개량종 및 재배법이 국가에 의해 강제적으로 확산되었고, 상업적 농산물 생산은 경제적으로 취약한 농촌사회의 특성상 농협의 융자를 통해 이루어졌다. 하지만 농가경제를 향상하겠다는 국가의 전략은 그다지 성공적이라고 평가할 수 없다고 본다. 왜냐하면 새마을운동기에 도·농 간의 격차는 확대되었으며, 농가부채 또한 급증하였기 때문이다(박진도, 한도현, 1999: 55-58).

4. 새마을운동의 전개와 성격

1) 박정희 정권하 새마을운동의 전개과정[3)]

앞서 살펴본 바와 같은 정치적·경제적 불안정은 박정희 정권으로 하여금 새마을운동을 전개하게 하는 요인이 되었다. 박정희 정권은 1970년 4월 22일 전국지방장관회의 유시를 시작으로 '새마을가꾸기운동'을 제창하였는데, 이 유시에서 박정희는 넓은 의미의 농촌재건을 강조하는 동시에 자조·자립 정신을 바탕으로 새로운 모습의 마을 가꾸기 사업을 시행할 것을 주창하였다(대통령비서실, 1973: 761; 전재호, 1998: 155에서 재인용). 그리하여 같은 해 10월부터 전국 3만 3,000여 개의 자연부락에서 '새마을가꾸기운동'이 일제히 시행되었다(박진환, 1994).

박정희 정권은 1971년 전국 3만 3,267개 행정 리·동에 시멘트 335포대씩을 균일하게 지원하고, 새마을가꾸기 예시사업으로 다음과 같은 것을 중점적으로 추진하였다(① 마을진입로, ② 소하천, ③ 소류지의 정비, ④ 공동우물, ⑤ 공동빨래터, ⑥ 퇴비장 설치, ⑦ 마을식수 등). 1971년 7월 박정희는 일련의 유시에서 새마을가꾸기운동을 통한 주민의 소득증대와 정신계발을 강조하였다. 그리고 1971년 9월에는 '근면·자조·협동'을 새마을정신으로 규정하였다. 그러는 한편, 1971년 8월 내무부에 새마을운동의 전담부서인 지역

3) 새마을운동의 전개과정과 관련하여 이 절에서 기술하고 있는 사실들은 주로 다음의 문헌들을 참조하여 정리하였다[내무부(1980a: 205-237), 김일철(1991: 130-132), 최일섭, 류진석(1996: 140-143)]. 따라서 별다른 인용 표시가 없는 사실 서술들은 전술한 문헌들을 참조한 것임을 밝혀 둔다.

개발담당관과 도시개발관, 농촌개발관, 주택개량관실을 신설했다. 그리고 1971년 9월에는 새마을가꾸기운동의 평가를 위한 전국 시장 · 군수 비교행정회의를 개최하였다.

1972년에는 전국 3만 4,665개 마을 중 2만 2,708개 마을을 새마을운동에 참여시켰는데, 이 중 1만 6,000개 마을은 정부 지원하에 참여하는 형태로, 그리고 6,108개 마을은 자진 참여하는 형태로 사업이 진행되었다. 지원마을에 대해서는 시멘트 500포대와 철근 1톤이 균일하게 지원되었고, 중점사업으로 안길, 농로, 간이급수 등이 추가되었다. 1972년 3월 7일에는 관계부처의 차관급으로 구성하는 '새마을운동중앙협의회'가 설치되었고, 7월 2일에는 새마을지도자연수원이 개설되었다.

이렇듯 1971~1972년의 실험기를 거친 새마을운동은 1973년부터 본격적으로 추진되기 시작한다. 특히, 박정희 정권은 유신체제 선포 이후 정치적 대항세력의 저항이 거세지자 더욱 적극적으로 새마을운동을 추진한다. 이는 1973년부터 새마을운동의 확산을 위한 체제 정비와 교육 확대를 통해 잘 드러난다(정재경, 1991; 전재호, 1998: 155-157).

유신체제를 선포한 이듬해인 1973년 박정희 정권은 대통령령 제6458호(1월 16일)를 공포하여 내무부에 새마을 담당관실을 설치하고 산하에 4개 과를 두었으며, 3월 15일에는 대통령비서실에 새마을 담당관실을 설치하였다. 뿐만 아니라 농수산부와 상공부, 문교부, 농협에 새마을사업을 전담할 부서를 신설하였고, 상훈법에 새마을훈장을 신설하였으며, 시 · 도와 시 · 군 · 읍에 새마을지도과를 신설하였다. 그 결과 전국 3만 4,665개의 모든 마을이 새마을운동에 동원되었고, 이들 마을은 발전수준에 따라 기초마을(1만 8,415개), 자조마을(1만 3,943개), 자립마을(2,307개)로 분류되었다.

아울러 같은 해 5월 31일에는 '새마을지도자 연수원'을 수원에 건립하여 종전까지 농협대학의 독농가연수원에서 실시되던 새마을운동 농촌지도자 교육을 이곳에서 전담케 했다. 또한 9월 21일 정부는 새마을운동을 생산직 노동자와 공장경영에까지 확산시키기 위하여 그 실행방안을 경제 4단체와 협의하였고, 11월 22일 열린 제1차 새마을지도자대회에서는 새마을운동을 범국민운동으로 확산시킬 것을 결의하는 등 새마을운동의 열기를 고조시키려는 노력을 계속하였다.

1973년부터 본격화된 정권 차원의 운동은 1974년에도 이어져 새마을소득과 새마을교육, 도시새마을운동이 역점시책으로 선정되었다. 이에 따라 전국의 모든 마을뿐 아니라 전국의 기업(5,253개)과 학교, 단체들까지 새마을운동에 동원되었다. 또한 같은 해 7월 21일부터는 종교지도자와 대학교수, 고급공무원, 경제단체 간부, 장차관, 대학총장, 언론계 중진 등 사회지도층에 대한 새마을교육이 시작되었다.

1975년의 새마을운동은 석유파동(1974년)으로 인한 경제난을 타개하기 위한 것이 주요사항을 이루었다. 예컨대, 박정희 정권은 증산운동, 근검운동, 인보운동이라는 3대 운동에 역점을 두었다. 1월 1일에는 전국 138개 군에 새마을 담당 부군수제가 신설되었고, 5월 30일에는 새마을운동중앙협의회가 종래의 15개 부처에서 22개 부처로 그 기능이 강화되었다. 그리고 6월 30일에는 11개 시 · 도 및 33개 시에 '민간단체 새마을운동협의회'를 구성하여 도시새마을운동의 발판을 마련하였다.

1976년에는 "새마을운동은 결코 농촌에만 적용되는 것이 아니다."라는 박정희 대통령의 연두기자회견 발표에 따라 도시새마을운동이 본격화되었다. 특히 도시에서는 매월 25일로 정해진 반상회를 통해 새마을운동이 활성화되었으며, 직장과 단체를 통한 새마을운동도 강조되었다. 이런 분위기는 1977년에도 이어져 "새 마음이야말로 새마을운동의 기초철학"이라는 박정희 대통령의 연두기자회견 내용에 따라 새마을운동의 정신적인 측면이 강조되었고, 그로 인해 1977년 2월 21일 공장새마을운동추진본부가 설립되었다.

1978년에는 물량적 근대화와 정신적 근대화가 추구되어야 한다는 방침에 따라 '3대 질서운동'을 강조하는 한편, 농촌의 주택을 개량하기 위한 농촌주택개량사업 추진기구가 내무부 및 지방정부에 설치되었다. 이듬해인 1979년에는 소비절약운동이 '제2의 새마을운동'으로 강조되었고, '공존 · 공영하

〈표 11-3〉 새마을운동의 확대 (단위: 천 명, 천 원, 억 원)

항목 \ 연도	1971	1972	1973	1974	1975	1976	1977	1978
참여인원	7,200	32,000	69,280	106,852	116,880	117,528	137,193	270,928
마을당사업	367	1,378	2,839	3,831	8,096	8,825	12,764	17,492
주민부담액	81	280	769	1,020	1,306	1,575	2,205	2,958

출처: 내무부(1980b). 새마을운동 10년사(자료편).

는 한국적 노사협조체제를 정립하기 위한' 시책의 일환으로 공장새마을운동이 더욱 강조되었다. 그리고 한편으로는 발전수준에 따라 마을을 재분류하여 기존의 자립·자조·기초마을을 복지·자영·자립마을로 재정립하고, 전국 137개 군에 새마을과를 신설하였으며, 새마을금고를 설치하였다.

2) 박정희 정권하 새마을운동의 특성

지금까지 살펴보았듯이 운동 초창기인 1971~1972년이 실험기였다면, 1973년부터는 박정희 정권의 정치적 의도와 목적이 보다 분명하게 나타나는 본격기였다고 할 수 있다. 실제로—앞서 살펴본 명시적 사실 외에도—1973년 이후 새마을운동은 세 가지 측면에서 두드러진 변화를 보인다고 평가받는다(전재호, 1998: 157).

첫째, 박정희 정권은 1973년 이후부터 새마을운동에 대한 정부지원을 대폭 증가시켰다. 1971년 41억 원, 1,972년 33억 원이던 지원이 1973년 215억 원, 1974년 308억 원, 1979년 4,252억 원으로 급격히 증가하였다(내무부, 1980b: 18). 이와 함께 관련기관·민간단체의 지원과 새마을 성금도 큰 폭으로 증가했는데, 1972년 17억 원에 불과했던 것이 1979년에는 2,032억 원으로 약 120배가량 증가하였다.

둘째, 1973년부터 박정희 정권은 대대적인 대국민 홍보를 통해 새마을운동을 범국민운동으로 발전시키고자 하였다. 박정희 대통령이 손수 만들었다고 전해지는 새마을 노래가 이 시기부터 모든 방송매체를 통해 아침, 저녁으로 전국에 울려 퍼졌으며, 새마을운동의 성공사례는 주요 일간지를 비롯한 모든 매체에 대대적으로 소개되었다.

셋째, 박정희 정권은 국민에 대한 새마을교육에 주력하였다. 박정희 정권은 1972년부터 1979년에 이르는 8여 년의 기간 동안 수많은 국민을 새마을교육이라는 집체교육에 동원했다. 이 기간 동안 각종 합숙교육을 받은 사람은 67만 7,900명에 달하고, 비합숙교육 인원은 무려 연간 6,953만 3,000명에 달하는 것으로 집계된다. 만일 여기에 농촌진흥청의 영농지도자교육과 동계새마을영농기술교육, 기타 각종 교육을 포함시킨다면 국민 1인당 약 평균 2회 정도의 비합숙교육을 받은 것으로 추산된다(내무부, 1980b: 61-63).

무엇보다 박정희 정권은 새마을교육을 통해 새마을운동의 목적과 의의, 필요성을 피교육자인 국민들에게 확고히 각인시킴으로써 국론통합과 국력극대화를 강조하고자 했으며, 나아가 이를 통해 이른바 '조국근대화—자신들의 집권명분이었던—'에 대한 국민의 적극적인 동의와 참여를 이끌어 내고자 하였다(김일철, 1991). 이런 점에서 박정희 정권은 유신체제의 선포 이후 불안해진 체제를 안정시키기 위해 새마을교육을 이용했다는 평가를 받고 있다.

이것은 새마을교육을 비롯한 새마을운동 전반을 청와대가 직접 관리 · 통제하였다는 사실에서도 잘 드러난다. 새마을운동이 단지 농촌근대화운동이었다면 주무부서인 농수산부로 하여금 관리하게 했어도 무방했을 것이기 때문이다. 박정희 정권이 유신체제 선포 이후 새마을운동을 '유신이념의 실천도장'으로 강조한 것 또한 이런 사실을 뒷받침한다.[4] 요컨대, 새마을운동이 초기부터 대통령의 직접적인 개입하에 시작되었고, 이후에도 청와대와 내무

4) 박정희는 1973년 11월 22일 전국 새마을지도자 대회 치사에서 "새마을운동은 한국적 민주주의의 토착화를 위한 실천도장이요, 참다운 애국심을 함양하기 위한 실천도장인 동시에 10월 유신이념을 구현하기 위한 실천도장이다."라고 강조하였다(대통령비서실, 1976: 177; 전재호, 1998: 157에서 재인용).

부가 주축이 되어 진행되었다는 사실은 박정희 정권이 새마을교육을 그들의 정권을 공고화하는 기제로 활용했음을 보여 준다. 결국 초기에 농촌근대화 운동으로 시작된 새마을운동이 유신체제를 거치면서 정치적 범국민운동으로 전환되었다고 할 수 있다(김일철, 1991).

일례로 초창기의 새마을운동은 농촌에서 시작되었으나 그 후 도시새마을 운동, 공장새마을운동, 학교새마을운동 등 전국적으로 확산되었다. 그리고 사업영역도 단순한 마을가꾸기를 넘어서 정치, 경제, 사회, 문화 등 전영역으로 확대된 정권 차원의 '사회개혁운동'의 성격을 띠었다. 이런 점에서 1970년대 한국사회에서의 새마을운동은 집 앞 청소로부터 국가적 행사까지 아우르면서 전국민 삶의 거의 대부분을 규정짓는 전국적 대중동원운동이었다고 평할 수 있을 것이다(한도현, 1988; 박진도, 한도현, 1999: 37-38).

지금까지 살펴보았듯이 새마을운동은 권위주의정권에 의해 기획되고 주도된 관제운동이었다. 일례로 새마을운동이 집체교육을 통한 의식개혁에 주안점을 두었으며, 이를 통해 국론통합 · 국력극대화라는 정치적 목적을 달성코자 했다는 사실은 이 같은 점을 잘 웅변해 준다. 이것은 결국 새마을운동이

〈표 11-4〉 새마을운동 추진체계

중 앙	중앙협의회 (협의조정 단일지침 작성)	경제기획원, 내무부, 재무부, 문교부, 농수산부, 상공부, 건설부, 보사부, 체신부, 문공부, 과학기술처, 제2무임소, 산림청, 조달청, 농촌진흥청, (농협중앙회, 수협중앙회, 서울시)
시 · 도	시도협의회 (기능별 책임분담)	도지사, 부지사, 교육감, 농촌진흥원, 지방건설국장, 지방체신청, 지방방송국장, 대학교수, 농업 고등학교 교사, 농협지부장, 농촌지사장, 산련지부장, 향군지부장, 한전지점장
시 · 군	시군협의회 (합동지도)	시장군수, 교육장, 경찰서장, 농촌지도소장, 농고교장, 농협장, 우체국장, 기타 필요인사
읍 · 면	읍 · 면추진위원회 (종합추진)	읍 · 면장, 지서장, 향토학교장, 우체국장, 농협지소장, 읍 · 면단위조합장, 새마을지도자, 기타 필요인사
마 을	리 · 동개발위원회	향토보전부, 마을개발부, 부녀복지부, 감사회(15명 내외)

출처: 한도현(1988). 오늘의 한국자본주의와 국가.

'조국근대화에의 헌신과 매진'으로 수렴되고 있음을 보여 준다. 이는 사회복지학적으로도 새마을운동이 '사회공학적 계도사업'의 성격을 띤 관주도의 사회계획형 지역복지사업이었음을 보여 준다. 이렇듯 박정희 정권이 사회계획형 지역복지사업의 일환으로 새마을운동을 실시하게 된 것은 아마도 그들이 집권기간 내내 조국근대화—급속한 경제성장으로 상징되는—를 최우선 국정과제로 강력히 밀어붙였던 데서 연유한다고 볼 수 있다. 왜냐하면 조국근대화를 위해서는 산업사회의 규율을 내면화한 대규모 산업예비군이 절실히 요구됐기 때문이다. 즉, 근면, 성실, 검소 같은 근대적 덕목과 권위에의 복종, 조직에의 헌신 같은 순응적 태도를 내면화한 산업인력이 필요했기 때문이다(김욱진, 2011: 13-14).

하지만 문제는 그런 산업예비군을 단기간에 양산하기 힘들었다는 것이다. 당시 한국의 지역사회는 여전히 농경사회적인 문화와 규율이 강하게 남아 있어 안정적인 산업예비군의 공급처가 되지 못했다 이런 상황을 타파하기 위해 권위주의정권이 빼든 카드는 농촌지역의 의식개혁과 지역개발을 통해 산업사회의 가치에 부합하는 노동력을 양산해 내는 것으로 보인다. 이는 결국 새마을운동이라는 거국적이고 관제적인 사회계획형 지역복지사업, 이른바 '지역사회 계도사업'의 실시로 이어졌던 것이다. 즉, 철저하게 위로부터 기획되고 통제되고 동원되는 '하향식(top-down)' 지역복지사업이 실시된 것이다. 김영미(2009)가 지적하듯, 새마을운동은 대외적으로 두레와 품앗이, 향약을 잇는 농촌사회의 자조적 노력으로 선전됐으나, 사실상 그 목적은 조국근대화와 경제발전에 헌신할 이른바 '산업역군'을 안정적으로 공급하기 위하여 농촌사회를 전면적으로 개조하는 데 있었다고 본다.

3) 박정희 정권하 새마을운동의 한계

사회복지적으로 박정희 정권의 새마을운동은 지역개발사업의 성격을 띠었다는 것이 일반적인 평가다. 그래서 일부에서는 새마을운동이 '포괄적인 지역사회복지운동'이었다는 점에서 의의를 갖는다고 평하기도 한다. 그 근거로 새마을운동이 지역사회개발, 지역사회조직, 지역사회학교, 지역사회계획 등 지역사회복지의 전반적인 영역과 관련되었던 점을 든다. 요컨대, 새마을운동만큼 전주민이 참여하고 동원된 국민운동은 역사적으로 그 선례를 찾아보기 힘들다는 것이 그런 주장의 요점이다(김영모, 2001: 353).

그리고 박정희 정권의 새마을운동의 의의를 강조하는 논의들은 세 가지 측면에서 새마을운동이 성과를 가졌다고 주장한다(최일섭, 류진석, 1996: 146-148; 김영모, 2001: 351).

첫째, 지역사회개발적인 성격을 가진 새마을운동은 지역사회발전을 위한 목표 중 '과업중심의 목표(task goals)'[5]를 추구함으로써 가시적이고 물량적인 성과를 달성할 수 있었다. 왜냐하면 새마을운동은 과정중심의 목표라고 볼 수 있는 '근면 · 자조 · 협동'을 표방하고 있으면서도 실제로는 과업중심적인 목표를 달성하는 데에 치중하는 경향이 강했기 때문이다. 따라서 배정된 목표에 대한 계량적인 실적은 새마을운동에서 협동적이고 자조적인 문제해결 노력이 존재했다는 사실을 간접적으로 입증한다고 볼 수 있다.

둘째, 통상 지역사회복지를 증진하기 위한 활동이 소기의 목표를 달성하기 위해서는 조직적 활동과 함께 그것을 뒷받침할 조직체를 구성하는 것이 필요한데, 새마을운동은 이러한 측면에서도 일정한 성과를 거둔 운동이자 사업이었다. 예컨대, 박정희 정권의 새마을운동은 민관(民官)지도자들로 구성된 '지역개발위원회'같은 조직체를 통해 조직적으로 지역사회개발을 추진하였다.

셋째, 1971년부터 본격적으로 추진된 농촌개발 프로그램에서 보듯이 매우 가시적 · 실질적인 성과를 이루어낸 사업이었다. 특히 새마을운동 프로그램은 크게 '소득증대' '생활환경개선' '정신계발'이라는 세 가지 측면에서 큰

5) 과업중심의 목표란 구체적인 사업의 완수, 지역사회 내의 서비스 전달체계의 확립, 새로운 서비스의 설정, 특정 입법의 통과 등 지역사회의 기능과 관련된 '한정된 문제해결'에 관심을 둔다(최일섭, 류진석, 1996: 41).

성과를 거두었다. 예컨대, 생산 및 소득증대 사업으로서 다수확 품종 개발 · 농업기계화 · 시비의 과학화 · 영농기술 · 지력증대 · 가축사육 · 새마을공장의 건립 및 운영 등이 이루어졌고, 동시에 관개시설 개보수 · 저수지 구축 · 경지정리 · 농산물유통체계 정비 등과 같은 건설사업도 이루어졌다. 그리고 생활환경개선사업으로는 공중보건 개선과 일상생활 불편 제거를 위한 사업들이 전개되어 초가지붕의 교체—슬레이트나 기와로의 교체—변소개량 및 분뇨처리시설의 개선, 부엌과 담장의 개수 및 근대화 등 가정환경개선사업이 이루어졌고, 아울러 마을회관 건립 · 세탁소 및 공중목욕탕 건설 · 공중우물 착공 및 개수 · 냇물의 제방수축 · 농로 및 마을진입로 개설 · 지방문화재 보수 · 농촌의 전기화 · 농촌통신제도 설비 · 상수도 설치 등 부락환경개선사업도 이루어졌다. 또한 정신계발 측면에서는 정부 차원의 여러 가지 협동사업과 교육, 훈련, 실습을 실시하여 주민의 가치관과 태도, 생활양식을 변화시키는 데에도 기여했다.

그러나 전술한 바와 같은 의의에도 불구하고, 박정희 정권의 새마을운동은 '관주도의 국민총화 프로젝트'라는 한계와 문제점을 극복하지 못하고 있다. 사실상 새마을운동은 지역주민의 태도와 행동에 있어서 내면적인 변화보다는 '가시적인 효과'에 더 치중하였다. 따라서 새마을운동의 성과도 '물량적인 면의 효과'에 의해서 평가되는 경향이 강했다. 예컨대, '우수 새마을'에 대한 평가를 함에 있어 정부는 '어느 정도의 소득증대가 있는지' '얼마나 많은 주택이 신축 혹은 개축되었는지' 그리고 '얼마나 많은 가임부부가 가족계획을 실천했는지' 등을 그 평가기준으로 삼았다. 이는 새마을운동에서 그 요체라 할 수 있는 주민들의 생활개선의 의지, 즉 주민들 스스로 자신들의 생활상태를 개선하겠다는 의지와 능력보다는 계량적인 실적이 더 우선시되었음을 보여 준다(유병용, 최봉대, 오유석, 한국정신문화연구원, 2001; 박진도, 한도현, 1999; 김일철, 1991; 한도현, 1988).

그리고 박정희 정권의 새마을운동은 지방행정사업으로 '관주도형'이었다는 한계를 드러낸다. 지역개발위원회가 존재하기는 했지만, 정부의 권고 및 지시에 의해 1인 내지 소수의 지도자에 의해 주도되었다. 이러한 관주도적 방식에 따른 사업추진은 지역사회조직화의 측면에서 볼 때 몇 가지 문제점을 갖고 있었다. 첫째, 1인 혹은 소수의 새마을지도자가 갖는 관심이 반드시 지역주민 전체의 이익과 일치되는 것이라고 볼 수 없었다. 둘째, 새마을운동이 1인 혹은 소수의 지도자에 의해 추진되는 경우, 만약 그 지도자가 그 지역을 떠난다거나 지도자로서의 책임을 포기하게 된다면 사업 자체의 추진을 위태롭게 할 가능성이 있었다. 실제로 농촌새마을운동에 있어서 지도자의 거취 여하에 따라 새마을사업의 성패가 좌우되는 경우가 허다했다.

또한 박정희 정권의 새마을운동은 '정부 주도하'에 전국적인 범위에 걸쳐 추진된 '위로부터의 지역사회개발전략의 일환'이었다. 정부 주도로 추진된 새마을운동은 그 과정에서 농민의 자율성이 보장되지 못했다. 뿐만 아니라 일선 행정기관, 학교, 농협, 우체국, 경찰서 등 모든 자원은 여기에 맞게 동원되었다. 그리고 농촌의 구조적 문제를 국민운동으로 해결하고자 했다는 점은 새마을운동의 태생적 한계를 나타낸다. 3절에서 살펴보았듯이, 새마을운동의 가시적인 성과에도 불구하고 1970년대 농촌의 구조적 문제는 해결되지 않았고 오히려 심화되었다. 예컨대, 1970년대 말 농가부채 문제가 이를 단적으로 보여 준다. '농산물 저가정책, 외국농산물의 수입, 농공(農工) 간 불균등 발전, 농가부채, 비민주적 농정' 등은 새마을운동으로 해결될 수 없는 구조적 문제였다.

더불어 새마을운동은 일제강점기의 농촌진흥운동과 유사하게 농촌문제를 사회구조적인 이유에서 찾지 않고 농민의 나태와 농민정신의 결여에서 찾고 있다. 따라서 이것은 필연적으로 '정신계발의 강조'라는 새마을운동 프로그램으로 귀결될 수밖에 없는 구조를 가지고 있었다. 그런데 이러한 '정신주의적 운동'은 농촌문제의 객관적 요인을 간과하고 있기 때문에 절약운동·근면운동·환경개선운동·의례간소화운동 등의 생활개선운동에 집중될 수밖에 없었다는 한계를 가지고 있다. 이는 새마을운동이 관주도로 전개될 수밖에 없었던 이유이기도 하다. 그리고 무엇보다 중요한 문제점은 새마을운동이 지역의 자주성과 역사성을 해쳤다는 점에서 이후의 지속가능한 지역사회 개발을 저해했다는 점이다. 이를테면 역설적이게도 근면 · 자조 · 협동의 새마을운동을 통해 농민이나 농촌마을은 정부의 지원과 외부의 지원에 더욱 의존하게 되는 결과를 초래하였다.

요컨대, 박정희 정권의 새마을운동에서는 지역복지사업의 주체가 되어야 할 주민들이 단지 정부의 계획에 따라 통제되고 동원되는 피동적 · 수동적 존재로 전락했음을 보여 준다. 이는 지역복지사업에서 주민들의 자발적 · 능동적 참여는 실종되고, 정부의 기획과 통제, 동원만이 남는 기형적인 지역복지사업이 실시되었다는 것을 뜻한다. 그래서 새마을운동에서는 지역사회행동과 같은 적극적인 형태의 집합행동이 거의 나타나지 않았다. 지역사회행동은 통상 자발적인 시민사회운동의 형태로 전개되며, 주민들의 욕구를 대변하고 지역의 현안을 해결함으로써 지역사회 전반의 변화를 추구한다. 그러나 새마을운동은 단순히 관주도의 지역개발이라는 가시적 성과에만 치중함으로써 그 사업내용이 소득을 증진하고 생활환경을 개선하는 데에 한정될 수밖에 없었고, 따라서 지역주민의 욕구와 지역사회의 현안을 해결하고자 하는 지역공동체 차원의 자발적 집합행동은 애초부터 설자리가 없었다고 본다. 이런 점에서 지역복지사업으로서의 새마을운동은 "국가주도의 사회계획에 따른 일방적 국민개조 프로젝트였다."라는 비판으로부터 자유로울 수 없을 것이다.

5. 결 론

지금까지 살펴본 결과 박정희 정권의 새마을운동은 그 나름의 의의에도 불구하고 권위주의적 발전주의정치의 전형을 보이고 있다고 판단된다. 군사쿠데타로 집권한 박정희 정권은 자신들의 집권명분이었던 조국근대화를 위해 고도의 압축 성장을 목표로 했고, 이를 위해 대기업 위주의 수출주도형 경제성장 전략을 채택 · 추진하였다. 그런데 이런 전략은 단기간의 압축 성장을 가능케 할 수는 있었으나, 필연적으로 노동자와 농민 같은 기층민의 희생을 요구할 수밖에 없는 전략이었다. 당시 기술력이 떨어졌던 개도국 한국이 수출을 늘릴 수 있는 가장 효과적인 방법은 가격경쟁력을 확보하는 것이었기 때문이다. 수출품의 가격경쟁력을 유지하는 데는 무엇보다 저임금의 유지가 필요했고, 이런 저임금의 유지는 생필품, 특히 쌀과 같은 식품가격을 낮게 유지해야만 가능할 수 있는 일이었다. 따라서 발전국가였던 박정희 정권은 노동자에게는 저임금을, 그리고 농민에게는 저곡가를 강요했다. 즉, 박정희 정권이 추구했던 대기업 위주의 수출주도형 경제성장 전략은 기본적으로 노동자와 농민의 희생을 요구하는 저임금정책과 저곡가정책을 수반할 수밖에 없었던 것이다.

그럼에도 박정희 정권은 경제성장의 과실로부터 소외된 기층민에 대한 복시지출을 확대하지 않았다. 그로 인해 정권의 정당성이 약화되는 현상이 나타나기 시작했고, 이는 박정희 정권으로 하여금 주요 정치적 지지기반인 농민층의 지지마저 상실하게 될지도 모른다는 위기의식을 갖게 했다. 따라서 박정희 정권에게는 전통적 지지기반을 유지 · 결집시켜 줄 뿐 아니라, 영구집권 시도를 비판하며 자신들의 정치적 정당성을 부정하는 세력들의 반발을 무마시켜 줄 '정치적 돌파구'가 필요했다. 새마을운동은 박정희 정권의 이런 욕구를 충족해 주기에 적합한 요소들을 가지고 있었다고 볼 수 있다. 첫째, 새마을운동은 의식 개혁과 교육을 강조하는 관제운동의 성격을 띠었기 때문에 체제안정을 위한 국민총화가 필요했던 박정희 정권에겐 안성맞춤의 정치기제였다. 둘째, 새마을운동은 민간자원의 동원을 통한 지역사회개발을 추진하였기 때문에 발전주의 복지체제의 핵심인 재정적 보수주의에도 잘 부합하였다. 즉, 별다른 복지지출 없이도 지역사회개발이라는 가시적 성과를 달성할 수 있는 매우 효과적인 복지기제였다.

정리하면, 박정희 정권은 기층민의 희생을 요구하면서도 그에 대한 보상이 없는 성장전략을 추진하였다. 그 결과 시간이 지남에 따라 박정희 정권의 지지

기반은 약화될 수밖에 없었고, 그에 비례해 권위주의적 발전국가의 장기독재에 대한 정치적 반발도 점차 강해질 수밖에 없었다. 이런 상황에서 가장 유효한 선택은 독일제국의 비스마르크가 그러했듯 정치적 정당성을 확보할 수 있는 '당근'으로서의 국가복지를 확대하는 길일 것이다. 그러나 선성장 후분배의 성장 이데올로기를 바탕으로 한 박정희 정권의 발전주의 복지체제는 복지지출에 대한 재정적 보수주의를 중핵으로 했기 때문에 그러한 선택을 하지 않았다. 그보다는 새마을운동처럼 복지지출을 억제하면서도 '사회개발을 통한 체제안정'이라는 정치적 효과를 달성할 수 있는 국민총화 프로젝트를 기획·실행하는 쪽으로 움직였다. 이런 점에서 새마을운동은 그 나름의 의의에도 불구하고 박정희 정권에 의해 '정당화를 위한 정치(politics of legitimation)'의 수단으로 활용되었다고 볼 수 있을 것이다.

이렇게 볼 때, 여론조사에서 한국근현대사 최고의 업적으로 박정희 정권의 새마을운동이 꼽혔다고 하더라도, 새마을운동을 국민총화 프로젝트로 활용한 박정희 정권에게 정치적 면죄부를 주기는 어려울 것이다. 게다가 새마을운동 이전에도 농촌의 근대화를 추구한 '자발적'인 새마을과 새농민이 존재했다는 최근의 연구(김영미, 2009)는 새마을운동의 모든 공이 박정희 대통령이라는 한 개인에게로 돌아가는 것이 온당치 못하다는 것을 보여 준다.

참고문헌

강만길(1994). 한국사 19: 자주·민주·통일을 향하여 1. 파주: 한길사.

김영모(2001). 지역사회복지론(전문개정판). 서울: 고헌출판부.

김영미(2009). 그들의 새마을운동. 서울: 푸른역사.

김욱진(2011). 한국 지역복지사업의 어제와 내일: 산업화, 민주화에서부터 신자유주의까지. 상황과 복지, 31, 7-46.

김일철(1991). 70년대 새마을운동의 전개과정과 농촌사회의 변화. 정문연 사회·민속

연구실 편. 해방후 도시성장과 지역사회의 변화. 한국정신문화연구원, 121-173.

김종문(1977). 지역사회개발론: 새마을운동의 이론과 실제. 서울: 박문각.

김태일(1991). 한국의 농민운동과 국가: 1964~1990. 고려대 정치학 박사학위 논문.

내무부(1980a). 새마을운동 10년사.

내무부(1980b). 새마을운동 10년사(자료편).

대통령비서실(1973). 박정희 대통령 연설문집 3: 제6대 편.

대통령비서실(1976). 박정희 대통령 연설문집 5 (상): 제8대 편.

류제철(2001). 박정희 정권과 지배이데올로기. 청계논총, 16, 155-194.

박섭, 이행(1997). 근현대 한국의 국가와 농민: 새마을운동의 정치사회적 조건. 한국정치학회보, 31(3), 47-67.

박진도, 한도현(1999). 새마을운동과 유신체제. 역사비평, 47, 37-80.

박진환(1994). 새마을운동: 한국 근대화의 원동력. 김성진 편. 박정희 시대: 그것은 우리에게 무엇이었는가. 조선일보사.

손호철(2006). 세계화와 한국국가의 성격 변화. 동아연구, 51, 5-33.

양재진(2008). 한국 복지정책 60년: 발전주의 복지체제의 형성과 전환의 필요성. 한국행정학보, 42(2), 327-349.

유병용, 최봉대, 오유석, 한국정신문화연구원(2001). 근대화전략과 새마을운동. 한국정신문화연구원 편. 서울: 백산서당.

윤상우(2008). 민주화 이후의 사회정책과 복지국가 평가: 사회적 시민권의 관점에서. 서강대 사회과학연구소. 사회과학연구, 16(1), 346-386.

윤상우(2007). 민주화 이후 관료독점적 정책생산구조의 변형과 재편. 동향과 전망, 69, 82-114.

전재호(1998). 박정희 체제의 민족주의 연구: 담론과 정책을 중심으로. 서강대 박사학위논문.

전재호(2000). 반동적 근대주의자 박정희. 서울: 책세상.

정무권(2007). 한국 발전주의 생산레짐과 복지체제의 형성. 한국사회정책, 14(1), 257-307.

정재경(1991). 박정희사상서설: 휘호를 중심으로. 서울: 집문당.

정지웅, 최병익(1992). 농촌사회복지론. 서울: 서울대 출판부.

최일섭, 류진석(1996). 지역사회복지론(개정판). 서울: 서울대 출판부.

최장집(2005). 사회적 시민권 없는 한국 민주주의. 위기의 노동. 서울: 후마니타스, 444-487.

한도현(1988). 1970년대 농업 · 농촌 정책의 전개과정을 통해서 본 국가의 성격. 한국산업사회연구회 편. 오늘의 한국자본주의와 국가. 파주: 한길사. 294-319.

한만수(1990). 한국의 농민갈등과 비제도적 정치참여에 대한 연구: 1962~1989. 국민대 박사학위논문.

황병주(2000). 박정희 시대의 국가와 민중. 당대비평, 12, 46-68.

황인정(1980). 한국의 종합농촌개발: 새마을운동의 평가와 전망. 한국농촌경제연구원.

Kwon, H. J. (1999). *The Welfare State in Korea: The Politics of Legitimation*. London: Macmillan.

Rothman, J. (1974). Three Models of Community Organization Practice. In F. M. Cox, J. L. Erlich & J. E. Tropman (Eds.), *Strategies of Community Organization* (2nd ed.). Itasca, IL: Peacock Publishers, 6-34.

제12장

건강보험제도와 복지정치

송미영

1. 건강보험제도의 개요

건강보험제도는 1963년 의료보험법이 제정된 이후 최근까지 복지담론에서 중요한 정치적 논쟁이 되는 주제이므로 발전과정과 복지정치를 살펴보고, 성과와 개선방안을 제시하고자 한다. 건강보험제도는 질병과 빈곤의 악순환을 제거하고 국민의 인간다운 생활을 보장하기 위한 가장 기본적인 사회보장 제도다. 법률[1]에 근거하여 시행되며 국민의 의료비 문제를 해결해 줌으로써 국민의 건강과 가계를 보호하는 제도로서, 모든 국민을 당연적용 대

1) 헌법에 국민의 인간다운 생활을 할 권리와 이를 실현하기 위한 국가의 사회복지 증진 의무를 규정하고 있다. 그리고 「사회보장기본법」에서 "사회보장이라 함은 사회적 위험으로부터 모든 국민을 보호하고 빈곤을 해소하고 국민생활의 질을 향상하기 위하여 제공하는 사회보험, 공공부조, 사회복지서비스를 말한다."라고 규정하고 있다. 사회보험제도인 건강보험제도는 국민의 질병·부상에 대한 예방·진단·치료·재활과 출산·사망 및 건강증진에 대하여 보험급여를 실시함으로써 국민건강을 향상하고 사회보장을 증진함을 목적으로 「국민건강보험법」을 제정하여 생활유지 능력이 있는 국민을 대상으로 '건강보험제도'를 시행하고 있다. 또한 「의료급여법」을 제정하여 생활유지 능력이 없거나 어려운 국민을 대상으로 '의료급여제도' 를 실시하고 있다(국민건강보험공단, www.nhic.or.kr).

상자로 하는 사회보험 방식을 채택하고 있다. 따라서 국가 또는 개인의 책임이 아닌 사회공동의 연대책임을 활용하여 소득재분배 기능과 위험분산의 효과가 있으며, 이를 통하여 사회적 연대를 강화하여 사회통합을 이루는 것이다(국민건강보험공단, http://www.nhic.or.kr).

사회보험 중 건강보험제도(노인장기요양보험 포함)는 근로자를 주요 대상으로 하는 고용보험, 산업재해보상보험, 국민연금과 다르게 전 국민을 대상으로 일정한 법적 요건이 충족되면 본인의 의사와 관계없이 강제적용된다. 가입이 강제적이라는 점에서 강제보험제도의 실효성을 확보하기 위하여 피보험자에게 보험료 납부의 의무가 주어지며, 보험자에게는 보험료징수의 강제성이 부여되는 특성이 있다.

건강보험제도의 유형은 크게 세 가지로 구분되고 있다(국민건강보험공단). 첫째, 국민보건서비스(National Health Service: NHS)다. 전 국민의 의료문제는 국가가 모두 책임져야 한다는 관점에서 보는 국민에게 세금으로 무상진료를 제공한다. 이 경우 의료기관의 상당 부분이 사회화 내지 국유화되어 있으며, 1948년 영국에서 최초로 도입하여 비버리지 방식이라고도 하며, 캐나다, 호주, 이태리, 스웨덴 등이 대표적인 국가다. 국민보건서비스 방식을 채택하고 있는 나라에서는 소득수준에 관계없이 모든 국민에게 포괄적이고 균등한 의료를 보장하며, 정부가 관리주체로서 의료공급이 공공화되어 의료비 증가에 대한 통제가 강하다. 즉, 조세로 재원을 조달함으로써 소득의 재분배 효과가 크고 의료의 형평성을 확보하였으나, 의료의 사회화로 상대적으로 의료의 질이 떨어지는 측면이 있다.

둘째, 사회보험방식(Social Health Insurance: SHI)이다. 의료비에 대한 국민의 자기책임의식을 일정부분 인정하는 체계다. 정부기관이 아닌 보험자가 보험료로서 재원을 마련하여 의료를 보장하는 방식으로 독일의 비스마르크가 창시하여 비스마르크 방식이라고도 한다. 사회연대성을 강조하며 수익자 부담원칙에 입각하여 보험원리를 도입한 의료보장체계다. 사회보험방식을 사용하는 국가는 독일, 프랑스, 일본, 한국, 이탈리아 등이 대표적이다. 관리체계는 대부분 정부에 대해 상대적으로 자율성을 지닌 기구를 통한 자치다원체계로 운영한다. 한국은 국가 내 '보험자'—의료에 대한 사회보험 관리운영기구—가 1개인 단일체계로 운영된다. 이러한 건강보험제도 유형은 조합원이 대표의결기구를 통해 건강보험운영에 관한 의사결정에 참여함으로써 제도운영에 민주성을 기할 수 있다. 또한 국민의 비용의식이 강하게 작용하여 상대적으로 양질의 의료서비스를 제공할 수 있다는 장점이 있다. 반면에 소득유형이 서로 다른 구성원에 대한 단일 보험료 부과기준의 어려움, 의료비 증가에 대한 억제기능이 취약하여 보험재정 안정을 위한 노력이 필요하다.

셋째, 민간보험방식(Consumer Sovereignly Model: CSM)이다. 국가의 개입없이 기업, 민간인이 민간보험회사를 자유롭게 선택하여 의료서비스를 이용한다. 보험료가 매우 비싸고, 저소득층은 보험가입이 어려운 특징이 있다. 대표적인 국가는 미국이다. 미국 국민 중 약 5천만 명이 의료보험에 미가입되어 있으며, 저소득자를 대상으로 하는 메디케이드(Medicaid), 65세 이상 혹은 소정의 자격요건을 갖춘 사람만이 미국정부가 제공하는 건강보험 프로그램인 의료보호(Medicare)를 받는다.

복지정치는 여러 차원이 있으나 크게 이익정치[2]로서의 복지정치와 담론정치[3]로서의 복지정치로 구분된다. 미국에서 민간보험방식으로 건강보험정

2) 이익정치로서의 복지정치는 어떤 정책이나 제도에 대한 추진 · 철회 · 수정을 요구하는 압력이 나타나고, 이익집단 · 정당 · 관료제 등의 상호교섭이 진행되는 과정이다. 정책과 제도에 대한 상호 간의 이해가 대립될 경우에는 각 집단이나 계층의 절실한 이익과 관련되기 때문에 압력활동은 더욱 치열해진다. 복지정치는 사람들의 개별이익이 조직되고 동원되는 과정으로 볼 수 있지만 사회보장 관련 정책과 제도는 다소 복잡하여 사람들의 개별이익은 명백하지 않다. 그래서 연금 및 건강보험과 관련된 개혁이 직접적으로 자신과 가족의 생활에 어떠한 영향을 주는지 여러 변수를 고려하면서 판단하기가 쉽지 않다(미야모토 다로, 2011: 62에서 재인용).

3) 담론정치는 두 레벨로 나누어 생각할 수 있다. 담론정치의 제1레벨은 사람들이 어느 정도 자각하고 있음을 전제로 하여, 추진하려는 정책이 그 이익에 합치되거나 적어도 영향을 주지 않는 것처럼 보이게 하거나 사람들의 이익과 관련된 쟁점을 의도적으로 정치적 담론에서 제외시키는 것이다. 예로써 정치가나 관료가 어떤 정책이나 제도와 사람들의 개별이익 사이의 관계를 자신의 입장에 유리하도록 설명하는 경우 비난회피의 정치가 있다. 혹은 어떤 사회보험제도의 재원이 고갈되어 가고 있음

책이 유지되는 것은 이익동원으로서 복지정치의 결과다. 이익정치의 과정은 다양한 이익집단이 압력활동을 전개하는 다원주의적 정책과정과 노사를 중심으로 한 포괄적인 이익집단이 정부와 함께 상호조정을 하는 네오코포라티즘(단체협조주의)적인 정책과정으로 구별된다. 미국의 경우 전자에 해당되며, 다양한 이익집단이 개별적으로 압력활동을 전개하기 때문에 상호 간의 이익을 조정할 기회가 적다. 미국은 작은 복지국가(자유주의 레짐)이지만 전미퇴직자협회(American Association of Retired Persons: AARP)가 거대수익자집단이기 때문에 연금제도에 강력한 영향력을 행사해 중산층의 연금수준은 비교적 좋은 조건이다. 반면에 민간보험회사 등이 격렬한 압력활동을 전개하여 공적건강보험에 대한 저항이 컸기 때문에 공적건강보험 미가입자가 많았던 것이다. 현재 미국 대통령인 버락 후세인 오바마(Barack Hussein Obama)는 보험방식을 도입하려고 한다. 실제로 오바마 대통령은 2010년 3월에 건강보험법개혁안이 의회통과를 이끌어 냈다. 이 법안이 2014년 시행되면 미국도 건강보험 수혜 대상자 비율이 95%로 높아진다. 이에 따라 건강보험 무보험자는 2,200만 명 정도 줄어들 것으로 예상된다(미야모토 다로, 2011). 이처럼 복지정치의 차원에 따라 제도가 변화된다.

한국의 건강보험제도는 3원 관계로 이루어져 있다. 즉, 보험료를 납부하고 의료기관을 이용하는 가입자, 가입자에 대한 진료를 하고 보험자로부터 진료비를 수령하는 의료기관, 그리고 건강보험 가입과 관리 · 보험료 부과 및 징수 · 의료기관에 진료비를 지급하는 보험자(국민건강보험공단)다. 그동안 한국의 공적의료보험제도인 건강보험제도는 복지정치의 과정 속에서 발전되어 왔다. 주요 이슈와 변화를 중심으로 살펴보고자 한다.

을 알고도 그 사회보험제도를 폐지하여 민영화하려는 속셈으로 일부러 방치하는 경우와 같이 쟁점화 그 자체를 방지하려는 정치수법—비결정—이 있다. 한편, 담론정치의 제2레벨은 사람들의 이익에 대한 생각 그 자체에 영향을 주는 것이다(미야모토 다로, 2011: 62에서 재인용).

2. 건강보험제도의 발전과정과 복지정치

복지정치는 강제력 있는 정책집행이 이루어지고, 이에 많은 사람들이 직접적으로 영향을 받게 된다. 복지에 관한 제도나 정책이 제시되면 유권자는 다양한 정책을 보일 것이고, 노동조합 · 경영자단체 · 여성단체 · 고령자단체 · 의료관계자단체 · 보험업계단체 등은 정당이나 관료들과 접촉하여 자신의 이익을 실현하려고 할 것이다(미야모토 다로, 2011). 한국의 복지정치는 잔여주의적이고 저발전된 발전국가형 복지국가에서 시작되었다. 민주화 시대를 거치며 사회보장제도가 전반적으로 확충되었으나, 국가의 재정부담을 최소화하는 기본방향에서는 권위주의 정권의 제도와 유사했다. 최근까지도 권위주의 시대 성장우선주의의 역사적 유산에서 자유롭지 못한 채, 잔여적인 복지국가의 양상에 매몰되어 왔다고 할 수 있다(안상훈, 2011: 2-3에서 재인용). 최근 대두되는 건강보험제도에 대한 정책갈등의 원인은 보험료 부과체계 일원화, 보장성 문제, 지불제도 등이다. 시기별로 의료보험제도 발전과정 검토를 통하여 건강보험제도의 성과와 개선방안을 제안하고자 한다.

1) 군사정부와 제3공화국(1960~1972)

건강보험제도는 1963년 12월 의료보험법이 최초로 제정되었으나, 임의보험방식으로 운영되었고 사회여건에 맞지 않아서 유명무실하였다. 그리고 1970년 근로자, 공무원, 군인 등을 적용대상으로 하는 강제보험인 의료보험법을 제정하였으나, 의료보험 강제적용의 문제점 등 제반 여건상의 어려움으로 그 시행령조차 마련하지 못했다.

이 시대의 사회복지에 대한 인식은 기본적으로 경제성장을 저해하지 않는 범위 내의 복지라는 틀을 전혀 벗어나지 못했다는 근거로 의료보험제도의 사례를 들고 있다(이영환, 2003). 의료보험법은 전 국민을 대상으로 하는 최초의 사회보험입법이라는 의미를 가졌지만 임의가입을 채택함으로써 실효성이 거의 없었다. 또한 극히 제한적인 대상설정으로 차별과 배제의 모태가 되었다. 이와 같이 강제성이 결여된 의료보험법이 제정된 원인은 대상국민을 집단별로 조직하여 자율적으로 보험을 운영하게 함으로써 정부의 재정부담을 기피하거나 최소화하려는 의도였으며, 적용대상의 단계적 확충을 용이하게 하기 위해 일본식의 건강보험 조합제도를 모방한 것이라는 견해가 있다(이영환, 2003: 93-94에서 재인용).

2) 제4공화국(1972~1979)

1977년 7월 1일부터 조합방식에 입각하여 근로자 500인 이상 대기업 중심으로 사회보험방식—강제적용—에 의한 의료보험제도가 도입되었고, 486개 조합으로 구성되었다. 1978년 1월에는 생활유지 능력이 없거나 어려운 국민을 대상으로 하는 의료보호제도, 1979년에는 공무원 및 교직원 의료보험이 실시되었다. 직장의료보험은 빠른 속도로 적용범위가 확대되었지만 조합주의적이고 배제적인 성격을 내포하고 있었다. 1976년도 의료보험법 개정안에 대한 국회의 심의과정에서 '국고부담최소화' '조합자율주의' '단계적 시행' 담론은 불가침의 성역으로 인정한 결과, 기술적이고 부분적인 수정안을 거친 채 통과되었다. 정부는 일부 대기업근로자에 대한 강제적용의 채택 외에는 국고부담을 최소화하면서 선별적인 적용대상과 조합주의적 관리운영방식을 그대로 운영하였다(이영환, 2003: 99-100). 대규모 사업장을 중심으로 조합방식에 입각하여 운영한 결과, 의료보험 가입자와 미가입 간 형평성 논의가 시작되었다. 1980년부터 정치권에서는 통합방식이 제시되었으나, 그 당시에는 실현되지 못하였다.

사회보험으로서 의료보험제도는 세 가지 특징을 가진다. 첫째, 가입대상자는 당연적용된다. 둘째, 보험료는 자기소득에 비례하여 부담한다. 셋째, 급여는 필요에 따라 수급받을 수 있다. 보험에 대한 관리운영체제는 조합방식과 단일통합방식으로 구분된다. 조합방식은 사업장별, 시 · 군 · 구 지역별, 공무원 및 교직원별로 별도조직을 구성하여 자치운영하는 방식이다. 반면에 통합방식은 전 국민을 대상으로 하나의 조직으로 하여 동일하게 자격관리, 보험료 부과 · 징수, 재정관리하는 방식이다. 건강보험제도 발전과정에서 1989년 7월 전 국민 의료보험을 실시한 이후 조합주의와 통합주의의 갈등이 생기게 되었다.

3) 제5공화국(1980~1987)

정부에서는 사업장 중심 직장의료보험이 확대되면서 농어민 · 농어촌 주민과 동지역 주민을 위한 의료보험 적용대상의 확대 필요성이 대두되어 시 · 군 · 구 단위 지역의료보험 시범사업을 전개하였다. 1981년 7월부터 홍천군, 옥구군, 군위군을 대상으로 지역의료보험 시범사업을 실시하였다. 1982년 7월부터 강화군, 보은군, 목포시를 대상으로 지역의료보험 시범사업을 확대 실시하였다.

제5공화국에서 벌어진 의료보험 통합논쟁 1단계(1980~1983)는 1980년 5월에 취임한 보건사회부 천명기 장관이 의료보험 관리체계 일원화 방안을 강력히 추진하면서 출발하였다. 그러나 국회와 행정부, 청와대 및 사회단체들 사이의 장기간 논의와 공방을 야기하였고, 대통령의 동의를 얻지 못한 채 1982년 12월 정기국회의 종료와 함께 종료되었다. 이러한 과정에서 의료보험문제는 다양한 참여자들의 관심과 참여를 유도하였다. 그럼에도 불구하고 1단계 논쟁의 주도권은 체제 내 세력들이 차지하였고, 의료보장의 문제가 관리운영체계의 문제로 위축되는 계기가 되었던 것으로 평가할 수 있다. 통합론은 '의료보험 적용확대'와 '조합 간 격차해소'를 주요 명분으로 하였다. 반면에 통합을 저지한 반대입장의 주요 담론은 '정부재정부담' '통치부담가중'이었다(이영환, 2003: 102-105).

4) 제6공화국(1988~1992)

6개 시 · 군 시범사업을 평가하여 1988년 1월부터 농어촌 · 군 지역에 군 의료보험조합을 설립하여 시행하였다. 1989년 7월부터는 시 · 구 등 도시지역에도 지역의료보험조합을 설립하여 시행함으로써 전 국민 의료보험을 달성하게 되었다. 이로써 1977년 7월 1일에 시작한 의료보험은 12년 만에 전 국민 의료보장 시대를 열게 되었다. 그러나 이 시기부터 조합주의와 통합주의 갈등이 시작되었다.

조합주의 입장은 정부 관료들과 그 당시 의료보험조합 운영관계자, 전국경제인연합회 등이 지지하였다. 이들은 직장가입자와 지역가입자 간에는 소득유형이 다르므로 보험료 부과체계를 동일하게 만들 수 없고, 조합 자치주의를 함으로써 재정낭비요소를 배제할 수 있다고 주장하였다. 반면에 통합주의 입장은 민주당 등 야당의원들과 개혁추진학사 등이 지지하였고 규모가 커져야 소득재분배 효과가 나타나며 위험부담도 있지만 관리운영비를 줄일 수 있다고 주장하였다.

전두환 정권(제5공화국) 시절에는 정부에서 조합주의를 강하게 밀고 나갔다. 그 이후 노태우 정권(제6공화국)이 시작되면서 1989년 3월 16일 국회에서 통합의료보험법이 통과되었다. 그러나 정부에서는 대통령 거부권 행사로 통합이 무산되었다.[4] 그 이후에도 지속적으로 조합주의자와 통합주의자 간 대립, 갈등, 논쟁이 심하게 일어났다. 주된 주장을 살펴보면, 조합주의자들은 통합이 되면 직장가입자와 지역가입자 간 일원화된 보험료 부과체계를 마련하지 못한다고 하였다. 반면에 통합주의자들은 부자조합과 빈자조합이 존재하여 국민 간 위화감이 형성되고, 소득재분배 효과가 미흡하니 통일되어야 한다고 주장하였다. 양측은 심각할 정도로 정책대립을 하였으며, 정부

---

4) 노태우 대통령이 밝힌 재의 요구 이유(국민의료보험법안 재의 요구서)는, "기존 조합의 재산을 청산하지 않고 새롭게 형성되는 공단에 이관하는 것은 국민(조합원)의 기본권인 재산권에 대한 헌법 규정에 배치될 소지가 있다."라는 것을 중심으로 하고 있다(이영환, 2003: 109에서 재인용).

여당은 조합주의를 지지하고 야당은 통합주의를 지지하였다.

5) 문민정부(1993~1997)

의료보험통합운동은 노동운동의 가세로 매우 활발하게 논의되었다. 통합운동 측은 1994년 4월 11일 '의료보험통합일원화와 보험적용확대를 위한 범국민연대회의'를 결성하였다. 의보통합연대회의의 조직은 노동, 농민, 빈민, 시민운동, 보건의료운동 진영을 망라하였고, 단순히 의료보험관리운영체계를 통합하는 것이 아니라 '보험적용확대'라는 뚜렷한 명분을 내세웠다. 이와 같은 활발한 통합운동에도 불구하고 의료보험통합문제는 정부와 여당의 소극적인 태도로 인하여 더디게 진행되었다(이영환, 2003: 112-113에서 재인용). 문민정부 말기인 1997년 12월 31일에서야 여당이 발의한 1차 의료보험 통합법안인 「국민의료보험법」이 제정되었다.

「국민의료보험법」이 통과된 이유는 '관리체계의 통합을 통한 위험분산과 소득재분배 기능의 회복'이라는 대표적인 명분이 있었기 때문이다. 그리고 1999년 4월로 예정된 국민연금의 도시자영업자 확대 시에 의료보험통합으로 인한 잉여인력을 흡수할 수 있다는 기대 등이 작용했다고 보고된다(이영환, 2003: 115).

6) 김대중 정부(국민의 정부, 1998~2002)

야당이던 김대중 정부가 들어서면서 통합이 추진되었다. 1998년 10월 1일부터 그동안 다수 보험자 방식(조합주의 방식)의 의료보험제도에서 통합주의 방식으로 변경되었다. 이에 따라 공무원 · 교직원 의료보험관리공단과 227개 지역의료보험조합이 통합되어 국민의료보험관리공단이 탄생하였다. 약 2년 후인 2000년 7월 1일 「국민의료보험법」이 시행되어 직장의료보험조합까지 통합하여 국민건강보험공단이 출범하였다. 이전에는 직장의료보험조합, 지

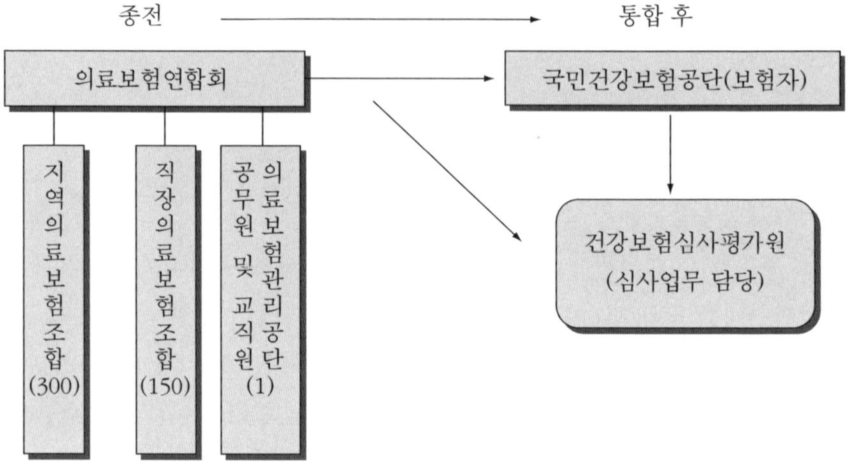

[그림 12-1] 건강보험통합 이후의 단일 보험자 체계

역의료보험조합, 공무원 및 교직원 의료보험관리공단과 중앙에 의료보험연합회가 있었다([그림 12-1] 참조). 통합된 이후에는 직장가입자는 본인 월급에서 일정률의 보험료를 사용자와 근로자가 50%씩 부담하고, 지역가입자는 소득, 재산, 자동차, 가족 수 등의 보험료 부과기준에 따라 보험료가 부과되었다. 통합이 되었다면 재정까지 통합되어야 하는데, 재정통합은 일정기간 유예되었다.

또한 보험료 부과기준이 상이하여 사회적으로 갈등이 발생하였다. 나아가 사회세력 간의 논쟁이 격화되는 과정에서 관리체계의 문제를 넘어서는 의료보호제도의 통합이나 조세방식, 급여확충 등 보다 진보적인 대안들은 희생될 수밖에 없는 상황이었다. 또한 비정규직이나 영세사업장 근로자들의 직장가입자 전환의 문제나 광범위한 사각지대 해소의 과제도 해결하지 못하게 되었다(이영환, 2003: 120-121).

7) 노무현 정부(참여정부, 2003~2007)

2003년 6월 30일까지 재정분리 형태로 운영되다가 2003년 7월 1일 지역·직장 의료보험의 재정이 통합되었다. 그 결과 한국의 건강보험은 단일 보험자 체계를 구축하게 되었다. 그러나 현재까지도 지역가입자와 직장가입자의 보험료 부과체계 기준이 상이하여 직장가입자와 지역가입자 간 갈등이 존재하며 서로 손해 본다고 생각하는 것이 한계점이다. 이는 건강보험 자체에서 비롯된 것이라기보다는 조세체계의 문제점으로 알려져 있다.

그럼에도 불구하고 사회보험방식으로 출발한 건강보험을 단일 국가보험방식으로 전환한 것은 세계에서 유례를 찾을 수 없는 실험이었다. 짧게는 10년, 길게는 20여 년에 걸쳐 이루어진 건강보험 통합의 의미를 요약하면 다음과 같다(이상이, 이진석, 2011: 52-53).

첫째, 기존에 수백 개로 나누어져 있던 조합을 하나로 합치는 관리운영체계의 변화가 있었다. 둘째, 건강보험의 보장성 강화를 위한 제도적 기반을 마련하였다. 이전의 조합방식의 운영은 재정이 열악한 조합에 맞춰 건강보험의 급여수준을 결정할 수밖에 없었기 때문에 보장성 강화가 어려웠다. 그러나 조합 간의 재정격차를 일시에 해소하는 제도적 변혁인 건강보험 통합의 결과, 참여정부 시기의 건강보험의 보장성 강화가 가능하였다. 셋째, 보험료 부과체계의 형평성이 향상되었다. 조합방식에서는 독립채산 방식으로 운영되었기 때문에 재정상태가 열악한 농어촌 지역조합의 보험료는 상대적으로 비싸고, 재정상태가 양호한 부유한 지역조합(예: 서울 강남 등)의 보험료는 상대적으로 저렴했다. 그러나 통합 이후 지역별, 직장별 구분 없이 동일한 기준으로 보험료가 부과되었다. 넷째, 건강보험 관리운영체계의 투명성과 책임성 향상이다. 과거에는 수백 명의 의료보험 조합장과 임원들이 있고, 비리와 부패가 심각하였으나 감독하기가 어려웠다. 그러나 건강보험 통합으로 1명의 공단이사장과 몇 명의 임원으로 줄어들어 정부와 국민의 실질적인 감시와 감독이 가능하게 되었다. 다섯째, 국민의 사회연대의식이 제고되었다. 건강보험 통합으로 의료급여 수급권자를 제외하고 모든 국민은 하나의 보험을 가지게 되었다. 이 같은 통합 건강보험체계에서는 전 지역과 전 국민이 사회연대의 범위에 포함된 것이며, 국민의 건강권을 국가가 책임진다는 헌법정신이 구현된 것이다. 여섯째, 시장주의 의료민영화 공세에 맞설 수 있는 중요한 버팀목을 마련하였다.

8) 이명박 정부(2008~2011)

건강보험과 노인장기요양보험을 실시하는 국가는 일본과 독일이며, 한국도 2008년 노인장기요양보험제도를 시행하게 되면서 세 번째 시행국가가 되었다. 그리고 2011년 1월부터 4대 사회보험의 징수를 통합하게 되었고, 국민건강보험공단에서 통합징수[5]를 하게 되었다.

현재 건강보험제도의 정책갈등의 원인은 보험료 부과체계의 일원화다. 정부차원에서는 보험료 부과에 대하여 단일기준을 마련하고자 노력하고 있으나 매우 어려운 문제다. 건강보험제도에서 가장 중요한 것은 연간 약 40조원이 소요되는 보험재정이다. 보험료 부과기준 일원화가 이루어지면 재정안정화가 될 것으로 예측된다. 또다른 문제는 보장성 문제다. 즉, 병 · 의원에서 진료 받은 후 본인이 납부하는 금액인 본인부담금이 한국은 약 40%—공단 지급률 약 60%—로, 외국의 본인부담률이 10~15%인 수준인 것과 비교할 때 비율이 높다. 이는 소득재분배 효과가 미흡하며, 본인이 납부해야 하는 보험료와 연관된다. 따라서 보험료를 인상하여 보장률을 확대하는 방안을 강구해야 한다.

한편, 건강보험제도는 가입자가 의료기관에서 진료 받은 비용을 지급하므로 병 · 의원 진료 수의 결정방식이 매우 중요하며 어렵다. 현재는 행위별 수

5) 정부의 공공기관 선진화 추진계획(1차)에 따라 4대 보험(건강보험, 국민연금, 고용 · 산재보험) 징수업무를 건강보험공단으로 일원화하여 처리할 수 있는 징수통합 서비스를 말한다(사회보험 통합징수 포털, http://si4n.nhic.or.kr/).

가제이므로 의료인의 과잉진료를 억제하기가 어렵다. 반면에 국민건강보험공단과 국민은 의료비 절감방안으로 포괄수가제 혹은 총액계약제를 요구하고 있으나 의료인들의 반대로 난항을 겪고 있는 실정이다. 의료수가 결정방식이 보험재정에 막대한 영향을 줄 수 있으므로 이에 대한 사회적 논의가 계속적으로 이루어져야 한다.

2012년 대선을 앞두고 '무상의료문제'에 대한 복지담론이 활발하게 전개되고 있으며, 의료복지에 대한 첨예한 대립을 이루고 있다. 민주통합당은 보편적 복지국가 공약을 발표하면서 무상의료방안을 제시하였다. 집권 5년 동안 단계적으로 입원진료비의 건강보험 부담률을 90%(현재 약 64%)까지 높이고 환자본인부담상한을 연간 100만 원까지로 제한하여 '실질적인 무상의료'를 실현하겠다고 밝혔다. 한편, 새누리당은 현 수준 유지를 전제로 점진적인 보장성 확대를 해야 한다는 입장이다. 전문가들은 민주통합당의 방향에 공감하지만 실현가능성에 대해서는 회의적인 입장이다. 그 외에도 민주통합당은 현재의 지불제도에 대해서도 병원을 갈 때마다 돈을 내는 행위별수가제(Fee for Service)에서 아무리 병원을 많이 가도 질병별로 정해진 금액—예를 들어, 맹장수술은 220만 원, 백내장은 50만 원 등 가격결정—만 내는 포괄수가제로 바꾸는 방안과 한 해 건강보험공단 지출을 병원들과 미리 협상해 일정범위를 넘지 않도록 관리하는 총액계약제—의사들에게 연간 제공할 금액을 사전에 계약—를 도입하겠다고 밝혔다. 전문가들은 '무상의료를 추구한다면 지불제도 개편은 필수'라고 동의하지만 의료계의 반발이 가장 큰 장애가 될 것으로 예측하고 있다(한국일보, 2012. 1. 13.). 의료복지에 대한 정치적 의지가 어떠한가에 따라 향후 한국의 건강보험제도가 변화될 것이다.

3. 결 론: 건강보험제도의 성과와 개선방안

2011년 6월 말 기준으로 한국의 의료보장인구는 5,076만 명으로 파악된다. 이중 건강보험 적용인구는 4,913만 명, 의료급여인구는 163만 명이다(보건복지부, http://www.mohw.go.kr). 현재와 같은 제도적 발전과 건강보험공단 관리운영체계가 있기까지 한국의 복지정치 과정 속에서 건강보험제도는 지속적으로 발전하였다. 이에 대한 성과를 살펴보고, 개선방안을 제시한다.

우선, 주요성과를 살펴보자. 첫째, 비교적 낮은 보험료를 부담—보험료율(보장률): 한국 5.64%(55.4%), 일본 8.1%(81.9%), 독일 14.2%(76.8%), 프랑스 19.3%(77.8%)—하면서도(국민건강보험공단, 2010) 국민 평균수명은 늘어나고, 영아사망률은 줄어드는 등 국민건강수준 향상에 기여하였다. 둘째, 의료의 접근성이 향상되었다. 예컨대, 1977년 1인당 외래방문 횟수가 0.7회에서 2010년에 16.07회로 증가하였다. 셋째, 의료 인프라가 확대되었다. 요양기관은 1979년 6,350개에서 2009년에 80,270개, 의사 수는 1995년 57,188명

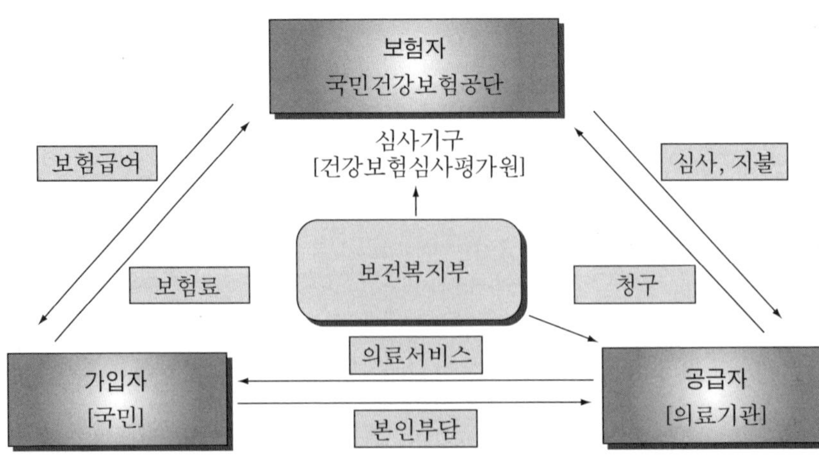

[그림 12-2] 국민건강보험 관리운영체계

에서 2009년에 115,087명, 병상 수는 2000년에 287,040병상에서 2009년에 495,701병상으로 증가하였다. 넷째, 보장성은 확대되고, 진료비는 낮아졌다. 예컨대, CT, MRI가 보험이 적용되고, 암 등 중증환자 보장성이 확대되었다. 또한 만 6세 영유아 입원부담금 등이 경감되었다. 다섯째, 전 국민 건강검진의 시행이다. 생애주기별 건강검진 체계에 따라 영유아 건강검진(6세 미만), 일반 건강검진, 생애전환기 건강진단(청소년, 40세, 66세), 암 검진(국가암 검진 조기검진 포함)을 실시한다. 마지막으로 전 국민 당연적용으로 사회통합에 기여했다. 건강과 진료비용의 문제에 대한 사회공동의 연대책임의식이 고양되었으며, 소득재분배 및 위험분산 효과가 제고되었다.

한편, 국민건강보험제도에 대하여 OECD와 같은 국제기구 등에서 세계적으로 우수한 제도라고 평가하는 반면, 국내 시민단체 등에서는 재정불안정, 급등하는 의료비 문제, 급여 보장률[6]이 너무 낮아 진료비 할인혜택 수준에 불과하다는 등의 문제제기가 있다. 그리고 선진국에 비해 본인이 부담하는 보험료 수준은 낮은 반면, 진료 시 혜택 보는 보장률도 매우 낮아 지속적인 문제점으로 지적되고 있다.

국민건강보험의 주요성과와 평가를 토대로 지속 가능한 건강보험제도 발전을 도모하기 위하여 개선방안을 제시한다. 첫째, 보장성 강화를 적극 추진해야 한다. 적정한 보장성을 설정하기 위하여 계량적 목표 중심적인 계획은 보장성 취약의 원인이 될 수 있다. 그러므로 보장성을 둘러싸고 계량적인 목표치만으로 정치적 이슈로 활용하는 것은 바람직하지 않으며 인간의 건강권을 기본으로 하여 필수의료서비스 항목을 중심으로 급여화하자는 의견이 있다(오민수, 2011). 또 다른 방안으로 저소득층을 위해 건강보장률을 현행 60%에서 75~80% 수준으로 상향하는 것이 바람직하다. 이를 위해 보험료 인상이 불가피[7]하며, 소득별 보험료율은 차등인상제 도입이 필요하다. 즉, 저소득

6) 보장률은 총 진료비 중 정부(공단)가 부담해 주는 금액이다. 보장률이 너무 높으면 의료낭비가 초래되기 때문에 도덕적 해이를 방지하기 위해 도입되었다. 반면 보장률이 너무 낮으면 소득재분배 효과가 미흡하고 저소득층이 본인부담으로 인해 의료혜택에 제한을 받는다.

층과 고소득층으로 보험료율을 차등적용하는 것이다.

둘째, 의료산업을 활성화시켜야 한다. 독일식으로 소득 상위층 10%를 건강보험제도에서 배제시켜 민간보험제도 및 의료산업활성화에 기여하게 할 수 있다. 소득 10% 상위층은 사회보험인 건강보험에 가입하지 않고, 저소득층을 집중보호하는 관리체계로 전환하는 방안을 생각해 볼 수 있다.

셋째, 공공의료기관을 확대할 수 있다. 공공의료 역할이 미흡하여 과잉진료유발, 의료기관 간 과다경쟁, 국민의료비의 증가, 재정적 위협 등이 지적되고 있다. 이를 극복하는 방안으로 의료인을 공무원화하여 보건소 및 1차 의원에 배치한다면 공공의료 강화 및 재정안정에 기여하게 될 것이다.

넷째, 현행 행위별수가제에서 상병별 정액제인 포괄수가제(DRG)로 지불제도를 개선한다면 연간 진료비 지출액의 예측이 용이하고 보험재정안정화에 기여할 것이다. 의료비용 억제효과에 대해서 포괄수가제는 총액계약제보다는 효과적이지 못하지만 행위별수가제보다는 효과적(최병호, 2003; 오민수, 2011)이라는 의견이 있다.

다섯째, 적정부담을 통한 건강보장률 확대로 저소득층의 의료보장을 확대하여, 소득양극화를 해소하려는 사회공동체 의식함양을 위해 전 국민 인식전환이 필요하다. 더불어 예방사업의 강화 및 의료서비스를 선진화해야 한다.

---

7) 보험료인상의 불가피성의 근거로 한국과 OECD 국가와의 국민의료비 지출을 비교하면 한국은 GDP 대비 국민의료비는 6.5%(2008) 수준이다. 반면에 독일은 10.7%(2005), 프랑스는 11.1%(2005), 일본은 8.1%(2008), 미국은 16.0%(2008), 영국은 8.7(2008)로서 OECD 국가와 비교할 때 한국의 건강보험료율은 5.64%(2010)로 낮은 수준이며, 저부담-저급여의 원인이기도 하다. 이를 개선하려면 보험료 인상은 불가피할 것으로 보인다(오민수, 2011: 19-20).

참고문헌

보건복지부(2011). 2010 보건복지백서.

보건복지부(2011). 2011 상반기 건강보험 주요통계.

안상훈(2011). 한국 복지정치의 지형. 한국사회복지정책학회 춘계학술대회 자료집.

오민수(2011). 건강보험의 쟁점진단 및 대안모색. GGWF REPORT, 4, 경기복지재단.

이상이, 이진석(2011). 건강보험 재정통합 위헌소송이 쟁점과 전망. 참여연대사회복지위원회. 월간 복지동향, 158, 52-60.

이영환(2003). 통합과 배제의 사회정책과 담론. 서울: 함께읽는책.

국민건강보험공단, http://www.nhic.or.kr

사회보험 통합징수 포털, 검색일 2012년 2월 8일, http://si4n.nhic.or.kr

제13장

장애인 시설과 복지정치

박형진

1. 서 론

장애인 생활시설정책의 세계적 추세는 일반가정과 유사한 소규모 주거환경 보장, 일반인의 삶의 양식과 유사한 낮 시간의 활동장소와 밤 시간의 거주장소의 분리, 이용자 편의를 위한 서비스 일원화, 탈시설과 자립지원 정책의 우선을 목표로 하는 이용자 중심의 서비스 체계로의 전환 등으로 나타나고 있다. 반면, 우리나라는 탈시설화를 시도하면서도 장애인 생활시설 수는 2008년도에 291개소에서 2009년도에 350개소, 2010년도에는 452개소로 증가해 왔고(서인환, 2011: 10), 100인 이상의 생활인이 거주하는 시설이 전체 시설의 30%에 육박하는 등 복지선진국에서는 이미 구시대적 유물로 취급되는 대규모 생활시설이 여전히 존재하고 있다. 또한 2005년 『장애인생활시설 생활인 인권상황 실태조사』에 따르면, 시설에서 거주하는 장애인들은 폐쇄적인 시설운영과 시설운영자의 비전문성과 비도덕성, 인권침해에 대한 상시적 감독시스템의 부재 등으로 인해 자기결정권에 많은 제약이 있으며, 폭력의 정도도 상당한 것으로 나타났다(김동호, 2009; 김정희, 김영미, 염경진, 2009: 14-15). 한편 이러한 현실과는 달리, 장애인의 권리를 옹호하는 용어와 정책들은 점차 늘어 가고 있다. 이와 같은 상황에서 우리가 주목해야 할 점은 인권, 당사자주의, 탈시설화, 자립생활, 사회통합, 노멀라이제이션(normalization) 같은 용어들이 장애인을 바라보는 시각의 변화로 인해 등장한 것인가 하는 점이다. 그리고 이러한 용어들이 의미하는 바대로 장애인이 예전보다 자신의 삶에 대한 통제력과 선택권을 더 확보하게 되었는가 하는 점이다.

다시 말해, 탈시설화로 인해 장애인이 자신을 바라보는 시선과 사회구성원들이 장애인을 바라보는 시선은 달라졌는가? 대규모 수용시설에서 지역사회 그룹홈으로의 이동과 함께 장애인에 대한 편견[1]과 차별, 배제의 문제는 해결되어 가고 있는가? 장애인의 노멀라이제이션을 위한 것이라는 다양한 정책들과 법·제도의 개선으로 인해 장애인은 사회의 일원이라는 소속감을 느끼게 되었는가? 장애인의 정상적인 생활을 돕기 위해 마련된 것이라는 정책들과 다양한 프로그램들이 말하는 정상적인 생활이란 무엇인가? 또한 사회가 장애인들의 의존성을 혐오하고 자립을 강요하는 이유는 무엇이며, 장애인들이 사회복지정책이나 프로그램들을 통해 받는 '도움'에 대해 수치심 혹은 감사한 마음을 가지고 그 감정을 표정과 몸짓, 태도로 드러내야 하는 이유는 무엇인가? 텔레비전 뉴스나 시사고발 프로그램을 통해 생활시설에서 인권침해를 당하는 장애인, 보호작업장에서 관리감독하에 일하는 장애인, 이동권을 외치는 장애인, 지역사회 내의 그룹홈에서 자립생활을 연습하는 장애인의 삶을 접할 때, 자본주의 사회에서 쓸모없고 가치 없는 존재로 취급받는 이들에게 다양한 복지정책과 프로그램을 통해 '권리'를 쥐어 주는 이유

1) 편견(prejudice)은 사람이나 사물에 대해 실제 경험 전에, 또는 근거 없이 갖는 호의 또는 비호의의 느낌으로, 새로운 증거가 있음에도 불구하고 선입관(prejudgment)을 수정하지 않을 때 그것은 편견이 되며, 편견의 대상은 자신이 잘못이 없는 데도 불리한 위치에 놓이게 된다. 이러한 편견은 적대적인 말(antilocution)에서부터 회피(avoidance), 적극적인 차별(discrimination), 신체적인 공격(physical attack) 등의 적대행위로 표현된다(Allport, 1993: 30-36).

가 궁금해진다.

장애라는 특성을 가진 사람들을 일컫는 용어와 그 사람들이 생활하는 시설의 명칭 변경을 포함해 장애인시설정책의 변화와 탈시설화 관련 정책들이 보장하고 있는 것은 무엇인가. 개선으로 불리는 이러한 정책적 변화들에도 불구하고 장애인의 권리회복은 이루어지지 않고 있다. 실제로 장애인에 대한 관점은 이들에 대한 '조치'로서의 복지정책에 그대로 반영되는데, 장애인을 사회적으로 기여할 수 없는 무가치한 존재로 인식하여 일반적인 사회에서 격리 수용 또는 보호하는 것이 타당하다고 보는 관점과, 그들이 일반 사회구성원들과 동일한 삶의 장소에서 동일한 생활양식을 유지해야 한다고 보는 관점이 반드시 대립하는 것은 아니다. 즉, 장애인을 대상으로 하는 시설정책과 탈시설화 정책은 그 형태를 달리할 뿐, 같은 목적과 기능을 유지해 오고 있는 것으로 보인다.

이러한 물음들을 바탕으로, 본 글은 시설과 탈시설을 둘러싼 배제와 포함의 정치라는 시각에서 한국의 장애인 관리기술에 대해 살펴보고, 동등한 사회구성원으로서 실질적인 장애인의 권리회복을 위한 연결의 정치를 제안하고자 한다.

2. 장애인 생활시설: 제도와 삶

1) 제도로서의 장애인 생활시설

장애인이 시설에서 생활할 수밖에 없는 이유로 장기간의 전문적인 서비스 제공과 지역사회에서의 생활을 위한 지원체계 미비, 가족의 부양부담 등이 자주 언급된다. 이를 반영하듯 장애인 생활시설의 목적은 장애인이 필요한 기간 동안 생활하면서 재활에 필요한 상담 · 치료 · 훈련 등의 서비스를 받아 사회복귀를 준비하거나 장애로 인하여 장기간 요양하는 시설서비스를 제공하는 데 있고(장애인복지법 第58조 第1항 第1호), 장애인 생활시설의 기능은 가정이 없거나 가정에서 보호하기 어려운 장애인에게 가정과 같은 주거서비스를 제공하면서 시설이용 장애인의 개인별 장애유형과 중증도에 따라 적합한 재활(상담 · 치료 · 사회적응훈련 등) 서비스를 제공하는 것이다(보건복지부, 2011).

장애인 생활시설과 관련한 정책방향과 제도개선을 위한 법령정비 상황을 살펴보면, 우선 생활시설 장애인의 인권보호 체계를 구축하기 위해 미신고 및 개인운영시설에 대한 '(가칭)인권보호상담제도'를 신설하였고, 장애인 탈시설 지원을 위해 장애인자립생활센터와 생활시설의 협력체계를 구축하는 방향으로 나아가고자 한다. 장애인복지법 개정내용에는 장애인의 선택권 보장(第57조), 장애인복지시설의 개념과 기능 재정립(第58조), 장애인거주시설[2] 정원 30명 초과 금지 조항 신설(第59조), 시설 운영 재개 관련 규정 및 장애인 거주시설 이용절차 신설(第60조 및 第60조의 2), 장애인거주시설 서비스 최저기준 신설(第60조의 3), 장애인거주시설 운영자의 의무규정 신설(第60조의 4) 등이 포함되어 있다.

개정된 법에서는 시설환경 개선 등의 지원방안과 소규모 시설 지원센터 설치 등에 대한 논의가 필요하다고 보고 있으며, 30인 정원규정에 제한받지 않는, 법 시행 이전의 시설에는 서비스 최저기준을 적용하고, 소규모화 시설에 대한 인센티브 지급과 예산의 지원방식 변경을 통해 시설의 소규모화를 유도하고자 한다. 또한 시설운영자가 시설운영을 재개할 경우 이용자 권익보호를 위한 조치를 취할 것을 법에 규정하고, 보건복지부 지침을 통해 적용중인 '장애인거주시설 인권보호 권장기준'과 연계된 인권보호 및 침해에 대한 법적 근거를 마련해(第60조의 4) 이용자의 인권보호 및 회복을 위한 서비

2) 장애인 거주시설 분류체계 개편(안)에서 생활시설은 거주시설로 그 명칭이 바뀌었다. 생활시설은 단기보호시설 · 공동생활가정(group home)과 함께 거주시설로 통합되었으며, 거주시설은 거주공간을 활용하여 일반가정에서 생활하기 어려운 장애인에게 일정기간 동안 거주 · 요양 · 생활지원 등의 서비스 제공과 지역사회생활을 지원하는 시설로 정의되고 있다.

스 제공과 사생활 및 자기결정권 보장 등을 이행하도록 규정했다(한국장애인복지시설협회, 2011: 22-32).

주목할 점은 앞서 언급한 장애인생활시설의 개념규정이 의미하는 바가 무엇인가 하는 점이다. 장애인생활시설은 장애인복지법 제58조 제1항 제1호에 '장애인이 필요한 기간 생활하면서 재활에 필요한 상담 · 치료 · 훈련 등의 서비스를 받아 사회복귀를 준비하거나 장애로 인하여 장기간 요양하는 시설'로 규정되어 있다. 이는 장애인이 사회에서 소위 '일반'인들과 함께 살기 위해서는 상담받고 치료받고 훈련받는 것을 전제로 하고 있음을 의미한다. 또한 상담 · 치료 · 훈련을 통해 사회에 해를 끼치지 않을 사람으로 만들어지지 않는다면 시설 내에서 기약 없이 머물러야 함을 의미한다. 이렇게 볼 때 현재 장애인 생활시설의 목적과 기능은 그들의 권리를 보호하는 것이 아니라 사회를 보호하는 것이라 할 수 있다. 즉, 같은 공간에서 생활할 준비가 된 장애인들만이 지역사회 속에서 살아가는 것이 허락되는 것이다.

장애인 생활시설과 관련한 조사 · 연구들이 그 실태와 개선점만을 논하는 것에서 벗어나, 국내외의 장애인 인권을 둘러싼 거시적 환경변화에도 불구하고 왜 인권침해와 차별이 지속되는지에 초점을 맞추어야 하는 이유는, 법과 제도, 프로그램들이 확대되고 개선된다고 해서 그것이 반드시 장애인의 권리보장의 확대로 이어지는 것은 아니기 때문이다. 중요한 것은 부족하지만 똑같이 대해 주어야 한다는 사고방식이 아니라, 장애인이 단지 나와 '차이'가 있는 타인임에 대해 논해야 한다는 것이다. 장애인은 부족하고 위험하고 무능한 사람이라는 생각은 그들을 다른 종류의 사람으로 구분 짓게 만들고, 이러한 구분은 그들만을 대상으로 하는 특별한 조치들을 만들어 내거나, 장애인 권리와 관련한 법과 제도의 개선 및 프로그램들의 확대에도 불구하고 장애인에 대한 편견과 차별, 낙인, 배제가 지속되게 한다.

2) 생활시설 장애인의 삶

그동안 많은 장애인들이 시설에 버려지고, 운이 좋을 경우 시설에서 초·중등 교육을 마치며, 시설에서 직업훈련과 직업생활을 하다가 시설에서 죽어 왔다. 많은 장애인들은 시설입소과정에서 자신을 사회구성원으로서 한 사람의 몫을 해 내지 못하는, 가족이나 사회의 짐으로 인식하게 된다. 또한 이러한 시설에서 생활하는 장애인의 생애주기의 내용은 '재활'이라는 이름으로 진행되는 각종 훈육과 생활지침들—인사하기, 관리자들에게 선생님 호칭과 존댓말 쓰기, 오전 7시 30분에 아침 먹기, 정오에 점심 먹기, 오후 5시에 저녁 먹기, 오후 6시 이후 외출 전면 불허, 저녁 7시 이후 TV시청 불가, 저녁 10시에 소등 및 강제 취침—등으로 인해 단순화되고 개조되며, 그러한 일률적인 규율과 통제를 벗어날 경우에 다양한 징벌—신체적·정신적 가해, 감금, 노역, 신경안정제 투여 등—이 가해진다(한국 장애인 자립생활센터 총연합회 사무국, 2011: 87). 시설생활을 경험했던 당사자들은 시설생활이 사회복지서비스가 아닌 '사회로부터 배제된 수용, 감금생활'이었다고 말하기도 한다(박경석, 2011: 61). 이처럼 장애인은 시설에서 획일화되고 집단화된 삶을 통해 존엄을 상실하고, 무시당하고, 위계적인 관계와 동정, 폭력, 수치심과 무기력을 경험한다.

장애인 생활시설은 장애인의 생존권 보장을 비롯하여 장애인 인권[3] 보장을 위한 역할을 해야 하는 장소이지만, 장애인 생활시설에서의 인권유린에

3) 넓은 의미에서 인권이란 인간이 내재적으로 갖는 존엄과 가치에서 파생되는 것으로서, 인간이 자신의 성장과 발전에 필수적인 활동에 종사할 수 있는 자유 또는 권리(Reichert, 2003: 21)이고, 천부적 권리로서 인권 개념의 모호함을 비판하는 입장에서는 인권을 헌장, 선언, 헌법, 협약 등 정치적 법적 문서들에 의해 구체적으로 규정된 권리로 본다(Sweet, 2003: 4). 인간의 존엄성과 평등권 외에도 경제적·사회적·문화적 권리 및 정치적 권리가 인권의 범주에 포함된다(국제인권조약, 1976). 같은 맥락에서 우리나라의 헌법도 인간의 존엄과 행복추구권 등을 선언하고 있으며(헌법 제10조), "인권이라 함은 헌법 및 법률에서 보장하거나 대한민국이 가입·비준한 국제인권조약 및 국제관습법에서 인정하는 인간으로서의 존엄과 가치 및 자유와 권리를 말한다."라고 정의하고 있다(국가인권위원회법 제2조 1).

대한 사건보도나 미신고시설에서의 장애인인권실태 보고는 장애인 생활시설이 오히려 인권의 사각지대임을 보여 주고 있다. 1948년의 세계인권선언, 1975년의 장애인권리선언, 2006년의 장애인권리협약을 거치면서 장애인의 인권은 장애인이 정당한 사회구성원으로서 그 권리를 주장할 수 있다는 관점에서 정의되고 있다. 그러나 이러한 선언적 권리규정이 장애인의 실생활에 전달되기에는 많은 어려움이 있고, 특히 생활시설 장애인의 경우 지적장애인이 많아 격리와 고립으로 인한 인권침해의 우려가 높다(Stainton, 1998: 118-119). 또한 시설화는 외로움, 고독, 격리감을 느끼게 하고 인간의 존엄성을 위협하는 구조를 가질 수 있으며(Robert, 2006: 126; 김미옥, 정진경, 김희성, 2008: 390-392), 장기간 고립되어 기초적인 의식주만 제공되는 단순수용보호는 소위 '시설병'을 야기하고 장애인의 삶을 무기력하게 만든다.

그렇다면 시설에서 생활하는 장애인이 인권침해를 당하면서도 적극적으로 자신의 권리를 주장하지 못하는 이유는 무엇인가. 이들은 도움이나 욕구를 표출했으나 이것이 받아들여지지 않는 부정적 경험을 반복하면서 스스로 욕구를 철회하거나 주장을 하지 않게 된다고 한다(김미옥 외, 2008: 416). 김미옥 외(2008)의 생활시설 장애인의 인권연구는 시설 종사자의 도움을 받아야 하는 장애인 당사자가 종사자의 눈치를 보아야 하는 상황과 서서히 원하는 것들을 포기하게 되는 과정, 무시당하고 어린아이 취급을 받으면서 자존심이 상하고, 시설에서의 혼인, 임신, 출산, 양육은 기대하기 어려우며, 여러 측면에서 자기결정권과 사생활보호권, 경제권 등이 보장되지 못하는 상황 등을 보여 준다. 시설에서 생활하는 장애인들은 먹고 싶을 때 먹고 싶은 것을 선택해서 먹지 못하고, 자신만의 공간에서 원하는 시간에 일어나고 쉬거나 잠을 잘 수 없고, 나가고 싶을 때 외출하지 못하고, 허락을 받고 행동해야 하며, 자신의 취향이나 기호에 맞는 물건을 갖기 어렵고, 자신의 계좌로 보조금이 입금되어도 그 돈을 쓸 때 허락을 받아야 한다. 이 모든 생활규칙은 장애인을 위한 보호라는 목적을 가지고 있을뿐더러 시설종사자들의 불편함을 덜어줄 수는 있지만, 장애인 당사자의 권리를 보장해 주기 위한 것이라고는 말하기 어렵다. 시설 종사자 인터뷰에서도 시설 자체가 인권침해일 수 있고, 서비스가 종사자 입장에서 이루어지기 쉬우며, 시설이 인권규정을 세우고 있지만 그것 역시 서비스 제공자 입장에 맞추어진 틀이라는 의견이 제시되고 있다.

생활시설 장애인의 삶에 대한 실상은 생활시설 장애인의 탈시설 욕구조사에서도 드러난다. 장애인들의 탈시설 욕구와 관련한 연구(김정희 외, 2009)에서, 장애인들은 시설 입소 초기에는 보호 및 수발과 관련하여 일상생활에 편리함을 느꼈지만 대규모 집단생활, 생활시설의 엄격한 규칙, 장애유형 구분 없는 혼거수용, 시설 측의 장애인에 대한 비인격적 처우, 원치 않는 시설 이동, 자기결정권 제한, 외부활동 제한 등을 경험하면서, 사생활에 대한 자유, 일반적인 대인관계에 대한 욕구, 인간다운 삶을 영위하고 싶은 욕구를 탈시설을 통해 이루고자 함을 보여 준다. 장애인들은 탈시설 이후 주거지 문제, 경제적 문제, 장애특성으로 인한 지속적인 보호 및 수발의 문제 때문에 탈시설에 대한 두려움을 가지고 있으면서도 그 불합리한 현실에 직접 부딪쳐 보고 싶어했다.

생활시설 장애인들 중 일부는 탈시설 준비를 위해 기초생활수급비, 보호작업장 수입, 장애수당 등을 저축하지만 자립생활을 위한 거주지를 마련하기에는 부족할 수밖에 없다. 체험홈 또한 계약기간이 정해져 있어 장기적으로는 이용이 어렵고, 2~3인이 함께 생활해야 하기 때문에 사생활 보장의 욕구도 충족할 수 없다. 그럼에도 불구하고 체험홈이나 임시주택을 거쳐 단독가구를 형성하고자 하는 장애인은 지역사회 거주에 대한 두려움이나 단독생활의 외로움, 거주지 마련 비용 문제, 장애 특성상 수발 및 보호와 관련된 활동보조서비스 정도에 비해 현재의 소규모 공동생활에 만족하고 있었다.

총체적 통제제도 안에 갇혀 있는 사람들의 세계를 통해 통제의 실상을 드러내고자 했던 고프먼(E. Goffman)은 낙인[4]이나 차별적인 시선을 포함해 시

4) 특정인을 사회적 해악과 관련짓는 낙인(stigma)은 사회심리학이나 총체적 통제시설 연구 등에서 사

설 생활자들이 제도적 · 비제도적 폭력과 억압을 경험한다고 했다. 그는 낙인이란 다수의 사회성원이 정상이라고 규정한 기준에 의거한 것이기 때문에 낙인 보유자에게 광범위한 오명과 수치심을 주며, 낙인 보유자와 보통 사람들의 상호작용은 위계적인 구조에서 불평등하게 이루어지기 때문에 낙인 보유자에게는 상호작용 자체가 억압적인 것이 된다고 보았다. 즉, 장애라는 특성은 관점의 차이에 불과하지만, 특정한 사회구성 속에서 오명과 배제를 가져오는 것이며, 그러한 상징체계들은 해당 사회의 문화적 배치와 직간접적으로 관련되어 있기 때문에 쉽게 해체되지 않는 경향이 있다(최정기, 2008: 85-88). 한편, 아감벤(G. Agamben)은 사회적 · 정치적 · 문화적 맥락이 제거되고 삶의 모든 색깔이 벗겨진 채, 시설에서 관리되고 있는 그 무색(無色)의 삶에 대해 '발가벗겨진 삶(barley life), 날 생명(just life)'이라고 표현한다. 이는 인간의 삶이 생물학적 생명으로 급격히 축소되는, 다시 말해 숨을 쉬고, 음식을 먹고, 배설을 하고, 성장을 하다 쇠약해져 가는 '그저 그런 생명체'로 축소된다는 의미다(고병권, 2009: 43). 한마디로 '시설'은 장애인은 취약하다는 의식을 강화하고 그러한 취약성은 장애인으로 하여금 무력감을 느끼게 한다. 정책을 만드는 사람들 입장에서 장애와 취약성을 연결 짓는 것이 중요한 이유는, 장애인이 '자신은 도움을 받아 살아갈 수밖에 없는 존재'라고 느낄수록 이들의 관리가 쉬워지기 때문이다.

그동안 장애인 생활시설의 문제에 대한 여러 조사연구를 통해 장애인 인권을 위한 시설 종사자 교육과 실천 가이드라인 및 효과적인 운영체계를 만들어 나가야 한다는 식의 해결방안들이 제시되어 왔지만, 생활시설 장애인의 어려움에 대한 문제해결은 시설 내부의 변화만으로 해결될 수 있는 것이 아니다. 즉, 장애인 생활시설의 문제는 장애인 당사자와 시설 종사자만의 문제가 아니라는 것이다. 장애인의 생활환경이 개선되어도 그들은 여전히 '장

용되는 용어로, 고프만은 낙인을 지닌 개인이 처한 사회적 상호작용의 특수성에 대한 연구에서 개인은 사회적으로 서로를 범주화하며 이러한 범주를 구성하는 속성들은 각 개인의 단면에 불과하지만, 결국 이것이 각 개인의 사회적 정체성(virtual social identity)을 구성하게 된다고 보았다.

애'인이고 '다른' 사람으로 남는다. 이러한 상황에서 보다 근본적인 문제해결을 원한다면, 배제와 포함의 정치라는 맥락에서 장애인에 대한 조치로서의 시설화와 탈시설화를 이해하는 것이 필요하다.

3. 장애인시설과 배제의 정치

1) 한국의 시설정책: 보호와 재활 이데올로기

우리나라에서 시설은 8 · 15광복과 한국전쟁 이후 전쟁 부상자나 전쟁고아 등의 수용 · 보호를 목적으로 주로 외국의 선교단체나 민간원조에 의해 건립되었다. 1960년 이전까지는 일반 장애인에 대한 법제나 국가의 개입은 없었다. 장애인 문제는 빈곤의 측면에서 다루어졌고, 정부의 적극적인 개입보다는 민간 사회사업이나 외국의 원조단체, 종교단체의 역할에 맡겨졌다. 정부가 장애인문제에 대하여 개입을 시작한 것은 1961년 「생활보호법」 제정부터라고 볼 수 있으며, 이 법의 대상자 중 불구, 폐질, 상이 기타 정신 또는 신체의 장애로 인하여 근로능력이 없는 자는 장애로 인한 빈곤에 대해 국가의 보호를 받을 수 있었다. 「생활보호법」에 따른 시설보호에는 재활시설이 있었지만, 당시 장애인복지시설에서는 재활의 차원보다는 수용 · 보호라는 차원에 중점을 두었고, 법 규정을 마련하여 합법적으로 장애인의 출산을 막으려는 시도도 있었다(김용득, 2003: 466-468).[5] 1960년대에 들어, 소아마비의 창궐로 선천적인 장애인의 출현이 급속도로 증가하면서 시설은 수용자격과 수용대상을 장애인으로 바꾸었고, 시설 입소자와 대기자에게 고유번호를

5) 우생학 및 유전학적 이유가 있거나 특수 전염병 질환자에 의한 임신의 경우에 대해서는 인공임신중절을 허용하도록 하는 법 규정을 마련하여 발생 가능한 장애아의 출산을 합법적으로 방지하고자 하는 근거를 마련하였다(황나미, 1997). 또한 1973년에는 '정신지체인불임수술관계법'을 정부에서 만들려고 하다가 여러 가지 논란이 있어 폐기된 적도 있었다.

부여하여 시설운영의 편의를 도모하기 위한 철저한 중앙집중식 관리와 통제를 가하기 시작했으며, 시설의 모든 시스템은 운영자와 종사자 위주로 개편되었다. 이에 따라 생활시설 장애인들은 강제퇴소를 두려워하며 종사자들의 명령에 저항 없이 순종해야 했다.

1961년 「생활보호법」과 「아동복리법」의 제정 이후 사회복지시설사업이 제도화되기 시작하였고 이후 대상자별 특성에 따라 사회복지시설은 점차 증가했다. 사회복지시설 중에서도 장애인을 수용하는 시설은 사회의 안전을 위해 이들을 사회로부터 격리시키려는 목적도 있었으며, 시설의 대규모화 현상에는 수용된 장애인 수에 따라 지급되는 정부보조금도 한몫을 했다. 1970년대 후반 사회복지시설은 전성기를 맞아 삼육, 정립회관, 홀트, 주몽 등의 시설이 만들어졌다. 이들 시설은 초기에는 단순 수용 · 보호에 머물렀으나 이후 초보 수준의 의료재활서비스와 교육, 문화, 운동, 직업훈련, 작업장 등으로 점차 사업영역을 넓혀 갔다. 당시 장애인의 생애주기별 서비스 제공이라는 미명하에 자행된, 동일한 복지법인의 분화된 시설의 난립은 장애인을 사회로부터 더욱 분리하고 격리시켰다.

1980년대 초반 전두환 정권은 자신의 정통성 부재를 '복지국가구현'이라는 구호로 무마시키려 하였고, 정권이 사활을 걸고 획득한 '1988년 서울올림픽' 유치와 함께 '장애인 올림픽'이 열리게 되어 정부는 장애인복지 문제에 관심을 갖지 않을 수 없게 되었다. 즉, 국제적인 장애인 인권의식 향상에 따른 영향과 군사정권의 정당성 확보 차원에서 마련된 장애인 올림픽을 앞두고 국제적인 시선을 의식하여 장애인복지시설을 현대화하고, 직업재활에 대한 인식이 생기게 된다(김용득, 2003: 468).[6] '시설현대화계획(1985~1987)'에는

6) 1978년 6월 보건사회부는 1981년 UN이 정한 '세계장애인의 해'를 의식하여 '심신장애자 종합보호대책'을 마련하였고, 1981년에는 '심신장애자복지법'이 제정되어, 1980년 이전까지의 장애인 시설이 단순 수용 · 보호에 머물렀던 것에서 벗어나 직업재활시설과 이용시설 등이 만들어졌다. 1986년 보건사회부는 중증장애인을 위한 보호작업장 운영계획을 수립하여 22개의 자립작업장을 시범운영했다.

약 250억 원이 투자되었고, 노후시설의 증축 · 개축, 의료재활시설 및 직업재활시설 등 장애인시설 확충 및 전문재활 기능이 보강되었다(이성규, 2011: 134). 그러나 시설 내부상황이 개선되어 온 것은 사실이지만, 시설의 입지조건이나 운영상 지역주민들에게는 별로 활용되지 못했거나 지역주민의 시설에 대한 선입견으로 인해 지역사회와의 교류가 거의 없는 폐쇄적인 시설운영이 지속되어 왔다.

19세기 자본주의의 발달과 함께 장애인은 생산성이 떨어지고 나태하며 가족들의 생산활동을 가로막는 존재로 취급되어 대규모 시설에 수용되어 왔다. 우리나라에서도 1960년대 이후 제도권 및 국민일반의 담론에 의하면 '장애인은 경제성장에 장애물이고, 최소의 경비로 보호 또는 시설에 수용하여야 하는 존재'였다. 장애인을 시설 수용 · 보호와 연관시키는 특징적인 이미지와 언어들은 대중매체를 통해 쉽게 확인할 수 있다. 장애인 관련 단발성 행사 보도나 정부 및 기타 기관의 장애인시책에 관한 단순보도는 장애인을 영원한 수혜자로 묘사하고, 사건 · 사고 보도에서 용의자를 '신병비관 범행' '시설 탈출' '지체장애 2급' '정신질환자 방화' 등의 용어와 연결시킴으로써 장애가 사고의 직접적인 원인이며 동기인 것처럼 보도하는 경우가 많았다. 이러한 보도는 장애인들의 항의와 정정보도에도 불구하고 국가가 장애인을 철저히 격리수용해야 한다는 식의 오해와 편견으로 이어지고, 사회에서 장애인 문제는 장애인들이 경험하는 문제가 아닌 장애인이 곧 문제라는 의미가 된다. 이에 따른 불안과 공포는 일반시민의 사회적 응집력을 강화시키고 장애인에 대한 조치에 있어 보다 쉽게 사회적 합의를 이끌어 낸다.

한편 유명인사의 동정보도에 장애인이 이용되어 정치인이나 연예인이 시설이나 기관의 장애인들을 대상으로 봉사활동을 하는 모습이 방영되거나, '인간승리' '장애극복' '감동'이라는 말과 함께 장애인이 개인적인 불행을 극복한 과정을 보도하면서 사람들에게 장애인은 '평균 이상의 의지'를 가져야만 인간답게 살 수 있다는 생각을 은연중에 심어 준다. 이처럼 방송이나 언론은 정치권력의 요구를 충실하게 반영하고 상업적 이윤의 극대화 혹은 정치적 영향력의 확대를 위해 시청률 경쟁에 장애인이라는 소재를 활용하기도 한다(이인영, 2004: 122-130).[7] 이러한 상황 속에서 장애인은 장애를 사회적 현상이나 집단의 문제로 인식하지 못하고 개인의 운명으로 받아들여 순응하고 합리화하였기 때문에 대항담론이 형성되지 못하고 있었으며, 당시 '장애인에 대한 교육, 재활'의 필요성 제기는 장애인 자생단체에 의한 것이 아닌 전문가와 행정 관료에 의한 것이었다.

전문가의 시각을 반영하듯 재활[8] 이데올로기는 개인의 신체적 손상과 이로 인한 직업기술의 부족을 문제로 보고 전문가에 의한 치료 또는 행동의 변화를 통해 문제를 해결하고자 한다. 현재 지역사회 재활시설에는 장애인복지관, 의료재활시설, 주간보호시설, 단기보호시설, 공동생활가정, 기타 체육시설, 수련시설 등이 포함되며, 이러한 재활시설은 장애인을 전문적으로 상담·치료·훈련하거나 장애인의 일상생활과 여가활동 및 사회참여활동 등을 지원하는 시설이다(한국장애인복지시설협회, 2011: 26). 주간 및 단기보호시설은 1996년부터 설치·운영되었고, 서울시는 1994년 5월 '장애인공동생활가정 설치·운영지침'을 마련하는 등 실질적으로 그룹홈 운영을 지원하였으며, 1997년 1월 1일부터 국고지원으로 장애인공동생활가정이 설치·운영되었다(이성규, 2011: 174).

---

7) 이에 대해 최정기(2008)는 낙인형성과정에서 대중매체가 일정한 역할을 하는 것은 사실이지만, 대중매체 역시 일반적인 사회적 태도나 가치관에 따라 보도한다고 한다면 그 부분이 먼저 강조되어야 한다고 언급하였다. 그와 동시에 반낙인운동만으로는 문화적 배치나 사회구조를 바꾸는 것이 쉽지 않을 것이라고 보았다.

8) 재활(Rehabilitation)은 1943년 미국재활회의에서 '장애인에게 그가 가진 잔존기능을 최대한 발휘하게 함으로써 신체적·정신적·사회적·직업적·경제적 능력을 회복시키는 것'이라는 개념으로 처음 사용되었다. 또한 세계보건기구(WHO)에서는 의학적·사회적·교육적·직업적 수단을 동원하고 이를 상호조정하여 훈련 또는 재훈련을 통해 장애인의 기능적 능력을 가능한 한 최고수준에 도달하도록 하는 것이라고 정의한다. 우리나라에서 재활은 연속적이고 역동적이며 총체적인 과정으로 의료, 교육, 직업, 사회 및 심리분야의 재활은 유기적이고 상호보완적인 관계에 있기 때문에 재활과정은 장애인이 어떤 기관이나 시설을 통하여 검사받고 치료받아야 하는가에서부터 어떻게 사회생활에 적응해 나가는가 하는 방법을 습득해 가는 하나의 체계로 보고 있다(박옥희, 2010).

장애인 직업재활 정책에 따른 현황을 살펴보면, 2001년 이후 직업재활시설 수가 증가함에 따라 근로장애인의 수도 매년 꾸준하게 증가하는 추세다. 그러나 장애인의 직업적 욕구는 크게 증가하는 데 비해 취업실적은 저조하고, 대부분의 직업재활시설은 고용형 시설보다는 훈련 혹은 전환기적 시설 형태를 띠고 있다. 또한 직업재활시설에서의 낮은 임금액으로 인해 근로장애인의 현실적인 소득보장이 이루어지지 못하는 실정이다(오혜경, 2011: 7). 한국의 시설정책을 종합하여 요약하면, 그동안 우리나라에서 장애인들은 현재 자신의 상태를 평가받고, 배제되고 억압된 환경 속에서 수용·보호되거나 재활을 통해, 가능한 한 '정상'이라 불리는 일반 사회구성원들의 기준에 가까워지도록 강요받아 왔던 것으로 볼 수 있다.

2) 통제와 관리기제로서의 시설

시설제도는 사회적 통제의 주요 기제로서, 새로운 질서에 따르지 않는 사람은 누구나 공동체로부터 강제로 추방할 수 있다는 점에서 억압적이고, 순응하지 않으려 하거나 할 수 없는 사람들의 운명을 확실하게 보여 주는 기념비로 작동한다는 점에서 이데올로기적이다(Oliver, 2006: 56). 서구에서 장애인 시설은 16~17세기 무렵 자본주의가 발전하면서 늘어났던 과부, 장애인, 부랑자 등 사회적 일탈자들을 관리하기 위해 만들어졌다. 이후 노동력이 부족해지자 국가는 노동할 수 있는 일탈자와 노동할 수 없는 일탈자를 구분하여, 노동할 수 있는 자들은 직업훈련을 통해 공장으로 보내고, 노동할 수 없는 장애인들은 시설에 남게 되었다. 이처럼 자본주의의 등장으로 장애인들을 체계적으로 분류하고 격리하는 시설이 생겨남으로써, 현대사회의 장애인 억압은 한층 더 공고해졌다고 할 수 있다.

그렇다면 우리나라에서 탈시설화가 이루어지는 와중에도 장애인 생활시설이 여전히 장애인 보호를 위한 장치로 남아 있는 이유는 무엇인가. 여기서 우리는 시설이 지닌 표면적인 목적보다는 시설의 기능이 사회적으로 어떤 효과를 거두고 있는지에 주목해야 한다. 시설의 가장 중요한 구성요소는 규율과 통제다. 즉, 물리적인 격리와 정신적인 고립, 그리고 사회적인 권위에 대한 복종을 강제하는 장치는 시설 생활자들에 대한 규율과 통제를 위한 것이다. 모든 시설에는 시설 생활자들이 지켜야 할 규율이 있으며, 동시에 이를 강제할 폭력의 사용이 인정된다. 이들은 단순히 감금당하고 규율과 강제노동이 부과되는 데 그치는 것이 아니라, 관찰되고 기록 · 평가되며 관리된다. 이는 두 가지 의미를 갖는데, 하나는 감시이며 다른 하나는 개별 수용자의 행동, 심층적인 성향, 점진적인 개선에 대한 면밀한 인식이다. 한마디로 시설은 오늘날 사람들의 욕망을 틀 짓는 권력의 배치라고 할 수 있다. 즉, 배제를 통해 배제당하지 않은 쪽의 정체성을 확보할 수 있고 사회질서의 재생산을 보장할 수 있는 것이다. 이러한 방식으로 시설은 현재의 사회 구성하에서 살아가기 힘든 사람들을 수용하면서 동시에 사회구성원들의 일탈행위를 통제하고 자발적 복종을 유도한다(최정기, 2005: 42-44, 144). 시설에서의 삶은 각종 훈육과 생활지침들과 이에 불응할 시에 자행되는 체벌과 제재조치들로 인해, 장애인으로 하여금 자신을 쓸모없는 존재로 인식하게 만든다. 이를 통해 사회는 주류적 가치를 보호할 수 있었고 현재까지도 장애인 생활시설을 '억압적 국가장치'로 활용할 수 있게 되었다(한국장애인 자립생활센터 총연합회 사무국, 2011: 83-89).

같은 맥락에서 장애인을 대상으로 하는 병원과 각종 시설들 또한 보호라는 이름으로 정당화되고 제도화된 사회통제 장치들이며, 이 억압과 징벌의 제도는 한편으로는 사회가 '위험한 인물'에 대응하기 위한 것이기도 하다. 즉, 이 총체적 제도가 상대하는 것은 정확히 환자도 아니고 범죄자도 아닌, 바로 '비정상인'의 범주에 있는, 사회에 '위험한 인물'이다(Foucault, 2001: 52-53). 여기서 우리는 한 사회에서 독특하게 인정되고 있는 인간에 대한 인식과 인간의 존재방식이 존재함을 알 수 있다. 사회는 인간의 몸에 의미와 가치를 부여함으로써, 보통 혹은 이상적인 몸은 자유롭게 하고 그렇지 못한 몸은 억압받도록 만든다.

'이상한 몸 혹은 정신'을 가진 사람은 어떤 측면에서 사회의 규칙을 따를 수 없고, 그 몸과 정신의 '상이함'이 유발하는 불편한 감정들로 인해 편견과 낙인, 차별과 배제 속에서 살아가게 된다. 즉, 장애를 가진 사람은 육체적으로 동일시할 수 없는 그 존재 자체만으로도 타인에게 불편한 감정을 불러일으킬 수 있고, 본인에게는 불편한 방식이더라도 사회가 정상적이라고 간주하는 행동모델들을 따라야만 그나마 타인과의 상호작용이 허용된다.

또한 장애인이 가진 장애의 특성들이 그들로 하여금 일상적인 상호작용에서 보통 기대되는 행동을 기대되는 방식으로 행할 수 없게 만드는 경우도 있는데 이런 경우 비장애인들은 장애인과의 상호작용에서 장애인의 행동과 행동방식을 예측하기 어렵다. 이 '예측할 수 없음'에서 오는 불확실함과 안정된 사회질서가 이들로 인해 흐트러질 수 있다는 상상은 타인들로 하여금 불안감을 느끼게 한다. 그리고 이 불안감은 지속적인 감시의 시선과 합법적으로 제도화된 격리, 통제, 억압의 전략들을 취하게 한다(Le Breton, 2003: 9-12, 160-163).

한편, 배제의 정치에서든 포함의 정치에서든 장애인을 노동하도록 교육·훈련시키는 것은 이들을 사회에 해를 끼치지 않는 사람으로 만들기 위함이다. 각종 교육·훈련 프로그램을 포함한 생활시설에서의 모든 경험은 장애인이 사회에 유해하지 않은 그리고 위험하지 않은 존재로 살아가도록 하려는 목적이 있다. 그렇다면 장애인은 어떻게 사회가 바라는 '바람직한 역할'로 빠져들 수 있는가. 강요된 노동권의 실현을 위해 교육·훈련 프로그램에 참여하는 장애인은 근무환경에 적응하는 법을 배움으로써 '고용될 준비가 된' 노동자가 된다.

슈나이더(Schneider, 2010)에 따르면, 혹실드(Hochschild, 1979)가 말하는 감정작업, 감정노동, 감정규칙, 감정관리 등의 개념은 장애인들의 직업훈련과 고용에 흥미 있는 분석틀을 제공하는데, 그에 따르면 '일할 준비'가 된다는 것은 일하는 환경의 '감정 규칙들'을 따를 수 있다는 것을 의미한다. 즉, 직업훈련을 받는 장애가 있는 청년들은 서비스에 요구되는 규범들에 맞추기 위해 바람직하지 않은 감정들은 통제하고 바람직한 감정들은 강화할 수 있어야 한다.

배제의 정치에서 장애인들은 일반 시민에 포함되지 않는다. 사회가 장애인들에게 취하는 '생활시설'이라는 조치는 그들이 사회에, 그리고 일반 시민들에게 짐만 되거나 위험한 존재이고 그렇기 때문에 그들은 '보호 관리'라는 도움을 받아야 한다는 것을 가정한다. 시설 측이 장애인들로 하여금 생활시설 퇴소 이후의 의식주 문제에 대해 두려움을 갖도록 하거나 탈시설 이후 재입소 거부에 대해 언급하기도 하며, 때로는 장애인 당사자의 의사와 상관없이 장애인의 가족과 시설이 합의하여 장애인의 탈시설을 막는 경우도 있다. 또한 생활시설 내에 자립생활과 관련된 프로그램이나 정보가 거의 존재하지 않았던 것은 생활시설의 설립목적 자체가 생활시설 거주에 초점이 맞춰져 있기 때문이다. 장애인들이 탈시설 이후 혼인가구를 형성할 경우 기초생활수급비의 감소, 활동보조서비스 시간의 감소, 임신 · 출산 · 육아 문제에 대한 정부나 지자체의 지원 부족은 장애인의 결혼과 임신 · 출산 · 육아라는 일상생활을 간접적으로 막고 있으며, 경제적 수입이 있을 경우 감소되는 수급비는 탈시설 이후 장애인의 생활에 직접적인 어려움으로 다가오기 때문에 탈시설의 포기로 이어지기 쉽다.

사회복지사업법의 사회복지서비스 신청권 규정은 사회복지서비스를 권리의 영역으로 한 걸음 발전시킨 규정이지만, 이것 역시 보호주의와 조치제도의 잔재에서 벗어나지는 못한 것으로 보인다. 즉, 사회복지서비스 제공은 여전히 국가의 '보호'로 인식되고 있고, 사회복지서비스가 당사자의 신청으로 이루어지긴 하지만 지방자치단체장의 보호결정이라는 행정처분을 통해 행해진다는 점은 조치제도의 잔영이다. 이러한 조치에 따른 복지제공은 예산을 이유로 무력화되기 싫고, 당사자의 선택권이 무시될 수 있으며, 획일적인 서비스 제공에 그치기 쉽다(서인환, 2011: 25-26).

4. 장애인의 탈시설과 포함의 정치

1) 한국의 탈시설화 정책과 자립 이데올로기

시설에 대한 문제제기와 탈시설화가 추진된 배경에는 1990년대 이후 양지마을, 소쩍새마을, 수심원, 에바다 농아원 등의 비리와 인권침해 상황에 대한 고발, 성람재단과 석암재단, 광주 인화학교, 대구 애활원, 울산 동향원, 충북 옥천의 집, 부활원 등에서의 유사 사건 발생이 있다. 시설에 대한 사회적 비판, 시설생활을 경험한 당사자들의 부정적 경험들은 이제 장애인의 복지서비스로서 시설보호가 더 이상 기능할 수 없다는 것을 보여 주고 있다(박경석, 2011: 64, 66). 즉, 언론에 의해 시설의 부정적 영향이 보도되면서 장애인을 일상생활에서 격리시켜 보호하는 구조에서 벗어나 장애예방, 장애인에 대한 인식개선, 지역사회 자립생활에 기반한 사회통합에 목적을 둔 서비스가 요구되었고, 시설보호 비용이 증가하는 상황 속에서 다양한 복지서비스 욕구를 충족하는 장으로서 지자체의 실시와 지역사회의 역할이 중요해졌으며, 시민권운동의 진전으로 개인의 권리에 대한 강조와 함께 장애인 당사자의 욕구를 반영한 서비스 전달체계의 필요성이 제기되면서 이에 대한 대응으로서 탈시설화가 이루어졌다고 볼 수 있다.

이러한 탈시설화는 사회복지시설의 격리수용 방식으로 인해 발생할 수 있는 시설병 등의 부작용을 해결하기 위해 지역사회의 보호자들이 사회복지시설에 입소하는 것보다는 이들이 필요로 하는 서비스를 제공하여 지역사회에서 생활을 유지할 수 있도록 하는 것을 목적으로 내세웠다(서인환, 2011: 12).[9] 장애인의 시설수용이 사회통합과 사회복귀, 자립생활과 인권적

9) 우리나라 지역사회에 거주하는 탈시설 장애인의 주거형태는 공동생활가정이 많은 비율을 차지하고 있다. 공동생활가정은 장애인의 자립과 사회통합을 목표로, 일상생활과 공동생활을 위한 교육 프로그램을 통해 교사가 함께 생활하면서 장기 혹은 과도기적인 지도와 관리를 해 주는 주거환경을 제공

가치에 위배된다는 지적들 때문에 최근 시설의 소규모화와 자립생활을 위한 주거지원 및 활동보조서비스 제공 등으로 정책이 변화해 왔지만, 그렇다고 현재 우리나라의 장애인정책이 탈시설화를 기본으로 정책을 설계하고 있지는 않으며, 기존에 있어 왔던 시설정책과 자립생활이라는 양 축의 정책을 펴고 있는 실정이다. 탈시설화가 추진되는 중에도 생활시설 수가 증가한 것은 정부에서 2002년부터 시행한 '미신고시설 양성화정책'에 따라 미신고시설들이 대거 신고시설로 양성화된 결과라고 볼 수 있으며(박경석, 2011: 61-63), 공공질서 유지와 생존권 보호 차원에서 시설에 대한 수요는 여전히 남아 있다.

2005년 7월 장향숙 의원과 정화원 의원은 장애인복지법 개정안을 발의하여 자립생활 패러다임 도입과 탈시설 장기계획 수립의 입법화를 시도했다. 2005년 12월 열린우리당 인권특별위원회가 개최한 '사회복지시설의 인권문제와 개선방안' 심포지엄에서 발제자로 나선 피노키오장애인자립생활센터의 박정혁 활동가는 "법인신고 여부와 상관없이 사회복지시설에서는 폭행과 징벌, 강제노동, 출입의 자유 침해 등의 인권유린이 빈번하게 이루어지고 있다."라고 말하면서 "이는 약한 처벌규정과 허술한 관리감독, 수용시설 우선의 복지정책 등에서 비롯된 것"이라고 지적했다. 2006년 6월 정부는 2007년 활동보조서비스 예산을 105억 투입한다고 발표했고, 장애인단체들에서는 왜소한 정부예산과 탈시설 계획의 부재를 비판했다. 이에 정부는 시설을 소규모화하여 단계적 탈시설을 계획하게 되었고, 서울시는 공동생활가정의 보급과 전환서비스센터를 운영하고 여러 지자체에서 자립생활지원조례를 제정하면서 탈시설에 대한 서비스를 규정하려 하였으나, 실효성이 부족하여 장애인 탈시설 운동은 현재 진행 중이다(서인환, 2011: 16-17). 제3차 장애인복지발전 5개년 계획(2008~2012)에서도 장애인의 권리에 기반한 참여확대

한다. 우리나라는 1980년대 초에 시작하여 1990년대 중반에 이르러 장애인 공동생활가정의 수가 급증하였고, 지역사회 내의 통합을 지원하는 자립생활센터가 2006년부터 시범사업으로 시작되었다(서울시그룹홈지원센터, 2003).

와 통합사회구현을 위해 장애인 복지서비스의 선진화 구현과 장애인 생애주기별 교육지원체계 구축 및 문화활동 확대, 장애인이 일할 수 있는 사회 실현, 장애통합적 접근으로 사회참여 확대와 장애인 권익증진을 목표로 하고 있지만, 제도의 효율성과 복지 체감도는 이에 미치지 못하는 결과를 초래하였고 수요자 중심형 정책개발과 효율적 시스템 구축은 아직 미흡한 실정이다(호승희, 2010: 56-57).

사회는 장애인에게 기대하는 바가 그리 많지 않다. 장애인과 관련한 다양한 조사보고서들은 "장애인들은 이러이러한 것을 원해야 한다."라고 알려준다. 즉, 용인되는 생각과 행동만을 하도록 이끌어 주는 생활양식 가이드라인을 제공한다. 다양한 복지정책 속에서 장애인의 '선택권 보장'의 의미는 그들에게 장애인으로서의 삶을 살아가는 데 필요한 바람직한 선택이 무엇인지를 인식시키겠다는 것이다. 선택권과 자기결정권, 탈시설화, 노동권, 주거권, 활동보조서비스, 소득보장 등은 모두 장애인의 자립을 위해 필요한 것으로 제시되는 것들이다. 이 지점에서 생각해 보아야 할 것은 장애인에게 유독 엄격하게 완전한 자립이 요구되면서도 지역사회로의 완전한 통합이 어려운 이유와, 장애인의 노동여부에 대해 사회가 그토록 엄격한 태도를 취하면서도 장애인의무고용률의 존재와 상관없이 장애인이 일하기 어려운 이유다.[10)]

장애인이 동등한 사회구성원으로서 지역사회에 포함되는 것에 대해 지역사회는 이중적 태도를 나타낸다. 즉, 장애인은 도움이 필요하고 국가적 차원에서 이들의 권리에 대해 책임을 져야 한다고 인정하면서도, 이들과 함께 지역사회에서 생활하는 것에는 동의하지 않는 배타적 수용의 입장을 보인다(김용진, 2008: 61-62). 탈시설 장애인들은 지역사회에 정착하더라도 지역사회

10) 취업에 대한 욕구와 능력이 있음에도 불구하고 장애를 가진 사람을 고용한 고용주에 대해 미안한 감정을 갖는 장애인도 있으며, 회사 입장에서는 장애인 고용이 손해이고 희생일 수 있다는 생각이 장애인고용에 대한 인센티브 제공이라는 발상을 낳는다. 단지 생산성이 떨어진다는 편견으로 장애인 고용이 꺼려지기도 하지만, 한편으로는 장애인이 익숙하지 않은, 그래서 알 수 없고 두렵고 불편한 감정 때문에 접촉하거나 연결되고 싶지 않다는 이유도 있다.

의 안전에 위협이 되거나 지역의 가치를 낮춘다는 지역주민들의 부정적인 인식으로 인해 그룹홈과 같은 장애인 거주지에 대한 집단적인 반발이 발생하기도 한다(Piat, 2000). 이러한 이중적 태도는 노멀라이제이션 이념을 바탕으로 추진된 탈시설화 과정 속에서도 여전히 남아 있는 장애와 장애인에 대한 편견과 관련이 있다.

노멀라이제이션은 모든 사람이 시민으로서의 혜택을 완전히 누려야 한다는 사회정치적 의미를 내포하고 있다(강영실, 2004). 그러나 현실에서 이 의미는 잘못 해석되어 일반 시민이 되기 위한 조건들을 만들어 냈다. 즉, 의존은 나쁜 가치이며 자립은 포함의 조건이 되었다. 정부는 시설화에서 방향을 돌려 탈시설화와 지역사회에서의 자립생활에 대해 강조하지만, 실제로 탈시설 장애인이 주거권을 보장받는 것은 쉬운 일이 아니다. 공공임대주택의 공급 부족으로 인해, 시설 및 재가 장애인이 공공주거정책의 보장을 받기가 현실적으로 어렵고, 시설생활인의 경우 현 공공주거정책의 대상이 되기 어려운 제도적 한계가 있다. 또한 장애인은 공공임대주택 등에 입주할 경우 보증금과 월세, 관리비 등의 비용을 감당하기 어렵고, 대부분 외곽에 지어지는 공공임대주택은 교통이나 편의시설, 도로 등 이동권과 접근권에서의 어려움이 있으며, 임대 거부나 편의시설 설치를 거부당하기도 한다(서인환, 2011: 21-22).

보호와 재활 이데올로기에서 자립 이데올로기로 변화하면서, 장애인을 부르는 용어가 병신, 불구자, 심신장애자에서 장애인, 장애우로 바뀌고, 장애인들이 생활하는 시설을 부르는 용어가 수용보호시설에서 생활시설, 거주시설로 바뀌어 왔다. 그러나 용어의 변화가 권리의 회복을 가져왔던 것은 아니었으며, 장애인과 관련된 용어는 그것이 무엇이든 장애인이 일반 사회구성원과는 다른 사람임을 강조한다. 시설정책에서 탈시설화 정책들로의 변화 역시 장애인에 대한 억압의 제거를 의미하지는 않는다. 장애인은 취약하고 무능하며 위험할 수 있다는 편견과 그로 인한 불편한 감정이 제거되지 않는 한, 장애인의 권리를 위한 법과 정책들 및 프로그램들이 제 기능을 발휘할 것이라고 기대하기는 어렵다.

2) 장애인에 대한 새로운 관리기술로서의 사회정책

장애인의 의존성을 지적하고 자립생활을 강조하는 정책들은 이들에 대한 경제적 부담감을 나타낸다. 서구의 경험에서 탈시설화는 대규모 수용시설의 인권침해에 대한 비판 때문이기도 했지만, 시설유지에 들어가는 비용의 절감을 통해 국가의 지출을 감소시키고 장애인에 대한 보호의 책임을 지역사회로 돌리려는 의도도 담겨 있었다. 이렇게 본다면 탈시설화는 장애인의 권리회복을 위한 것이 아니라 복지재정 축소와 국가책임의 감소를 위한 정책이라고 할 수 있다. 한편 우리나라 장애 관련 제도 변천의 특징 가운데 하나는, 장애에 대한 사회인식의 변화가 그리 크지 않았음에도 불구하고 제도는 선진 외국 제도를 받아들여 급속히 발전되었다는 점이다. 장애인에 대한 지배담론은 제도의 변천에 따라 단계적으로 변해 왔고(김용득, 2003: 479), 언제나 장애인의 행동과 생활환경을 감시하고 의도하는 방식대로 이끌기 위한 수단이 되어 왔다.

겉으로 보기에 새로워 보이는 '포함의 정치'에서의 제도들은 '배제의 정치'에서 추출된 요소들에 기반하고 있다. 우리는 포함의 정치가 장애인들의 불만을 제거하려는 목적이 있다는 점에 주목해야 한다. 권한부여를 포함한 장애 관련 법과 정책들은 장애인들이 현실을 직시하고 행동하지 못하도록 그럴듯한 권리의 틀을 갖추어 준다. 즉; 사회는 장애인들로 하여금 자신들이 가치 있는 시민으로 존재할 수 있는 기반은 마련되어 있다고 느끼게 하기 위해, 그들에게 발언권, 선택권, 자기결정권을 부여한다. 그렇게 함으로써 표면적으로 정부는 장애인들의 권리옹호자가 된다. 그러나 정책결정자들에 의한 개혁은 결국 권력의 재정비로 끝나기 쉽다.

배제의 정치에서와 마찬가지로 장애인들은 포함의 정치에서도 여전히 일반 사회구성원에 포함되지 않는다. 포함의 정책들은 배제의 정책들보다 장애인들의 권리를 인정하는 것처럼 보일지 모르지만, 진정한 노멀라이제이션이 실현되기 위해서는 장애인들이 자신의 삶에 영향을 미치는 결정들에 단지 참여의 의미로서 발언권을 얻는 것을 넘어 '성원권'을 회복할 수 있어야 한다.

그렇다면 현재 장애인이 사회에 포함되어 함께 살아갈 권리를 얻기 위한 조건으로 요구받고 있는 것은 무엇인가. 현실에서 장애인들은 생활시설에서뿐 아니라 지역사회에서 자립생활을 해나가는 경우라 하더라도 끊임없이 감정관리를 요구받는다. 즉, 표면적으로나마 사회구성원으로 인정받고 복지정책의 도움을 얻어 지역사회에 통합된 삶을 살아가고 싶다면, 그들은 자신들에게 허용된 바람직한 감정만을 드러내야 한다. 또한 장애인들은 탈시설 이후 지역사회에서 살아가기 위한 사회적응훈련을 요구받는다. 물론 공공행정기관을 이용하는 방법이나 수입 · 지출 관리방법 등을 배우는 것은 일상생활에 도움이 되지만, 대인관계 훈련은 장애인에게만 필요한 훈련이 아니다. 지역사회 내에서의 공생을 위한 서로 간의 적응은 모든 사회구성원에게 적용되어야 한다. 즉, 노멀라이제이션은 장애인들만의 '보통사람되기' 훈련이 아니다.

장애인의 사회구성원으로서의 권리회복을 위해 장애인을 둘러싼 법과 제도의 실질적인 개선이 물론 병행되어야 하겠지만, 그 이전에 장애인을 사회구성원으로 포함시키는 일에 왜 치료와 재활, 교육과 훈련이라는 '통합준비훈련'이 엄격하게 요구되는지에 대해 생각해 보아야 한다. 현재의 사회통합은 일반 사회구성원들이 두려움이나 혐오감 없이 장애인을 받아들일 수 있는 정도로 장애인을 바꾸는 작업을 의미하고 있기 때문이다. 사회통합을 이루는 데 있어 장애인의 장애라는 특성에 초점을 맞출 경우, 물리적인 통합을 넘어설 수 없다. 장애인 본인을 포함해 모든 사회구성원들이 '문제'로서의 장애인—자본주의 사회에 걸맞는 한 사람의 몫을 해내지 못해 사회에 짐이 될 뿐인—만을 고려할 때, 장애인 문제에 대한 국가의 조치가 장애인들만의 '통합준비훈련'에 국한되어 있다는 사실은 가려지게 되고, 이러한 포함의 정치 안에서 장애인은 대다수 비장애인들의 삶의 양식에 통합되기 위해 애쓰는 삶만을 허락받게 되는 것이다.

법률적 권력도, 의학적 권력도 아닌 제3의 권력인 '규격화의 권력'(Foucault, 2001: 61)은 장애인들로 하여금 정상인을 향해 가기 위한 노력을 당연한 것으로 받아들이게 한다. 정치적 개념으로서의 규범은 그 규범에 따라 행동하지 못하는 사람들에게 사회구성원으로서의 자격을 박탈하기 때문에, 장애인들이 사회구성원으로 자격을 부여받기 위해서는 일상생활훈련과 속죄로서의 노동 혹은 노동을 통한 소득활동 등을 통해 스스로를 교정해야 한다. 이처럼 규범은 자격부여의 원칙과 교정의 원칙을 동시에 품고 있다. 규범에는 배제와 거부의 기능이 없으며, 그것은 오히려 개입과 변모라는 포지티브한 기술, 즉 일종의 규범적 기획과 연관되어 있다(Foucault, 2001: 69).

탈시설화 정책은 방식을 달리한 또 다른 통제모델이 될 수 있다. 위험한 인물에 대해 정부는 어떠한 방식으로든 개입한다. 배제의 정치에서는 장애인을 지역사회 밖으로 밀어내고 시설에 가두는 방식으로 억압했으나, 포함의 정치에서는 장애인을 지역사회 내부로 끌어들여 가까이에서 관찰 · 기록 · 평가하여 관리하는 방법을 사용하는 정도의 차이가 있을 뿐이다. 푸코(M. Foucault)의 말에 의하면 이것은 포지티브한 권력 테크닉이며, 억압적이 아닌 생산적인 권력이다. 즉, 내쫓고, 제외시키며, 금지하고, 주변부로 몰아내는 억압적 권력기술이 아닌, 모든 사람을 끌어안고, 관찰하며, 앎을 형성하고, 이 관찰과 앎에서부터 권력의 효과를 증식시키는 대응법이다(Foucault, 2001: 67, 71).

장애인 등록, 장애등급, 병원기록, 일상생활 관찰 · 기록 · 평가, 장애인을 대상으로 하는 지원정책이나 프로그램 역시 장애인들의 권리를 생각해 주는 것처럼 보이지만, 포지티브한 권력 테크닉의 일부일 수 있다. 장애인들은 애초에 자신들에게 불리하게 짜인 사회의 틀 속에서 삶을 유지해 나가기 위해, 자신을 장애인으로 드러내고 자신을 관리해 줄 제도 속으로 들어가야만 한다. 즉, 장애인은 장애에 대한 지식의 형성과 증식을 통해 자체적으로 변화와 쇄신을 거듭하는 복지정책과 프로그램들에 통합된 권력의 영향권 내에서의 삶만을 허락받는다.

사회는 장애인들에게 관심을 가지고 그들의 권리회복을 위해 무언가 조치를 취했음을 드러낸다. 그러한 조치에는 시설의 양적 확대 혹은 보수 · 개선, 시설평가제도, 탈시설화 관련 정책안 제시와 수많은 연구보고서 발행이 포함된다. 그러나 장애인에 대한 '관심'과 '지원'은 장애인을 정부의 관리전략 정책에 순응하도록 만들기 위한 것이며, 이는 결국 근본적인 변화를 위한 기회를 줄이는 것이 된다. 노멀라이제이션 이념 속에는 시설로부터 나와서 지역사회에서 생활하는 것이 서비스의 인간화를 의미하고, 이 인간화는 장애인의 삶의 질을 향상하며 그들의 평등을 촉진한다는 메시지가 있으나, 올리버(M. Oliver)는 이를 정면으로 거부하면서 아무리 서비스가 좋아도 그 서비스에 관한 통제권이 정부 혹은 여타의 다른 기관에 있다면 억압관계는 해소될 수 없다고 주장한다(이성규, 2000: 71-73).

이처럼 장애인에 대한 새로운 관리기술로서 탈시설화 정책이 이루어질 경우, 장애인들은 탈시설 이후에도 여전히 분할, 거리두기, 개인 간 비접촉 규칙 등의 사회적 관행과 사회구성원으로서의 자격 박탈을 경험할 수 있다. 즉, 장애인이 지역사회 내에 통합되어 있다 하더라도 그것이 포함의 정치하에서 이루어진 것이라면 거부의 경계선은 사라지지 않을 것이다.

5. 결 론: 연결의 정치

장애인 '문제'에 대한 대처 및 해결방안으로서의 복지는 이들을 비용효과적으로 관리할 수 있는 방법들을 고민해 왔고, 그러한 고민은 배제의 정치와 포함의 정치에서 그대로 드러났다. 즉, 우리나라는 사회의 짐으로 인식되는, 유해하고 위험한 장애인들로부터 사회를 보호하고 질서를 유지하기 위해 시설을 짓고 그곳에 관리 대상자들을 몰아넣거나, 권리를 운운하며 선심 쓰듯 탈시설화를 통해 보다 치밀하게 보이지 않는 눈으로 그들을 관리해 왔다. 그러나 겉으로 보기에는 장애인을 억압하고 통제했던 시설 중심의 정책흐름이 장애인의 탈시설과 자립생활 권리를 존중하는 지역사회중심의 정책흐름으로 변화된 것처럼 보인다. 이 과정에는 국제적인 압력과 정치적 상황 변화, 장애운동 세력의 요구가 작용하였다. 2006년 말 채택된 UN 장애인권리협약과 2006년부터 이어온 사회복지사업법 개정 노력, 2007년 3월 6일에 제정된 장애인차별금지 및 권리구제 등에 관한 법률, 같은 날 개정된 장애인복지법 등은 인권과 자유 등 장애인의 기본적인 권리를 보호하고 촉진하는 것이 목적임을 내세우고 있다. 또한 2009년 석암재단 요양원에서 20여 년간 생활하던 8인의 장애인들이 '다시는 시설로 돌아가지 않겠다.'며 시설을 뛰쳐나와 62일 동안 공원과 길거리에서 노숙농성을 하면서 탈시설권리 보장을 촉구한 것을 계기로, 전국적으로 탈시설권리에 대한 정책요구안이 지방정부에 제시되었고(박경석, 2011: 65-66), 이후 서울시가 전국 지방자치단체 가운데 최초로 시설입소에서 사회정착까지 장애인에게 맞춤형 지원을 하기로 결정했다는 이야기는 매우 고무적인 일이라고 평가된다(김정희 외, 2009: 27).[11] 그러나 탈시설 지원과정이 제도권 안에 진입했다는 그 성과가 장애인을 바라보는 사회의 부정적인 시선을 제거하는 데 얼마만큼 도움이 될 것인지는 다시 한번 생각해 보아야 한다.

과연 장애인들은 탈시설화 관련 정책들을 통해 일반 사회구성원으로서의 보통의 삶을 살게 되었을까? 「장애인 차별금지 및 권리구제 등에 관한 법률」 「사회복지사업법」 「장애인복지법」 「정신보건법」 등 장애인의 권리와 관련한 법과 제도가 있고 운동이 있지만, 장애인에 대한 사회의 시선은 크게 달라지지 않았다. 이에 대해 세인스베리(S. Sainsbury) 교수는 노멀라이제이션이 아니라 보통의 삶(normal life)이 중요하며, 이것은 탈시설을 통해서만 보장

11) 주요 계획으로는 장애인 전환서비스 지원센터 신설, 체험홈 도입, 자립생활가정 제도 도입, 생활시설 소규모화 및 공간구조 개선, 생활시설서비스 기능별 전문화 등이다(에이블뉴스, 2009. 8. 4.).

되는 것은 아니라고 했다(서인환, 2011: 11). 그녀는 병렬적 사회(parallel society)를 주장하면서 장애인과 비장애인이 서로의 문화와 특징을 인정하고 자신이 속한 사회의 가치를 추구하며 즐기는 사회가 더 자연스러운 사회라고 말한다(normal but segregate). 병렬적 사회가 내포하는 의미에는 "분리되어 있기는 하지만 정상적인 삶을 살 수 있다."라는 경험적인 확인이 들어가 있다. 그녀는 또한 소수의 장애인을 다수의 비장애인 속으로 통합시키면서 어떻게 그들의 특수한 요구들이 충족될 수 있는지 반문한다(Sainsbury, 1993). 즉, 노멀라이제이션은 오히려 사회의 힘을 장악한 자와 비장애인들이 그들의 힘을 유지하기 위해 모든 사회의 메커니즘을 그들에게 유리한 방향으로 구성하고 장애인들이 그러한 흐름에 편입될 수밖에 없음을 정당화시킬 수 있다.

탈시설화로 인해 일부 장애인이 지역사회에서 생활하게 되면서 보다 자유로움을 느끼고 그들의 자존감과 삶의 질, 사회참여 정도가 높아진 것은 어느 정도 사실이다. 그러나 시설과 탈시설의 차이는 표면적으로 장애인의 몸을 구속하지 않는다는 점뿐이다. 지역사회 내에서도 장애인은 여전히 시선이라는 감옥을 경험한다. 그 시선은 일반 사회구성원이 되기에는 능력이 부족한 사람에 대한 동정 혹은 혐오, 일반 시민들을 위협하는 존재에 대한 공포의 의미가 담겨 있다.

어떤 사람인지 파악하기 힘든 이들과 섞여 살고 있다는 불안은 개인의 안전이 위협받고 있다고 느끼게 한다. 이러한 이질 공포증(mixophobia)은 다양한 인간유형과 생활방식에 대한 일반적인 반응이며, 짜증나고 혼란스러우며 비위에 거슬리는 이 낯선 감정은 아마 계속해서 분리주의적 충동을 자극할 것이다(Bauman, 2010: 139). 결국 이 낯선 감정의 문제가 해결되지 않는 한, 장애인과의 공생을 받아들인 지역사회라 하더라도 보이지 않는 구분과 경계선 긋기를 반복하게 될 것이다. 또한 구분과 경계선 긋기를 강화할수록 점점 더 그들에 대해 제대로 알 수 없게 되고, 이로 인해 생기는 편견과 적대감은 오로지 그들을 감시하는 전략들에만 몰두하게 만들 것이다.

우리는 장애인의 몸과 질병에 몰두하는 것에서 벗어나야 한다. 복지정책에서 가치 있는 사회구성원으로서 장애인의 권리를 고려하고자 할 때 중요한 것은 '장애'가 아닌, 장애를 가진 그 '사람'이다. 장애인에 대한 배제의 정치와 포함의 정치가 해결하지 못했던 '성원권'의 문제를 드러내기 위해서는 배제나 포함이 아닌, 연결의 정치가 필요하다. 그동안 장애인은 성원권을 얻기 위해, 일반 사람들이 두려움이나 혐오감 없이 그들을 받아들일 수 있을 정도의 치료, 재활, 교육, 훈련을 받아 부족한 부분을 보완하고 의존성에서 벗어나기 위해 노력해야 했다. 그러나 누구나 알고 있듯이 모든 사람들은 서로를 의존하며 살아간다. 일상생활에서 실수와 실패를 거듭하고, 타인과의 관계에서 서로 오해하고 싸우며 범죄를 저지르기도 하고, 몸을 다치거나 정신질환을 경험하면서 주변사람들의 도움으로 생활의 어려움을 해결하기도 한다. 이렇게 볼 때 노멀라이제이션의 의미는 장애인으로 하여금 사회가 기대하는 보통 사람들의 가치와 삶의 기준들에 다다르도록 강요하는 것이 아니라, 장애인 스스로가 다른 사람들과 같은 사회구성원이라고 느낄 수 있는 것이 되어야 한다.

편견이 사라지지 않는 한 장애인 관련 법과 제도의 개선 및 프로그램의 시행만으로는 장애인에 대한 우리 사회의 실질적인 통합을 이루어 내기 어렵다. 배제나 포함이 아닌 연결의 정치가 이루어지기 위해서는 의식과 제도를 동시에 바꾸어 나가야 하며, 장애인에 대한 사회적 거리감[12)]을 좁히는 작업

12) 보가더스(E. S. Bogardus)에 따르면 사회적 거리란, 사람들 사이에 존재하는 공감적 이해(sympathetic understanding)의 상이한 정도로 개념화되며, 한 개인이 특정 집단이나 계층 구성원에게 갖고 있는 주관적인 느낌을 말한다(Bogadus, 1933). 파크는 「사회적 거리감의 개념(The Concept of Social Distance)」이라는 논문에서, 사회적 거리감을 '공간적 거리보다는 인간의 감정에 적용되는 거리'로 정의하고 있다. 이렇게 볼 때 사회적 거리감은 개인이 갖는 태도(attitude)의 일종으로 파악할 수 있다. 태도는 심리적 대상에 대한 개인의 사고나 감정 그리고 행동이 체계화되는 추론된 성향으로서 인지적 요소와 정서적 요소, 그리고 행동적 요소로 구성된다. 이 태도의 세 가지 구성요소들은 서로 연관된 가운데 각각 그 고유한 특성을 가지고 있지만, 인지와 감정, 행동이 항상 일치하는 것은 아니며, 경우에 따라 인지적 요소나 감정적 요소가 개별적으로 우세하게 작용할 수도 있다(김삼성, 1998; 최원규 외, 2009: 70-73).

이 필요하다. 접촉이론에 의하면 특수한 접촉형태가 편견의 감소에 결정적 요인이 되고 집단 간 접촉은 다음 조건들과 부합될 때 편견을 감소시킬 수 있다. 첫째, 밀접한 접촉이지만 지리적 공간에 함께 있는 것만으로는 충분하지 않으며, 상호작용이 이루어져야 한다. 둘째, 접촉은 동등한 지위에서 이루어져야 하며, 동등하지 못한 가운데 접촉이 이루어질 경우 오히려 고정관념을 증가시키는 결과를 가져오고 편견에 더욱 부정적인 영향을 미치게 된다(Allport, 1954; 최원규, 박현정, 2009: 76).

그러므로 비장애인에게는 장애인과의 접촉의 양을 늘리고 긍정적 접촉을 위해 장애인과 동등한 지위에서 공동의 목표를 향해 상호의존적인 경험을 가질 수 있는 기회를 늘려 나가야 한다. 감정은 성장과정에서부터 형성되므로 장애인에 대한 긍정적 감정이 아동의 사회화과정 속에서 자연스럽게 이루어지도록 가족 · 학교 · 지역사회를 비롯하여, 접촉을 지지하는 공식적 지지체계를 만들어야 한다. 또한 접촉이 좀 더 안정적이고 지속적으로 이루어질 수 있도록 프로그램의 장기적인 계획을 위한 자금 지원이 제도적으로 보완되어야 할 것이며, 장애인에 대한 부정적 태도를 감소시키기 위해서는, 동등한 지위에서 이루어지는 상호의존적인 긴밀한 접촉 외에도, 차별적 언행이 드러나는 매스미디어에 대한 규제가 필요하다(최원규 외, 2009: 98-99). 그러나 이러한 시도가 기존 권력체계의 대리인들에 의해 이루어진다면 포함의 정치의 연장이 될 수밖에 없다. 따라서 정책의 개선이 명칭만 바꾼 권력의 재정비로 이어지지 않기 위해서는 장애운동 쪽이 주축이 되어 연결의 노력들이 시도되어야 하며, 문제들의 기존형태를 변화시킬 수 있는 대항담론들을 만들어 내야 할 것이다.

참고문헌

강영실(2004). 장애인복지의 이해. 서울: 신정.

고병권(2009). 탈시설, 그 '함께-함'을 사유하기 위하여: 사회가 만든 감옥, 시설 밖으로. 노들야학 탈시설워크샵.

김동호(2009). 장애인거주시실 정책발전의 기본방향. 장애인 지역사회재활시설 세미나자료집.

김미옥, 정진경, 김희성(2008). 장애인 거주시설의 인권연구: 장애인 당사자와 종사자의 인식을 중심으로. 사회복지정책, 33.

김삼성(1998). 인형극 중재전략이 일반아동의 장애수용 태도변화에 미치는 영향. 이화여자대학교 미간행 석사학위 청구논문.

김정희, 김영미, 염경진(2009). 생활시설 장애인의 지역사회 거주방안 연구. 한국장애인개발원.

김용득(2003). 장애담론과 한국 장애인복지의 변천: 통합과 배제의 사회정책과 담론. 이영환 편. 서울: 함께읽는책.

김용진(2008). 정신장애인에 대한 반낙인 운동과 정신보건시설에 대한 지역사회 태도. 국제기준에서 바라본 우리나라의 정신보건 현황과 사회적 낙인. 국가인권위원회.

박경석(2011). 탈시설화가 장애인자립생활에 미치는 영향. 장애인자립생활운동의 향후 과제와 방향 모색을 위한 토론회. 한국장애인단체총연맹.

박영균, 강순원, 김영지(2004). 장애인 차별 개선 프로그램. 한국여성개발원.

박옥희(2010). 장애인복지론. 서울: 학문사.

보건복지부(2011). 2011년 장애인복지(거주)시설 사업안내. 보건복지부.

서울시그룹홈지원센터(2003). 그룹홈 이해: 그룹홈-장애인 공동생활가정. 고양: 비전북출판사.

서인환(2011). 장애인 탈시설정책과 운동전략. 장애인 생활시설의 문제점과 대안: 장애인자립생활 보장에 관한 법률 제정을 중심으로. 서울: 한국장애인단체총연합회.

오혜경(2011). 새로운 장애인복지환경에서의 한국장애인개발원의 역할과 기능. 한국장애인개발원 창립 22주년 기념 토론회. 서울: 한국장애인개발원.

이성규(2000). 사회통합과 장애인 복지정치. 서울: 나남.

이성규(2011). 한국장애인복지발달사. 파주: 집문당.

이인영(2004). 언론의 '장애인 죽이기': 방송 · 언론 속의 소외와 왜곡에 관한 소고. 장애와 사회, 5(여름). 서울: 우경서원.

최원규, 박현정(2009). 장애인에 대한 사회적 거리감 연구. 한국장애인복지학, 10(6).

최정기(2005). 감금의 정치. 서울: 책세상.

최정기(2008). 정신장애인에 대한 사회적 낙인의 현주소: 국제기준에서 바라본 우리나라의 정신보건 현황과 사회적 낙인. 서울: 국가인권위원회 장애차별팀.

한국장애인복지시설협회(2011). 장애인 복지정책의 이슈와 동향. 서울: 국립재활원.

한국장애인자립생활센터총연합회 사무국(2011). 장애인생활시설의 문제점과 대안: 장애인자립생활보장법을 중심으로. 서울: 한국장애인단체총연합회.

호승희(2010). 재활서비스 및 프로그램 표준화를 위한 기반연구. 서울: 국립재활원 재활연구소.

황나미(1997). 장애발생 예방사업의 변천: 한국장애인복지변천사. 한국재활재단 편. 파주: 양서원.

Allport, G. W. (1954). *The nature of prejudice*. Cambridge, MA: Addition Wesley.

Allport, G. W. (1993). 편견의 심리. 이원영 역. 서울: 성원사.

Bauman, Z. (2010). 모두스 비벤디: 유동하는 세계의 지옥과 유토피아. 한상석 역. 서울: 후마니타스.

Bogardus, E. S. (1933). A Social Distance Scale. *Sociology and Social Research*, 17(Jan-Feb), 265-271.

Foucault, M. (2001). 비정상인들. 박정자 역. 서울: 동문선.

Hochschild, A. R. (1979). Emotion work, feeling rules, and social structure. *The American Journal of Sociology, 85*(3), 551-575.

Le Breton, D. (2003). 근대성과 육체의 정치학. 홍성민 역. 서울: 동문선.

Oliver, M. (1996). *Understanding Disability*. London: Macmillan.

Oliver, M. (2006). 장애화의 정치. 윤삼호 역. 대구: 대구DPI.

Piat, M. (2000). The NIMBY phenomenon: community residents' concern about housing for deinstitutionalization people. *Health & Social Work, 25*, 127-138.

Reichert, E. (2003). *Social Work and Human Rights*. Columbia: Columbia University Press.

Robert, M. (2006). A real life, A real community. *Journal of Intellectual and Developmental Disability, 31*(2), 125-127.

Sainsbury, S. (1993). *Normal Life: A Study of War and Industrially Injured Pensioners*. England: Avebury.

Schneider, C. (2010). 'Ready for work': feeling rules, emotion work and emotional labour for people with disabilities. *Interactions, 4*.

Stainton, T. (1998). Intellectual Disability, Opression and Difference. 111-163. in *Countering Discrimination in Social Work*, edited by Lesnik B. VT: Ashgate Publishing Company.

Sweet, W. (2003). *Philosophical theory and the Universal Declaration of Human Rights*. Ottawa: University of Ottawa Press.

국제인권조약(1976). http:www.library.humanrights.go.kr

제14장

시민사회와 복지정치

강미희

1. 서 론

최근 몇 년 사이 우리는 이전에 경험하지 못했던, 사상 최악이라 할 수 있는 경제위기를 맞고 있다. 더 이상 나빠질 수 없는 경제상태라는 말을 매일 듣고 또 말하고 있으며, 주위에서 그 증거들은 어렵지 않게 찾아볼 수 있다. 이미 오래 전 100만 명을 훌쩍 넘어선 실업자들이 거리에 넘쳐 나고, 그나마 있던 정규직 취업자들도 비정규직으로 전환되거나 새로 노동시장에 진입한다고 해도 비정규직에 진입하는 비율이 빠른 속도로 증가하고 있으며, 경제성장률은 계속 떨어지고 있다. 뿐만 아니라 한정된 월급으로는 좇아가기 어렵게 소비자 물가는 계속 상승하고 있고, 셀 수 없을 정도로 많은 회사와 자영업자들이 문을 닫는 형편이며, 매해 더 나빠지는 경제상황이 언제쯤 좋아질지 전혀 짐작할 수도 없다. 그리고 이런 경제위기는 단순히 우리나라만의 문제가 아니라 전 세계적인 현상이라는 것이 더욱 큰 문제로 받아들여지고 있다.

거시적 경제문제뿐만 아니라 현재 전 세계적으로 발생하고 있는 사회문제들, 즉 환경문제, 인권문제, 여성문제, 노동문제, 복지문제, 아동문제, 성문제 등 다양한 영역에서 부각되고 있는 사회적 거대 문제들은 더 이상 기존의 전통적 지배구조였던 국가와 시장만으로는 해결이 불가능한 지경에 이르렀다.

이에 대한 새로운 대안으로 등장한 것이 시민사회다. 근대 이후 시민사회가 본격적으로 발달한 이래로 시민사회는 항상 국가나 시장의 관심에서 벗어나 있던 개인의 자유와 권리를 옹호해 왔으며, 다원적 가치를 지향하고 여러 기업과 국가와의 공동협력을 통해 사회적 약자와 소수자를 위한 다양한 공공재를 생산하는 역할까지 담당하고 있다. 현재에 이르러서 시민사회는 선진국이나 개발도상국을 막론하고 여러 나라의 정치, 경제, 사회 전 영역에 걸쳐 많은 부분에서 중요한 활동을 수행하고 있다. 비판이나 감시 등을 통한 시민사회의 활동들은 기존의 국가와 시장에서는 해결이 불가능했었던 여러 사회문제들에서 많은 역할을 수행하게 됐으며, 실질적으로 그 문제들에 대한 다양한 해결책들을 제시하고 있다.

지금의 시민사회는 사회문제 해결의 중추적 역할에만 그치지 않는다. 힘 있는 시민사회의 존재만으로도 국가브랜드의 가치를 높이기도 하고 국가에 대한 정당성을 증진하며, 정부에 대한 신뢰를 강화시키는 요소가 되기도 한다. 이런 점에서 현대 정치에서 시민사회를 배제시키거나 혹은 참여시키는 것만으로도 국제사회에서 한 국가의 신뢰도나 정부에 대한 지지도에 커다란 영향을 미치기도 한다. 동시에 시민사회가 정치적인 측면에서 국가 권력을 견제함으로써 민주주의를 증진한다는 사실도 무시할 수 없다.

그렇다면 우리나라는 어떠한가?

'경제회생, 경제발전'이라는 문구로 압축되는 선거공약으로 제17대 대통령 선거에서 당선되어 2008년 집권한 현 이명박 정부는 747공약[1])에 얽매여 빠져나오지 못하는 자가당착에 빠졌을 뿐만 아니라 속속 내놓는 경제정책들

1) 이명박 정부가 기존의 참여정부와의 차별화 전략 중 가장 큰 부분을 차지하는 것은 경제인데, 747공약은 세금을 줄이고 기업에 대한 간섭과 규제를 약화시켜 이를 토대로 경제발전을 일으키겠다고 주

은 경제를 살리는 정책이 아니라 오히려 '1%의 부자만을 위한 정책'이라는 오명을 얻고 있는 실정이며, 88만원 세대[2] · 승자독식사회[3] 등 우리 사회에 대해 부정적인 단어들이 지금의 시대를 대표하고 있다. 현 시대적 분위기에 의해 복지요구는 점점 늘어나고 있으나, 이명박 정부는 이러한 사회 현실 속에서 고통이 더욱 가중되고 있는 사회적 약자들을 위한 적절한 대책을 마련하지 못하는 악순환이 계속되고 있다. 이런 상황에서 한국 복지정치의 중요성은 날로 커지고 있고, 그와 함께 한국 시민사회의 정치참여도 활발해지고 있다.

최근에는 우리나라에서 대통령 다음으로 중요하다고 하는 서울시장을 시민의 판단에 의해 그 자리에서 물러나게 하는가 하면 시민사회에서 활동하던 공직경험이 전무한 비정치인 출신 후보를 서울시장직에 당선시키기도 하고 국민들의 투표에 의해 시민사회 구성원들이 정당 지도부에 당당히 입성하는 등 잇따라 기존의 한국 정치판에 시민사회가 큰 파장을 일으키고 있다. 2007년 대선 실패로 시민사회의 정치참여운동은 수면 아래로 가라앉는 듯 보였지만, 몇 년 전만 하더라도 시민사회의 정치참여를 터부시 하던 우리 사회의 분위기와 다르게 지금에 와서는 한국 정치사회에서 시민정치운동이라는 말을 어렵지 않게 들을 수 있으며, 직접적으로 '시민정치운동'을 표방하는 단체들이 속속 생겨나고 있는 것도 시민사회의 정치참여 확대에 대한 또

장한 경제공약이다. 이는 매년 7%의 경제성장률과 1인당 국민소득 4만 달러 달성, 세계 7대 강국 진입을 뜻한다.

2) 2007년 9월에 출간된 경제학자 우석훈과 기자 출신의 사회운동가 박권일이 쓴 책으로 세대 간 불균형을 다룬 경제 비평서의 제목이었으나, 책의 인기로 인해 책 출간 이후 현시대의 20대를 대변하는 하나의 용어로 자리 잡았다. 88만 원은 비정규직 전체의 평균임금액인 119만원에 20대의 평균 소득 비율인 74%를 적용한 금액으로 미래에 대한 불안 속에서 비정규직이나 아르바이트 등으로 사회생활을 시작해야만 하는 대다수의 20대를 뜻하는 은유적 표현이다. 미국의 '빈털터리 세대', 일본의 '버블 세대', 유럽의 '천유로 세대'와 일맥상통한 의미로 우리나라의 여러 세대 중 승자독식게임을 받아들인 세대를 뜻하기도 한다.

3) 1995년도에 출간된 로버트 프랭크와 필립 쿡의 저서 『승자독식사회(The Winner-Take-All-Society)』에서 기인한 말로 기존의 20:80의 사회를 넘어 무분별하게 심화된 경쟁사회에서 소수의 사람이나 회사가 거의 모든 부를 독점하게 되고, 그 독점한 부를 '자기 강화'의 과정을 통해 더욱 곤고히 하게 되는 사회로 나아가는 현상을 의미한다.

다른 증거라 할 수 있을 것이다.

한국 시민사회의 정치적 활동들은 시민사회 구성원 중 한 사람이 특정 선출직에 당선됐다는 사실보다는 시민사회 일원이 정치권에 진출했다는 그 자체로 인해 시민사회가 현실정치의 감시자라는 수동적 역할에서 정치의 직접적인 주체로 나섰다는 그 자체에 의미가 있다. 또한 2010년 6 · 12 지방선거나 2011년 서울시장 당선의 배경을 들여다보면, 시민사회의 정치참여뿐만 아니라 '무상급식의 전면 실시와 그에 대한 반대'라는 보편적 복지와 잔여적 복지의 논리가 첨예하게 대립하고 있는 대한민국 복지정치의 현주소[4]를 볼 수 있다.

세계적으로 정치의 화두는 복지다. 이것은 누구도 부인할 수 없는, 그래서 절대적이라고 말할 수 있는 사실이며, 한국 사회 역시도 그 흐름을 벗어날 수 없다. 그리고 그 중심에 시민사회가 있다.

2. 시민사회의 발전과 정치

넓은 의미에서 시민사회에 의해 이뤄지는 시민운동은 정치를 위한 행동으로 볼 수 있다. 시민사회가 여러 시민운동을 통해 추진하는 많은 진보적 과제들은 궁극적으로 정치라는 영역 안에서 법제화를 통해 하나의 제도로 틀을 갖춤으로써 그 목표가 달성된다고 볼 수 있기 때문이다. 자율적으로 형성되고 강화된 시민사회는 사회문제들에 대한 요구를 만들고 공론을 조직하며, 이러한 공론들은 정당과 국가에 압력을 가하는 시민운동이 된다. 이때 나타나게 되는 다양한 복지요구는 정책형성과 입법과정에 영향을 미치고 시민사회는 그것들을 제도화하도록 촉구한다. 또한 어떤 국가에서든 시민사회를 구성할 수 있고, 그것을 조직할 수 있으며, 자율적으로 구성된 시민사회라

4) 한편에서는 이런 복지 선거 이슈에 대해서 '복지 포퓰리즘'에 휘둘려 재정을 바닥내고 나라를 망칠 것이라는 우려를 나타내기도 하지만, 앞으로 한국정치에서 복지의 중요성은 두 번 말하면 입이 아플 핵심주제가 될 것이라는 것에는 이견이 없을 듯하다.

할지라도 언제든 억압할 수 있기 때문에 시민사회를 정치와 분리하는 것은 무의미하다고도 한다.

14세기부터 16세기까지는 중세에서 근대로 넘어가는 시기로 봉건사회가 무너지고 근대 문화가 발전했으며, 이때 발생한 르네상스 정신은 당시까지 모든 것의 중심이었던 종교에서 개인을 해방시켰고, 16세기 중상주의 정책은 자본주의를 급속히 발전시켰다. 개인의 지적 성장과 자본주의의 발전은 시민들을 정신적으로 성숙하게 만들었으며, 18세기 말에는 서구적 시민사회가 성장하게 된 결정적인 두 계기, 즉 시민혁명과 산업혁명이 일어나게 된다. 시민혁명과 산업혁명으로 인해 19세기 유럽에서는 여러 나라의 자유주의 운동과 민족주의 운동이 일어나 민족국가가 완성되었고 그로 인해 시민사회가 성숙하게 되었으며, 자본주의가 완성되는 시기를 맞는다. 더불어 급격한 산업화에 기인해서 나타난 실업, 빈곤 등의 전혀 다른 새로운 사회문제들은 노동자와 자본가의 대립을 만들며 자본주의에 반대하는 사회주의 사상이 나타나기 시작했고, 이런 사회의 전반적인 현상들은 필연적으로 시민이 사회문제에 관심을 갖게 했으며 시민사회를 형성하는 배경이 되었다.

공론장적 시민사회[5]는 공적인 사회문제에 관심을 갖는 사회 구성원들, 즉 시민들 간의 자발적 연대와 그들의 자유로운 의사소통적 토론, 그리고 민주적 참여에 의한 포럼으로, 시민사회에 의한 정치는 그 '정치적인 것'의 의미가 단순히 국가나 시장의 메커니즘에 있는 것이 아니라 사회에 있다는 점에서 중요하다. 다시 말해서, 시민들이 자기결정권에 의해 그것들을 기획하고 성취를 위해 노력한다는 것, 그리고 실질적으로 그것들이 정치에 적용되고 채택된다는 것이 중요하다는 것이다.

5) 공론장이론은 아렌트의 이론으로부터 영감을 받은 하버마스의 시민사회이론에서 출발한 것이라 볼 수 있다. 하버마스에 의하면 공론장에서는 일반적인 여러 주제들에 관해 누구나 평등하게 토론에 참여할 수 있었고, 그 토론들은 항상 외부에 개방적이었으며, 이런 토론들로 인해 여론을 형성하고, 그 여론들을 정부나 기업들로 하여금 수용하고 처리하도록 하여 합법화하는 것으로서, 결국 공론장을 통해 시민사회를 형성하고 발전시킬 수 있었다는 것이다.

시민사회에 의한 시민운동은 자율적인 여론을 형성해서 정책을 형성하고 법을 만드는 국가와 정당에 영향력을 행사할 수 있도록 공간을 확보하는 것이며, 행사하고자 하는 영향력을 확장하려는 노력이라 할 수 있다. 시민사회를 지탱하고 성숙할 수 있도록 만들기 위해서는 시민사회의 자발성이 중요하다. 자발성을 가진 시민은 그들이 목표로 하는 선을 이룩했을 때 사회발전에 기여하며, 동시에 궁극적으로 자아를 실현했다는 의미도 갖기 때문이다. 비록 국가와 시장만으로는 해결하기 어려운 거대한 여러 사회 문제들이 있지만 인적 · 물적자원을 지닌 시민들이 자발적으로 동참하고 협력함으로써 사회적 대의를 실현하는 데 공헌할 수 있다. 이러한 자발적 공헌은 시민사회의 정치적 기능에서 중요한 요소이므로, 국가로부터 충분한 자율성을 획득한다거나 자유로운 시민운동이 보장된다는 것은 정치에서도 중요하다.

서구사회에서 시작된 시민혁명과 산업혁명에 의해 근대 시민사회가 등장하게 되었고, 그 이후 자유주의와 자본주의의 급속한 팽창은 시민들로 하여금 합리적 선택을 가능케 했다. 즉, 사회구성원들이 사적 권리와 자율성을 확보하도록 만들었으며, 이는 공론장이라는 공간에서 자유의사에 기반한 시민들의 활발한 공적 토론에 의해 사회 전반에 걸친 여러 문제들을 인식하게 했다. 또한 그에 대한 대의적 해결방안을 논의함으로써 시민사회가 형성되고 발전되었으며, NGO[6] · NPO[7] 등으로 대표되는 다양한 시민사회 단체들

---

6) Non-Governmental Organization(비정부기구)의 약자로, 1945년 UN의 창설과 함께 국제적으로 NGO는 공식 정립되었다. NGO는 오늘날 시민사회와 사회운동에서 핵심세력이 되고 있으며, 시민사회의 틀 속에서 발생했고 성장하고 있다. 현재 NGO의 발전은 서구 자본주의 복지국가가 재정위기를 맞으면서 선택하게 되는 다양한 전략과 긴밀히 연계되어 있다고 볼 수 있는데, NGO의 사회적 영향력에 대해서는 국가 3부와 언론 그 다음자리에 위치한다고 보는 시각도 있을 정도로 그 파급효과는 크다. 현재 우리나라에서는 비영리민간단체, 비영리단체, 시민단체, 제3섹터(The Third Sector), 민간단체, 공익단체, 독립섹터 등 다양한 의미로 넓게 사용되고 있으나, 그 개념이 정확치 않아 일반적으로 이 모든 의미를 아우르는 것으로 인식되고 있다.

7) Non-Profit Organization(비영리민간단체)의 약자로 영리를 목적으로 하지 않는 사회의 공익을 위한 자발적 비영리 조직을 의미하며, NGO와 같은 의미로 사용되기도 하고, 미국이나 일본 등에서 공식적으로 쓰이는 용어다. 우리나라에서는 2000년(1 · 12 법률 제 6118호)에 「비영리민간단체지원법」이 제정됨으로써 '비영리민간단체'가 공식용어로 사용되었다.

이 등장할 수 있었다. 뿐만 아니라 시민사회는 기존의 전통적 지배구조였던 국가나 시장이 고려하지 못했던 여러 가치들, 즉 연대 · 참여 · 관용 · 영성 · 자율성 · 의사소통 · 실험정신 · 대안사회 · 세계시민 등 다양한 의미를 내포하고 있어 인간 삶의 질을 더욱 다양하고 풍요롭게 만들 수 있다. 즉, 시민사회는 우리 사회에 팽배한 무한경쟁의 이기주의를 벗어나 개인이 아닌 우리의 관점에서 사회를 보고, 타자에 대한 일정한 책임을 지고자 노력한다. 이런 점에서 시민사회가 동참하지 않는 현대사회의 문제해결 방안들은 한계에 부딪히게 된다.

그렇다고 해서 국가 · 시장 · 시민사회 간 관계가 시민사회가 국가나 시장의 문제를 해결해 주는 식의 일방적인 것은 아니다. 시민사회는 시장 실패나 국가정책 실패에 따른 문제를 해결하는 데 기여하지만, 국가정책에 영향을 받기도 하고 국가로부터 지원을 받기도 한다. 뿐만 아니라 시장에 의해 생산되는 상품과 서비스를 제공받기도 하고 기부금을 지원받기도 한다. 그러면서 국가와 시장을 감시하고, 발생하는 문제의 대안을 제시하기도 하는 것이다. 따라서 시민사회가 제 역할을 하지 못하면 국가와 시장은 감시의 부재로 더 많은 문제가 발생하고 악화될 수 밖에 없으며, 시민사회 역시도 국가나 시장없이는 존재 자체를 위협받을 수 있다. 시민사회는 국가와 시장과 밀접하게 상호작용하면서 우리 사회의 안정과 균형을 위한 중요한 역할을 담당한다.

또한 시민운동으로 대변되는 시민사회의 다이나믹한 활동은 참여민주주의 또는 풀뿌리 민주주의를 실현하는 중요한 기반이 되므로 정치적 측면에서도 좌시할 만한 수준은 결코 아니다. 시민사회들이 정치에 직간접적으로 참여한 것은 어느 한 국가, 어느 한 기간 동안에만 발생하는 이벤트적인 일이 아니다. 시민사회가 발달하면서 정치참여의 정도는 점차 증가되고 다양화되었으며, 지금은 그 영향력을 미치는 정도가 상당한 수준에 이르러 많은 국가들의 시민사회가 선거에서도 다양한 방법으로 직접적인 영향력을 행사하고 있기도 하다.

미국, 독일, 영국 등 선진국에서는 시민단체가 선거에서 특정 정치인에 대해 낙천 및 낙선운동 혹은 당선 및 지지운동을 벌이는 것은 흔하다. 미국의 경우, 여러 시민단체들이 선거를 앞두고 의원들의 의정활동을 점수화해 그 점수를 유권자에게 제공하고, 그 방법도 TV광고나 전화 등 다양하며, 선거기간 동안 직접적 · 집중적으로 운동을 펼치고 있다.

독일과 영국의 경우, 환경단체나 소비자단체, 인권단체들이 담당분야의 정책과 관련하여 부적격하다 판단되는 인물들에 대해 낙선운동을 펼치는 것이 일반적이다.

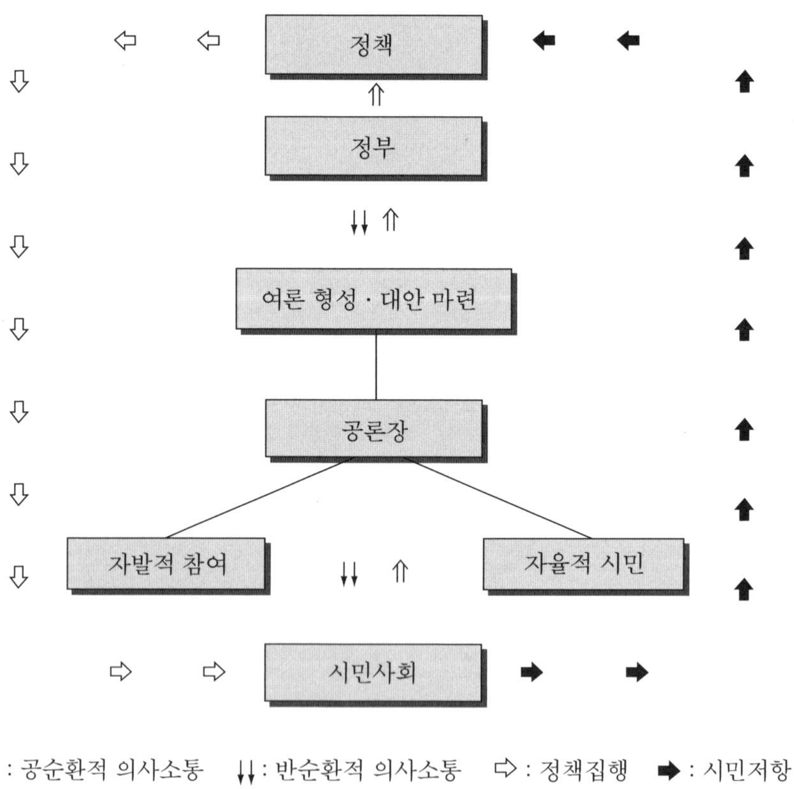

[그림 14-1] 시민사회와 정치

미국의 시민사회 단체들은 선거에서 영향력 행사를 중심으로 하는 정치활동을 하고 있다. 한 예로 '무브온(www.moveon.org)'이라는 진보성향의 시민조직은 지난 미국 대선에서 이메일과 SNS를 활용하여 현 대통령인 오바마의 당선에 큰 역할을 했고, 이에 자극을 받은 보수성향의 시민단체인 '티파티(www.teaparty.org)'도 그들의 전국조직을 바탕으로 2010년 중간선거에서 하원의원 40명, 상원의원 2명을 당선시키기도 했다.

이와 반대로 권력과 자본에 대한 비판, 감시, 그리고 대안제시를 활동근거로 삼아 국가와 기업, 시장을 가리지 않고 모든 사회의 감시자 역할을 맡고 있던 시민사회가 직접 정치에 나서게 되면 정치적 중립과 공익성, 비영리성이라는 시민사회의 원칙과 기준을 상실하게 될 것이며, 그리고 이들을 누가 감시할 수 있을 것이냐는 비판도 만만치 않다.

이렇듯 정치적으로 활발한 활동을 펼치고 있는 시민사회의 현재 모습에 대해 찬반의견이 팽팽히 맞서고 있는 상황이다.

3. 복지의 발전과 정치

복지는 하루아침에 완성된 것도 아니고, 그 역사가 짧은 것도 아니다. 그것이 국민통치를 위한 국가의 어쩔 수 없는 선택이었든, 시민의 자발적 요구에 의한 것이었든, 혹은 정권유지를 위한 적극적 전략이었든 간에 복지는 오랜 시간에 걸쳐 형성되고 많은 발전을 이뤘으며, 최근 몇 년 동안의 이례적인 전 세계의 경제침체로 인해 복지의 후퇴 내지는 종말이라고도 논의되는 현재에 이르렀다.

일반적으로 복지의 시작을 말할 때 영국 엘리자베스 여왕 시기에 「구빈법」(「빈민법」)[8]을 말한다. 1601년에 제정된 「구빈법」은 「길버트법」 「스핀햄

8) 오늘날 사회복지에서의 공공부조제도는 영국 엘리자베스 여왕 때 시행된 「구빈법」에서 그 근간을 찾을 수 있다. 엘리자베스 여왕 시기의 「구빈법」은 우선 종교단체에 의한 것이 아닌 국가에 의한 구

랜드법」「신구빈법」에 이르기까지 그 명칭과 내용상의 작은 변화는 있었지만 17세기부터 19세기까지 가장 핵심적인 복지제도였으며, 오늘날 사회복지 제도의 근간이라 할 수 있을 것이다.

영국 엘리자베스 「빈민법」 다음으로 괄목할 만한 성장을 이룬 복지역사는 독일 비스마르크 시대의 사회보험이다. 비스마르크는 노동운동 등 팽창하는 사회주의를 막기 위해 세계 최초의 사회보험제도를 실시하게 된다. 1883년에는 오늘날의 「건강보험법」인 「질병보험법」이, 1984년에는 지금의 「산업재해보상보험법」인 「재해보험법」이, 그리고 1889년에는 「폐질 및 노령연금법」이 통과되었다. 그리고 1891년에는 이 세 가지 법을 단일화시킨 「제국보험법」이 제정되었다. 물론 비스마르크의 사회보험제도[9] 역시, 엘리자베스 「빈민법」과 같이 진정으로 국민을 위한 복지법안이 아니라 당시 급속도로 팽창하던 사회민주주의를 무력화시키고, 경제적 효율성을 증대하는 등 결국 통치수단의 하나로 사용하고자 하였다. 하지만 복지의 역사에서 비스마르크의 사회보험제도는 세계적으로 복지의 발달에 큰 영향을 줬다는 것은 누구도 부인할 수 없는 사실이다.

그 다음으로 주시해야 할 복지의 역사는 '요람에서 무덤까지'라는 슬로건으로 유명한 베버리지 보고서[10]다. 1929년 시작된 세계대공황과 1939년 발

빈의 책임을 최초로 성문법상에 명시했다는 점에서 가장 큰 의의를 갖으며, 구빈대상을 분류—노동능력이 있는 빈민, 노동능력이 없는 빈민, 빈곤한 아동—하고 그에 상응하는 구제방법을 적용했다는 점도 중요하다. 그러나 실질적으로 17세기에서 19세기까지의 구빈법은 법의 이름처럼 빈자를 구하기 위한, 즉 수혜자를 위한 생존권이나 사회권의 방편이라기보다는 당시의 국가체제를 유지하고 사회불안 요소를 제거하려는 국가의 국민에 대한 억압적 · 통제적 수단으로 볼 수 있다.

9) 당시 사회보험제도를 통해 비스마르크는 국가와 사회의 연대성을 달성하고자 하였다. 비스마르크가 주장한 균일급여 보험체계는 숙련된 노동자와 비숙련 노동자의 차별을 주지 않는다고 하여 이전 소득에 따라 급여가 달라지는 형태를 띠게 되었으나, 사회보험의 주 대상자인 노동자들 스스로가 사회보험이 빈곤을 예방할 수 있다거나 급여 수급에 대한 그들의 법적 권리를 갖는다는 인식이 없었고, 그때 당시의 노동조건이나 그들의 정치적 지위 향상 등에 더 관심이 있었기 때문에 사회보험제도를 처음 기획하고 실시했을 때의 비스마르크의 목표는 달성되지 못했다.

10) 정식명칭은 '사회보험과 관련사업(Social Insurance and Allied Services)' 이나 작성자 이름을 따 '베버리지 보고서'로 널리 알려졌으며, 이 보고서에는 국민생활을 불안하게 만드는 요인 혹은 사회

발한 제2차 세계대전으로 인해 공업생산력 저하, 저임금과 대량실업, 여러 국가의 재정 위기 사태가 잇따라 발생하는 등 각종 위험과 사회문제들이 그 기간에 집중적으로 쏟아졌다. 이런 이유로 당시 영국의 처칠 정부에 의해 1941년 창설된 '사회보험 및 관련 사업에 관한 각 부처의 연락위원회'의 위원장이었던 윌리엄 베버리지(William Beveridge, 1879~1963)가 1942년 정부에 제출한 보고서로서 그 당시 영국의 사회보장제도에 대한 구조, 효율성 등에 관한 점검과 개선책 등이 담겨있다. 베버리지 보고서에는 사회보장보험 마련을 주장하고 있으며, 보고서가 제출된 후로 영국에서는 국민보험, 국가보건서비스, 가족수당, 국가부조, 고용직업훈련법 등 많은 사회보장법이 제정되었다. 또한 사회보험의 적용범위를 임금노동자로 한정했었던 기존의 국가차원 복지제도를 모든 국민에게까지 확대함으로써 포괄주의적 복지국가로의 전환을 가져왔다는 점도 괄목할 만한 사항이다. 베버리지 보고서는 단순히 영국의 사회복지제도에만 영향을 미친 것이 아니라 당시 유럽 내 다른 국가들에게도 포괄적인 복지제도가 퍼지게 되었고, 결국 복지국가를 향한 바이블로 자리 잡아 전 세계의 복지 흐름에 큰 영향을 미쳤다는 데서 그 의의를 찾아볼 수 있다.

미국의 뉴딜정책[11]과 영국의 베버리지 보고서 이후 1945년부터 1970년 중반까지는 복지국가의 황금기로 불릴 만큼 복지가 전 세계적으로 팽창된 시기다. 국가와 자본, 노동 3자 간의 안정된 구조는 유래에 없던 자유주의와

문제를 유발하는 다섯 가지의 사회악을 제시하고 있다. 궁핍, 질병, 무지, 불결, 나태가 그것인데 이 가운데 궁핍해소를 지향하는 것이 사회보장이라고 하였다. 궁핍의 원인으로 실업 · 질병 · 노령 · 사망 등에 의한 소득의 중단과 지출에 있다고 했고, 이에 대한 해결방안으로 사회보험과 국민부조, 그리고 개인의 자발적 저축을 제안하며 국가와 개인이 함께 해결해야 한다고 권고하고 있다. 이 보고서가 제시한 사회보장의 3대 전제조건으로는 완전고용, 포괄적 보건의료보장제도 확립, 아동수당에 대한 제도적 보장이 있다. 우리나라의 경우에 '국민의 정부' 시절 도입된 기초생활보장수급제도의 개념 역시도 베버리지 보고서에서 차용한 것이라 볼 수 있다.

11) 세계대공황 타계를 목적으로 미국의 제32대 대통령인 루즈벨트에 의해 국가가 적극적으로 참여하고 추진한 경제정책으로서, 7년이라는 장기간의 시행으로 목표했던 경제적 부흥뿐만 아니라 미국의 정치와 사회 전반에도 커다란 영향을 미쳤다.

자본주의의 성장을 가져왔고, 복지의 전성기를 구사하게 된다. 이 기간 동안 전 세계는 역사상 최고의 경제성장과 복지의 균형을 이루게 된다.

하지만 이 균형은 오랫동안 지속되지 못했다. 1973년과 1979년 두 차례에 걸쳐 석유파동이 일어났고, 극심한 스태그플레이션의 발생으로 30년 가까이 유지되던 케인즈주의는 실효성을 상실하였다. 그 이후 신자유주의의 부상으로 인해 복지국가는 침체기를 맞이하게 되었으며, '복지국가의 위기인가 혹은 개편인가'를 논하는 지금에 이르렀다.

복지의 위기를 맞고 있다는 현재—혹자는 현재를 복지의 위기를 넘어 복지의 종말을 맞이했다고 주장하기도 한다—정치에서 복지는 더 활발하게 회자되고 있고, 오히려 가장 핵심적인 주제로 자리매김하고 있다. 모든 영역에 시장적 가치를 강조한 신자유주의에 의해 정부의 축소, 시장의 확대를 주장했던 경제정책의 실패는 글로벌발 경제위기를 가져왔고, 다양한 사회문제들을 양산해 냈다. 그 사회문제들로 인해 국가는 국민들의 다양한 복지욕구에 직면하고 있으며, 이 요구들에 대해 어떠한 해결방법을 제시하느냐에 따라 정치의 판도가 결정되고 있는 것이다.

유사 이래 처음 겪는 세계 동시적 경제위기가 수년째 계속되고 있으며, 그 끝이 언제가 될지는 아직도 확실치 않다. 1970년대 후반 이후 복지국가의 '위기' 혹은 '종말' 등에 이르기까지 복지와 관련된 수많은 부정적인 주장이 쏟아져 나왔으며, 지금도 그 논의는 계속 진행 중이다. 하지만 지금까지의 여러 연구결과에서는 오히려 복지국가의 긍정적 효과를 밝히는 연구가 많고, 복지국가가 경제성장을 저해한다는 증거를 거의 찾지 못했으며, 실질적으로 많은 국가들에서—미국에서조차도—복지예산은 줄지 않고 오히려 증가하고 있다는 사실 등을 통해, 우리는 복지국가가 여전히 건재하다는 점을 인정하지 않을 수 없다.

4. 한국의 시민사회와 복지정치

서구적 개념의 시민사회는 17세기에서 18세기에 걸친 근대화 과정에서 자본주의와 개인의식 등의 성장으로 인해 국가영역과 시민영역이 분리되면서 발전해 왔다고 볼 수 있다. 그러나 한국 시민사회는 서구 시민사회의 흐름과 비교할 때 그 시작이 상당히 늦었고, 서구의 형성기간과 발전과정과도 상당한 차이를 보인다. 서구 사회에서 시민사회가 발전하는 과정을 거칠 때 우리나라는 일제 치하의 식민지 시기를 거쳤고, 해방 이후에는 한국전쟁을 겪었다. 그 이후에는 강력하고 독재적인 국가 중심의 체제 속에서 많은 아픔과 진통을 겪는 과정을 거쳐 왔기 때문에 한국 시민사회는 처음부터 파행적인 형태로 진행되었다. 즉, 식민지와 전쟁이라는 특수한 정치적 · 사회적 배경은 서구사회의 시민사회가 가진 본질적인 의식구조와 생활양식의 정립을 막았고, 이런 이유로 한국 시민사회의 실질적인 시작은 1980년대 중반 이후로 볼 수 있다.

그러나 한국 시민사회가 서구 시민사회의 태동 및 발전과정과 다르고, 그 역사가 짧다고 해서 소극적으로 대응했던 것은 결코 아니다. 국가와 인권의 독립이나 존재, 민주주의 그 자체를 위한 희생이라는 이름으로 붙여졌을 뿐, 한국 시민사회는 19세기 말 이후 봉건적인 신분제도의 폐지, 식민지 제국주의에 대한 저항, 민족해방운동 전개, 반공산주의적인 권위주의와 군부정권에 대한 저항, 민주화운동 등 시대적 상황으로 인해 아직 싹트지 못한 시민사회의 발전을 위한 노력을 치열하게 전개해 왔다. 그리고 이런 이유로 한국시민사회의 시작에 대한 관점들도 다양하다.

앞에서 언급한 여러 계기들을 지나면서 잠재력을 키운 한국 시민사회는 1987년 6월 민주항쟁을 계기로 본격적으로 형성되었다고 볼 수 있으며, 1989년 경제정의실천시민연합(이하 경실련)의 출범[12]과 함께 양적 · 질적 측면에서 큰 성장을 이뤘다고 할 수 있다. 기존에 민주화운동이라는 이름으로 전개되었던 것이 변화되어 시민운동으로 자리 잡은 한국 시민사회의 독특한 이력은 이후 사회문제의 자율적 해결, 시민사회의 정당성 보강 등을 통해 시민사회를 발전시켜 왔다. 때문에 한국의 시민사회는 서구사회의 전통적인 시민사회의 비정치적, 문화적 시민참여의 성격과 달리 민주화운동과 결부되어 투쟁과 저항의 정치적 특징을 강하게 띄고 있는 것도 사실이다.

과거 시민사회의 정치활동은 선거와 관련되어 나타났었다. 공정선거 감시운동, 투표참여운동 같은 기본적 유권자운동으로 시작하여 2000년 대한민국 제16대 총선을 앞두고 본격적으로 시작된 낙천·낙선운동,[13] 당선운동 같은 적극적 유권자운동에서 우리나라 시민사회의 정치활동들을 찾아볼 수 있다. 시민사회의 낙선운동이 한때 불법으로 규정되면서 일부 단체 책임자들이 법적 제제를 받기도 하였으나, 오히려 이 사건은 시민사회의 선거에 대한 관심과 개입을 더욱 키우는 하나의 계기가 되었다. 급기야 환경단체 출신 운동가들이 2002년 지방선거에 출마하여, 일부 몇 명이 당선됨으로써 정부의 정책을 바꾸겠다는 시민사회의 명분이 국민에 의해 받아들여졌으며, 이는 한국

12) 다소간의 의견이 있을 수 있으나 한국 시민사회의 사실상 출발은 1989년 부동산투기척결이라는 명분을 내세운 경실련의 출범으로 수렴된다고 할 수 있다.

13) 제16대 4·13 국회의원 선거를 겨냥하여 2000년 1월 전국 412개 단체들로 구성된 '총선시민연대'가 발족하여 선거에 대해 부적절하다고 판단된 후보자에 대한 공천반대와 낙선운동을 천명하였고, 4월 3일 공천 반대자 64명의 명단과 반인권 전력, 납세비리, 저질 언행 등과 관련된 22명의 명단을 발표하여 총 86명의 낙선 대상자를 선정했었다. 피케팅, 가두 방송, 현수막 게시 등을 통해 86명의 선정 후보를 낙선시키는 운동을 전개했고, 실질적으로 86명의 낙선 대상자 중 총 대상자의 70%에 이르는 59명이 떨어졌고, 특히 20명의 수도권 지역 낙선 대상자 중 19명이 떨어져 한국 시민사회의 낙선운동 위력을 과시하였다. 이때 낙천·낙선 대상으로 선정된 후보들이 대부분 한나라당과 자민련 등의 보수정당 공천자들이었기 때문에 당시 집권여당이었던 새천년민주당을 지원하기 위한 운동이었다는 논란이 일기도 했고, 낙선운동을 금지하는 공직선거법에 대해서는 2001년 8월 대한민국 헌법재판소에서 '총선연대의 낙천·낙선운동을 금지하는 현행 선거법은 합헌'이라는 결정(200헌마121—선거운동, 낙선운동 양자가 결과에 대해 효과는 유사하기에 모두 선거운동으로 인정, 따라서 이를 법률로써 제한 가능하며 현재 정당성과 적정성이 인정되기에(헌법 제37조 제2항) 제한법규의 합헌)을 내림으로써 대한민국 헌법재판소는 낙선운동을 위법적인 활동으로 판시하였다. 그 이후 시민단체의 선거운동 금지에 관한 문제가 제기되자 선거법 제87조가 '법에서 허용한 단체'에 한하여 선거운동 기간 중 선거법의 테두리 내에서 선거운동을 할 수 있도록 일부 개정되었으며, 그 이후 시민단체는 꾸준히 선거에서 낙천·낙선 대상자 명단을 발표하며 운동을 전개하고 있다.

시민사회의 사회운동 연장선으로 받아들여졌다. 이때부터 한국사회에서 시민사회의 정치참여 문제를 둘러싼 논쟁이 시작되었고, 그 한편에는 시민사회 구성원들이 직접적으로 정치에 참여하는 것은 '시민사회의 권력화'를 만드는 것이 아니냐는 우려와 비판의 목소리도 있었다.

이와 같은 시민사회의 적극적인 정치참여는 시민정치사회를 목적으로 하는 여러 시민단체가 만들어질 수 있는 계기를 제공했고, 나아가 추구하고자 하는 목표를 '복지정치'로 삼는 적극적인 시민정치단체가 만들어지기도 했다.

서구 복지국가들이 경제와 복지에서 역사상 최고의 성과를 누리던 1940년대 중반 이후부터 1970년대 중반까지 우리나라는 반공과 독재라는 정치사회적 혼란과 극도의 빈곤 속에서 해외원조에 의존하고 있었고, 국가와 국민 모두가 가난했기 때문에 당시 국가의 복지에 대한 논의는 거의 없었다고 해도 무방하다. 그러나 1970년 이후 우리나라는 중화학공업 중심의 압축적 경제성장이 성공함으로써 산업화를 달성하였고, 세계에서 그 유래를 찾아보기 힘들 정도의 역동적인 경제발전을 이룩하게 된다. 이 시기의 경제발전은 우리 한국사회에서 복지가 태동할 수 있게 만들었던 계기, 즉 서구 유럽사회의 산업혁명에 준하는 경제적 성과라고 볼 수 있다. 그리고 오랜 기간 군부에 의한 정치와 강력한 독재정치는 1987년 6월 항쟁을 기점으로 마감되었고 정치적 민주화를 달성하게 되었다. 이는 한국사회에서 서구의 시민혁명이라 할 수 있는 시민사회의 발생요건이라고 볼 수 있다. 서구 선진국들조차도 두 세기에 걸쳐 이룬 역사적 성과를 불과 30여 년 만에 달성한 것이니 그 전개가 얼마나 빨랐을지는 충분히 짐작되고도 남을 것이며, 또한 전 세계적으로 경제원조를 받았던 나라 중에서 다시 그 원조를 다른 나라에 되돌리고 있는 나라는 우리나라밖에 없으며, 그 원조의 증가비율[14)]도 높다고 하니 그 발전의 성공이 어느 정도인지도 예상할 수 있을 것이다.

14) OECD 자료에 의하면, 2010년 한국의 공적개발원조는 증가율에서 개발원조위원회 회원 23개국 중 2위이고, 공적개발원조 규모는 회원국 중 18위로 전년보다 한 단계 상승했다.

그러나 괄목할 만한 우리나라의 경제성장도 영원히 지속되는 것은 아니다. 1970년대 중반 이후 전 세계를 주도했던 신자유주의는 한국에도 영향을 미쳤고, 그 영향은 노동시장 유연화, 자유시장경제 중시, 경제규제 완화, 자유무역협정(FTA) 체결 등의 형태로 나타났으며, 결국 우리나라는 1997년 외환위기(IMF)를 맞게 된다.

한국사회에서 외환위기 이전까지는 특별한 복지정책이 없었다고 할 수 있다. 당시까지는 개인적인 성취만으로도 어느 정도 행복과 복지를 추구할 수 있는 상황이었으며, 대부분의 복지 관련 욕구를 가족 내 복지가 대체하고 있었기 때문에 국가의 특정 복지정책이 없더라도 복지적 측면이 어느 정도 충족되고 있었다고 보는 것도 사실이다. 그러나 IMF 이후 실업과 고용의 불안정으로 가족의 해체를 가져오면서 기존에 복지기능의 상당부분을 담당했던 가족의 유지 자체가 불가능하게 되었고, 이와 함께 국가적 차원의 복지정책에 대한 요구는 거세졌다.

우리나라에서 복지국가의 시작에 대한 여러 의견들이 있지만 복지국가라 불릴 수 있는 복지가 본격적으로 발전하기 시작한 것은 이 시기로 수렴[15)]되고 있다. 하지만 이미 경제적 어려움을 접하고 있었던 정부에서 도입한 복지국가정책의 대부분은 영국과 미국으로 대표되는 자유주의적 복지정책이었다. 즉, 전형적인 자유주의적 사상에서 나오는 잔여적 복지를 추구하는 정책이고, 저소득층만을 위한 최소 규모의 복지체제였다.

그러나 우리가 도입한 복지국가정책은 우리나라의 복지가 시작되고 발달한 시기가 국가가 복지를 주도했던 1940년대 후반부터 1970년대 중반에 이르기까지의 복지 황금기라 불리던 그때가 아니라 시장이 위세를 떨치던 20세기의 막차를 탔을 때로서, 그 시기에 밀려오는 신자유주의 정책 그리고 외환위기로 인한 경제적 어려움에 봉착한 우리 정부의 어쩔 수 없는 선택이었는

15) 국민의 정부와 참여정부를 거치는 10년 동안을 한국의 복지국가 등장기로 보는 것은 큰 무리가 없다.

지도 모른다.

그렇다고 해서 이전 시기에 우리나라의 복지정책이 전혀 없었다는 것은 아니다. 박정희 정권 이전에는 식민지 시대와 한국전쟁을 겪으면서 경제적으로 많은 어려움을 겪었던 시기로 국가에 의한 사회복지정책을 바라기엔 경제적으로 무리가 있었기에 당시 복지의 대부분은 외원기관의 주도로 이뤄진 원조에 의한 빈민구제 수준이었다. 그 후 박정희 정권과 전두환 정권으로 이어진 군사독재정권 시대에는 권위주의적 독재정권의 정치적 정당성 확보를 위한 수단으로 사회복지 정책이 이용되었다. 산업재해보상보험제도와 의료보험제도 등이 그것인데, 그 시기에는 복지를 위한 국가의 복지정책이라기보다 특정 권력을 공고히 하기 위한 국민 지배수단이었다고 볼 수 있으며, 이러한 복지정책은 1987년 민주항쟁을 기점으로 급진전의 물살을 타게 된다. 무엇보다도 전 국민을 대상으로 하는 포괄적 의료보험제도를 달성한 것은 노태우 정권이 만든 고도의 정치적 전략이라는 일면도 없잖아 있지만, 한편으로는 우리나라 사회보험 분야의 획기적 발전이라 할 수 있다. 또한 이 시기의 시민사회 성장은 참여민주주의의 활성화를 이끌어 냄으로써 차후 친복지적 국가정책 형성을 위한 발판을 마련했다고 할 수 있다. 이후 국민들의 사회권이 급속히 확대되어 국민의 정부와 참여정부를 거치면서 복지국가의 초석을 다졌고, 그 시기쯤 해서 크게 성장한 시민사회는 이런 복지정치 발전에 많은 영향을 주었다.

한국의 복지정치와 시민사회의 측면에서 우리가 주의 깊게 살펴보아야 할 정권은 국민의 정부로 불리는 김대중 정권과 참여정부로 불리는 노무현 정권, 그리고 이명박 정권이다.

문민정부 이후 수평적 정권교체로 집권한 국민의 정부인 김대중 정권 초기에는 IMF라는 큰 위기상황을 맞는다. 하지만 그 타계책으로 '금모으기 캠페인'을 벌임으로써 정부가 시민사회의 적극적인 동참을 이끌어 내는 계기를 만들게 되고, 시민사회 역시도 정부정책에 자발적으로 참여함으로써 대한민국 정부 수립 후 역사상 처음이라 할 수 있는 정부와 시민사회 간에 동반자 관계를 구축하게 된다. 이뿐만 아니라 국민의 정부 시절 김대중 전 대통령이 남북정상회담 개최를 성사시킴으로써 정부가 화해와 협력의 모습을 보였다는 것 또한 시민사회 발전의 밑거름을 제공했다고도 볼 수 있다. 또한 국민의 정부는 복지정책에서도 외환위기 이후 '생산적 복지'라는 타이틀을 내세워 개혁을 실시했고, 그 결과는 전혀 다른 두 가지 양상으로 나타난다. 사회복지제도의 측면에서 볼 때, 김대중 정부는 전 국민의 사회보험체제를 확립했고 공적부조제도의 사회권화라는 큰 성과를 이루어냈다. 사회복지사에 대한 정부의 고용이 크게 증가한 것도 이 시기이고, 보건복지부 예산이 큰 폭으로 증가한 것도 국민의 정부 시기다. 이런 복지의 진일보적인 측면과 반대로 외환위기 이후 세계열강과 국제금융기구에 의해 강요 아닌 강요를 받았던 신자유주의적 경제정책에 의해 여러 사회문제들을 발생시킬 수 있는 노동유연화, 민간경영방식 도입 등의 자유시장경제정책이 실시되었다. 다시 말해서 김대중 전 대통령이 갖는 민주주의자로서의 기질과 국민의 정부가 갖던 온정주의적 특성, 그리고 시민사회와의 우호적 연대관계로 인해 시민사회의 발달 및 사회복지제도의 확충이 나타났으나, 다른 한편에서는 강력한 시장주의적 정책의 추진으로 인해 많은 문제들을 양산해 내는 모순이 나타났다.

참여정부 시대에도 정부의 복지정책과 시민사회와의 관계는 비슷한 양상을 보인다. 진보적 성향을 가지고 있던 노무현 전 대통령의 영향 등으로 노무현 정권은 초기부터 진보정치의 행보가 이어졌다. 가족, 환경, 여성 등 복지와 관련된 여러 이슈들에 대해 정책적 측면에서 진보적 요구를 수렴하였고, 국민과의 열린 소통으로 시민사회의 많은 지지를 얻기도 하였다. 여성의 활발한 정치 입문 및 등용은 참여정부의 이런 성향을 잘 보여 주는 한 사례라 할 수 있다. 복지정책과 유사하게 노무현 정부 시기의 시민사회도 동반성장하는 기회를 맞았다.

국민의 정부와 참여정부 시기의 한국 시민사회는 기존의 정권들과는 비교될 만큼 시민사회에 취한 확연히 다른 태도와 정책을 밑바탕으로 하여 전에 없던 전성기를 맞이한다. 하지만 그 두 정부가 시민사회에 취한 태도나 정책

모두가 긍정적인 효과만을 가져온 것은 아니다. 만성적인 재정난[16]에 시달리던 시민사회는 정부의 금전적 지원을 받게 되고, 시민사회수석실이 설치되어 거버넌스(governance)라는 명분으로 국정에 대한 시민사회의 정치참여가 정당화되면서 시민사회의 정치참여는 눈에 띄게 활발해졌고 정부의 적극적 비호를 받게 되면서 정권과 밀착된 관계로 변모하게 된다. 이에 따라 국가와 시장에 대한 비판과 견제라는 시민사회 자체의 본질이 흔들리게 되고, 시민사회의 역동성을 잃었다는 비판을 피하기 어려웠다. 이 시기에 시민사회는 본연의 기능을 상실하게 되고, 국민의 신뢰를 잃게 되어 혹자는 "시민사회는 있고 시민은 없다."라고 평가할 정도로 한국 시민사회의 정체성 위기에 대한 논쟁도 있었다.

김대중 정권과 노무현 정권이 이어진 10년 동안에는 이례적으로 학계에서조차 '한국복지국가 성격논쟁'이 벌어지기도 할 만큼 복지국가는 확대되었고, 시민사회도 정부와의 긍정적 관계 유지와 정부의 지원에 힘입어 많은 질적 · 양적 발전을 이뤘다는 것은 이 시기의 시민사회와 복지정치에 대한 많은 비판과 우려에도 불구하고 어느 정도 수렴되는 부분이다. 특히 시민사회와의 연대를 통해 기존의 국가 주도적이고 보수적인 성격의 정치를 타파하고 열린 정치를 추구하였으며, 국민기초생활보장제도의 도입과 4대 사회보험제도의 틀을 만듦으로써 보편적 복지의 가능성을 열었다는 점은 우리나라 복지정치의 중요한 쾌거라 할 수 있다.

그러나 국민의 정부와 참여정부가 국민과의 소통, 많은 복지정책의 확충 등으로 밝은 미래를 제시해 줄 것이라고 믿었던 국민의 경제적인 기대가 좌절로 돌아오자 국민들은 이 두 정권에 대한 강한 불신을 나타냈다. 그 결과 많은 국민은 2007년 대선에서 경제를 부흥시키겠다는 현재의 이명박 대통령을 선출하며 불과 몇 년 전만해도 예상하지 못한 결과를 가져왔다.

16) 우리 사회는 서구 사회와 달리 기부에 대한 인식이 좋지 않았고, 기부가 일반화되지 않았기 때문에 시민들의 기부금에 의지해야 하는 시민단체들의 재정은 항상 어려움에 처해 있었으며, 이런 어려움은 지금도 별반 다르지 않은 실정이다.

이명박 정부는 복지정책과 시민사회에 대해 이전 10년 동안에 지속된 김대중 · 노무현 정부와는 전혀 다른 노선을 걸었다. 정부 출범 시 청와대 조직개편에서 시민사회수석실을 폐지한 것은 시민사회에 대한 현 이명박 정부의 정서를 나타냈다고 할 수 있다. 더욱이 보수적인 새 정부가 들어서면서부터 의료기관의 민영화, 복지재정의 축소, 감세정책 등을 추진하면서 국민의 정부와 참여정부가 지난 10년 동안 어렵게 구축한 최소한의 국가복지제도의 근간을 흔들고 있다는 평가도 받고 있다.

일반적으로 시민사회는 국가와 시장과는 다른 가치 및 원리에 의해 운영되며, 그것은 함께 사는 우리 사회에서 인간 삶의 질적 향상에 중요하다. 그럼에도 불구하고 대한민국 정부는 시민사회 존재 자체에 대해 무지하거나 시민사회적 가치를 무시하며, 심지어 시민사회를 국가의 적대세력으로 간주하고 억압하기도 했다.

이명박 정부는 출범과 동시에 미국산 쇠고기 수입개방 정책 및 기타 보수정책 때문에, 2008년 5월 2일 첫 집회를 시작으로 두어 달이 넘는 기간 동안 촛불시위라는 시민사회의 저항[17]을 받았다. 이후 이명박 정부는 시민사회를 국가운영에서 배제하고 무시와 억압으로 일관했고, 그 결과 여러 문제를 양산했다. 시민사회의 국가권력 견제 기능과 각종 공공서비스를 생산해 내는 능력이 우리 사회에서 현저하게 저하되었고, 이런 이유로 지금의 시민사회는 우리 사회에서 국가권력을 제대로 견제하지 못한다고 평가받고 있으며, 실질적으로 국민의 정부와 참여정부와 비교했을 때 다양한 영역에서 국가 · 기업과 시민사회 간의 파트너십(partnership), 또는 거버넌스(governance)가 크게 줄었다. 2008년 촛불시위는 정부와 시민 간 의사소통 부재의 문제를 제기하

17) 이명박 정부 출범 직후, 두 달이 넘는 기간 동안 서울시청 앞 광장을 비롯해 전국에서 벌어진 촛불집회는 미국산 쇠고기 수입개방에 따른 광우병 공포, 정부의 참여민주주의에 대한 몰이해, 일방적인 정책결정 방식과 보수적인 정책 등 여러 비판이 있었으며, 대통령 탄핵에 대한 언급도 있었다. 지배세력은 촛불집회가 광우병의 공포를 과대포장한 결과 나타난 광란으로 해석하고 있으나, 참여민주주의의 관점에서 본다면 국민의 건강권과 관련된 정책을 대통령이 간단하게 결정하는 것에 대한 반발이라고 할 수 있다.

면서 풀뿌리 민주주의의 대표적 시민운동으로 평가되었고, 그에 대해 긍정적 의미를 부여하기도 하지만, 비인터넷 계층과의 거리감, 온라인 착시효과, 대중에 가려진 무분별한 허위사실 유포 등 우리 시민사회의 문제점이 드러나기도 한 중요한 사건이라고 할 수 있다. 그럼에도 불구하고 그 이후 촛불시위는 시민사회의 대표적 시민운동으로 자리 잡게 되었고, 그 진행방법도 단순히 저항이나 항거의 의미를 벗어나 시민들이 자발적으로 모여서 서로 소통하고 노래하고 그것들을 즐기는 등 축제 시 되는 모습도 보이고 있다.

이명박 정권의 출범 이래, 복지정책과 시민사회에 대한 일관적인 태도는 변화의 계기가 되는 큰 사건을 맞게 된다. 2010년 6·2 지방선거를 통해 현 정부는 '보편적 복지'와 '복지국가'라는 거대한 복지적 변화를 예고했다. 국민의 선택에 따른 2010년 선거결과는 2007년 대선 당시 참여정부의 복지정책에 대한 실망감과 경제성장에 대한 기대감으로 장밋빛 성장주의를 내세우는 보수진영의 경제부흥정책에 기대를 걸며, 이명박 정권을 선택했던 것과는 정반대 양상을 띤 결과였다. 시민사회 역시도 보편적 복지를 요구했을 뿐만 아니라, 참여정부 말기의 상황과 달리 누진세 적용에 동참하겠다는 등 시민들의 적극적 의사표현이 나타난다.

시민사회의 성장은 적극적인 정치적 의사표명과 두드러진 실천행동으로 이어지기 마련이고, 결국 시민사회 역할의 증진은 필연적으로 복지정치의 발전을 가져온다고 할 수 있다.

앞의 시민사회의 발전 부분에서 언급했지만, 자율성은 시민사회의 성장과 발전에 있어서 중요한 부분을 차지하고 있다. 이런 측면에서 볼 때, 아직까지 우리 한국사회에서 시민사회는 국가로부터 충분한 자율성을 획득하지 못하고 있는 상태이고, 시민사회의 행동인 시민운동도 자유롭지 못한 상황이라고 볼 수 있다. 그렇지만 시민사회의 정치에 대한 영향력을 고려하면 한국의 복지정치에도 시민사회는 큰 영향을 주었으며, 현재도 그 영향력 행사는 진행되고 있다.

이명박 정부는 얼마간의 임기를 남겨두고 있다. 우리는 그 기간 동안 한국

사회에서 시민사회가 어떤 모습으로 변해가고, 앞으로 정부가 취할 시민사회에 대한 입장은 어떠하며, 국가가 어떤 복지정책을 추가하고 또는 삭제할지, 그리고 시민사회와 정부가 이끌어 갈 복지정치가 어떤 방향으로 나아갈지는 아직 알 수 없다. 하지만 우리는 시민사회의 일원으로 열려 있는 모든 측면에서 그것들이 바르게 나아가고, 변화할 수 있도록 감시와 비판의 시선을 계속 놓지 말아야 할 것이다.

5. 결 론

우리나라가 지닌 역사의 특수성은 시민사회와 복지의 형성 및 성장과정에서도 잘 드러난다. 서구 사회에서 시민사회와 복지가 성장하고 발전했던 그 시기 동안에 우리는 식민지와 전쟁이라는 어려운 시간을 지나왔으며, 서구 선진국들이 시민혁명과 산업혁명을 이룩하며 200년에 걸쳐 발전시킨 시민사회와 복지가, 우리나라에서는 1987년 항쟁을 기점으로 시작한 지 30년도 안 되는 기간 동안 이룩했다는 것은 분명 놀랄 만한 성과다. 이것은 동전의 양면처럼 서로 다른 측면의 결과로 나타난다. 단기간에 시민사회와 복지정치 두 분야 모두 빠르게 성장하고 큰 폭으로 발전한 것은 다른 나라들에서 그 이력을 찾아볼 수 없을 정도로 엄청난 성과다. 하지만 이와 반대로 두 분야에서 형성되고 성장하게 되는 기반, 그리고 추구하는 노선 등의 불확실성 때문에 우리 사회와 정치 전반에 여러 문제들을 수반하게 되는 것은 감출 수 없는 부작용이기도 하다.

그 부작용에 대한 실례를 속담의 변화에서 찾아볼 수 있다. 더 이상 한국사회에서 '개천에서 용 난다'는 속담은 쓰지 않는다. 오히려 '강남에서 용 난다'는 말이 더 사실적이다. 최근 몇 년 동안 우리 사회는 과거와 달리 미래에 대한 희망을 꿈꾸기 어려운 사회적 · 경제적 현실에 봉착해 있다. 우리는 많은 부분에서 일상적으로 불안에 노출되어 있지만, 그 문제는 해결되지 않고 오히려 불안은 심화되는 경향을 보인다.

외환위기 이후 15년 가까이 시간이 흐른 지금 한국사회는 극단적 양극화를 겪고 있으며, 소득분배 악화, 빈곤층 증가, 급격한 비정규직의 양산, 노후불안, 가족구조의 변화, 실업문제, 일반가계의 부채누적, 신용불량자 양산, 주거비 부담상승, 급속한 노령화, 저출산 등 수많은 문제와 그 정도가 심각한 부작용에 시달리고 있다. 이런 현상들은 자본주의 사회라면 어느 정도 예상되는 문제지만 한국사회에서 그 정도가 특별히 심하다는 것이 큰 문제이며, 더욱 중요한 것은 이를 보호해 줄 수 있는 복지정책이나 사회서비스 인프라는 턱없이 부족하다는 사실이다.

누군가는 '패자부활전이 가능한 사회'를 꿈꾼다고 했다. 이것은 그 실패가 어떠한 연유에서 비롯되었는지에 상관없이 실패한 사람이라면 누구나 다—그것이 빈자이든 부자이든 상관없이, 저학력자든 고학력자든 상관없이—국가에서 제공하는 사회적 안전망의 지원하에 다시 시작할 수 있는 노력을 해 볼 수 있는 사회를 의미하는 것인데, 그때 비로소 진정한 복지국가가 되는 것이다. 이를 위해서는 시민사회의 자발적 참여에 의해 복지여론을 취합하고, 그에 타당한 정책이 채택될 수 있도록 노력하고, 국가가 그 의견을 수렴하여 보편적인 복지정책을 수립하는 복지정치가 꼭 필요하다는 것이다. 이런 상황에서 복지의 중요성, 시민사회의 중요성은 두 번 말할 필요가 없을 정도이고, 때문에 시민사회에 의한 복지정치는 우리가 추구하고 나아가야 할 방향으로 제시되어야만 할 것이다.

현대사회는 빠르게 변화하고 있으며, 정보화로 인해 그 변화의 폭도 크다. 더 이상 일차원적인 정책, 일방적인 정책으로는 사회적 다양성의 증가로 인해 많은 사회문제들이 양산되는 지금의 우리 사회에 대응하지 못한다. 우리나라의 경제적 · 정치적 · 사회적 상황이 말해 주듯이 현재 우리 정부가 채택하고 있는 성장방식은 양극화를 심화시키고 사회적 갈등을 조장하며, 채워지지 않는 복지정책에 대한 요구만 늘릴 뿐이다.

과거 몇몇 정책을 통해 시민사회와 정부가 생산적 파트너십과 거버넌스를 실현한 사례가 있는 것처럼 시민사회와 정부는 한때 국민의 정부와 참여정부 시절 보여 줬던 비판적인 협력 관계를 공고히 해야 할 필요성도 제기되고 있다. 파트너십과 거버넌스 등을 통해 정부와 시민사회 간 관계가 활성화되기 위해서는 시민사회와 정부 모두 노력해야 한다.

시민사회는 공공선을 최우선으로 하는 자율성과 열린 마음을 기본으로 하여, 시민 삶의 질적 향상이라는 궁극적 목적을 성취할 수 있도록 건전한 복지정치에 적극 참여하여야 할 것이다. 지금까지 시장과 국가가 추구했던 가치와 복지정책의 문제점을 날카롭게 비판하는 동시에 우리 사회에 맞는 새로운 복지대안을 제시해야 한다. 끊임없이 사회정의, 연대, 공공선의 추구 등을 통해 시민의 자율성을 끌어내고, 그것을 복지정치의 밑거름으로 삼아 나아가야 한다. 또한 시민사회는 진보적 역할을 수행해 과거의 좌파와 우파의 논쟁을 넘어 새로운 가치 · 정책을 제시함으로써, 빠르고 크게 변화하는 복지적 요구를 아우를 수 있는 복지정치의 실현에 앞장서야 한다.

정부는 시민사회의 존재와 특성을 인정하고 통치유지의 수단이 아닌 비전을 가지고 시민사회와의 긍정적 대화에 노력을 아끼지 않아야 하며, 시민사회의 날카로운 비판을 받아들이고 그들의 대안에 귀 기울여야 한다. 또한 정부는 시민사회에 적절히 개입하고 규제하면서 시민사회의 역동성을 적극적으로 지원해야 한다.

언제부터인가 우리는 상생(相生)의 원리를 자주 말하게 되었다. 조화를 이루어 함께 살아가는 것은 사람을 일컫는 인간(人間)이라는 단어와 우리가 살고 있는 사회(社會)라는 단어의 기본의미다. 시민사회와 국가도 그러하다. 둘 모두 서로를 인정하고 더 상생할 수 있는 방안을 모색하는 것만이 현재 우리나라에서 핵심이 되고 있는 복지정치의 문제를 해결하는 길이 될 것이다.

복지국가는 시민사회가 적극적으로 참여하고, 시민사회와 정부가 유기적으로 연결되어 정치가 이뤄질 때 가능하다. 때문에 시민이 자유의지로 열린 토론을 통해 복지국가를 향한 기대와 열망을 모아 정치적 의사를 결정하고, 그것이 복지정치에 반영되도록 노력하고 또 노력하는 과정을 필요로 한다.

이렇듯 시민사회와 국가가 같이 변화하고 성장하여 정치로 이어질 때, 우리는 진정한 복지국가 대열에 설 수 있을 것이다.

참고문헌

강미희(2012). NGO로 보는 한국 시민사회의 발달. 한국사회혁신연구, 3(1).

김기성(1999). 시민자치와 '정치적인 것'의 변화: 일본사회의 실험을 중심으로. 한국 정치학회보, 33(2).

김연명 편(2002). 한국 복지국가 성격논쟁 I . 서울: 인간과 복지.

김재훈(2009). 한국정부와 NGO와의 발전적 관계 연구: 선행연구를 중심으로. 경상대 행정대학원 석사학위 논문.

김주영(2006). 시민사회와 공론장 이론의 재조명. 한남대학교 대학원 석사학위 논문.

김태환(2009). 한국 NGO의 한계와 그 개선방안에 대한 연구. 대진대학교 법무행정대학원 석사학위 논문.

박상필(2001). NGO와 현대사회. 서울: 아르케.

박상필(2008). NGO와 정부 그리고 정책. 서울: 한울.

송호근 편(2001). 세계화와 복지국가: 사회정책의 대전환. 서울: 나남.

양동휴(2007). 세계화의 역사적 조망. 서울: 서울대출판부

이강국(2005). 다보스, 포르투 알레그레, 그리고 서울: 세계화의 두 경제. 후마니타스

조영훈(2002). 현 정부 복지정책의 성격: 신자유주의를 넘었나?. 김연명 편 한국복지국가 성격논쟁 I. 서울: 인간과 복지.

주선미(2003). 환경정의운동과 지역정책과정: 공론장 모형에 의한 사례분석. 한국행정학보, 37(3).

주선미(2010). 공론장 이론을 통한 시민성 연구. 한국사회과교육연구학회.

주성수(1999). 시민사회와 제3섹터. 서울: 한양대학교 출판부.

핫토리 타미오(2006). 개발의 경제사회학: 한국의 경제발전과 사회변동. 서울: 전통과 현대.

Atkinson, A. B. (1999). *The Economic Consequences of Rolling Back the Welfare State*. London: MIT Press.

Ellison, N. (2006). *The Transformation of Welfare States?*. London: Routledge.

Esping-Andersen, G. (1990). *The three worlds of welfare capitalism*. Cambridge: Polity press.

Habermas, J. (1989/1962). *The Structural Transformation of the Public Sphere An Inquiry into Category of Bourgeois Society*. Cambridge: MIT Press.

Hay, C. (2006). Globalization, Economic Change, and the Welfare State: The Vexatious Inquisition of Taxation?. In C. Pierson & F. G. Castles (Eds.), *The Welfare State Reader*. 2nd ed. Cambridge: Polity Press.

Iversen, T. (2005). *Capitalism, Democracy, and Welfare*. Cambridge: Cambridge University Press.

Kwon, S., & Holliday, I. (2007). The Korean Welfare State: a Paradox of Expansion in an Era of Globalization and Economic Crisis. *International Journal of Social Welfare*. Malden, MA: Wiley-Blackwell.

Lindert, P. H. (2004). *Growing Public: Social Spending and Economic Growth since the Eighteenth Century, Volume 2*. Cambridge: Cambridge University Press.

Pierson, P. (1994). *Dismantling the Welfare State?: Reagan, Thatcher, and the Politics of Retrenchment*. Malden, MA: Wiley-blackwell. Cambridge: Cambridge University Press.

Pontusson, J. (2005). Inequality and Prosperity: Social Europe vs. Liberal America, Ithaca, NY: Cornell University Press.

Salamon, L. M. (1987). Partners in Public Service: The Schpe and Theory of Government-Nonprofit Relations. In W. Powell (Ed.), *The Nonprofit Sector: A Research Handbook*, New Haven, CT: Yale University.

http://www.oecd.org

http://www.peoplepower21.org

http://ngo.joongang.co.kr

http://www.welfarestate.net

제15장

갈등의 정치사회학: 김대중 정부

정태환

1. 서 론

해방 이후 한국의 정치사회적 갈등은 다양한 원천에서 유래하였지만, 대체로 독재정치, 자본과 노동의 대립, 지역적 대립으로 그 원천을 분류할 수 있다. 독재정치는 권위주의적 군사정권의 지속으로, 자본과 노동의 대립은 정부의 저임금정책과 열악한 노동조건으로, 지역적 대립은 집권세력이 지역을 집권연장의 도구로 사용함으로써 심화되었다. 1987년 민주화항쟁의 성공으로 1972년 유신정권하에서 중단되었던 대통령직선제가 도입되고, 1997년에는 정권교체로 김대중 정부가 탄생함으로써 독재정치를 둘러싼 민주와 반민주세력의 갈등은 축소되었다. 반면에 사회전반에 민주화가 진행됨에 따라 노동조건 개선을 주장하는 노조운동으로 노사갈등은 격화되었고, 대통령 선거가 지역대결로 압축됨에 따라 지역갈등은 정치적 갈등으로 증폭되었다. 이 장의 목적은 노사갈등과 지역갈등을 중심으로 김대중 정부하의 정치사회적 갈등의 특성을 구체화하고자 한다.

2. 자본과 노동의 대립

한국에서는 산업화가 진행되면서 사회계급구조도 변화하였다. 급속한 산업화가 진행되기 이전에는 국민의 대부분이 농민이었고, 일부 토지자본이나 산업자본을 소유한 부르주아지와 도시 프롤레타리아만이 존재했다. 사실상 해방 직후 1946년경 남한의 전체 취업자 약 750만 명 중 농업인구는 전체 77%였고, 제조업 부분 노동자는 21%의 구성을 보였다. 그러나 산업화가 진행되면서 노동자 계급의 수가 큰 폭으로 성장하면서, 상대적으로 농민 수는 급격하게 감소했다. 농림 · 어업종사자는 1990년대 들어서는 10%대로 줄어든다. 반면, 노동자 계급은 1980년대부터 50%이상으로 그 비중이 증가하였다(서관모, 1984: 120).

1960년대부터 1980년대에 이르는 군사정권 기간 동안 경제발전의 모델은 개발국가(developmental state)였다. 한국의 개발국가는 국가가 위로부터 자본주의 형성과정에 질서를 부과하는 것이었다. 노동에 대한 강압적 통제는 개발국가의 성장전략에서 핵심적인 요소였다. 정부주도에 의한 인위적 고성장은 정부의 노동통제가 뒷받침되어야만 가능했기 때문이다. 경제성장우선정책으로 박정희 정권하에서 GNP성장률이 1970년대 후반의 5.7% 성장을 제외하고는 7.8~9.7%라는 높은 성장률을 기록했다. 그러나 대기업 중심의 수출주도정책은 빈부격차의 심화, 정경유착, 농업과 농민의 희생 등 불균형 성장에 따른 사회병리적 현상들을 초래했다.

수출지향적 산업화의 초기단계에서 한국은 농촌에서 밀려드는 노동력 유입으로 인해 국가 개입 없이 임금을 생존선 수준으로 유지할 수 있었다. 그러나 1960년대 말부터 노동집약적 수출의 비약적인 증대로 인해 저임금노동력의 수요가 공급을 초과하게 됨에 따라 노동시장에서는 임금이 점차적으로 인상되었다. 시장에 의한 임금인상 압력에 대응하기 위해, 정부와 기업가는 적극적으로 임금을 억제하기 시작하였다. 군사정권의 노동봉쇄정책에 노동자계급은 순응할 수밖에 없었다. 노동운동이 허용된 범위를 벗어나 자율적 집단행동을 하는 경우에는 국가기관이 개입하여 이를 탄압했다. 한국의 기업조직에서는 노동과 이윤의 최대한 추출을 위해 노동자에 대하여 군대조직에 버금하는 감시와 통제 그리고 처벌이 이루어졌다(Deyo, 1989).

박정희 정권하 정치사회적 운동의 핵심적 주제는 독재타도와 민주화로 집약되었다. 노동운동은 초기에는 노동조건의 개선에 집중적인 관심을 보였으나 점차적으로 정치적 성격을 띠어 반정부운동에 동참하게 되었다. 유신체제하에서 노동운동의 정치화는 전태일 분신사건을 출발점으로 하여 1979년의 YH사건까지 연결된다. YH사건으로 노동분쟁은 정치위기로까지 비화되었고, 이 사건이 기폭제가 되어 정국이 경색되고 마침내 부마항쟁과 이에 이은 유신정권의 몰락을 초래했다.

1979년 10월 박정희의 암살 이후 권력을 장악한 신군부세력은 권력기반을 공고화하기 위해 노동운동을 탄압하고, 노동관계법을 개정해 노동자 계급을 정치적으로 탈동원화하고자 했다. 그러나 노동자들은 87년 6 · 29선언 이후 7, 8월 노동자 대투쟁을 통해 시민권의 확장을 추진했다. 7, 8월 노동자 대투쟁은 노동자들의 자본가 계급에 대한 총공세였고 민중참여의 규모와 밀도에서 해방 직후의 수준을 능가했다. 쟁의는 총파업에 가까울 정도로 거의 모든 산업부문에 걸쳐 전국적으로 확대되면서 전 산업체가 마비될 지경이었다(최장집, 1990: 296).

노동자계급은 그들의 억압적인 정치체계에, 불평등한 자본주의적 생산과 분배체계에, 또 이러한 억압과 불평등을 조성하는 지배이데올로기에 도전했다. 한국에서 노동자계급의 불만은 자본가계급에게만 향해진 것이 아니라 국가에게도 동시에 향해졌다. 한국에서 민주화로의 이행은 국가가 일방적으로 질서를 부과하는 방식의 경제운영이 불가능해졌음을 보여 주었다. 6 · 10 민주화항쟁 이후 노동운동은 시민사회 내에서 가장 활성화된 세력으로 성장했다. 또한 노동운동의 양상도 변모하여 급진적인 소수 활동가 또는 노동운동단체가 중심적 역할을 수행했던 과거와는 달리 노동자 대중과 노동조합이 투쟁의 중심으로 자리 잡았다(엄주웅, 1990: 167).

김영삼 정부는 30여 년 만에 등장한 문민정부였다. 김영삼은 경제운영방식을 관주도형에서 민간주도형으로 변경하려고 노력했다. 민간주도형 경제에서는 시장의 자율성이 강조되고, 규제완화(deregulation)와 노동시장의 유연성(flexibility)이 주요정책으로 부상했다. 유연성이 노동시장에 대한 제도적 · 조직적 개입의 최소화를 전제로 한다면, 규제완화는 유연성 승대의 중요한 방편이었다. 특히 김영삼 정권의 국정지표인 세계화전략의 목표는 국가경쟁력 강화였고, 이를 위해 노동자들이 얼마간 희생하더라도 생산성과 유연성 확대를 요구했다.

김영삼 정부는 1996년 12월 26일에는 국회에서 노동법개정안을 여당 단독으로 통과시켰다. 쟁점이 된 새 노동법은 고용주들에게 노동자를 해고하거나 임시노동자와 파업대체 노동자를 고용할 수 있는 권한을 강화해 주는 한편, 앞으로 몇 년 동안 단일사업장에서 복수노조결성을 금지하는 내용을 담고 있었다. 날치기 통과 후 만 이틀 만에 총 37만여 명의 노동자들이 파업에 참가했고, 자동차, 조선 등 대부분의 대기업공장에서 파업이 이루어졌다. 정부는 초기의 강경방침에도 불구하고 총파업이 더욱 확산되자 여야 영수회담을 통해 노동법에 대한 재논의를 결정함으로써 사실상 노동법개정안을 포기하기에 이르렀다.

1960, 1970년대의 발전주의 국가산업화와 1980년대 후반의 민주화 그리고 1990년대의 김영삼 정부하의 경제자유화 조치들이 가져온 결과는 재벌경제, 낙후된 금융시장, 노동시장의 경직성이었다. 한국경제가 붕괴한 1997년 이후 구조조정의 과제는 금융시장개혁, 재벌개혁, 그리고 노동시장의 개혁으로 압축된다. 이는 한마디로 40년간 유지되어 온 발전주의 경제개발모델 자체를 해체해 나가는 과정이었다.

김영삼 정부의 방만한 경제운영으로 IMF사태라는 외환금융위기가 초래된 상황에서 김대중 정부가 출범하였다. IMF 관리 체제하에서 한국사회는 사회적 합의를 도출해 내지 않으면 사회전체가 공멸하고 말 것이라는 공포심이 만연하였다. 그러나 사회집단 간에 경제위기를 극복하는 방향은 서로 상충하고 있었다. 사회집단 간의 대치상황이 지속될 경우 파국은 불가피했다. 경제위기로부터 탈출하기 위해서는 교착적 갈등을 신속히 돌파하고 새로운 사회통합을 실현할 수 있는 '정치적 변형능력'이 필요하였다.

김대중 정부의 탄생으로 지배연합의 전통적 구성원인 수구적 보수세력과 재벌집단의 영향력은 축소되었지만, 김대중 정부는 소수파 정부였었다. 소수파 정부라는 취약성을 안고 외환위기 극복의 임무를 맡게 된 김대중 정부는 경제위기를 배경으로 국제적 자본과 동맹을 형성하고, 그 압력을 이용하여 재벌과 노동세력 등 주요 사회세력들에게 구조조정에 대한 합의를 도출하도록 강제하였다. 구조조정과정에서 김대중 정부는 사회세력들에 대한 국가기구의 개입능력과 국가자율성을 강화할 수 있었다.

김대중 정부는 단순히 국제적 자본의 압력을 수동적으로 받아들이는 데에서 한설음 너 나아가 이를 능동적으로 수용하고, 심지어는 이데올로기 수준으로까지 격상시켰다. 외국자본의 유입이야말로 위기극복의 차원이 아니라 한국경제가 선진경제로 도약하기 위한 지름길이라고 선전되었다. 이 같은 지배연합전략과 맞물려 김대중 정부가 경제위기 극복을 위해 지향한 경제모델은 신자유주의였다.

신자유주의는 전후 세계자본주의를 이끌어 온 '복지국가', 케인즈주의, 포드주의의 위기 속에서 위기타파를 위해 추진되고 있는 자본의 공세로서 그간의 국가의 개입과 규제에 반대하여 규제로부터 자유로운 자유시장만이 효율적인 배분에 적합하다고 주장하는 경제 이데올로기다. 초국가적 수준에서 이루어지는 신자유주의적 규제개혁은 상품 · 서비스 · 자본의 비관세 장벽을 최소화하고 사유재산권을 허용하는 세계경제체제(global economy system)를 형성하기 위한 것이다. 그래서 신자유주의의 기본원리는 자본과 상품이동을 제한하는 국경이 없다. 신자유주의는 미국을 포함한 경제대국의 논리였다. 신자유주의 세계주의자들은 역설적으로 국민국가의 개입을 비난하면서 다른 한편 자신의 존재를 보장해 주는 기초로서 '자신의 모국' 혹은 그것의 연장인 초국가적 국가기구—IMF, IBRD 등—에 의존하여 이익을 관철시키고 있다. 사실상 신자유주의하에서도 국가와 경제는 내용상 분리될 수 없었다.

노동시장제도와 관련하여 신자유주의적 구조개혁의 핵심은 노동시장의 유연화였다. 신자유주의자들은 서부유럽국가의 장기적 경제위기의 중요한 원인 중의 하나를 노동시장의 경직성에서 찾으면서 노동시장의 유연화를 강조하였다(Treu, 1992). 노동시장의 유연화 방식으로는 생산조직과 노동전문화를 통한 내적유연성, 노동력 규모의 가변적 조정을 의미하는 수량적 유연성, 노동시간 유연성, 임금 유연성 등 다양한 방법과 유형들이 제시되었다.

IMF는 외국자본의 진출에 최대의 걸림돌이 되는 장기고용관행의 철폐, 즉 정리해고의 합법화를 강력히 주장하였다. 김대중 정부도 이에 부응하여 노동자의 30%는 희생을 감수하더라도 70%는 살려내야 한다는 구호를 내세우며 구조조정을 강행하였다. 경제개혁의 방향은 IMF가 정해놓은 것이고, 김대중 정부는 이를 단순히 집행할 따름이라는 비판 속에서, 김대중은 'IMF의 서울지부장(The IMF's man in Seoul)' 역할을 하고 있다고 지적되었다(Cumings, 1998).

김대중 정부는 재벌과 노동 간의 견제관계를 이용하여 사회집단들에 대한 조정능력을 높임으로써 자신의 개혁노선에 대한 사회적 합의를 도출하고자 하였다. 노사정위원회는 그 같은 협약주의 시도의 대표적인 사례였다. 김대중 정부는 대선 당시 정책연합의 파트너인 한국노총뿐만 아니라 민주노조, 전교조 등 재야에 머물러 있던 전투적인 노동조합운동단체까지도 합법화하였고, 노동세력들이 제한적이나마 경제개혁정책의 의사결정에 참여할 수 있도록 허용하였다. 노사정위원회는 노사정 3자가 국가의 거시경제적 정책들을 조정하는 사회적 협약기구로써 IMF 위기라는 조건 속에서 노동시장의 핵심행위자들이 모두 참가하여 국가경제의 위기극복을 모색하는 일종의 '코프라티즘적' 성격을 갖는 새로운 실험이었다(최장집, 1998).

노사정위원회를 통해 김대중 정부는 집권초기에 '재벌개혁과 노동시장 유연성 확보'를 골자로 한 합의를 도출해 낼 수 있었지만, 주요정책을 노사정위원회라는 초법적 기구에서 결정함으로써 정당은 무력화되고, 위임민주주의는 강화되고 말았다. 노사정 삼자가 사회협약에서 합의한 90개 가운데 70개는 정부가 입안하고 실행해야 하는 정치이슈들이었다. 노사정 합의내용에 있어서 재벌구조조정, 고용대책, 사회보장제도, 노사협력, 임금안정 등의 대다수 문제들은 다소 시간을 요하는 사안들이었던 반면에, 노동계에 대한 정리해고 문제는 그 파장이 곧바로 닥칠 수 있는 문제였다. '정리해고제 도입'과 노동기본권 신장을 핵심내용으로 하는 '2 · 6 사회협약'은 노사정이 고통분담을 통해 경제위기 극복에 합의한 결과라고 할 수 있다.

노사정위가 운영되고 있음에도 불구하고 노사분규현장에 대한 정부의 개입은 지속되었다. 1998년 만도기계 노조의 투쟁, 2000년 롯데호텔과 사회보험노조의 투쟁, 2001년 대우자동차 정리해고 투쟁, 2002년 공무원 노조출범식 및 보건의료 노조파업에 공권력이 투입되었다. 민주노총은 노사정위를 통한 사회적 합의가 무의미하다고 판단했기 때문에 노사정위에 참여를 거부하였다. 결국 노사정위는 계급타협의 정치적 기제로서 사회적 합의를 형성하기보다는 노동의 일정부분을 포섭하거나 배제하는 역할을 한 것이다. 정부와 사용자의 태도가 변하지 않는 이상 노사정위는 사회적 협약기구로서 성공할 수 없었다.

김대중 정부는 1998년 4월부터 2001년 2월까지 금융, 기업, 공공, 노동 등 4대 부문의 2단계 구조개혁을 단행했다. 정리해고제, 근로자파견제 등 노동시장 유연화가 법제화됨으로써 98년 상반기부터 부실금융기관과 부실기업을 중심으로 노동자계급과 중간계급 모두에서 대량해고가 실시되었다. 노동시장의 유연화 개혁 이후 종신고용의 형태로 유지되어 온 고용의 안정성은 붕괴되었다. 이는 저실업-고용안정의 기반 위에 고성장의 적하효과(trickle-down effect)로 유지되던 복지모형의 종언을 고하는 것이었다.

IMF 외환위기를 기점으로 한국의 노동운동은 공공부문(public sector)으로 확산되었다. 정부의 신자유주의적 구조개혁이 이들 금융-공공부문에 집중해서 이루어졌다는 점도 공공부문의 노동운동이 활성화된 직접적 원인이라고 할 수 있다. 즉, 효율성이라는 명분 아래 공기업민영화에 앞서 정부는 공공부문 노동자들에 대한 대대적인 정리해고를 단행했던 것이다.

IMF 이전에는 산업별 노사분규추이에서 제조업의 비중은 60%대를 유지하였으나 IMF 위기 이후에는 50%대로 낮아졌으며, 2000년에는 48.4%로 크게 낮아졌다. 반면에 IMF 위기 이후 노사분규에서 차지하는 금융과 공공부문의 비중은 크게 증가하였다. 금융보험업의 경우 노사분규에서 차지하는 비중은 1997년까지 5%로 매우 미미한 수준을 유지하였으나, 1998년을 기점으로 6%로 진입하였으며 2000년대는 11.2%로 크게 증가하였다. 1998년에 7%에 불과하였던 공공부문 노사분규도 정부의 공공부문 구조조정이 구체화되기 시작한 1999년에는 11.1%로 증가하였으며, 2000년도에는 21.6%로 크게 증가하였다. 따라서 금융보험업까지 고려할 경우 금융 · 공공부문 노동자들이 참가한 노동분규 비중은 2000년 말 33.8%에 이르렀다.

제1차 금융구조조정의 대량감원으로 1997년 말 일반은행 근로자수는 11만 5,000명에서 1999년 말 7만 5,000명으로 2년간 4만 명 이상 감소하였다. 이는 전체 은행원 대비 35.0% 감소한 것으로, 행원 이하 하위 직급만을 보면 42.8%에 해당하였다. 은행 점포수는 6,226개에서 1,346개 감소하여 21.6% 감소율을 보였다. 이 같은 제1차 금융구조조정은 수량적 인원조정에 치우쳐, 업무량의 증가로 인한 조합원들의 피로감 누적과 불만이 팽배해졌다.

2000년 들어 기업 및 금융부문의 구조조정의 왜곡에 따른 추가적 부실이 재현되고 경제불안이 심화되자 김대중 정부는 인력감축을 재시도하였다. 정부의 제2차 금융구조조정의 핵심은 금융지주회사제도를 도입하는 것이었다. 정부는 대형화와 겸업화는 전 세계적 추세로서 국제경쟁력을 높이기 위해 불가피한 것이며, 급격한 고용조정과 조직개편이 없을 것이라고 노조를 설득하였다. 그러나 노동계는 금융산업의 경쟁력 낙후를 초래한 근본원인에 대한 대책마련 없이는 끊임없는 구조조정의 악순환이 재연될 수밖에 없다고 보았다. 2000년 중반에 발생한 금융노조의 파업은 그 같은 노동자들의 절박한 현실을 단적으로 보여 주는 사례였다.

'구조조정의 정치'가 본격화되면서 이를 통해 자신들의 이익이 심대하게 영향을 받게 된 조직노동은 정부의 구조개혁에 대해 강력히 반발해 왔다. 특히 민주노총과 한국노총 등 조직노동은 김대중 정부가 신자유주의 논리에 입각해 종신고용제도 해체 등 노동시장 유연화를 추구함으로써 전환의 비용을 일방적으로 노동자들에게 전가하고 있다고 정부를 비판해 왔다. 외환위기가 수습되면서 노사분규 발생건수는 1998년 129건, 1999년에는 198건, 2000년 250건으로 크게 증가하였고, 건당 분규지속일수, 분규참가자 수, 직장폐쇄건수에서도 큰폭의 증가를 보였다. 노사분규의 주요 발생원인은 임금인상보다는 단체협약이었다. 이 시기에 노사분규가 크게 급증한 데에는 경제구조 조정을 통해서 발생한 대량실업과 소득분배 악화에 대한 보완책이 제시되지 않은 것에도 기인하는 바가 컸다.

IMF체제로 노동시장도 구조적으로 변화되었다. 우선 대기업과 중소기업 노동자들의 고용조건과 임금에서 큰 차이가 나타났다. 1980년대 말부터 대기업노동자들은—특히 재벌기업 노동자들은—소규모 기업에서 일하는 노동자들보다 훨씬 더 높은 임금인상을 얻어 내 결과적으로 대기업 노동자들과 소기업노동자들 사이에 경제적 격차는 더 커졌다. 특히 임시직·일용직 노동자가 차지하는 비중이 빠르게 증가하여 노동시장의 분절이 심화되었다. 이러한 임시직·일용직 등 비정규직 노동자의 급속한 증가는 심각한 경기침체 및 구조조정을 겪는 기업들이 해고조건이 까다로운 상용직 근로자 채용을 꺼리고 있기 때문이다(정이환, 2002). 즉, 기업이 핵심인력이 아닌 한 필요인력을 임시적으로 채용함으로써 고용의 수량적 유연화를 도모하고, 노동비용을 줄이고자 비정규직을 선호하고 있다(금재호, 2002).

1995년부터 2002년까지 정규직은 64만 명이 줄었고, 임시직과 일용직을 포함한 비정규직은 약 192만 명이 늘었다. 1990년부터 피고용자의 절반 이상(52%)이 임시직이나 일용직 노동자로 추정되고 있다. 전체 작업현장에서 정규직 노동자보다 비정규직 노동자가 더 많아진 것이다. 고용구조의 급격한 변화에 따른 임시직과 일용직 종사자 수의 증가는 곧바로 경제적 불평등의 심화를 가져왔다. 비정규직 종사자들은 정규직 종사자에 비해 임금이 훨씬 낮은 것은 물론이고 연금, 보험, 각종 수당 등의 혜택을 받지 못하기 때문에 노동 빈곤층으로 전락하기 쉽다. 2001년 8월 기준 통계청의 자료에 따르면, 비정규직 노동자의 시간당 임금평균은 4,824원으로 정규직 노동자의 9,315원의 51.8%에 지나지 않는다.

IMF 관리체제하에서 대량실업과 비정규직의 증가로 소득분배구조가 크게 악화되었다. 전국 빈곤율은 1997년 3/4분기에 4.6%에서, 1998년 3/4분기에는 11.9%로 크게 증가하였다. 1997년 말 8.9%에 불과하던 도시빈곤층이 1998년 말에 이르러 21%로 급증하였다(통계청, 1999). 특히 상위소득자와 하위소득자의 소득비율은 1997년 4.49배에서 2001년 1/4분기에는 5.76배로 크게 증가하였다(통계청, 2001). 실업에 따라 가족 내의 갈등이 심화 표출되고, 이혼, 자살, 자녀유기 등의 현상이 급격히 증가하였다. 또한 한국사회에서는 찾기 어렵던 노숙자의 수가 급증하였다. 예컨대, 1997년 말 1천 명 정도이던 노숙자의 수는 2000년에는 5,500여 명 정도로 추정되고 있다(유홍종, 2000: 180).

IMF 경제위기과정에서 고통 받는 저소득층을 위하여 김대중 정부는 사회복지체계의 대대적 정비를 통한 보상적 구조조정을 추진했다. 복지정책들은 저소득 중산층 이하 민중부분을 명시적 · 잠재적 지지계층으로 삼고 있는 김대중 정부의 당파적 이해의 산물이기도 했다. 지역주의 선거투표형태로 인해 왜곡되긴 했으나, 평민당 시절 이후 유지되어 온 노동자, 농민 등 민중부문의 상대적 지지를, 신자유주의적 경제조정 와중에도 유지해야 한다는 절박성이 사회적 협의와 사회복지의 확대를 가져왔다. 사실 민주노총과 전교조의 합법화, 노사정위원회의 법제화, 사회복지제도의 대대적 정비 등 지난 개발연대의 보수적 정치지형에서 상상하기 힘들었던 것들을 구조조정에 대한 보상으로 적극 교환했기 때문에 가능한 일이었다.

김대중 정부는 IMF 경제위기 이후 미증유의 대량실업사태를 해결하는 과정에서 1988년 10조 원, 1999년 16조 원 등 대규모 실업기금의 확보를 통해 실업자들을 위한 사회안전망 구축에 노력하였다. 한국사회는 구조개혁의 이름으로 노동자에 대한 대대적인 감원을 추진하는 동시에 다른 한편에서는 이 과정에서 급격히 늘어난 실업, 빈곤 등에 대한 기본적인 사회안전망(social safety net)을 확충하지 않을 수 없는 매우 역설적인 상황에 놓이게 되었다.

생산적 복지는 IMF 경제위기의 극복과정에서 파생한 사회경제적 충격을 완화하기 위한 조치였다. 생산적 복지는 전통적인 서구의 복지개념이라기보다는 근로연계복지 개념에 기초한 것으로서 미국과 영국 등의 복지개혁 프로그램과 맥을 같이하고 있다. 즉, 생산적 복지는 근로능력이 있는 모든 사람에게 취업기회와 근로인센티브를 제공하여 노동시장 내부로 끌어들이는 성장기여적 정책이다. 복지국가가 비대화되어 복지프로그램 때문에 일을 하지 않는다는 이유로 복지를 근로와 결합시키기 위해 나온 것이다. 그러나 복지지출 수준이 GNP의 30%대에 이르는 서구국가와는 달리 6%에도 못 미치는 우리사회에서 생산적 복지의 적용은 무리한 시도였다. 생산적 복지제도는 국민기본생활을 보장하는 복지, 생산과정에의 참여를 통한 복지, 취약계층의 자활을 지원하는 복지, 삶의 질 향상을 위한 기반조성 등 크게 4개의 정책영역으로 구성되어 있다.

김대중 정부의 복지정책에서 가장 중요한 제도적 장치는 2000년 10월 1일부터 시행되고 있는 「국민기초생활보장법」이라고 할 수 있다. 「국민기초생활보장법」은 이전의 생활보험과는 큰 차이를 보이고 있다. 「국민기초생활보장법」에서는 국민의 기초생활 보장이 국가의 일반적인 수혜가 아니라 의무이자 시민의 권리로 규정되어 있다. 따라서 노동능력에 상관없이 가구소득이 최저생계비 이하인 가구는 수급자로 선정될 수 있고, 생계급여를 통한 기초생활을 보장받을 수 있게 되었다는 점에서 기존 생활보호법과 큰 차이가 있다. 「국민기초생활보장법」은 기존 생활보호법의 노인·장애인·아동 등 특수한 인구집단에 제한되어 제공되던 급여를 저소득층 일반으로 확대하고 있다. 국민기초생활보장법에 의한 생계비 지급 대상자 수는 2000년 말 151만 명으로 1인당 월평균 지원금액은 20만 5,000원으로 나타나고 있다. 이러한 생계비 지급 대상자수는 IMF 경제위기 직전인 1997년 37만 명에 비하면 5배나 증가한 수치다.

김대중 정부가 편성권을 가졌던 사회보장 및 복지예산은 1999년 6조 1,000억 원대에서 2003년에는 11조 5,000억 원대로 늘었으며, 1999년대 정부예산 6%를 조금 넘는 것이 1999년 7.3%, 2000년 9.1%, 2001년 10.8%, 2002년 9.7%, 2003년 10.1%로 크게 늘었다. 김대중 정부의 복지확대는 대공황기의 미국과 제2차 세계대전 후반기의 영국에서 이루어진 복지개혁에 비교할 만한 개혁으로 평가되기도 하였다(성경륭, 2001: 164-165). 그러나 김대중 정부는 과거정부보다 빈곤층에 대해서나 서민층의 생활안정에 친화적인 입장을 보였던 것은 사실이지만, 신자유주의를 채택한 가운데 보완적인 측면에서 복지정책을 구사하였기 때문에 근본적으로 소득분배를 개선하기 어려웠다.

IMF 이전의 김대중의 경제론은 신자유주의적 입장이 아닌 대중경제론자였고, 노동문제에 대해서도 전향적이었다. 만일 IMF 위기가 없었다면, 김대중 정부는 자유주의 우파에서 자유주의 좌파, 또는 고전적 자유주의에서 사회적 자유주의로 정책을 추진하였을 가능성이 높다(구갑우, 1998: 132). IMF 위기에 따른 김대중 대통령의 입장 변화로 출범 이후 전통적 김대중 지지세력의 상당수가 지지를 철회하였다.

김대중 정부의 재벌개혁 정책은 '재벌기업의 근대화' 내지 '독점재벌 지배체제의 합리화'를 위한 정책에 불과하였다. 그것은 김대중 정부의 산업구조 조정이 위기부담을 노동자 · 민중에게 대대적으로 전가하였고, 노동력 사용의 수량적 유연화와 노동강도의 강화를 가장 중요한 수단으로 삼는 신자유주의적 성격을 가졌기 때문이다(김세균, 1999). 신자유주의의 변화메커니즘이나 경제정책의 성패를 결정하는 요인은 경제적 수준에서의 변수가 아니라 정치체제, 계급구조, 국가능력의 차원을 통해 형성되는 정치적 변수다. 계급들이 허약할 때 국가는 많은 저항과 억압 없이도 자율적일 수 있다

(Prezeworski, 1999: 96). 바로 이 같은 사회세력 구조 위에서 김대중 정부는 단순히 사회적 이해관계를 조정 · 중재하는 차원을 넘어서 사회에 대한 위로부터의 개입을 통해 사회세력들 간의 갈등구조를 재편하고 경제개혁을 주도함으로써 자본축적의 새로운 조건을 창출하였던 것이다.

3. 지역적 대립

한국의 지역주의는 서구에서 나타나는 지역주의적 정치현상과는 상이한 특성을 갖고 있다. 한국의 지역주의는 인종, 언어, 종교적 균열에 기초한 것이 아니며, 또한 지역적 지지에 기초한 정당이라고 해도 그 지역 유권자에 대한 배타적 이해관계를 선거에서 공약하지 않았다. 또한 분리주의나 연방제와 같이 지역에 대한 권한의 내폭적 이양을 추구하지도 않았다. 또한 한국의 지역주의는 거주지 개념이 아니라 출생지 개념에 의한 것이라는 점에서 외국의 지역주의와 크게 다르다.

한국은 인종적으로 동질적인 국가이지만 지역주의 투표는 개인이 자신의 지역정체성으로부터 벗어나기 어렵다는 점에서 다른 나라의 인종개념과 유사하다. 한국의 지역주의 투표는 거주하는 지역에 국한되는 것이 아니라 영토적 제약을 넘어선 것이기 때문에 어느 지역출신이라는 것이 마치 다른 나라의 인종적 특성과 같이 귀속적 특성을 지니게 된다. 한국의 지역주의 투표성향은 지역출신의 정치지도자와 그가 이끄는 정당을 매개로 하여 지역에 대한 집단적 이익을 추구하기 위한 형태로 나타났다는 특성을 갖는다.

지방색이나 지역의식은 군사정권 이전에도 존재하였다. 그러나 이때의 지방색은 개인관계 수준에서 일어난 개인 상호 간의 문제였지, 정치 · 경제의 구조적 수준에서 일어난 문제는 아니었다. 군사정권을 계기로 심리적 수준에서만 존재하였던 지방색이 사회구조적으로까지 확대되어 지역 간의 대립의식을 심화시켰던 것이다(백완기, 1992: 403). 군부정권이 호남출신을 배제할 수 있었던 데에는 비호남인들의 호남인에 대한 부정적 인식이 있었기 때문이다. 비호남인들이 호남인에 대해 느끼는 구체적인 거부감의 핵심은 호남인의 인성을 문제 삼는 심리적인 것으로서 '호남인은 믿을 수 없는 사람'이라는 불신의 감정이다. 전라도 출신이라는 이유 때문에 호남인의 20%가 취업상의 불이익을, 11%가 승진상의 불이익을 경험하였다고 한다(강대기, 1992: 268).

역대 군사정권하에서는 특정지역 출신들의 권력독점이 이루어짐으로써 지역적 패권주의와 지역차별 정책이 생겨나고, 여타 소외지역의 반발과 저항이 확산되었다. 군사정권들이 선거를 통해 계속해서 집권할 수 있었던 데에는 지역주의가 큰 역할을 하였다. 군사정권들은 민주화를 위한 반정부세력의 활동이 증가함에 따라 취약해져 가는 대중적 권력기반을 유지하기 위하여 지역감정을 활용하였다(양성철, 1987: 244-250). 특히 군부지도자들의 출신지역인 영남이 경쟁상대인 김대중의 출신지역인 호남보다 더 많은 인구를 포함하고 있다는 지극히 단순한 구조적 성격 때문에, 군부지도자들은 영남지역 주민을 정치지지세력으로 동원하고 반정부세력을 지역적으로 분할 지배함으로써 계속 정권을 유지할 수 있었다. 그래서 최장집은 지역문제는 호남문제라고 지적하고 그 원인의 세 가지 구성요소를 지적하였다. 하나는 유신체제에서 국가와 민간부분의 엘리트 충원에 있어서의 호남배제, 둘째는 지역소외를 해소해 줄 지도자로서의 김대중과 호남민 사이의 강한 정서적 유대의 형성, 셋째는 1980년 5 · 18민주화항쟁 시 광주시민의 학살로 인한 억압의 집단적 경험이다(최장집, 2002: 106).

한국의 지역적 패권주의는 정치적 영역뿐만이 아니라 경제적 영역까지 철저히 침투하였다. 1990년대 국내 3대 재벌(삼성, LG, 현대)의 임원진은 서울과 영남 인맥의 인사들이 장악하고 있는 것으로 나타났다. 1995년 서울경제신문사가 주요그룹들을 대상으로 대표이사들의 출신지역을 조사한 결과 대표적 재벌인 삼성의 경우에는 대표이사들의 출신지역을 보면 36명 가운데 영남 18, 서울 13, 경기 3, 충청 1, 기타 1로 되어 있다(서울경제신문사, 1995).

경제관계를 지배하는 것이 영남인맥이라면 재벌기업에 종속당하는 중소기업은 영남 패권주의 경제 권력관계에 포섭될 수밖에 없기 때문에 영남 패권주의 경제 권력관계는 끊임없이 확대 및 재생산되고 있는 것이다.

지역주의가 선거에서 극단적으로 나타나게 된 시기는 87년 대선과 총선 때부터다. 1987년 대통령선거에서 출마했던 정치인들이 자신의 차별성을 부각시키면서 가장 효과적으로 동원할 수 있는 균열로서 지역균열을 선택했다(이갑윤, 1997). 6월 항쟁과 그 결과로 쟁취된 대통령 선거에서 호남, 영남의 남북, 그리고 충청이라는 네 개의 지역정당이 탄생함으로써 지역 갈등구조는 한국정치와 선거에서 가장 중요한 변수로 부각되었다. 군사정권하에서 지역갈등은 민주-반민주의 압도적 중압감 속에서도 독자적 갈등구조로 전면화되지는 않았었다. 지역주의 투표가 총선에도 등장한 이유는 민주화 이후 과거 여야의 균열이 악화되면서 달리 새로운 쟁점이 없었기 때문이다. 그래서 지역정당체제의 등장은 지역주의 때문이 아니라 대안적인 선거쟁점이 없는 상황에서 유권자들이 나름대로 합리적으로 선택한 투표결과다(조기숙, 2000). 1987년 대선을 앞두고 양김이 분열되고 김대중이 평민당을 만들어 김영삼 주도의 민주당을 분당함으로써 '지역주의의 정치화'가 본격화되었고, 민주화 세력이 지역적으로 분열됨으로써 군사정권의 후계자인 노태우가 대통령에 당선되었다.

지역감정의 역사적 뿌리는 우리사회의 저변에 오랫동안 잠재해 있는 연고주의다. 연줄은 지연, 학연, 혈연을 바탕으로 하고 있으며, 상호 간의 관계를 형성할 수 있는 매개가 된다. 연줄이 권력구조에 이처럼 작용할 수 있었던 이유는 과거의 권위주의 정권의 취약한 정통성 보전과 지도자의 개인적 권한 강화를 위해서 연줄만큼 거래비용을 낮추고, 신뢰를 축적할 수 있는 편의주의적 수단은 없었기 때문이다. 지연은 학연과도 밀접히 관련되어 있다. 한국엘리트를 분석함에 있어, 출신고와 출신대학은 특별한 의미를 갖는다. 특히 출신고는 어느 지역의 사람인지를 분류하는 기준일 뿐만 아니라, 출신배경을 짐작케 하는 핵심자료로 활용된다. 지역은 곧 출신고를 의미할 정도다. 5, 6공

때는 경북고 출신들이, 김영삼 정부 때는 경남고 출신이, 김대중 정부에 와서는 호남 명문고, 즉 광주고, 광주일고, 전주고, 목포고 등을 중심으로 엘리트가 요직을 장악하였다.

지역감정을 고려할 때 호남의 저항적 지역주의 측면도 중요하다. 광주사태의 직접적인 피해자는 호남인이었고, 광주사태는 '영남의 특권'을 보장하는 지배질서의 정당성에 치명적인 타격이었다. 이 사건을 계기로 호남인들은 그들의 상대적 소외의식을 바로 영남 사람에 대한 적대감으로 전환시키는 데 주저함이 없게 되었다. 이러한 견해는 광주사태와 같은 특수한 경험을 겪지 않은 충청이나 강원지역 출신은 영남인에 대한 적대감이 호남인만큼 강하지 않은 사실로도 뒷받침된다.

지역주의 정서와 지역주의 정치의 연결고리는 김대중 문제였다. 또한 김대중 문제의 핵심은 역시 '김대중은 대통령이 되어서는 안 된다.'는 비호남 사람의 무조건적인 편견이었다. 그래서 김대중 문제는 김대중에 대한 편견과 전라도 사람들에 대한 편견이 합쳐진 것이다. 김대중 문제의 상당부분은 '전라도 놈들이 설쳐대는 꼴을 보기 싫어서.' '김대중을 싫어한다.'는 식으로 전라도 사람들에 대한 혐오감의 형태를 띤다. 김대중이 대통령이 되면 호남인들은 한풀이를 할 것이며 주요 요직은 모두 독점하고 심지어는 파출소장, 동장에 이르기까지 모조리 독점하게 될 것이 확실하기 때문에, 그것이 두려워 김대중을 지지할 수 없다는 것이다.

지역주의는 전국적으로 확대되어 지자체 선거에서는 출신 동네를 따지는 골목지역주의까지 등장하였다. 1991년 지방의회의 부활, 1995년 민선자치단체장제 도입 등 지방자치제의 실시는 지방정치 환경의 새로운 변화였다. 선거를 통한 지방정부의 구성이 그동안 중앙권력을 향했던 지방정부의 책임과 대응이 주민을 향하도록 하는 계기가 되었다. 그러나 한국정치의 병폐로 지적되는 연고주의에 따른 권력독점 현상이 지역사회에도 그대로 나타나고 있다. 이런 연고주의가 전국수준에서는 지역주의로 나타났다면, 지방수준에서는 출신 고등학교 학맥을 중심으로 한 소속단체들의 연고가 지배엘리트사회를 지배하는 중요한 변수가 되고 있다(강희경, 1997).

조기숙은 한국의 지역주의를 비정상적이고 비합리적 현상으로 비판하는 경향에 대해 반박하고, 각 지역의 지역주의 형태가 주어진 상황적 조건 속에서 합리적 선택의 결과임을 보여 준다고 주장한다. 합리적 선택은 이성적이거나 바람직한 선택을 의미하는 것이 아니라 도구적인 합목적성(合目的性)을 가정한다. 즉, 자신의 이익을 추구하는 데 가장 비용 효율적인 대안을 선택한다는 의미에서의 합리성을 가정하는 것이다. 그러나 문제는 각 개인과 지역의 합리적인 선택이 국가전체 차원에서는 바람직하지 않은 비합리적 결과를 초래하고 있다는 점이다. 호남인들은 대통령의 출신지가 영남이기 때문에 호남에 대한 차별정책이나 차별대우를 받는다고 생각하였기 때문에 호남 대통령을 원하였다. 경상도 지역 주민들이 자기지역 출신후보를 대통령으로 당선시키려고 하는 행위와 마찬가지다(조기숙, 1996: 45). 이러한 행위는 정치적으로 합리적인 행위다(조기숙, 2000).

유권자는 단지 주어진 대안 가운데 선택한 데 지나지 않으므로 지역주의 선거에 대해 최종 책임을 져야 할 당사자는 아니다. 대통령이 자기 지역 챙기기를 계속하고 자기 사람 쓰기를 계속하는 한, 지역주의 투표는 사라지지 않을 것이다. 그래서 한국의 지역주의는 어느 한쪽이 단순히 차별당하거나 소외된 데에서 오는 반항적이거나 저항적인 지역주의가 아니라, 시기심이나 경쟁심 차원에서 상대방에게 기득권을 뺏기지 않아야겠다는 생각과 내가 가져 보았거나 가질 수 있는 특권을 다른 지역 출신이 갖거나 가질 수 있도록 방치할 수 없다는 생각으로, 각 지역 출신들이 자집단을 중심으로 타집단을 배척하는 경쟁적 지역주의라고 할 것이다. 이는 지역주의가 경쟁적 지역주의로 전환되고 있는 것이라고 할 수 있다.

1987년 이후의 13대와 14대 대선은 여당의 정책에 찬성했다기보다는 야당의 김대중이 싫어서 투표한 소극적 지지(negative support)의 성격이 훨씬 더 강했다. 정치현실에 대한 이성적 판단을 무력화시켰던 반호남 지역감정이 동원됨으로써 호남지역 밖에서의 일반투표자들의 다수가 여당을 지지한 결과 집권세력이 승리한 것이다. 당시 선거를 앞두고 실시된 여론조사 가운데서 '대통령후보 차선 지지도'의 관련 내용을 보면 이미 국민의식 속에서 민주–반민주 구도가 허물어지고 지역대결 구도가 자리 잡고 있음을 보여 주고 있다. 한국기독교사회문제연구원이 1987년 10월 24일부터 28일까지 실시한 국민여론조사 가운데서 '대통령후보 차선 지지도' 관련 내용을 보면, 김대중 지지자 가운데서 김대중이 출마를 포기할 경우 김영삼을 지지하겠다는 사람이 49.4%를 차지했다. 그러나 김영삼 지지자들 가운데서 김영삼이 출마를 포기할 경우 김대중을 지지하겠다는 응답이 26.1%인데 비해 노태우를 지지하는 사람이 32.5%로 더 많게 나타나고 있다. 김영삼이 출마를 포기할 경우 차라리 노태우를 지지하겠다는 이 같은 응답은 군정종식, 정권교체를 통한 민주화의식보다는 지역감정에 따른 김대중 거부의식이 앞서고 있음을 말해 주는 것이라 할 수 있다(한국기독교사회문제연구원, 1987: 63). 이렇듯 정치적 경쟁이 민주화 문제나 경제개혁 문제 등의 핵심적인 정치이슈가 아니라 지역감정의 정치적 고착화에 의해 이루어짐으로써 지역주의는 한국 정치발전의 심각한 장애를 초래하였다. 15대 대선에서는 호남권의 김대중과 충청권의 김종필이 연합함으로써 김대중이 당선되었다. 15대 대선 이후에는 충청권의 지지가 대선승리의 결정적인 변수가 되었다.

선거 직후 여론조사에서 선거결과에 대한 평가를 묻는 질문에 응답자 중 82.8%가 잘된 선거라고 답했다. 지역별로는 광주 · 전라지역이 100%로 가장 높았고, 강원 92.2%, 대전 · 충청 91.7%, 부산 · 경남 86.6%, 인천 · 경기 78.0%, 대구 · 경북 77.8%, 서울 77.6% 순으로 나타났다(한국일보, 12. 12.). 일반 국민들은 투표와 같이 개인적 결정을 할 때에는 지역주의적 정서에 좌우되지만, 지역주의의 해소라는 당위적 명제는 대부분 받아들이고 있음을 알 수 있다. 그래서 김대중은 지역주의를 완화할 수 있는 계기를 마련할 수도 있었다.

김대중은 대통령에 당선하자마자 지역감정 해소에 노력을 기울였다. 김대중이 대통령 당선자로서 가장 먼저 한 결정은 전두환 · 노태우 두 전직 대통령을 사면해 달라고 현직 대통령인 YS에게 건의한 것이다. DJ는 지역감정 해소에 도움이 된다는 이유로 당선자 시절에 5공-영남출신 김중권을 비서실장에 임명했다. 7명의 수석비서관 임명에도 지역적 안배를 고려하여 경남북, 전남북, 충남, 경기, 평북 출신 각 1명을 임명하였다. 장관인사에도 지역안배를 고려하였다. 17명의 장관 가운데 호남 출신과 영남 출신이 각각 5명씩 균형을 이뤘다. 그리고 충청이 4명, 서울 1명, 경기 1명, 이북 출신이 1명이었다. 자민련과 공동정부를 구성했기 때문에 충청과 영남 출신이 많아진 것이지만, 대체로 균형이 잡힌 인사였다.

그러나 권력실세기관은 호남 인력이 대부분 장악하는 상황이 벌어졌다. 안기부 1, 2차장과 기조실장, 법무부 검찰국장, 국세청 조사국장, 경찰청장 등의 각 부서 핵심인력을 호남 인력이 차지하였는데, 이들 자리에 호남출신이 앉은 것은 거의 사상 최초라고 볼 수 있었다(한겨레, 1998. 3. 28.). 권력실세기관을 호남인사가 장악함으로써, 기관의 핵심부서장에도 호남인사들이 대거 임명되었다.

전남 출신이 국방부장관에 임명됨으로써 군 수뇌부의 인사개편이 진행되었고, 군내진급에서도 호남 출신이 두각을 나타냈다. 대부분 DJ 정부시절 이뤄진 육사 30기의 대령에서 준장의 진급률을 보면 호남 출신은 28명 중 17명이 별을 달았지만, 영남 출신은 50명 중 11명에 불과했다. 또 8명의 중장이 배출된 육사 27기의 경우 호남 출신은 진급대상자 6명 중 5명이 진급한 반면 영남 출신은 8명 중 3명, 기타지역은 6명 중 1명밖에 진급하지 못했다. 육사 26기의 경우도 별반 차이가 없었다. 중장진급자 10명 중 호남 출신이 5명(대상자 7명), 영남 2명(대상자 7명), 기타 지역 3명(대상자 6명)이었다. 김대중 정부 기간 군 인사에서 호남 출신을 우대하였기 때문에, 정부가 바뀌어도 호남 독점체제는 상당기간 존속할 수밖에 없었다.

권력실세기관의 호남우세현상은 영남출신의 일방적 우세현상이 시정되어 가는 것으로 볼 수도 있다. 그러나 선거에 져서 허탈감에 빠진 영남민심과 그것을 자극하는 야당과 일부언론들의 활동에 의해 김대중 정부는 지역주의의 비판에 직면해야 했다. 특히 정부의 의지가 제대로 먹혀들어가지 않는 하위 조직에서의 호남편중인사로 영남민심은 엄청난 박탈감을 갖게 되었다. 지역차별의 철폐와 대화합을 약속했던 김대중은 권력기관에 호남 출신을 집중 배치함으로써, 한국정치의 지역문제를 해결하기보다는 왜곡시키고 말았다(장현규, 2003: 170).

김대중 정부에서 지역감정 문제는 예상보다 빨리 정치쟁점으로 떠올랐다. 정권핵심부인 군, 검찰, 경찰 등 권력기관 인사에서 증폭된 지역편중인사 시비는 1998년 4월 2일 실시된 영남 4개 지역 재보궐 선거의 쟁점으로 떠올랐다. 한나라당의 정당지원 유세에서는 "호남사람들이 정권요직을 독식하고 있다." "호남정권이 영남공직자들을 다 죽인다."라는 등의 자극적 발언이 쏟아져 나왔다.

1998년 후반기는 삼성자동차 문제로 부산 · 경남의 민심이 계속 악화되었다. 삼성자동차 공장은 김영삼이 무리를 해서 부산에 짓도록 했으나 경제성이 없어 포기해야 하는 상태였다. 김영삼의 실책을 김대중이 뒤집어 쓴 셈이다. 민심은 원인을 따지지 않고 결과를 추궁했다. 한편 김영삼은 경제청문회 증언과 김현철의 사면문제로 김대중에 대한 적대감을 표출하기 시작했다. 김영삼의 이런 태도는 부산 · 경남의 '반 DJ 정서'를 확산하는 효과를 가져왔다. 부산지역 주민들은 '삼성차 살리기 시민대책 위원회'를 구성하여 연일 집회를 열고, 김대중 정부를 강력하게 규탄하였다(매일경제신문, 1999. 7. 26.). 심지어는 경상도 기업은 다 쓰러지고, 정부에서 발주하는 공사는 하나도 빠짐없이 전라도 사람들이 다 가져간다는 소문도 나왔다. 삼성차 청산이 김대중 정부의 '영남 죽이기' 음모라는 극단적 선동이 공공연히 유포되었다. 여기에 야당인 한나라당은 김대중 정부의 정책실패를 공격하고, 부산지역 규탄대회에 참석하는 등 부산지역의 격양된 감정에 편승하여 보조를 맞추었고, 이를 2000년 총선을 겨냥한 정국 주도권 역전의 계기로 활용하려 하였다(한국일보, 1999. 7. 6.). 결국 김대중 정부는 경제적 측면보다는 정치적 이해관계의 논리에 따라 삼성차를 재가동한다는 방향으로 급선회하였지만 영남의 민심은 변하지 않았다.

비수도권 지역에서 지역경제의 몰락이 가장 두드러진 지역은 부산이다. 전국 산업활동에서 부산의 비중은 1985년의 8.2%에서 2000년에는 5.8%로 하락했다. 1980년대 후반기부터 노동집약적 경공업 지역산업구조를 첨단산업으로 전환하는 데 실패해 경쟁력을 상실했던 부산경제가 경제위기로 더 큰 타격을 받았다(초의수, 1993). 특히 '산업활동 비중의 하락'이라는 공통된 경험을 했던 서울은 금융산업 등 후기 산업사회적 산업활동을 통해 위기의 돌파구를 마련하였지만, 부산은 이러한 대체산업을 찾지 못하여 지역경제가 위축된 것이다.

대규모 언론기관들은 필요이상으로 지역갈등을 증폭시켰다. 한나라당이 지역편중인사를 지적하면, 「조선일보」「동아일보」「중앙일보」에서는 여지없이 큰 기사로 취급했다. 유력일간지들이 DJ를 공격한 방법 중에 지역문제가 가장 위력적이었다. '호남 내 영남'의 대결구도하에서 신문들이 영남시장에 더 치중해야 할 이유는 명백했다. 인구규모와 구매력에서 호남은 영남에 비해 절대적으로 열세에 놓여 있기 때문에 신문들은 영남민심에 더 영합하는 보도와 논평을 하였던 것이다. 2000년 10월 김대중의 노벨평화상 수상이 결정되었지만 영남의 분위기는 냉정했다. 경제가 어려운데 북한에 '마구 퍼 준 대가'로 김대중이 노벨평화상을 받는다는 주장이 퍼져 있었기 때문이다.

김대중은 지역주의의 피해자인 동시에 그 지역주의 때문에 결국 집권에 성공할 수 있었다. 지역주의의 최대피해자가 집권함으로써 지역균열 구조를 약화시킬 수 있는 계기를 마련할 수도 있었지만 새로운 형태의 지역주의를 심화시키고 말았다. 임기 말 김대중의 아들과 측근의 부정부패에 대한 국민들의 불만이 상당히 높았지만, 그러한 실정과 무관하게 김대중에 대한 호남유권자들의 애정에는 변함이 없었다. 김대중에 대한 변함없는 충성심과 일체감이 지난 5년간 야당을 이끌어 온 이회창에 대한 거부감으로 이어져 2002년 16대 대선에서는 이회창에 맞서는 단일후보 노무현에 대한 지지로 이어졌다.

노무현은 경상도 출신 정치인으로서 호남출신 김대중과 같은 당을 하면서 낙선할 것이 분명한 부산에서 총선에 출마하고, 정치 1번지라는 서울 종로의 보궐선거에서 당선하고서도 총선 때는 다시 부산으로 내려가 지역화합을 강조하여 정치적 소신을 펴는 데 조금도 망설이지 않았다. 광주는 부산사람인 노무현을 민주당의 대통령 후보 경선에서 1위로 만들었다. 한편 영남의 민심은 노무현이 영남출신이냐 아니냐, 이회창이 어디 출신이며 대통령이 되어 무엇을 할 것인가 하는 것이 문제가 아니었다. 김대중이 싫고, 그가 만든 민주당도 싫고, 그들이 내세운 후보도 싫기 때문에 그들을 심판할 수 있는 한나라당 이회창 후보의 집권만을 유일한 대안으로 생각하고 있었다(한겨레21, 2002. 8. 12.).

영호남의 지역주의와 역사적 인과관계를 맺고 있지 않은 충청인들의 투표행태는 지난 총선과 마찬가지로 지역주의를 탈피하는 경향이 뚜렷했다. 2002년 대선에서는 이인제가 이회창을 지지하고, 김종필이 중립을 선언한 가운데 노무현 후보의 지지율이 50%를 넘어 충남출신임을 내세운 이회창 후보를 앞섰다. 물론 여기에는 노 후보의 행정수도이전 공약이 크게 위력을 발휘한 것으로 보인다. 영호남이 아닌 타 지역에서는 정치상황이나 정책의 변화에 따라 지역주의적 투표경향이 쉽게 약화될 수 있다는 것을 잘 보여 주는 예라고 할 수 있을 것이다. 결국 16대 대선에서는 부산출신인 노무현이 호남에 기반을 둔 민주당 후보로 출마함에 따라 지역감정이 상당부분 완화될 것으로 예상했지만, 투표결과는 지역성의 심화로 나타났다. 노무현은 광주에서 95.2%라는 기록적인 지지를 얻었고, 전남 · 전북에서도 90%를 넘는 압도적 지지를 받았다.

김대중의 집권으로 한이 풀렸다고 생각했던 많은 호남인들은 김대중 정부 아래 지역주의가 완화되기를 기대했으나 어떤 방식으로도 풀리지 않는 영남의 민심에 절망하면서 영남 재집권의 문제를 심각하게 받아들였던 것이다. 과거 영남의 패권에 대한 도전으로 나타난 지역주의가 이제 영남의 지역주의에 대한 피해의식에서 오는 방어적 지역주의로 변화하여 다시 결속한 것이다. 그래서 노무현이 호남지역에서 얻은 압도적 득표는 노무현 개인에 대한 적극적 지지의 표현이기보다는 오히려 호남유권자들의 전략적 선택의 결과라고 보는 것이 적절하다. 다시 말해, 노무현에 대한 적극적 지지의 표시이기보다는 이회창 후보에 대한 거부감이 작용한 결과라는 것이다. 이에 따라 이회창 후보를 이길 수 있는 경쟁력 있는 후보를 찾았고 노무현-정몽준 후보 단일화를 통해 선택이 분명해지면서 노무현에 대한 밀집된 지지로 이어졌다.

한나라당 이회창 후보의 영남권 득표율은 대구에서 77.8%를 비롯하여 1997년 대선보다 높은 지지를 받았다. 그러나 15대 대선처럼 행정수도의 충청권 이전 등의 지역적 구호로 충청권이 노무현을 지지함으로써 노무현이 당선되었다. 지역성 이외에 16대 대선에서 새로이 나타난 특성 중의 하나가 세대 간의 대결이다. 갤럽조사에 따르면 20대와 30대에선 60%가 노무현을 지지한 반면, 50대 이상에서는 이회창이 60%에 가까운 지지를 얻었다고 한다(중앙일보, 2002 .12. 20.).

정당과 투표자의 관계가 지역연고에 따라 형성되면 무엇보다도 각 정당들은 전국을 대상으로 선거동원을 할 수 있는 능력을 갖지 못하게 되고, 오직 특정지역에서만 집중적인 지지를 받음으로써 마치 특정지역을 대표하는 지역맹주의 위치에 머물고 만다. 지역주의 때문에 집권여당에 의해 구성되는 정부는 언제나 소수정부의 위치에 머물 수밖에 없었다. 결국 한국의 지역주의는 연고지역의 정치세력에 대한 강한 지지현상으로 일반화시킬 수 있지만, 대체로 그 핵심은 호남 및 호남기반 정치세력에 대한 여타 지역의 배제 및 경계도 강하게 나타났던 것이 특성이었다. 그러나 정책과 이념의 차이가 잘 분화되지 않는 한국의 정당구조에서 지역주의는 당연한 귀결이며, 이것은 정부에 의한 동원투표와 대중의 전체주의적 동원조작에 저항하게 만드는 순기능의 역할을 하였다고 주장하는 학자들도 있다(Kim & Koh, 1976: 116). 군사정권은 야당세력을 탄압하고 군사독재를 유지 · 강화하기 위한 목적으로, 양김정권은 군사독재에 맞서고 지지기반을 유지하기 위한 방편으로 지역주의에 의존하였던 것이다.

한국의 지역주의는 지역 간의 경쟁이 아니라 모든 경쟁이나 갈등을 흡수하여 소멸시켜 버리는 성격을 갖고 있다(정대화, 2002: 87). 지역주의는 정치 자체를 부정하고 국민들의 이성적 선택을 방해하는 결정적인 요소로 작용한다. 정치적 선택에 작용하는 변수들은 이념, 정책, 정당, 인물 등 다양하다. 그러나 지역주의는 이 모든 기준들을 주변화시키면서 지역만을 유일한 변수로 부각시키는 역할을 하는 것이다. 각 지역의 지역주의와 각 지역에 기초한 정치세력들은 자기지역 안에서 배타적 이익을 향유하게 된다. 그래서 지역 간 균열은 패권적 지역주의 대 저항적 지역주의의 균열이 아니라 단지 지역주의라는 이름 아래 저항적 지역주의까지를 포함하여 일반주민들의 희생 위에 각 지역의 '정치귀족', 즉 'PK귀족' 'TK귀족' '충청귀족' 대 일반국민들 간의 균열이다. 따라서 이 같은 조건하에서의 지역 간 정권교체는 'YS · PK의 사당정치'로부터 'DJ · 호남의 사당정치'로, 사당정치와 정치귀족들의 수평적 교체만을 가져왔을 따름이다.

지역주의의 숨겨진 본질은 이들 정치와 정치세력이 지역주의의 조장세력이자 수혜자이며, 현상적으로는 서로 대립하고 있지만, 사실은 자신의 존립 근거를 상대방의 존재에 의존하고 있는 공생적인 '적대적 상호의존' 관계라는 것, 그리고 진정한 대립과 모순은 지역 간의 대립이 아니라 이들 상호의존적인 정치세력, 즉 지역주의적 정치귀족들과 다수국민, 민중들의 대립과 모순이라는 사실이다. 이는 그 지역이 어디든, 특정지역의 일반국민들이 증오하고 대립하는 것은 다른 지역을 대표하는 정치인과 정치세력이지, 대립지역의 일반국민들이 아니라는 사실을 잘 보여 주고 있다(손호철, 2003: 594).

TK의 장기집권 속에서 상층부 기득권층은 수혜를 입었지만, 일반국민들 수준에서는 대구의 경제적 낙후가 보여주듯이 TK라고 해서 별 득이 없었다. 이는 PK 정권에서도, 김대중 정부하에서도 마찬가지다. 김대중 정부 초기에 그간의 인사 불이익을 보상하기 위한 호남중용정책에 의해 'MK(목포 · 광주) 공화국'이니 '호남패권주의'니 하는 비판이 제기되었지만, 일반 호남사람들의 실생활과 호남의 낙후는 개선된 것이 별로 없었다.

4. 결 론

IMF경제위기의 원인은 한국경제의 구조적인 문제와 외환유동성 부족 때문에 발생하였다. 한국의 기업이 고비용 · 저효율의 구조적 취약성을 갖고 있었고, 기업과 금융기관이 정경유착에 얽혀 경영에 대하여 실질적으로 책임을 지지 않는 풍토의 산물이었다. IMF체제의 개혁과정에서 국민 모두가 고통을 받았지만, 노동계층이 가장 고통을 받았다. 김대중 정부는 복지재정이 확충되지 못한 상황에서 사후적인 차원으로 빈곤층을 대상으로 한 사회안전망을 수립하였지만, 노동시장의 유연화 등으로 인해 발생하는 빈곤과 양극화문제를 제대로 대처하지 못하였다.

5 · 16쿠데타 이후 김영삼 정권까지 한국사회는 영남 중심의 대통령에 의해 지배되었고, 지역개발과 인사충원도 영남지역에 편중되어 왔다. 지역주의는 이러한 편차를 반영하는 측면도 있지만, 지역주의가 왜곡되고 심화되는 과정은 권력자나 정치지도자의 정략적 필요성에 많은 영향을 받았다. 한국의 지역문제는 대단히 높은 사회적 균열로 존재하고 있다. 이갑윤(1998: 38-40)의 연구에 따르면, 한국에서 호남-비호남의 균열지수는 서구국가에서 나타나는 가장 강한 균열의 크기보다 더 큰 것으로 나타나고 있다. 지역갈등은 지역적 불균형이라는 토대의 규정을 받고 있지만, 심리적 측면과 지역갈등을 정치적으로 이용하여 정치권력을 유지해 온 정치권의 전략적 개입의 총체적 산물이다. 지역주의현상은 김대중이 대통령에 당선되어 5년간 집권하면서 해소되거나 약화될 것으로 기대되었으나, 지역주의는 여전히 투표결정에 가장 중요한 영향을 미치는 요인으로 작용하고 있다.

참고문헌

강대기(1992). 한국사회의 인구이동과 지역갈등의 구주에 대한 논평: 한국의 지역주의와 지역갈등. 서울: 성원사.

강희경(1997). 지역사회권력자의 연줄망구조와 특성: 지방자치와 지역발전. 서울: 민음사.

구갑우(1998). 자유주의, IMF 위기 그리고 국가형태의 변화. 경제와 사회, 40.

금재호(2002). 한국노동시장의 구조변화와 정책과제. 고용보험시행 5주년 기념 정책토론회 발표논집. 한국노동연구원.

백완기(1992). 지역갈등의 해소책: 지방자치. 한국사회학회 편. 한국의 지역주의와 지역갈등. 서울: 성원사.

손호철(1993). 전환기의 한국정치. 파주: 창작과 비평사.

손호철(2003). 현대한국정치: 이론과 역사, 1945-2003. 서울: 사회평론.

송호근(1991). 한국의 노동정치와 시장. 서울: 나남.

서관모(1994). 현대한국사회의 계급구성과 계급분화. 서울: 한울.

서울경제신문사(1995). 재벌.

안병만(1985). 12대 국회의원선거에 있어서 유권자들의 정당관여와 투표형태: 인지적 형태접근. 한국지역연구.

양성철(1987). 분단의 정치: 박정희와 김일성의 비교연구. 서울: 한울.

엄주웅(1990). 변혁적 노동운동의 대중화와 계급적 지평의 확대: 조희연 편. 한국사회운동사. 죽산.

이갑윤(1998). 한국의 선거와 지역주의. 서울: 오름.

장현규(2003). 한국 민주주의의 견고화에 관한 연구. 한국정신문화연구원 한국학대학원.

조기숙(2000). 지역주의선거와 합리적 유권자. 서울: 나남.

정대화(2002). 포스트 양김시대의 한국정치. 서울: 개마고원.

최장집(1998). '민주적 시장경제' 의 한국적 조건과 함의. 당대비평, 3, 48-71.

최장집(2002). 민주화이후의 민주주의. 서울: 후아니타스.

한국기독교 사회문제연구원(1987). 군부독재종식과 선거투쟁. 서울: 민중사.

Cumings, B. (1998). The Korean Crisis and the End of 'Late' Development. *New Left Review*, 231.

Deyo, F. C. (1989). *Beneath the Miracle: Labor Subordination in the New Asian Industrialism*. Berkeley: University of California Press.

Kim, S. J. (1971). *The Politics of Military Revolution in Korea*. Chapel Hill: University of North Carolina Press.

Prezeworski, A. (1990). *The State and The Economy under Capitalism*. New York: Taylor & Francis Group.

제16장

정신장애인 범죄와 복지정책

이양훈

1. 서 론

사회 전반에 걸쳐 장애인에 대한 부정적인 편견과 차별이 만연하고 있다. 이로 인해 발생되는 장애인들의 불평등과 소외를 해소하고자 「장애인차별금지법」을 제정하게 되었다. 장애인들은 온갖 편견과 차별로 인해 각 개인들은 자존감의 훼손과 열등감, 물리적 손해 등을 입게 되고, 경우에 따라서는 소속 집단이 사회로부터의 이탈을 불러오게 되어 개인의 삶 전체가 사회적 단절로 이어지게 된다. 이러한 까닭으로 장애인들이 겪게 되는 어려움과 고충은 비장애인들이 생각하는 것보다 훨씬 큼에도 불구하고, 실제 우리 생활에서 비장애인들이 장애인 차별의 심각성을 인식하는 수준은 낮다. 이에 본 장에서는 비장애인의 정신장애인 차별 정도와 정신장애인 범죄실태, 치료감호에 이르기까지의 통계를 분석함과 동시에 정책방향을 제시하고자 한다.

2. 이론적 배경 및 선행연구

1) 장애인 차별 분석자료

〈표 16-1〉을 보면 비장애인들은 자신이 장애인을 차별한다고 생각하는 경우는 수치가 낮지만, 〈표 16-2〉를 보면 비장애인들은 자신들, 즉 개인보다 사회가 더 장애인을 차별하고 있다고 생각하는 경우가 훨씬 높다.

〈표 16-1〉 자신의 장애인 차별(Discrimination against the disabled of myself)

(단위: %)

	전혀 없다 (Not at all)	별로 없다 (Not so much)	조금 심하다 (A little)	심하다 (Much)	매우 심하다 (so much)
전국(Whole country)	19.3	73.1	6.4	0.9	0.3
남성(Male)	19.7	72.9	6.1	1.0	0.3
여성(Female)	18.8	73.4	6.7	0.8	0.3
장애인(Disabled)	43.2	55.2	1.2	0.3	0.1
비장애인(Non-disabled)	18.2	74.0	6.6	0.9	0.3

출처: 통계청(2009). 사회통계조사보고서.

〈표 16-2〉 사회의 장애인 차별(Discrimination against the disabled in society)

(단위: %)

	전혀 없다 (Not at all)	별로 없다 (Not so much)	조금 심하다 (A little)	심하다 (Much)	매우 심하다 (so much)
전국(Whole country)	1.8	21.8	48.1	19.9	8.4
남성(Male)	1.9	21.6	47.5	20.3	8.7
여성(Female)	1.7	22.1	48.7	19.5	8.0
장애인(Disabled)	2.5	26.1	43.0	18.7	9.7
비장애인(Non-disabled)	1.7	21.6	48.4	20.0	8.3

출처: 통계청(2009). 사회통계조사보고서.

위 두 표를 요약하여 설명하면 다음과 같다.

첫째, 대부분의 비장애인들은 장애인이 자신과 직접적으로 연결되는 상황이 아닐 경우 합리적으로 가치나 편견 없이 그들을 이해하고, 도와야 함을 인식한다. 그러나 실제 장애인이 자신과 같은 공간에 자리하게 되면 대부분의 많은 비장애인들이 알게 모르게 그 장애인에게 더 많은 시선을 보내고, 신경이 쓰여 몸을 반대방향으로 돌리거나 심한 경우 혐오스러운 표정으로 자리를 옮기기도 한다. 이처럼 우리 사회의 각 개인들은 장애인 차별에 대한 인식과 행동이 일치되고 있지 못하고 있다.

둘째, 장애인 수가 날로 급증하면서, 그들의 새롭고 다양한 요구가 등장 하였다(보건복지부 통계포털 '주요지표 100선'). 2009년 국내에 등록되어 있는 장애인은 약 2,419천 명으로 2005년 1,789천 명, 2006년 1,967천 명, 2007년 2,105천 명, 2008년 2,247천 명으로 꾸준히 증가되어 왔다. 또한 최근 장애인들 사이에 이동권 보장의 요구, 활동보조인 서비스 요구, 장애인차별금지법 등에 관한 법률 및 권리구제(2007. 4. 10. 법률 제5341호로 제정, 2008. 4. 11. 시행), 교육권 보장 요구 등 새로운 요구가 빠르게 등장하였다. 이러한 새로운 요구의 등장은 외국에서 제정된 장애인차별금지법을 통해 '시혜에서 인권으로'라는 세계적인 패러다임의 변화를 장애인들이 적극적으로 받아들이고 있기 때문이다. 그동안 국가에서 장애를 가지고 살아가는 사람을 특별한 욕구를 가진 '사람'으로만 한정하여 기존 장애문제 해결에 잔여적인 사회복지정책만을 추진하였음에 문제를 제기하게 된 것이다.

셋째, 기존에 제정되어 있는 장애인 관련법들과 제도만으로는 장애인 차별 문제를 해결할 수 없음을 인식하게 되었다. 기존에 제정된 장애 관련 법률에는 「장애인복지법」「특수교육진흥법」「장애인고용 촉진 및 직업재활법」「장애인 · 노인 · 임산부 등의 편의증진보장에 관한 법률」「교통약자의 이동편의증진법」(국토해양부 소관 2009. 12. 29. 법률 제9868호, 2010. 06. 30. 시행) 등이 있다. 그러나 이러한 법률들은 차별의 영역을 포괄적으로 다루지 못하고 직접적인 차별만을 언급하고 있었으며, 선언적 의미만을 가지고 있어 차별금지 규정에 자세한 지침과 벌칙은 포함되어 있지 않았다. 그리고 장애인 차별의 문제는 일부 법률의 한 조항이나 일부 조항만으로는 해결하기 어려운 광범위한 문제였고, 차별에 대한 정의와 사회적 인식 확대의 필요를 위해 정확한 차별에 대한 정의와 구체적인 규정이 필요했다. 또한 국가인권위원회법(2001. 5. 24. 법률 제6481호)에서 장애 차별을 명시적으로 금지하고 있었지만, 차별의 범위와 조사대상에 대한 한계적 범위 설정, 실효성 있는 구제수단의 부재, 광범위한 장애인 차별 문제에 대한 전문성의 부재 등으로 그 한계를 나타내고 있었다.

2) 정신장애인의 의미

지속적인 정신분열병, 분열형 정동장애—여러 현실상황에서 부적절한 정서반응을 보이는 장애—양극성 정동장애 및 반복성 우울장애에 따른 감정조절 · 행동 · 사고기능 및 능력의 장애로 인하여 일상생활이나 사회생활에 상당한 제약을 받아 다른 사람의 도움이 필요한 사람을 일컫는다.

3. 연구방법

이 연구 대상자는 정신장애인 범죄 관련 2009년도 대검찰청 범죄분석 및 법무부 통계자료를 토대로 정신장애인 범죄와 비장애인 범죄통계를 비교분석하여 정신장애인 범죄에 대한 편견을 일부나마 해소하고자 하였다.

이 연구에서의 한계점으로 범죄분석자료 중 정신장애인에 대한 일관된 범죄통계가 빈약하여 일반 형법범분석자료와 정신장애인 범죄와의 비교분석이 용이하지 않았음을 밝혀 둔다.

4. 연구결과

1) 정신장애인 범죄 원인 및 특성

범법정신장애인의 경우 현실적으로 납득할 만한 특별한 동기 없이 정신병리적인 원인(동기)에 의해 범죄를 범하는 특성을 지니고 있다고 한다.

그러나 〈표 16-3〉은 정신장애인의 범죄 동기에 대한 것인데, 정신장애자의 경우 '우발적'이 전체동기 중 가장 높고, 일반범죄인의 경우도 '우발적'이 전체 동기 중 가장 높다. 그러므로 정신장애인도 특별한 다른 동기 없이 일반범죄인처럼 순간의 정신병적인 흥분상태로 인해 범죄를 저지를 수 있다. 결과적으로 정신장애범죄인는 그들이 가지고 있는 특유의 정신장애로 인해서 당연히 범죄를 저지르는 것이 아니라, 일반범죄인와 마찬가지로 순간의 정신적 우발상태로 인해 범죄를 저지를 수 있다는 것을 알 수 있다. 이로써 우리는 정신장애인은 일반인보다 무조건 범죄를 저지를 확률이 높다는 논거를 반박할 수 있다.

〈표 16-3〉 형법범의 범죄 동기(2008년) (단위: 명, %)

동기 / 구분		계	이욕							우발적	부주의	사행심	호기심	유혹	현실불만	가정불화	보복	기타	미상
			소계	생활비	유흥비	치부	허영·사치	도박비	기타										
정신장애인		4055	251	170	57	5	6	12	1	1998	62	61	125	80	179	70	12	1201	22
		100	6.2	4.2	1.4	0.1	0.1	0.3	0.0	49.3	1.5	1.5	3.1	2.0	4.4	1.7	0.2	29.6	0.5
일반인		1,023,947	48,107	31,928	9,727	2,354	1,034	1,717	1,347	330,085	16,614	23,301	13,205	7,693	13,154	13,502	1,349	206,935	350,002
		100	4.7	3.1	0.9	0.2	0.1	0.2	0.1	32.2	1.6	2.3	1.3	0.8	1.3	1.3	0.1	20.2	34.2

출처: 대검찰청(2009). 범죄분석.

범법정신장애인의 2008년도 생활의 정도는 하류가 70.7%(5,047명), 중류가 27.7%(1,978명), 상류가 1.0%(73명)다. 일반범죄인의 2008년도 생활의 정도는 형법범의 경우 하류가 43.9%, 중류가 21.4%, 상류가 0.6%, 특별법범의 경우 하류가 42.5%, 중류가 29.6%, 상류가 0.8%다. 범법정신장애인의 경우, 일반범죄인에 비해 하류층이 많은데, 경제적인 어려움으로 인하여 범죄의 직접적인 원인으로 작용하는 중요한 정신장애를 치료받고 있지 못하고 있는 것은 아닐까 하는 생각이 든다.

〈표 16-4〉 일반범죄인의 생활환경별 인원 (단위: 명)

연도	계	생활정도				혼인관계					
		하류	중류	상류	미상	유배우자	동거	이혼	사별	미혼	미상
2006	903,000	568,128	275,307	9,132	50,433	550,252	19,191	65,006	12,515	200,201	55,835
2007	944,730	591,737	301,011	8,611	43,371	574,932	21,155	69,512	13,013	219,250	46,868
2008	1,154,106	710,220	390,683	10,452	42,751	704,621	28,416	81,467	15,974	277,955	45,673

출처: 대검찰청(2007~2009). 범죄분석.

〈표 16-5〉 범법정신장애인의 생활환경별 인원 (단위: 명)

연도	계	생활정도				혼인관계					
		하류	중류	상류	미상	유배우자	동거	이혼	사별	미혼	미상
2006	4,889	3,457	1,318	52	62	1,991	98	357	139	2,216	88
2007	5,726	3,903	1,658	70	95	2,474	137	420	181	2,413	101
2008	7,140	5,047	1,978	73	42	2,966	147	498	206	3,261	62

출처: 대검찰청(2007~2009). 범죄분석.

2) 정신장애인 범죄 실태 및 현황분석

(1) 장애인 처벌 규정과 치료감호

① 장애인 처벌 규정

형법 제11조에는 "농아자의 행위는 형을 (필요적으로) 감경한다."라고 규정되어 있다. 한정책임 능력자로 인정하여 범죄를 저질러도 형을 감형해 주는 것이다. 그런데 이러한 청각장애인을 제외한 다른 유형의 신체장애인에 대한 필요적 감경 규정은 없다. 제11조의 규정은 예시적 규정으로 해석하여 그 외의 다른 신체장애인의 경우도 감경의 대상으로 보아야 옳을 것으로 생각된다. 그러나 형법 제51조에는 양형형벌을 정하는 조건에 대해 다음과 같이 규정되어 있으므로 장애인 범죄의 경우 그 처벌에 있어서 감경을 받을 수 있을 것이다.

제1호. 범인의 연령, 성행, 지능과 환경
제2호. 피해자에 대한 관계
제3호. 범행의 동기, 수단, 결과
제4호. 범행 후의 정황

주로 제1, 2호의 규정 중 특히 제1호의 규정에 의해 대부분의 신체장애인은 판사의 재량에 의한 작량감경(감형)을 받을 수 있을 것으로 판단된다.

정신장애인 범죄의 처벌 규정은 형법 제 10조 제1항에 있다. 본 조항은 다음과 같이 규정되어 있다. "심신장애로 인하여 사물을 판단할 능력이 없거나 의사를 결정할 능력이 없는 자는 벌하지 않는다." 또한 동조 2항에는 "심신장애로 인하여 전항의 능력이 미약한 자의 행위는 형을 (필요적으로) 감경한다."라고 규정되어 있어 정신장애의 정도에 따라서 형을 감경받거나 아예 형벌 자체를 받지 않을 수 있다. 하지만 정신장애를 갖고 있다고 해서 무조건

처벌받지 않는 것이 아니라 형법에 규정된 조건에 부합해야만 처벌받지 않는다. 단순히 정신장애를 갖고 있다고 해서가 아니라, 이 사람이 정신장애로 인해 범행 시 사물을 변별할 능력이 없거나 의사를 결정할 능력이 없는지를 두고 결정한다.

② 「**치료감호법**」(제정 2005. 8. 4. 법률 제7655호)

이 법은 심신장애 또는 마약류 · 알코올 그 밖에 약물중독 상태 등에서 범죄행위를 한 자로서 재범의 위험성이 있고 특수한 교육 · 개선 및 치료가 필요하다고 인정되는 자에 대하여 적절한 보호와 치료를 함으로써 재범을 방지하고 사회복귀를 촉진하는 것을 목적으로 한다고 제1조에 명시되어 있다. 다음 사항 가운데 하나에 해당할 때, 검사의 청구에 의하여 벌할 수 없거나 동법 제2조 제1항 제1호의 규정에 의하여 "형이 감경되는 심신장애자로서 금고 이상의 형에 해당하는 죄를 범한 자", 제2호에서는 "마약 · 향정신성의약품 · 대마 그 밖에 남용되거나 해독작용을 일으킬 우려가 있는 물질이나 알코올을 식음 · 섭취 · 흡입 · 흡연 또는 주입받는 습벽이 있거나 그에 중독된 자"로서 금고 이상의 형에 해당하는 죄를 범한 경우다. 또한 치료감호 선고를 받은 자는 치료감호시설에 수용되어 치료를 받는데, 그 기간은 피치료감호자가 완치되어 치료감호심의위원회의 종료결정을 받을 때까지다. 치료감호심의위원회는 피치료감호자에 대하여 그 집행개시 후 매 6월마다 종료 또는 가종료 여부를, 가종료 또는 치료위탁된 피치료감호자에 대하여는 가종료 또는 치료위탁 후 매 6월마다 종료 여부를 심사 · 결정한다.

치료감호심의위원회가 피치료감호자의 치료를 다음의 사항에 따라 위탁할 수 있다. 첫째, 치료감호만을 선고받은 피치료감호자가 그 집행개시 후 1년을 경과한 때에는 상당한 기간을 정하여 그의 법정대리인, 배우자, 직계 친족, 형제 자매(이하 '법정대리인 등'이라 한다.)에게 치료감호시설 외에서의 치료를 위탁할 수 있다. 둘째, 동법 제37조의 치료감호심의위원회에 따른 침료감호의 형이 병과되어 형기 상당의 치료감호를 집행 받은 자에 대하여는 상당한 기간을 정하여 그 법정대리인 등에게 치료감호시설 외에서의 치료를 위탁할 수 있다. 셋째, 동법 제23조 제1항 또는 제2항의 규정에 따라 치료위탁을 결정하는 경우 치료감호심의위원회는 법정대리인 등으로부터 치료감호시설 외에서의 입원·치료를 보증하는 내용의 서약서를 제출받아야 한다.

사회보호법이 제정되기 이전에는 심신 상실자에게 무죄선고를 하고 나면 석방하는 것 외에는 다른 방법이 없었기 때문에 중범죄인 경우 심신 상실로 감정 결과가 나온 경우라도 무죄선고를 하는 것이 주저되어 심신 미약 정도로 보아 유죄의 죄책을 부과하려는 경향이 있었다. 그러다가 1980년 사회보호법이 제정되면서 심신장애인의 치료에 중점을 두고 1981년부터 감호처분이 시작되었으며, 이후 각 교도소 혹은 의료기관에 피치료감호자들에 대한 적절한 의료서비스를 제공하게 되었다.

사회적 논란 속에서 2005년 8월 사회보호법이 폐지되었으나, 치료감호제도는 「치료감호법」으로 새롭게 제정되어 시행되고 있다.

(2) 정신장애인 범죄실태 및 현황

① 장애인 범죄 현황

〈표 16-6〉은 지난 5년간 정신장애인 범죄인원의 주요 죄명별 발생추이를 나타낸 것이다. 2005년과 2006년에는 22명 증가로 그 증가율이 낮지만, 2007년(8,511명)과 2008년(10,723명)에는 큰 폭으로 증가세를 보인다. 2008년 형법범의 경우 죄명별로는 절도가 970명으로 전체 형법범 중 가장 많은 점유율을 나타내고 있고 그 다음이 상해 689명, 폭행 437명, 사기 259명의 순으로 나타나고 있으며, 이는 최근 5년간 순위에 있어 다소 변동은 있지만 절도·상해·폭행·사기가 전체 형법범의 60~65%를 차지하고 있다.

2008년 특별법범의 경우 죄명별로는 교통사고특례법 범죄자가 148명으로 가장 많은 점유율을 나타내고 있고, 그 다음이 도로교통법 위반 48명, 병역법 위반 25명 순으로 나타나고 있다.

〈표 16-6〉 정신장애인에 의한 범죄 처리 동향 (단위: 명)

죄명 \ 연도	2004	2005	2006	2007	2008
계	12,194	7,492	7,514	8,511	10,723
형법범계	3,990	2,933	2,879	3,115	4,055
살 인	50	46	52	48	45
강 도	43	31	34	27	44
방 화	50	49	63	71	82
강 간	105	99	138	128	185
폭 행	113	86	282	344	437
상 해	284	221	493	496	689
공 갈	7	8	7	11	25
절 도	611	601	639	695	970
장 물	1	4	3	4	7
사 기	552	304	269	264	259
횡 령	72	38	35	29	25
배 임	10	4	5	3	3
증수뢰	1	–	–	–	–
간 통	16	11	5	5	1
도박 · 복표	64	33	27	32	38
업무상과실치사상	7	–	2	1	2
기 타	177	173	204	265	325
특별법범계	5,011	2,390	2,010	2,611	3,085
도로교통법	142	70	49	44	48
병역법	52	34	33	16	25
부정수표단속법	29	9	10	8	3
교통사고특례법	593	205	227	183	148
기 타	214	143	48	111	222

출처: 대검찰청(2004~2009). 범죄분석.

② 장애인 범죄자 수용시설 및 치료감호 현황

ㄱ. 군산교도소

전국에서 처음으로 장애인 수형자 전용 수용시설이 전북 군산교도소 내에 건립되어 2003년 10월 1일 직업훈련생 입교식을 실시하였다. 이 시설의 목적은 장애 수형자 중 직업훈련이 가능한 수형자를 선발, 장애인에게 적합한 취업유망 및 자영업이 가능한 직업훈련을 실시, 기능사 자격증 취득 등 자활능력을 고취하여 출소 후 성공적으로 사회에 정착시켜 재범 방지에 기여하고자 하는 것이며, 그 대상은 전국 각 소에 수용된 장애 수형자 중 정신적 · 육체적 장애 정도가 경미한 자로서 직업훈련이 가능한 자를 대상으로 한다.

이 시설을 통한 기대효과를 살펴보면 먼저 훈련효과 극대화 및 복지 향상을 들 수 있다. 종래 일선 교정기관마다 몇 명씩 수용하던 장애인을 한 곳에 모아 수용함으로써 체계적인 직업훈련이 가능해지고 장애인을 위한 시설을 갖추어 수용함으로써 사회적으로 문제가 대두되기 쉬운 장애인복지가 향상되어 선진교정행정서비스로 진일보하는 계기가 마련되었다. 현재 인근 지역사회의 군산장애복지관 등과 연계하여 출소 후 장애인으로서 우리 사회 적응에 필요한 직업관, 인성교육, 취업상담, 창업교육, 진로지도교육을 통하여 장애인의 권익신장에 기여할 것으로 기대된다. 그러나 군산교도소는 최근에 설립되었기 때문에 아직 그 효과를 과학적으로 분석하기에는 시기상조다. 그에 앞서 국가 및 사회적 지원이 보다 강화되어야 할 것이다.

ㄴ. 치료감호소(국립법무병원)

치료감호소는 「치료감호법」 제2조에 의해 정신질환 범죄자를 수용, 치료하는 정신병원의 기능을 가진 수용기관이며, 법원 · 검찰 · 경찰로부터 의뢰받은 형사 피의자에 대한 정신감정을 대리하는 기관이다.

정신질환 범죄자 수용시설은 현재 충남 공주에 한 곳 국립법무병원(공주치료감호소)뿐이다. 치료감호소는 1987년 8월 14일 치료감호소 직제 공포(대통령령 12232) 후 같은 해 11월 3일 500개 병상 규모로 개소하였다. 1995년 10월 15일 1,000 병상을 증축하고 병동을 완공하였으며, 1996년 신축병동에 약물중독 치료실 단독으로 개설하여 약물중독 피치료감호자만을 따로 분리수용하던 것을 2004년 통합적이고 체계적인 치료활동과 단약교육 및 재활교육을 통하여 재범을 방지하고 건전한 사회인으로 복귀시킴을 목적으로 약물중독재활센터로 확대 개관하였다.

치료감호소의 명칭은 1997년 11월 10일부터 국립감호정신병원이라는 명칭을 병행하여 사용하다 2006년 7월 국립법무병원으로 명칭을 통일하였다. 개청 아래 치료감호소의 피치료감호자들의 수는 꾸준히 증가하여 왔고 2004년 현재 750명에 이르는 정신질환의 마약류 · 알코올 중독자가 치료감호소에서 치료를 받고 있다.

치료감호소의 직원정원은 총 305명으로서 별정직, 일반직, 보도직, 의료기술직, 식품위생직, 건축직, 기능직과 보건기사, 임상심리사, 의사, 약사, 간호사로 구성되어 있다. 그러나 전문의가 담당하는 피치료감호자의 수가 800여 명에 이르며 이에 더하여 전문의가 담당하는 정신감정 업무는 매년 400여 건에 이른다. 보건복지부에서 정한 병원의 의사정원은 입원환자 20명당 의사 1명이며, 간호사는 환자 5명당 2명으로 되어 있다. 국립서울정신병원은 의사 1인당 35명의 입원환자를 진료한다. 치료감호소의 의사 1인당 환자 수는 113명으로 국립서울정신병원보다 3배 많은 수의 환자를 담당하고 있다. 또한 사회복지사의 부재로 인한 치료의 전문화 및 시설의 개방화에 한계를 보이고 있으며, 지역사회와의 연계 및 치료감호자의 자립적 지원이 배제되어 있다.

ㄷ. 치료감호 현황

〈표 16-7〉은 2003년부터 2007년까지 5년간 검찰에서 치료감호를 청구한 인원 현황을 나타낸 것이다.

치료감호청구 인원은 2003년 315명에서 2004년 260명까지 감소하다가

〈표 16-7〉 감호청구 현황 (단위: 명)

연도 / 구분	2003	2004	2005	2006	2007
치료감호	315	260	313	375	422

출처: 법무부(2003~2007). 보호국 통계.

2005년에는 다시 313명으로 증가한 후 계속 증가하고 있다.

치료감호청구의 경우에는 청구원의 죄명을 살펴보는 것은 큰 의미를 갖고 있다고 보기는 어렵다. 그러나 객관적 현상을 이해하는 것이 도움이 될 수 있기 때문에 아래 표에서 보는 바와 같이 지난 5년간 치료감호소 수용자 현황을 살펴보고자 한다.

다음 [그림 16-1]과 〈표 16-8〉은 치료감호소 수용자 현황을 나타내고 있다. 치료감호소 수용자 현황을 보면 심신장애자의 비율이 월등히 높게 나타내고 있다. 〈표 16-8〉은 치료감호소 수용자들의 약물, 성폭력, 심신장애자의 분포상황을 나타낸 것이다. 2005년도의 경우 심신장애자가 453명으로 가장 많다. 그 다음으로 약물, 성폭력 순으로 2005년 이후 꾸준히 증가하고 있

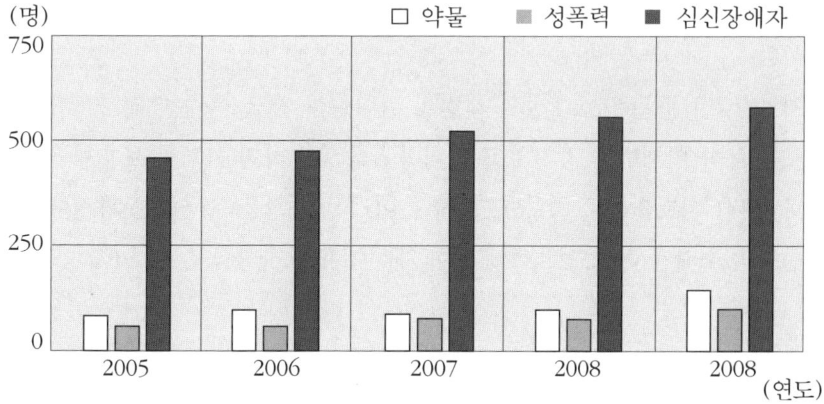

[그림 16-1] 치료감호소 수용자 현황

출처 : 법무부(2005~2009). 보호국 통계.

〈표 16-8〉 치료감호소 수용자 개별 현황 (단위: 명)

죄명 \ 연도	2005	2006	2007	2008	2009
약 물	85	95	89	96	145
성폭력	57	64	77	76	100
심신장애자	453	470	520	551	579
합 계	595	629	686	723	824

출처: 법무부(2005~2009). 범죄예방정책국 치료감호 수용 현황.

는 추세다.

3) 관련제도 및 체계의 문제점 분석

(1) 치료감호의 문제점

전술하였듯이 법무부는 많은 문제점을 드러내고 있는 보호감호를 2005년 8월 사회보호법의 폐지와 이를 대신하는 「치료감호법」을 제정하여, 치료감호 쪽으로 무게중심을 확실히 옮겼다. 그러나 치료감호제도 자체도 문제가 많은 제도이긴 마찬가지다. 그동안 보호감호제도의 문제점에 대한 논의는 많이 전개되어 왔지만, 치료감호제에 대해선 그 논의가 미약했음이 사실이다.

치료감호처분은 감호대상의 재범의 위험성이 있고, 특수한 교육 · 개선 및 치료를 통하여 재범을 방지하고 사회복귀를 촉진하며 사회를 보호함을 목적으로 한다(「치료감호법」 제1조). 그러나 이러한 목적을 추구하는 과정에서 인권침해의 소지가 많으므로 이에 대한 개선이 필요하다.

① 치료감호 대상자에 대한 용어 사용의 문제

각 관련법마다 치료감호 대상자에 대한 용어 사용이 다르다. 현행 「치료감호법」과 형법에는 치료감호와 관련된 조항에 '심신장애자'라고 표기되어 있고, 정신보건법상에는 '정신질환자'라는 표현이 등장하며, 장애인복지법시행령에는 최근 '정신장애인'이라는 범주가 만들어졌다. 이렇게 법마다 다른 표현을 쓰고 있어 개념상 혼동이 되고 있는 실정이다. 치료감호 대상자에 대한 법적 용어의 통일이 시급하게 이루어져야 한다.

② 치료감호 제도상의 문제점

「치료감호법」에서는 "형이 감경되는 심신장애자로서 금고 이상의 형에 해당하는 죄를 범하고 재범의 위험성이 있다고 인정되는 때에 치료감호에 처한다."라고 규정하고 있다(「치료감호법」 제2조). 그러나 단순히 금고 이상의 형에 해당한다고 할 경우 벌금형을 제외한 모든 자유형이 해당될 수가 있어 가벼운 범죄에 대하여도 치료감호를 처할 수 있게 된다. 결국 재범 위험성 판단에 대한 아무런 기준이나 규정도 없이 치료감호를 남발하는 사태를 초래할 수 있는 것이다. 이는 치료감호의 성과적 측면에서 뿐만 아니라, 비용적 측면에서도 매우 비합리적인 처리방식이라 생각한다.

대법원은 재범 위험성의 판단기준에 관하여 재범 위험성이란 보호대상자가 장래에 죄를 범하여 법적 평온을 침해할 개연성을 의미한다(법무부, 1982)거나 또는 재범의 가능성 또는 잠재적 위험성이 있는 것으로는 부족하고 재범의 상당한 개연성이 있어야 한다고 판시하여 그 판단기준에 관하여 피감호청구인의 연령, 가족관계, 학력, 직업, 범행동기, 범행 후의 성향 등 여러 가지 사정을 종합하여 판단하도록 제시하고 있다. 그러나 다양한 원인과 증세를 가진 정신장애와 사회적 위험성을 일률적으로 판단한다는 것은 불가능하다. 그 원인과 증세가 다양한 만큼 장애인 범죄의 재범 위험성을 판단할 경우, 개별적으로 접근할 필요가 있다. 이를 위해서는 법적인 해석뿐만 아니라 전문적 인력 또한 필요한데, 예를 들면 정신과의사나 사회복지사를 이용한 판결 전 조사제도 등을 통하여 법관의 판결이 더 합리적으로 이루어질 수 있도록 도움을 줄 수 있을 것으로 여겨진다.

(2) 언론보도의 문제점

국내외 많은 연구결과를 보면 정신장애인들이 일반 다른 사람들에 비해 살인, 폭력 등의 강력 범죄행위를 저지르는 비율은 비슷하거나 오히려 적은 것으로 나타난다. 그러나 대중매체나 언론보도를 보면 극악무도한 범죄를 저지른 사람들을 다 정신질환자라고 생각하는 것 같은 인식을 갖게 한다. 예를 들면, 범인을 잡지 못하면 뉴스에서 대부분 '정신이상자'일 것으로 추정하는 경향이 있다. 영화나 언론에서 정신장애인들에 대한 부정적 인식을 확산시킬 뿐만 아니라 그들의 편견을 다른 사람에게 강요하고 있는 것처럼 보인다.

언론에서 한번 정형화시켜 버리면 그것은 일반 국민에게는 피할 수 없는 사실로 여겨지게 되는 개연성이 높으므로 정신장애인 범죄가 일어날 때마다 다른 모든 정신장애인들은 그 범죄에 대한 대가를 함께 치르게 되는데, 이는 전체 정신장애인뿐만 아니라 범죄를 저지른 정신장애인의 권리보장 차원에서 개선되어야 할 문제다. 언론의 사회적 책임이나 영향력을 생각할 때 언론보도에 있어서 보다 세심한 주의가 필요하다.

5. 결 론

1) 치료감호소의 전문인력 확보와 예산상의 문제

치료감호소는 책임무능력으로 인하여 형을 가할 수 없는 사람들에게 치료와 사회적응능력 훈련 등을 통하여 올바른 사회인으로 돌려보내는 것을 목적으로 설립된 기관이다. 따라서 치료감호시설은 일반 교도소의 개념보다는 전문병원 혹은 사회복지시설의 개념으로 접근하는 것이 바람직하다. 근무자 또한 의사, 사회복지사, 간호사, 음악 및 운동전문가 등 관련분야의 전문가를 확보하여 팀 접근방식으로 피수용자에게 접근하는 것이 필요하다.

피치료감호자에게 적절한 치료를 하지 못함으로써 정신질환이 만성화되고 피치료감호자가 증가되어, 결국은 치료감호제도의 비효율성과 연결되는 악순환이 생기지 않도록 하기 위해서는 이와 같은 적극적인 대응이 요구된다.

2) 치료감호소와 지역 정신병원과의 연계

치료감호소에서 장기간 수용되었던 사람들에게는 오랫동안의 수용생활로 인하여 심신이 무력해져서 퇴원 후에 사회에 적응할 수 없게 되는 수용소 증후군이 나타난다. 그러므로 일정기간 치료수용 후에 질환이 완화되어 재범 위험성이 어느 정도 감소되었다고 판단되면 보호자 주거지 근처에서 치료를 받으면서 가족들과 접촉하는 등 자유스러운 분위기 속에서 사회화를 준비하는 것이 필요하다.

따라서 치료감호는 치료감호소에서 완전히 이루어져야 한다는 생각을 버려야 한다. 인적 · 물적자원이 부족한 현실에 있어서는 지역의 정신병원 또는 요양소와의 연계를 통하여 치료를 받을 수 있도록 하는 방안을 모색해 보는 것도 필요하다. 또한 정신장애는 그 특성상 재발이 많고, 완치가 용이하지 않으며, 퇴소자의 재범률에 있어서 퇴소 후 2년 이내에 재범을 하는 경우가 많음을 감안할 때, 최소한 퇴소 후 일정한 범위 내의 의무적인 외래치료가 필요하다. 그러므로 외래치료 및 투약을 용이하게 하기 위해서는 치료감호자의 퇴원 후 일정기간 동안 행하여지는 외래진료제도를 대상자의 주거지 근처의 치료보호기관 및 보건소 또는 퇴소자 거주지의 정신병원에서 정기적으로 받을 수 있도록 치료감호소와의 연계가 바람직하다.

3) 사회복지기관 및 시설과의 연계

치료감호소의 운영과 관련하여 정책적인 고려가 요구되는 사항으로서 무의탁자 등에 대한 사회복귀 대책을 들 수 있다. 이들은 대체로 사회적응능력 및 자립의지가 결여되어 있고, 이들로 인한 수용시설의 과밀은 치료시설과 인력의 낭비를 가져오고 있다. 따라서 장기적으로 치료감호소와 별도로 일정한 보호를 제공할 수 있도록 특별목적의 전문적인 중간처우의 집 설립이 적극 고려되어야 한다. 이를 위하여 단기적인 대책으로는 치료감호소의 시설 내에 구획된 장소에 한시적으로 수용하는 방안을 검토할 수 있으나, 외국의 경우와 같은 국립의 중간처우의 집이 마련되어야 할 것이다. 그 운영과 관련하여서는 국가가 아닌 사회복지단체 등에서 운영 · 관리하는 방안도 있을 수 있다.

4) 제 언

정신장애인은 일반인보다 범죄율이 낮음에도 불구하고, 각종 흉악범죄가 발생했을 때 가장 먼저 지목되고 있다. 이것은 일반인들이 정신장애인에 대해 가지고 있는 그릇된 인식을 보여 주는 한 예다. 이러한 사회의 차가운 시선이 오히려 정신장애인들이 범죄를 저지르게 만드는 요인으로 작용하고 있다.

또한 정신장애인들이 겪고 있는 문제에 대한 사회적 인식이 부족한 상황이며, 이를 이해하려는 국가적 차원의 노력이 없기 때문에 문제는 갈수록 심화될 것으로 보인다.

정신장애인의 수가 급증하고 있는 사회적 분위기 속에서 이들이 범죄를 저질렀을 때 가게 되는 치료감호소에 대한 처우는 개선되고 있지 않다. 치료감호소 내의 복지적 측면이 미흡한 상황은 이들의 상태를 호전시키는 데 걸림돌이 될 것이라 예상된다. 특히 지역사회에서 분리된 채 생활하게 되는 것은 결국 이들이 사회 내에서 적응하는 것을 더 힘들게 할 수도 있다는 우려를 낳고 있다. 따라서 정신장애인에 대한 올바른 인식을 심어주는 사회적 노력이 필요하며, 범법정신장애인에 대한 복지적 처우를 위한 지역사회 내의 연계가 여실히 필요하다.

참고문헌

김청송(2006). 정신장애사례연구. 서울: 학지사.

대검찰청(2009). 범죄분석.

문인숙, 양옥경(1993). 정신장애와 사회사업. 서울: 일신사.

박원희, 성수국, 육주혜, 장진섭(2003). 특수교육과 장애인복지의 이해. 서울: 학지사.

양옥경(2005). 가족과 사회복지. 서울: 이화여자대학교출판부.

우주형, 강종건, 윤석진(2009). 장애인차별금지 및 권리구제 등에 관한 법률에 대한 입법평가. 한국법제연구원.

원범연, 조성용(2003). 범법 정신장애자 등에 대한 법적 처우에 관한 연구. 한국형사정책연구원.

유동철(2007). 장애와 차별. 한국학술정보.

이동명, 류기환(2008). 정신장애인 범죄인의 처우에 관한 연구. 법학연구, 25, 397-420.

이성규(2001). 정신장애인 지원서비스. 서울: 홍익재.

이양훈, 박석돈, 김병찬, 김욱, 박연희, 박현식, 성열준(2009). 사회복지법제론. 파주: 양서원.

이준일(2007). 차별금지법. 서울: 고려대학교출판부.

장규원(1993). 치료감호에 관한 연구. 한국형사정책연구원.

최상섭(2002). 정신장애자의 수용관리방안. 제23회 한국교정학회 학술발표회 자료집.

최옥채(2003). 교정복지론. 서울: 학지사.

한국장애인재활협회(2006). 한국장애인복지50년사. 파주: 양서원.

허경미(2008). 정신장애 범죄자의 지역사회 교정처우 모델에 관한 연구. 교정연구, 38, 163-191.

홍봉선(2007). 교정복지론. 고양: 공동체.

대검찰청(2000~2009). 통계분석-범죄분석.

Brooks, A., & Winick, B. (Eds.). (1987). *Current Issues in Mental disability Law.*

Gerarde, J. (1987). The Usefulness of the Medical Model to the Legal System, 39 RUTGERS L. Rev. 377, 391-394.

Moore, M. (1987). Discussion of the Spitzer-Endicott and Klein Proposed Definitions of Mental Disorder(Illness). In R. Spitzer & D. Klein (Eds.), *Critical Issues in Psychiatric Diagnosis*, 85, 93–94.

Gruze, S., & Goodwin, D. (1996). *Psychiatric Diagnosis*(5th ed.) at xiii.

Sullivan, W. P. (1992). Reclaiming the community: The strengths Perspective and deinstitutionalization. *Social work*, *37*, 204–209.

찾아보기

《인 명》

《내 용》

저자 소개 (집필 순서)

정태환 【서문, 15장】

고려대학교 사회학과를 졸업하고 캘리포니아 대학교 리버사이드 캠퍼스(UC Riverside)에서 사회학을 전공하여 박사학위를 받았다. UCLA 사회조사연구소 수석연구원을 지냈으며, 현재 고려대학교 인문대학 사회학과 교수로 있다. 주요 저서 및 역서로는 『한국의 정치사회적 갈등』, 『Population Analysis Relative to Geothermal Development』(공저), 『Koreans in Los Angeles: Prospects and Promises』(공저), 『Immigrant Entrepreneurs: Koreans in Los Angeles, 1965~1982』(공저), 『현대 중국과 북한의 정치와 사회변동』(공저), 『한국인의 도덕성 연구』(공저), 『현대의 계급론』(공저), 『현대사회학이론』(공역) 등이 있다.

김윤태 【1장】

고려대학교 사회학과를 졸업한 후 영국 캠브리지 대학교 대학원에서 경제학과 정치학을 공부했으며, 런던정경대학(LSE)에서 사회학 박사학위를 취득했다. 미국 컬럼비아대학교 객원연구원, 런던대학교 버벡칼리지 객원연구원, 베를린자유대학교 초빙교수를 지냈으며, 국회정책연구위원, 국회도서관장을 역임했다. 현재는 고려대학교 인문대학 사회학과와 대학원 사회복지학과 교수다. 주요 저서로 『제3의 길』 『재벌과 권력』 『사회학의 발견』 『Bureaucrats and Entrepreneurs』 『캠퍼스 밖으로 나온 사회과학』 『신투자국가론』(공저) 『한국 복지국가의 전망』(공저) 등이 있다.

박형신 【2장】

고려대학교 사회학과에서 학사, 석사, 박사학위를 취득하고, 동 대학교 인문대학 사회학과 초빙교수로 지냈다. 현재 고려대학교와 한양대학교에서 강의하고 있다. 주요 저서로는 『정치위기의 사회학』 『현대사회의 구조와 변동』(공저), 『사건으로 한국사회 읽기』(공저) 등이 있고, 번역서로 『근대국가의 이해』 『감정과 사회학』 『사회이론의 역사』 등이 있다.

김희자 【3장】

고려대학교 사회학과에서 학사, 석사, 박사학위를 취득하였으며, 현재 대진대학교 사회복지학과 교수로 재직 중이다. 저서로는 『여성 · 가족 · 복지정책』이 있으며, 주요 논문으로는 「한국신중간계급 복지태도의 내적 분화」 「서구의 가족법, 가족정책의 변화와 포스트모던 가족유형」 「캐나다 호주, 독일, 프랑스 난민정책의 특성에 대한 연구」 등이 있다.

김철주 【4장】

고려대학교 사회학과에서 학사, 석사, 박사학위를 취득하였다. 국회도서관 입법조사분석실에서 입법정보연구관 등을 지냈으며, 현재 서울디지털대학교 사회복지학과 교수로 재직 중이다. 저서로는 『스웨덴 사회복지의 실재』 등이 있고, 주요 논문은 「장기요양보호체계의 국가별 유형화: 노인의존성을 중심으로」「기초생활보장 대상 장애인의 근로에 대한 주관적 인식유형: Q방법론적 분석 재활복지」「장애인 장기요양 매니지먼트 활성화를 위한 입법과제」 등이 있다.

한상근 【5장】

고려대학교 영어영문학과를 졸업하고, 동 대학에서 사회학으로 석사와 박사학위를 취득하였다. 현재 한국직업능력개발원에서 선임연구위원으로 재직 중이다. 주요 논문으로는 「직업 연구의 현황과 과제」「전자산업 분야 직업세계에서 요구하는 컨피턴시와 공학교육의 격차에 관한 연구」「'생산적 복지정책'과 공공고용서비스의 역할 변화」 등이 있다.

변민수 【6장】

고려대학교 사회학과에서 학사, 석사를 마치고 동 대학 사회복지학과에서 박사학위를 취득하였다. 고려대학교에서 '사회적 약자와 사회복지', 서울디지털대학교에서 '사회문제론'을 다년간 강의하고 있으며, 현재 한국장애인고용공단 고용개발원 연구원으로 재직 중이다. 저서로는 『사회복지개론』(공저), 『사회문제론』(공저) 등이 있으며, 논문으로는 「사회경제적 환경변화와 장애인 고용정책 방향」「사업주의 장애인식에 관한 연구」 등이 있다.

이경순 【7장】

고려대학교 인문정보대학원에서 사회복지학 석사를, 백석대학교 대학원에서 사회복지학 박사학위를 취득하였다. 현재 충남 의료생활협동조합 이사이자, 공주영상대학교 사회복지학과 겸임교수다. 저서로는 『자원봉사론』(공저)이 있으며, 논문으로는 「한국보육정책의 발전방안」「농촌노인의 무망감 영향요인 연구」가 있다.

권주만 【8장】

홍익대학교 경영학과에서 학사, 고려대학교 사회복지학과에서 문학 석사, 명지대학교 청소년지도학과에서 교육학 박사학위를 취득하였다. 현재 침례신학대학교 신학대학원 신학과에 재학 중이며, CBS해설위원장으로 재직 중이다. 논문으로는 「노숙자의 실태와 재활에 관한 연구」「청소년의 미디어능력 향상을 위한 미디어교육 프로그램의 효과분석」 등이 있다.

이화선 【9장】

호주 맥쿼리 대학교 사회학과에서 학사, 고려대학교 일반대학원 사회복지학과에서 석사학위를 취득하고 박사과정을 수료하였다. 현재 중앙경찰학교 외래교수 및 고려대학교에서 대학강사로 재직 중이다. 논문으로는 「호주의 가족친화적 아동케어정책에 관한 연구」가 있다.

이소영 【10장】

고려대학교 사회학과를 졸업하고, 동 대학 일반대학원에서 사회복지학으로 석사 및 박사학위를 취득하였다. 현재 한중대학교 사회복지학과 교수로 재직 중이다. 주요 논문으로는 「권리기반장애정책으로의 전환과 그 한계」 「장애차별금지법의 확산과 위축: 변형적 법에 대한 반작용을 중심으로」 「차별금지조항으로서의 합리적 조정」 등이 있다.

박보영 【11장】

고려대학교 인문대학 사회학과를 졸업하고, 동 대학 일반대학원 사회복지학과에서 석사, 박사과정을 수료하였다. 현재 극동대학교 사회복지학과 조교수로 재직 중이다. 주요 저서 및 역서로는 『한국의 종교와 사회운동』(공저), 『사회이론과 사회정책』(공역) 등이 있으며, 주요 논문으로는 「사회자본과 거버넌스의 연계를 통한 사회복지전달체계의 현대화」(공저), 「지역사회개발사업과 발전주의 복지정치」 등이 있다.

송미영 【12장】

경기대학교에서 사회복지학 박사학위를 취득하였으며, 영동대학교 사회복지학과 전임강사 등의 경력이 있다. 현재 충청남도 여성정책개발원 연구위원으로 재직하고 있으며, 충남 지역사회서비스 단장을 겸직하고 있다. 그 외 충청남도 아동정책위원회 위원, 지역아동센터 평가위원 및 컨설팅위원 등의 활동을 하고 있다. 주요 저서로 『사회복지학의 원리와 실제』(공저), 『생애주기별 맞춤형 복지계획』(공저) 등이 있다. 주요 논문으로 「한국여성노인의 빈곤: 성인지적 사회적 배제 관점에서」 「다문화 수용성의 원인 분석」이 있다.

박형진 【13장】

고려대학교 사회학과를 졸업했으며, 동 대학 일반대학원에서 사회복지학 석사학위를 취득하고 사회복지학 박사과정을 수료했다. 현재 고려대학교, 서울시립대학교, 극동대학교에서 강의하고 있다. 저서 및 역서로는 『한국의 종교와 사회운동』(공저), 『우리는 왜 공포에 빠지는가?』(공역)가 있고, 주요 논문으로는 「장애인의 권리옹호를 위한 자립생활 지원방안 연구」 「장애인의 사회적 배제 극복을 위한 자립생활 지원방안」 등이 있다.

강미희【14장】

성신여자대학교에서 심리학을 전공했고, 고려대학교 사회복지학과 석사과정을 마치고, 박사과정에 있다. 복지시설 및 센터에서 장애아동 상담 및 케어 업무를 수행하였으며, 국회입법조사처 입법조사원을 거쳐 현재 고려대학교 강사로 재직 중이다. 논문으로는「빈곤이 조손가족 조부모의 양육스트레스에 미치는 영향과 사회복지서비스의 필요성」이 있다.

이양훈【16장】

고려대학교 경영정보대학원에서 사회복지학 석사학위를 취득하였고, 대전대학교 대학원에서 법학 석사학위를 취득하였다. 고려대학교에서 법의학 연구과정을 수료하였으며, 고려대학교 대학원 사회복지학과에서 박사과정을 수료하였다. 현재 우송정보대학 사회복지과 교수로 재직 중이며, 동 대학 부설 요양보호사 교육원장을 맡고 있다. 저서로는『사회복지법제론』『지역사회복지론』『청소년복지론』등이 있고, 논문으로는「마약류사범의 실태와 그 대책에 관한 연구」「노인 장기요양보험 제도의 발전방향에 관한 연구」등이 있다.

한국의 복지정치

2012년 8월 25일 1판 1쇄 인쇄
2012년 8월 30일 1판 1쇄 발행

지은이 • 정태환 외
펴낸이 • 김진환
펴낸곳 • (주) 학지사
121-837 서울특별시 마포구 서교동 352-29 마인드월드빌딩 5층
대표전화 • 02)330-5114 팩스 • 02)324-2345
등록번호 • 제313-2006-000265호

홈페이지 • http://www.hakjisa.co.kr
커뮤니티 • http://cafe.naver.com/hakjisa

ISBN 978-89-6330-924-8 93330

정가 15,000원

저자와의 협약으로 인지는 생략합니다.
파본은 구입처에서 교환해 드립니다.